读客® 这本史书真好看文库

轻松有趣，扎实有力

帝王师张居正

一生坚持实用主义的理想主义者

度阴山 著

时代出版传媒股份有限公司
北京时代华文书局

图书在版编目（CIP）数据

帝王师：张居正 / 度阴山著 . -- 北京：北京时代华文书局，2015.11
ISBN 978-7-5699-0637-0

Ⅰ .①帝… Ⅱ .①度… Ⅲ .①张居正（1525 ～ 1582）－传记 Ⅳ .① K827=48

中国版本图书馆 CIP 数据核字 (2015) 第 251041 号

帝王师：张居正

著　　者 | 度阴山

出 版 人 | 杨红卫
责任编辑 | 梁　静
特约编辑 | 沈　骏　计双羽
责任校对 | 绳　刚　张新元
装帧设计 | 黄巧玲　刘　研　陈艳丽

出版发行 | 时代出版传媒股份有限公司 http://www.press-mart.com
北京时代华文书局 http://www.bjsdsj.com.cn
北京市东城区安定门外大街 136 号皇城国际大厦 A 座 8 楼
邮编：100011　电话：010-64267955　64267677
印　　刷 | 三河龙大印装有限公司 13803226416
（如发现印装质量问题，请与印刷厂联系调换）
开　　本 | 710×1000mm　1/16
印　　张 | 21.5
字　　数 | 366 千字
版　　次 | 2015 年 11 月第 1 版　　2016 年 4 月第 2 次印刷
书　　号 | ISBN 978-7-5699-0637-0

定　　价 | 42.00 元

目 录

第三部：巅峰之后 / 229

第一部：首辅之路

第一章
神童

从“白圭”到“居正”

1536年阴历三月十五，世界上最温暖的春风吹进湖北荆州知府府衙，考生们顿感心旷神怡。这天是明政府科举考试第一级童试考试日。知府李士翱贪婪地嗅了一丝清风，翻开花名册，开始点名。

第一个考生叫“张白圭”，当他站到李士翱眼前时，李大人如被电击，顿时呆若木鸡。在场所有人都不能否认，张白圭是个俊俏少年，剑眉星目，唇红齿白。但堂堂知府，对着一个十一二岁的少年目瞪口呆，实在有失体统。随从适时的咳嗽，才把李大人从愣神中唤醒。他急忙用一声干咳掩饰刚才的失态。

点名完毕，考生进入考场，李士翱走回后堂，满脸的若有所思。随从跟上来，轻声问道：“大人和那张白圭是否相识？”

李士翱摇了摇头，突然激动起来，双手颤抖地说：“这事极为怪异。我昨夜做了一梦，梦到天神给我一枚印和一张画像，让我把印交给画像里的人。你猜怎么着？那张白圭和画像上的人一模一样！”

随从立即现出惊讶之色，说道：“大人您这梦不是常人能理解的。由梦可知，这张白圭大概非同凡响！”

李士翱点头，心想：“科考前晚做了这样的梦，老天应该是告诉我，这张白圭命中注定要金榜题名。”

考试结束后，李士翱迫不及待地审阅了张白圭的考卷。与其说是审阅，不如说是欣赏。张白圭的文章观点独到，叙述流畅，旁征博引，如黄河滔滔，飞流而下。李士翱看得是眉飞色舞，拍案叫好。

他找来张白圭，一见其英俊面庞，再想到其文章，真是文如其人，于是越发欢喜，谈起话来毫无官架子，平易近人。

两人畅谈许久。李士翱认定，昨夜之梦正是天神的指令，他没有任何理由不让那个梦成真。在把张白圭取为头名后，他高瞻远瞩道："你前途无量，将来必是'帝王师'级的人物，不过你的名字'白圭'与你的才华及以后的名声都极不相配，我倒有个主意，你看可否？"

张白圭以探寻的目光看着李士翱。

李士翱胸有成竹道："我给你把名字改了，就叫'居正'，张居正！"

知府大人赏脸为自己改名，这是平民张白圭的无上荣耀，他一定要给知府大人这个脸。所以，张白圭在十二岁那年就变成了张居正。众所周知，多年之后，这个名字响彻大明帝国，并千古流芳。

独乐不如众乐，好东西要和别人分享，这是李士翱的价值观。张居正走后，他派人请来湖北学政田顼。田顼是当时中国四大才子之一，神童出身。他在湖北主管科举多年，见过不少神童。因见多识广，所以当李士翱把张居正的考卷拿给他看时，他虽被文章的思想气势打动，可脸上并无激动之色。

放下张居正的考卷，他不冷不热地用看似专业的角度做了一番评价："这孩子的思想倒是大中至正，但文采上还有所欠缺。"最后他又做了补充，"单凭考卷，看不出非凡才学来，因为考试耗时长，每个人都有思考的余地；倘若他在现场也能发挥得如此凌厉精准，那我就认定他是奇才。"

如果不是要顾及读书人的形象，李士翱肯定敞开热血的胸怀，拍着胸脯打包票。他迫不及待地把张居正带到田顼面前。田顼一见张居正俊美的相貌，立即生起双倍的好感，这就叫眼缘——这种心理现象很难解释，但它的确存在。

他柔和地问张居正："可会即兴文章吗？"

张居正回答："请大人命题。"

田顼梳理着胡子，慢悠悠地说："李大人说你是奇童，那就写一篇《南郡奇童赋》如何？"

按张居正沉稳的性格，每临一事，都会沉思许久，可这是现场发挥，所以他径直来到桌前，铺纸，磨墨，提笔便写，下笔如有神，片刻工夫，一篇赋就展现在田学政面前。田顼一面看一面称赞，看到最后脸上泛着红光，激动地叫起来："神童！天才！"

李士翱和田顼对张居正的推崇，并非雪中送炭，而是锦上添花。其实，张居正在江陵早有美名。据江陵人说，张居正两岁时就认识了《孟子》中“王曰”二字，三岁开始读儒家经典，七岁时就对儒家经典有了自己的看法。加上过目不忘，能诗善赋，他在江陵已成小名人。

既是小名人，又被两个大名人夸张地推崇，张居正的名字迅速传遍荆州。这就是口碑的力量，它出神入化，能让人一夜成名，能让人的名气一日千里、再上层楼。

没有人怀疑，明年的乡试，张居正必高居榜首。尤其是一个官场大家伙的到来，更让人对此深信不疑。

这个官场大家伙就是当时的湖广巡抚顾璘。

贵人顾璘

人生在世，欲创建事业，除了个人奋斗外，非有贵人相助不可。合格的贵人是梯子，能把你送上高处；出色的贵人是灯塔，能为你照亮前程；而伟大的贵人则是你的心灵导师，他会用自己的方式把你的灵魂锻造得异常强大。顾璘就是张居正最伟大的贵人。

顾璘才气逼人，在政坛、文坛、艺坛，只要是人类所能想到的“坛”，都有他的一席之地。所以走到哪里，顾璘都是焦点。不过，正如大多数知识分子一样，顾璘有政声，却没多少值得一提的政绩。由此我们可以断定，道德声望和能力没有必然联系。若干年后，有人回溯顾璘的人生，唯一值得大书特书的就是他慧眼识张居正。

1536年秋天，顾璘正在武昌城编辑湖北各地优秀文人的诗歌。其中有一首诗引起了他的注意，这首诗虽然用词稚嫩，但字里行间却透露出了不同寻常的情怀。

诗名为《题竹》：

绿遍潇湘外，
疏林玉露寒，
凤毛丛劲节，
只上尽头竿。

顾璘对这首诗极感兴趣，叫来负责采诗的人，问诗作者的情况。采诗人看了看作者姓名说：“这首诗是在江陵采的，作者好像是秀才，在私塾教书。”顾璘已经站起来，说：“走！我们去江陵。”

顾璘和他的助手去江陵找张居正，但路子不对。张居正只是童生，他们却到秀才堆里去找；张居正只有十二岁，他们却到二十岁以上的人群里去找。所以他们找了很久，也未找到《题竹》的作者张居正。顾璘的助手想借助政府，顾璘制止说：“咱们是寻访名士，政府那群办事人员吆五喝六，吓跑了名士怎么办？”

皇天不负有心人，几天后，顾璘终于打探到了张居正的住所。那是一所学校，张居正正在那里温习功课，准备明年的乡试。顾璘有失大家风范地跑进学校，询问张居正是谁。

有人指着一位眉清目秀的少年对他说：“他就是张居正。”

见张居正年轻得一塌糊涂，又一表人才，加之英气勃发，顾璘内心狂喜。正如去相亲，早就知道相亲对象很漂亮，可一相见，不但非常漂亮，而且非常年轻，这足以让人大喜过望。他拉起张居正的手，拿出那首诗，亲切地问道：“诗作可是你的？”

张居正扫了一眼那首诗，想起几个月前的一件事。那天，有人自称是政府采诗者，要他的老师写诗。他的老师写完后，就让他也写了一首，当时写的正是这首《题竹》。

他承认这首诗是自己作的，只是不知道眼前这位气质优雅、举止不凡的人是谁，又是什么目的。顾璘主动介绍自己说：“我是湖广巡抚，此次来江陵，专为这首诗的作者。”

张居正那时还不知道顾璘的身份，如果他知道，肯定会受宠若惊。堂堂文坛领袖、封疆大吏会为了个孩子，从武昌跋涉到江陵，无论是谁得此荣耀，都会诚惶诚恐、激动万分。

顾璘先评价张居正的诗作：“文采虽不出类拔萃，但在你这样的年纪已是难能可贵，最动人的地方是你的念头：‘只上尽头竿。’有想法，有魄力，有情怀。”然后是面试，“我有一上联，你能对出下联否？”

张居正恭敬地说：“请大人出上联。”

顾璘沉吟片刻：“玉帝行师雷鼓旗云作队雨箭风刀。”

张居正马上应道：“嫦娥织锦星经宿纬为梭天机地轴。”

顾璘大喜，说：“国士非你莫属，如果你不介意，我们就做个忘年交吧。”

张居正年纪虽小，又不是官场中人，可这点忌讳还是有的，哪里有一介草民和堂堂巡抚大人结交朋友的道理，于是百般推辞。顾璘坚决要行使自己的意志，甚至用上了官老爷的威严，张居正没有办法，只好结交。

张居正当时才十二岁，就已惊到顾璘这样的人。十二岁的年纪，不眠不休，能读多少书？由此可知，才华这玩意儿就是老天爷赏饭吃，后天通过努力可能会得到，但远不如老天爷赏赐的厚重！

惊动顾璘，是张居正一生的转折点，只不过这转折点，不是一般人所能理解的。

贵人的“阴谋”

1537年阴历八月初，张居正到湖广省会武昌参加乡试。离开江陵前，他的家人已准备好了欢庆宴，如同张居正已金榜题名。这怪不得张家人世俗，因为整个江陵都知道，张居正和湖广巡抚顾璘是忘年交，而且张居正的确肚里有货，金榜题名自是唾手可得。

张居正本人也胸有成竹，认为高中乡试不过是探囊取物。他还年轻，不知道世界上有这样的生活哲理：你想到的事，永不会发生；而发生的事，往往是你没想过的。

张居正到武昌，顾璘请他吃饭。张居正始终保持着温文尔雅、不卑不亢的态度。顾璘喜欢这样的年轻人，唯深沉者才有大略，才可成大材。恃才傲物，宠辱皆惊的人是浅碟子，遗憾的是，世界上多是这种人。正因为这种人太多，所以顾璘才更加喜欢张居正。

宴会进行到高潮，顾璘指着张居正，向桌上几个亲信官员隆重地介绍道：“这是将相才，我在芸芸众生中一眼发现了他。你们可擦拭双眼旁观，若干年之后，他的成就不可限量！”对顾璘的未卜先知，众人唯唯应对。

顾璘不理会他们，站起身解下腰间的犀带，双手郑重其事地托着递给张居正。桌上一名官员大惊失色，慌忙站起来说：“大人，这可使不得。”

顾璘的犀带为朝廷所赐，看着是犀带，其实是权力的象征。明政府按官员官职的高低赐予不同的腰带，相当于今天军官的肩章，从来没见过军官把自己的肩章送人的。顾璘毫不在乎，对诚惶诚恐站起来的张居正说：“你暂时先围着它吧，它是圈不住你的，因为你注定是要围玉腰带的人。”

按朝廷礼制，玉腰带比犀腰带品级高。面对这种无所顾忌的推崇、期望以及对张居正命运的判断，纵然是沉稳如山的人也难免会万分激动。张居正去接腰带时，双手不禁颤抖。

“居正小友，我还有一事相求。”顾璘笑眯眯地看着张居正。

张居正刚才的心绪还未平复，又被这句话激起胸中千层浪，他慌忙站起来，有些失态地说：“这可真是折煞我了，您怎么能求我呢？我能办到，绝不含糊。”

陪吃的几位官员也是惊愕万分，一省巡抚，居然有求于一布衣，怪事年年有，可自从顾璘遇上张居正后，今年就特别多。

顾璘向屏障后叫了一声，一个和张居正年纪相仿的少年走出来。顾璘指着那名少年对张居正说：“这是我儿。”又向那名少年指着张居正说，“这是张居正，他年必是朝廷栋梁。”再转回张居正，“希望你将来在不违背良心的情况下对我儿多多关照。”

张居正根本不敢预测多年之后的命运，但对顾璘的知遇之恩却感激涕零，他说：“他年我若真如您所料，必将如您所愿，绝不推诿。”

陪吃的几位官员心中疑惑不已，张居正的文才，他们看得出，因为他们看过张居正的诗歌文章，但他们无论如何都看不出张居正会有如顾璘那样推崇的前途。

张居正离开后，他们把这疑惑说给顾璘听，顾璘笑了笑，说：“文如其人，张居正的文章和诗歌思想深邃，思想深邃则能看得远、看得深；他的性格刚毅深沉，刚毅深沉则能坚持信仰、忍辱负重；他的言谈举止中透露着多谋善断。这就是一个伟大人物的基本特征，如果他这样的人不能出头，那就是苍天作弄我们，让我们空欢喜一场。”

几位官员听顾璘说得如此有理有据，急忙附会道：“看来这次乡试，张居正必是头一名了。”

顾璘沉思，许久才露出了“老谋深算”的一笑，说：“世间事虽有命运注定的大路，但期间也该有些曲折吧。”

这恍恍惚惚的话，没人能听懂，顾璘也没有再说下去。顾璘想说而未说的话，在乡试前一天晚上说了出来。倾听者是一位姓冯的御史，也是此次湖北乡试的主监考官。

顾璘在办公室接见冯御史，开门见山道：“想请你帮个忙。”

冯御史是个伶俐的人，立即回道："您放心，即使您不关照，在下也知道您和张居正的关系。况且，就是没有您这层关系，张居正靠自己的实力，金榜题名也不在话下。"

顾璘微笑着点了点头，换了个话题，突然发问："依你看，张居正是不是人才？"

冯御史脱口而出："他这样的年纪，能有那么深邃的思想，岂止是人才，简直是天底下第一等大才。"

顾璘点头。

冯御史顺手拍了一个马屁："您看上的人，怎么可能不是人才！"

顾璘没有理会这个马屁，继续问："这样的人才，是不是希望他能成为国家栋梁，为天下苍生做点事？"

冯御史郑重其事地点头道："为朝廷发掘人才，是我们的责任，也是我们的荣幸。我觉得，张居正有这样的资质。"

顾璘再问："如果是你，该如何对待张居正？"

"这还用说？"冯御史脱口而出，"当然是要他高中，为他打开进士考试的大门啊。"

顾璘闭上眼睛，用力地摇头，说了两个字："错了！"

冯御史"呃"了一声，像是被噎到一样："您说什么？错了？"

顾璘慢慢睁开眼，若有所思地问道："你知道孟子那段'天将降大任于斯人也'的话吧？"

中国古代的知识分子对这段话都能倒背如流，冯御史自然也不例外。但他知道顾璘不会说废话，便等待顾璘的点拨。

顾璘说："要锻造一个不世出的人才，谈何容易？头等重要的就是'苦其心志'，也就是锻造其强大的内心，内心强大的人才是真强大。"

冯御史听出了点门道，可思维仍然不清晰，便继续等着顾璘的明示。顾璘决心不绕弯子了："张居正现在还年轻，要他提前进入朝廷，也不是不可。但他太顺了，太顺的人一旦经历难事，就会手足无措。不如趁他年轻，让他受点挫折。一来让他明白，人生在世不可能顺风顺水；二来也能让他趁年轻多读点书，涵养心性。等到才具老练，将来的发展才不可限量。"

冯御史似乎明白了顾璘的意思，但又觉得不可思议，怀疑自己理解错了，便小心翼翼地问："您是说，要张居正落榜？"

顾璘发出两声"咯咯"的笑："这是您监考官的事，一切还请您斟酌。"

冯御史哑然失笑，顾璘不愧是官场老手，居然把这个皮球踢给了他。官员干涉科举是有罪的，但那是在场面上说，私下里就合理合法了。

冯御史突然想到什么，问："张居正倘若知道此事，恨你，如何？"

顾璘坦荡地笑起来："我做了自己认为正确的事，别人怎么想，那就是别人的事了。纵然他现在想不开，几年后也会茅塞顿开，理解我的苦心。"

"我明白您的意思了，"冯御史望向窗外漆黑的天，"请您尽管放心，我知道该怎么办。"

顾璘和冯御史在武昌巡抚衙门谈话时，张居正正走在武昌城沉睡的大街上，畅想着前途。他无论如何都想不到，此次科举的命运已经注定。

不知金榜梦已破的他在大街上转了许久，回到暂居地后，胸有成竹地上床高卧。

良璧需多磨

正如冯御史所说，即使没有顾璘的关照，张居正凭自己就能金榜题名。审核试卷时，主考官之一的湖广按察佥事（司法部）陈束对张居正的试卷大加赞赏，决定录取。

冯御史阻拦，并把顾璘的话传达给陈束。陈束是当时著名的文学家，对顾璘的"特意关照"很不以为然。他说："顾大人的话是有道理，可压着一个人不让他起来，这恐怕要受良心谴责吧！"

冯御史在道理上说不过陈束，但碍于顾璘的官位，陈束只好同意。

于是，张居正落榜了。

张居正从榜单上没有找到自己的名字，内心的失落可想而知，但却未形于色。如果当时你在大街上遇到他，可能丝毫看不出，这就是那位注定金榜题名却最终名落孙山的荆州神童张居正。

离开武昌回江陵前，他去拜见顾璘。顾璘毫无保留地把自己所做的一切告诉了张居正，然后等着他的反应。张居正没有任何反应，他对顾璘说："您这样做，肯定有您的理由。"

这句话，更让顾璘加深了对张居正的印象。金榜题名是每个读书人都日思夜想的事，如果能力不济落榜，只能苦闷；可如果能力很强，却被人为地硬生生压下，苦闷之外就难免带些愤恨了。可张居正并没有表现出来，这正说明了他内心已开始变得强大，这是他在日后刀光剑影的政治斗争中笑到最后的终极武器。

临行前，顾璘送了他一句诗："他山有砺石，良璧愈晶莹。"顾璘叮嘱张居正："一块良璧，如果用砺石多磨一段时间，就会更加晶莹灿烂。"

良璧需要多磨，张居正这块"良璧"在老家磨了三年，渐渐地从心底对顾璘产生感激。早三年和晚三年，对一个胸怀大志的人来说，时间上没有多大区别，但若经过磨砺，那便是天壤之别了。

锻炼心智，靠时间，靠对挫折的反省和最终的体悟。三年后的1540年，张居正在乡试中脱颖而出。正如三年前一样，张居正毫无激动之情。

他跑去安陆见顾璘，顾璘对他说："古人云'大器晚成'，其实这说的是中材。你肯定不是中材，所以成名甚早。三年前，我让人故意不录取你，希望你能理解我的本心。我是希望你有远大的抱负，做伊尹、颜渊那样国家的辅佐之材，不要只做个年少成名的秀才。现在，你已是举人，将来必为进士，但道路坎坷，无论遇到什么困难，心中非要有一根理想的巨柱不可。这巨柱不能倒，非但不能倒，还要常常加固它，让它永远矗立在你心中。"

张居正流下感动的泪水，对顾璘说："您对我的知遇之恩，和对我的一片苦心，我终生不忘，我把您的话牢记在心，绝不辜负您的期望。"

五年后，顾璘去世，张居正万分悲痛。可以说，没有顾璘这位伟大贵人的一片苦心，恐怕就没有日后那个流芳百世的张居正。

三年的磨砺够吗？对平庸者而言或许够了。但张居正认为三十年也不够，因为他磨砺的是心，心不定，任何磨砺都会适得其反。

磨砺本心，是一生的事业！

榜样惹来的灾祸

1540年秋末，张居正高中举人后回老家江陵，张家人欢天喜地。而正应了那句让人恨之入骨的格言：乐极生悲——张居正的祖父张镇去世，死因是酒精中毒。张镇为什么会死，原因就出在张居正身上。

事情是这样的。张居正中秀才那年，住在荆州城里的辽王朱致格得了重病，一命呜呼。他的儿子朱宪㸅因为只有十二岁，不能马上继承王爵，所以，王府大权都集中在朱致格的老婆毛女士手中。毛女士有才干，有见解，见朱宪爔整日吊儿郎当，担心以后难当大任，于是就想以榜样的力量让他改邪归正。榜样不必塑造，也不必千里寻找，荆州城里就有一位榜样。自然，他就是神童张居正。

找张居正，不用她出王府，她只需要下个命令便可，因为张居正的祖父张镇就在辽王府里当护卫。

张居正到来后，毛女士要张居正坐了上首的位置，而让朱宪爔坐了下首。显然，这与当时礼制不符。毛女士又不是村姑，这点道理还是懂的。她故意这样做，只是想让朱宪爔明白一件事。她对朱宪爔说："你如果再不上进，将来有一天，你就永远会坐在他的下首。"

朱宪爔听了这话，脸色难看，一股对张居正嫉妒和愤懑之情油然而生，但他是个阴鸷的小人，所以隐忍未发。

毛女士接着说："古圣人讲'见贤思齐'，你就该和张居正这样的人多来往，学习人家的长处，规避自己的短处。唯如此，将来才能有出息。"

朱宪爔连连点头，认为老母字字珠玑，不能不听。所以饭局之后，他和张居正就成了表面上的好友，而其心里却深藏了对张居正的嫉恨。

毛女士精明干练，但她不明白，榜样是否能发挥正面力量，取决于当事人。当事人内心卑微，榜样就会起反作用。

1540年秋，张居正高中乡试回到老家。朱宪爔已继承辽王爵位，闻听张居正衣锦还乡，猛地旧恨翻腾，心里如猫抓一样难受。他绝不允许张居正如此风光，必须给他点颜色。

经过长时间考虑，他定下曲线复仇之计，请张居正的祖父张镇吃饭。

张镇在辽王府当差多年，从未受过这样的优待，又因为张居正刚中举人，所以心情大大的好，根本不必朱宪爔劝酒，他已先把自己灌醉了七成。剩下三成，朱宪爔软硬兼施，圆满完成。张镇被人抬回家，第二天凌晨，一命呜呼。

此事要是放在四百多年后的今天，张家打官司必赢，因为朱宪爔属于间接杀人。但这是明朝，朱宪爔是王爷，张居正不过是个举人，法律永远偏爱龙子龙孙。

要是放在一百多年前，张家人大概也不会忍气吞声。因为一百多年前，张居正的先祖张关保是和明帝国开国皇帝朱元璋一起打天下的。明帝国建立后，张关保因功勋而被封为千户长，按明制，张家已入了军籍。但张家似乎只星光灿烂了几十年，到张居正的曾祖父张诚时，家道一落千丈，祖父张镇只好到并不阔气的辽王府当护卫，这是个低贱的工作，没有人瞧得起。张居正的父亲张文明虽饱读诗书，但七次乡试，七次落榜，其“屡战屡败”的科考事迹已成为荆州城里的笑谈。也就是说，张家没有任何实力和辽王府争执，如果非要说有，那张家所有的希望都放在了张居正身上。

然而，一个秀才如果不能通过会试进而殿试成为进士，那希望依然没有。所以，张居正必须要通过会试，即使不为他的祖父讨个公道，也要为他自己的宏图大志寻找到施展平台。

张镇死后的很长一段时间，张居正情绪低落。连第二年的会试都没有进京去考。他明白这样消沉下去不是事，但他无法通过内心的力量排解，于是他想起了心灵导师顾璘。

顾璘肯定知道张居正祖父之死的事，但二人见面后，他只字未提。他和张居正谈的仍然是张居正的前途。他问张居正：“正准备会试呢？”张居正回答：“是的。”

顾璘点头说：“要献身政治，实现宏图大志，非经会试这关不可。不过你心里要有个定见，会试的八股文有害无益，不可沉浸其中。你应该学习经世致用之学，古典哲学要读，古典文学也要读，特别是那些治国理念，要牢记在心。”

张居正边听边点头，顾璘打开了话匣子：“不过，时移事往，不能刻舟求剑，古人的治国理念放在今天未必全适合，所以你要有判断，你有这个天赋，还要有这个意识。”

张居正小心翼翼地问：“如果不深究八股文，会试不过该如何是好？”

顾璘笑道：“世上事，有一喜必有一悲，有一坏必有一好。我还是那句话，八股文不必深究，只要达到及格水平就好。你现在正是头脑最清晰、精力最旺盛之时，应该趁此良机学习有用之学。考不过会试，还有下次，但如果把如此好的年华都浪费到八股文中，那实在是得不偿失。你当初乡试晚了三年，现在可有损失？”

张居正听了心灵导师的这番话后大为感动，回老家后，他一门心思地攻读古书。据说他读书一年破万卷，无所不窥。但他有自己的读书信条，那就是“独观大义，惟务宗旨，不求蔓引泛滥”。什么书都读，可心中有定见，该记下的记下，不该记的，马上忘掉。

苏格拉底说：“我越读书，就越感觉自己无知，我现在只知道自己一无所知。”但大多数人读书越多，就会感觉越有知识，越有知识，心气就越高，很多知识自然不会入他法眼。

张居正后来回忆说：“他当时觉得大文学家屈原和史学家司马迁不过尔尔。”这并非是他不识天高地厚，任何人的文章、思想都有缺陷，读了万卷书之后，你如果还未发现他们的缺点，那说明你不是读书的料！

有得必有失，只因听了顾璘的话博览群书，在八股文上未下力气，所以1544年他到明帝国首都北京参加会试时，八股文毫无悬念地让他名落孙山。

别人考不中，都哭天抢地，而张居正泰然自若。得知落榜后的第二天，他就兴致极高地去北京各地游览名胜古迹。也许对他而言，落榜根本不算什么，正如顾璘所说，人生有悲就有喜。

他不当回事，有人替他当回事。回到江陵后，他父亲张文明一跳三丈高。他对儿子说：“你老子我乡试考了七次，一次比一次惨。你难道也想效仿我？我不能为祖宗争光，你也要把祖宗的脸面丢尽？咱爷俩他日到了九泉之下，如何面对列祖列宗？！”

为祖宗争光是每个做子孙的责任，于是，张居正开始潜心八股，但动力并不是他老爹的抱怨，而是顾璘的那番话：“要献身政治，非过会试这关不可；要过会试这关，非过八股文不可。”

力量不是别人给的，而是自己迸发出的。张居正从1544年奋发图强，猛攻八股文。三年后的1547年，张居正再入京城向会试发起进攻，终于如愿以偿，中二甲进士。

殿试之后，张居正被选为庶吉士（候补士官）进入翰林院，正式步入仕途。这是个充满希望的位置：明代的翰林院是皇帝秘书处和内阁大学士制造厂，内阁大学士中十人有九人出身翰林院。

这一年，张居正二十三岁，正是如日中天的年纪。

第二章 严嵩还是徐阶

看严嵩搞夏言有感

1547年，张居正入翰林院做庶吉士。

离开老家时，他父亲张文明手舞足蹈，用他半辈子的人生阅历提醒张居正："初入官场，非礼勿视、非礼勿听、非礼勿言、非礼勿动。要隐忍，一忍百忍，百忍成金。成了金子，荣华富贵就不请自来。"

张居正进翰林院，就算是进了政坛的大门。他内心深处狂热的从政火焰熊熊燃烧，然而这火焰只能燃烧自己，还没有平台给他施展，所以只能旁观。他很有眼福，进翰林院不久，就看到了内阁首辅夏言和次辅严嵩的决战。

夏言和严嵩明争暗斗已多年，夏言始终占上风。有两个原因：第一，皇上朱厚熜龟缩深宫修炼道教法术，极少过问具体政务，夏言才华横溢，办事干练，让朱厚熜很安心；第二，朱厚熜最讨厌大臣拉帮结派，夏言从不结党。

从朱厚熜的角度看，夏言这两个特点极好；可站在夏言同僚的角度看，夏言这两个特点极不好。夏言恃才傲物，对同僚颐指气使，所以没有好口碑。又因为他不结党，没有人宣传他，所以他很孤立。虽然如此，但在专制政府里，皇上说你行你就行，所以夏言一直稳坐内阁头把交椅。

不过，张居正进翰林院时，夏言的地位已有摇动之势。在当时的政府中，无人可撼动夏言的位置，除了皇帝朱厚熜。朱厚熜对夏言的不满，缘于夏言对他信仰的不敬。朱厚熜狂热地信仰道教，常常让大臣们为他写"青词"——

这是一种写在青色纸张上的拍玉皇大帝马屁的优美文字。刚开始，夏言也写，但他精力不在这儿，写来写去，就开始糊弄，最后干脆撂挑子不干了。这是他“豪迈强直”性格的表现，喜欢做的就做，不喜欢做的死都不肯做。夏言撂挑子后，严嵩替补。严嵩文采卓著，又肯用心，所以从他手里拿出去的青词美轮美奂，虔敬无比，看得朱厚熜心花怒放。

严嵩看到了机会，暗地里咬牙切齿，流下欣喜的泪水。他和夏言是同乡，为了升职，他做了多年夏言坚定无畏的谄媚者。夏言被他感动，于是提拔他做了次辅。可在夏言眼中，他就是一条狗。整个中央政府官员都知道，夏言和严嵩讲话，就如同主人命令仆人。当然，夏言不会注意这点，因为他对除了皇帝之外的人态度都一样，嚣张高亢。

严嵩悄无声息地在夏言背后举起刀，夏言毫无警觉，继续他的一贯做派。朱厚熜常在皇宫里做法事，他本人戴着香叶冠，同时还让大臣们也戴。法事第二天，朱厚熜命夏言和严嵩来见。当看到严嵩时，他心情澎湃，直想大哭一场：严嵩太可爱了，他头上的香叶冠被轻纱笼起，走起路来花枝乱颤。而夏言，头上只有官帽和露出的缕缕白发。

有些事，就怕比。如果严嵩没有戴香叶冠，夏言不戴香叶冠就不会分外显眼。朱厚熜问："夏言，你怎么不戴？"夏言回答："大臣朝天子，为什么要穿道士的衣冠？"

朱厚熜很生气，后果很严重。他虽未当面斥责夏言，心上却有了结。要阴鸷的朱厚熜解开这一心结，除了鲜血，没有别的办法。

1548年，正当张居正在翰林院刻苦攻读时，命运开始为夏言修筑末路。这件事说来话长，但不能不说，因为二十多年后，张居正也要面对夏言所面对的难题。这个难题就是让大明帝国焦头烂额的河套（贺兰山以东，狼山、大青山南，黄河沿岸地区）之患。

明帝国开国皇帝朱元璋把蒙古人逐出中国后，再也没有精力将其斩尽杀绝。蒙古人逃回草原后迅速调转马头，变成明帝国的边患。为了防御蒙古骑兵南下，明帝国在北部边境建立了一套完整的防御体系，在河套地区附近的大宁卫和东胜卫尤其重要。但第三任皇帝朱棣不知什么原因，主动把大宁卫和东胜卫陆续撤回内地，河套地区完整的防御体系出现漏洞，河套地区直接暴露在蒙古势力面前。1462年，蒙古兵团入侵河套，一战而成。自此后，水草丰美的河套地区成了蒙古兵团的给养基地。1497年，明帝国为了对付河套蒙古人，设置陕西三边（甘肃、延绥、宁夏）总督一职。第一任总督王越主张收复河套，但未成，后来的历届三边总督都主张收复河套，但都无法得到政府的支持。

张居正入翰林院的前一年，三边总督曾铣向中央政府递交报告书，认为最切实的办法，就是把蒙古人逐出河套，才能保证三边安宁。这是老生常谈，很多人都认为，曾铣会和他的前任们一样，望眼欲穿，然后对远大抱负发出一声叹息，最后就什么都没有了。

想不到，厄运降临：朱厚熜对曾铣的提议大感兴趣，马上交兵部讨论。兵部有人会核算成本，掐指一算后得出结果：出兵收复河套的成本大于保守筑城的成本。

朱厚熜大怒，斥责兵部说："你们这群蠢材，只知保守，不知开拓！"

兵部惶惶，朱厚熜不理会兵部，下令全政府公开讨论。

翰林院和内阁是穿一条裤子的，翰林院是内阁的后院，内阁是翰林院的窗口。这种国家大事，内阁责无旁贷，所以翰林院也就展开了激烈的讨论。张居正没有积极地参与讨论，他只是在倾听，然后做出自己的判断。

自入翰林院以来，张居正始终没闲着，他把帝国的典章制度和历届政府的执政文件都翻了个遍。所以当河套问题放到他眼前时，他马上就得出结论：以现在的情形看，兵部的意见没有问题。这么多年来，河套问题始终无法解决，不是因为别的，而就是因为政府没有实力，财力枯竭，军队自建国以来少有胜仗。尤其是1449年的土木堡之变，帝国精锐几十万人被蒙古人全歼，自此，明帝国的军队从实用品变成了观赏品。

让张居正大感疑惑的是，皇上朱厚熜不知道国家的弱点，夏言和曾铣难道也不知道？

就在整个帝国讨论得热火朝天时，曾铣联同三边巡抚联名上疏，决定收复河套。夏言积极响应，在朱厚熜面前鼓吹收复河套的可行性。朱厚熜见夏言热情如火，放出了这样一句话："你等既已详酌，此事应可行。"

收复河套似乎已定，因为主人已放话同意。问题是，放话的主人不是别人，而是朱厚熜。这句话说出的第三天，他从一场噩梦中惊醒，慌忙跑到道教圣人塑像前跪下号啕大哭。他也不知自己哭什么，总之，哭完之后他就发现，收复河套地区的提议简直混账透顶。

于是他向内阁下了一道手诏，内容是三个问句：驱逐河套蒙古人，师出有名吗？军队能打赢吗？曾铣死不足惜，生灵涂炭该如何？

夏言立即感觉到朱厚熜开始犹豫，如果此时不火上浇油，犹豫就会变成动摇，此事必泡汤。他决定面见朱厚熜，用纵横术打消朱厚熜的犹豫。严嵩在他旁边，眼里闪着不知名的光芒。厄运向夏言展开双臂：夏言要严嵩陪他一起去见朱厚熜。

一见朱厚熜，夏言就滔滔不绝。如果不是朱厚熜打断他，他肯定能说上三天三夜。朱厚熜打断他后，突然问了句："你和曾铣的关系很好？"

夏言想不到朱厚熜会问这样的话。他和曾铣关系是不错，可这跟收复河套有什么关系？

正当他准备回答时，严嵩从他身后如幽灵一样飘到他身前，恰到好处地把他挡进阴影。严嵩一开口就是："臣有事要奏，臣认为河套绝不可复！"

严嵩这句话说得极响，底气十足，从前的低声下气一扫而空。出于多年来盛气凌人的本能，夏言第一反应不是去看朱厚熜的脸色，而是看准了严嵩，怒不可遏："你之前怎么不说，到了这里才说，你什么意思？！"

严嵩扑通跪地，泪如雨下，一个劲地说："收复河套，绝不可行。"

夏言浑身发抖，但他知道，这件事算完了。岂止是这件事完了，连他本人恐怕也玩完了。正如他所料，第二天，严嵩趁热打铁上疏道："曾铣开边启衅，误国大计；夏言和曾铣关系非凡，所以被情感遮蔽了智商，表里雷同，淆乱国事。"

朱厚熜看到严嵩的上疏，突然想起以往夏言对自己信仰的种种不敬，又想到夏言和曾铣可能的结党关系，如同疯狗一样跳起来，下令免去夏言的官职，把曾铣捉到京城，将二人都投入监狱，等待严厉的处分。

这是1548年春节刚过时的事，身为庶吉士的张居正不会知道严嵩斗垮夏言的细节，但此事让他明白地认识到，政治斗争居然如此残酷：夏言在春节时还是气势熏天的内阁首辅，几天后，就成了阶下囚；而严嵩在几个月前还卑躬屈膝地跟在夏言身后，过了春节，他就站得笔直，脸上露出从未有过的高贵笑容。

1548年九月，蒙古人进攻大同，严嵩使出最后一招。他对朱厚熜说，这都是夏言和曾铣要收复河套引来的。朱厚熜下令将夏言、曾铣弃市。严嵩踩着夏言的尸体，举着酒杯，坐上了首辅的宝座。

严嵩的胜利，使张居正深受震动。他眼观鼻，鼻观心，无论如何都想不明白，严嵩如何会对同乡兼贵人的夏言下如此狠手！常听人说政治斗争异常残酷，那么，是人性把政治斗争变得残酷，还是政治斗争让人性更残酷的呢？

这个问题，张居正现在不明白也不理解。几十年后，他感同身受，理解了严嵩，并且比严嵩有过之而无不及。

严嵩升任首辅，预示着一个新时代的到来。张居正的新时代也来了，按惯例，他从庶吉士升为编修。

政府里大多数人都向严嵩展示恭敬顺从的微笑，张居正身在官场，又有宏图大志，自然也不会例外。他当时有两个选择：一是主动去结交严嵩；一是静观。

静观，不是他的风格；他喜欢主动，但不是大张旗鼓，而是不动声色的主动。

与严大佬对话

绝大多数政府官员结交严嵩，并不仅是严嵩位高权重，巴结他可以带来效益，还因为严嵩和夏言在为人上有着天壤之别。严嵩从不恃才傲物，把别人不当人，他在外表上对任何人都和蔼可亲。这种人会让你快速对其产生亲切感，而且和这种人交流，也是件很舒服的事。

张居正去拜访严嵩时，并未意识到，他其实和严嵩很像。他是神童，严嵩也是神童；他少年得志，严嵩同样才名早著；他曾得到很多官场大家伙的赏识，严嵩年轻时也有许多官场贵人；他在翰林院不拉帮结派，也不和其他官员勾肩搭背，严嵩当年也是这样。

他去拜见严嵩，心里没底。他只是个翰林院的编修，而严嵩是可以呼风唤雨的内阁首辅。但出乎他的意料，严嵩脸上挂着和蔼的微笑接见了他。

张居正坐在那里，如一口钟。严嵩先打开话匣子，说：“我知道你。”

张居正受宠若惊。严嵩看到了他的表情，却轻描淡写地说：“翰林院是人才荟萃之地，内阁最重要的任务就是寻找人才，所以翰林院的所有新人和旧人，我都一清二楚。”

张居正这次不仅是受宠若惊了，无形之中对严嵩产生了崇敬之情。严嵩接着说道：“在翰林院，你算是个另类。别的庶吉士上班时间扯淡，下班时间舞榭歌台，不亦乐乎，而你每天都在读书。我知道你喜欢看历朝典章制度和国家地理，这很好，这说明你是有理想之人，我喜欢有理想的人。”

张居正要站起来，感谢官场大佬严嵩的这番表扬，严嵩却示意他别动。他话锋一转：“不过，有件事，你该好好想一想。”

张居正慌忙站起来，恭敬地说：“请您指点。”

严嵩又示意他坐下，歪着头思考一会儿，才慢慢开口：“夏言要恢复河套地区，却没有考虑现实，本朝自英宗皇帝土木堡之变后，精锐尽失，根本没有力量主动出击。夏言这是要把帝国送进万劫不复之境，你说夏言该死否？”

张居正想不到严嵩会问这样一个无法解答的问题，说夏言该死，这不是他良知授意；说夏言不该死，眼前这人恐怕会让他马上就死，而且是绝对该死。

严嵩没有要他回答的意思，接着自己的话说下去：“外界风传，是我进谗言要了夏言的命。可你是否想过，身为内阁次辅，对如此重大事件必须要发表意见，我只是对皇上说，这事行不得，夏言非要行，可能有私。皇上大怒，才要了夏言的命。但皇上要他命之前，为什么所有官员都没有替夏言说情？”

这个问题的答案，张居正知道。夏言一向不把官员们放在眼里，颐指气使，唯我独尊，官员们当然不会为经常侮辱他们自尊的人求情。

他发现严嵩正看着他，眼神虽然犀利，却充满了柔情。他从这一眼神中读出了严嵩下面要说的话。

严嵩说：“我听说你在翰林院，始终板着面孔，不和同僚沟通，这是不对的。你可能认为这是严肃，是傲骨。但别人看来，这就是傲气，不把任何人放在眼里。夏言如果没有这个缺点，也不会失去它的首辅宝座和他的老命！”

张居正重新站起来，向严嵩恭恭敬敬地鞠上一躬，说：“您的话，我将铭记于心。”

严嵩在座椅上露出微笑，但这微笑并不好看，因为他已意识到张居正在作伪。他问张居正：“你是不是认为夏言死了，我应该如同做了亏心事一样每天都做噩梦啊？”

张居正没有回答，只在心里暗道：“这是基本常识，人做亏心事，总怕鬼敲门。”

严嵩马上斩钉截铁道：“如果你真有这种想法，那么你和那群庸人毫无二致，算我看错了你！”

张居正大为茫然，不知严嵩在搞什么幺蛾子。严嵩却换了话题：“知道阳明学吗？”

张居正点头，阳明学在当时是热门，几乎无人不知，无人不读。

“我和它的缔造者王守仁[1]先生见过面，确切地说，我还是他的信徒。”严

[1] 王守仁，字伯安，号阳明，明代著名的思想家、文学家、哲学家和军事家。其创立的阳明心学，是明代影响最大的哲学思想，远传至日本、朝鲜半岛以及东南亚。王阳明集立德、立功、立言于一身，成就冠绝有明一代。其生平事迹，详见度阴山著《知行合一：王阳明》。

嵩沉浸在往事中，“正德元年（1506年），王守仁先生在京城讲学，当时他还未创立心学，但思想深邃，已不同凡响。后来他因得罪太监刘瑾，被贬到贵州龙场驿站，百死千难之后创立心学。正德五年（1510年），他到江西庐陵（今吉安市）做县令，我在老家分宜守孝，前去拜访他。听他讲心学，振聋发聩，一洗从前之学术羁绊，找到了重新为学为人的明灯。”

张居正觉得严嵩突然“跑调”必有深意，所以认真倾听。严嵩说完这些停了一下，又问道：“你知道我从王守仁那里学到了什么？”

张居正摇头，严嵩得意起来：“良知！你认为对的就去做！夏言要把帝国拖进水火，我必须要阻止，纵然要了他的命也未尝不可。这就是良知告诉我的，我凭良知做事，不受良心谴责，何来有噩梦之说？那群庸人蠢货以为别人杀了人就会做噩梦，实在是以小人之心度君子之腹！”

听完这段话，张居正大为愕然。想不到严嵩竟然将心学作如是解，那阳明心学岂不就成了做坏事的人的托词宝典？！

严嵩似乎没有向张居正传道解惑的意思，他站起来，张居正也慌忙站起。严嵩客套地说：“你好好干，心中要有目标，为目标要不惧人言，定能得到你想要的！”

张居正必须要好好干，因为他想要的，已经超出了严嵩的想象力。不过在1548年，他还只是个翰林院编修，现实支撑不了他的理想，要现实可以支撑理想，就必须向上爬。他意识到，自己可能找到了大树，而这棵大树能否让他死心塌地地去靠，还需要时间的检验。

但无论靠还是不靠，他必须要有个“靠”的姿态，也就是说，他应该随波逐流，巴结严嵩，这是当时政治场的风尚。当所有人都做同一件事时，如果你不去做，你就是傻子，即使这件事是错误的。

1548年最后一个月，严嵩生日，张居正为他写了篇贺词。这篇贺词只是歌功颂德的例行文章，不过张居正可能是发自肺腑。因为那时，严嵩还未展现他人性中烂污的一面，张居正也把严嵩当作是“手扶乾坤，呼唤日月”的伟大人物。

甚至可以说，此时的张居正是把严嵩当成顾璘那样的贵人，和顾璘大不同的是，严嵩似乎不想做张居正的心灵导师。张居正太年轻，地位太低，除非是超级慧眼，不然根本发现不了张居正的潜力。

然而有个人就具备这种超级慧眼，在人头攒动的翰林院，一眼就发现了张居正。他就是当时的礼部尚书、翰林院掌院学士（翰林院常务副院长），在翰林院名分上是张居正老师的徐阶。

徐阶是上海人，矮小白皙，典型的南方人。十八岁时拜心学宗师王阳明的高徒聂豹为师，苦研阳明学，终有所成。二十岁中进士，入翰林院做编修。他有着南方人特有的柔性，无论是相貌还是为人处世的方式。熟悉他大半生政治生涯的人评价他说：徐阶就像是弹簧，压力来时，他能屈服退让；压力一减轻，他不但立即恢复原状，而且会突破原状，爆发更大力量。

1548年时，徐阶的这种政治风度还未完全展示，他和严嵩龙争虎斗的帷幕还未拉开。但迟早会拉开，因为徐阶是夏言一手提上来的。而且徐阶有能力，严嵩看到徐阶，就想到夏言，条件反射地，他对徐阶毫无好感。

就在与严嵩站上擂台的前夕，徐阶发现了张居正。

徐阶眼中的张居正，好学深思，沉稳庄重，但内心灵动，和他二十五岁年纪本该有的青春躁动极不相衬。他关注张居正，以阳明学“勇于担当”的思想精髓指点张居正，二人渐渐地由师生进化到朋友关系。或许是徐阶的大力指点，又或许是张居正满肚皮的政治才能不得不溢出，1549年，张居正向朱厚熜上了一道《论时政疏》。

《论时政疏》是张居正初期政治思想的结晶，也是他日后在帝国推行改革的草图。按他的看法，明帝国当时有五大问题亟须解决：藩王、财政、边防、吏治，最后一个是沟通，也就是皇帝和臣子的交流问题。

先看藩王，明帝国藩王无数，藩王的子孙多如牛毛，虽没有“尾大不掉”之势，但需要政府财力供养，供养这些藩王及其子孙，需要政府财政收入的一半。问题是，政府财政收入已非常勉强，年年入不敷出，所以张居正说要整顿财政。

至于边防和吏治问题，张居正认为是一回事。官员把无为当作最大作为，没人做事，行政效率低下，贪污腐败横行，长久下去，边防肯定会出事。

最后一个问题是暗指朱厚熜的。朱厚熜在执政后期把自己锻造成一名虔诚的道教徒，整日躲在密室修炼，和大臣见上一面，无异于铁树开花。皇帝不和大臣沟通交流，就不知天下事，何谈治国？

不要轻看了张居正这道奏疏，在那个年代，由于朱厚熜不喜政治，尤其不喜欢谈论政治的人，连言官都不敢轻易上疏，而张居正却以一小编修的身份迎难而上，其胆魄和为民为国的情怀，让人感动。

正如人生中任何第一次都不会有效果一样，张居正的这道奏疏如同投进墓道，毫无反响。换作普通人必会唉声叹气，感慨生不逢时，悲观一点的，还会转头泛舟四海，或是钻进深山老林，遁入佛老之道。但张居正依然泰然自若，因为他想起徐阶对他说过的一段话："圣人只是逢其时，才有其事。有些事急不来，也强求不得。该来的自会来，不该来的，你怎么求都无用。"正是这段话，给了张居正自信与沉着。

他调整了情绪，再把自己投进朝章国故的探索中去。终朱厚熜一朝，除了翰林院编修例行的奏疏外，他再也未上过一道存有本人见解的奏疏。

点到为止，这是张居正年轻时的态度。对方不识货，一味地奉献热情，无疑是热脸贴冷屁股。张居正有自知之明，不会做这种蠢货。

认可严嵩

1549年最后一个月，严嵩生日。张居正写诗称赞严嵩"握斗调元化，持衡佐上玄"，还称赞严阁老身为首辅，却始终保持着谨慎小心的态度，实在难能可贵。他认为，中央政府有这样的宰辅是国家之福。这不是张居正拍严嵩的马屁，而是因为严嵩的政治态度一目了然，知己知彼，谨慎从事。1550年下半年发生的庚戌之变，是严嵩这一政治态度的表露，张居正对严嵩极为认可。

1550年六月，一直活跃在明帝国北方边境的蒙古人进攻大同，大同和历次的表现雷同，不堪一击。蒙古兵团首领俺答汗顺势南下，八月，入蓟州。俺答汗于此兵分二路，一路攻古北口，一路从黄榆沟推倒城墙进入中国腹地。在通州，两路蒙古兵团汇合，快速攻陷通州，轻而易举地对北京完成了合围。

这真是天大的笑话！

明帝国重兵全在北境，而俺答汗兵团却如入无人之境，势如破竹地来到帝国首都城下！

兵部尚书丁汝夔慌忙领兵出北京城扎营，但正如张居正所说，这是群愁眉苦脸毫无作战能力的军队。朱厚熜浑身发抖地从炼丹房里出来，召开紧急会议，商讨对策。众人商议了一天，只得出一个根本就不必商量的办法：下诏各地勤王。

"勤王"的本质，就是皇帝老儿危在旦夕，四面八方的兄弟们赶紧来解救皇帝的老命。它是一个帝国颜面丧尽的表现。

第一个来到城下的勤王军是大将军咸宁侯仇鸾的部队，别看他来得早，以为功勋盖世，其实就是他把大同搞丢的。

仇鸾在北境常和蒙古人打交道，知道蒙古人的厉害，晓得自己的弱点，所以他来勤王，根本就不想打架，而是派人和俺答汗谈判。他对俺答汗说：“只要你不攻城，所有条件统统满足你。”

俺答汗得意扬扬地说：“我嘛，千里迢迢跑到你们家大门口，其实只有一个条件——入贡。”

“入贡”从字面来理解，就是向明政府进贡。俺答汗兴师动众，长途跋涉来到北京，居然就是为了向明政府进贡，这可真是天下第一犯贱。

但稍对中国史了解的人就知道，中国语境中的“进贡”别有意味。中国地大物博，应有尽有，根本不稀罕外邦的进贡，外邦进贡的那些东西，中国转身就扔了。但人家进贡，你要还礼，这个“礼”在很多外邦眼中就是巨额财富。俺答汗多年来一直在明帝国北境动刀动枪，唯一的要求就是进贡，其实就是想要那个“礼”。这个“礼”包括很多，都是要求入贡的人所没有的，比如茶叶、织物、陶瓷，最重要的是铁器。

朱厚熜长期以来为何不答应俺答汗的入贡？大概是出于廉价的自尊。没有人喜欢被别人拿枪逼着说：“我要给你进贡，你赶紧还礼。”

当朱厚熜听说俺答汗还是那个老套的要求后，气急败坏，召集严嵩和徐阶开会。他手里攥着俺答汗的求贡书，像是攥着一只恶心的癞蛤蟆。

他发问严嵩：“该如何？”

严嵩猜透了朱厚熜的心思，根本不想同意俺答汗的求贡，但人家兵临城下，摆谱肯定不成。他思考了一会儿，说：“这是一群恶贼，抢完了自然会走，皇上不用操心。”

徐阶看了看严嵩，又看了看朱厚熜。朱厚熜要他说话。徐阶郑重地说：“俺答汗的军队就在城外，稍一抽风，就会攻城，已不是恶贼了。”

朱厚熜点头，问严嵩：“看到求贡书没有？”

严嵩慢悠悠地从袖子里拿出他收到的那封求贡书，递给徐阶，说：“外邦求贡，这是礼部的事。”

这个皮球踢得超级绝妙，但徐阶的处理更妙，他接住了球：“事是礼部的事，”又踢了出去，“但一切还请皇上做主。”

这个球把朱厚熜砸得很颓唐：“我是找你们商量的，你们……”

徐阶看了眼严嵩，严嵩低头看着脚。徐阶说：“敌人已到城下，是战是守，咱们都没有把握，目前只能同意敌人的要求。”

朱厚熜无奈地去看严嵩。

严嵩慢吞吞地说：“如果蒙古人得寸进尺怎么办？”

朱厚熜急忙去看徐阶。徐阶沉默了半天，说了一个字：拖！

三人的会议刚结束，翰林院就知道了结果，顿时炸了锅。张居正冷眼旁观，听到各色人等的空泛议论，他觉得没有人说到点子上。正当他心事重重时，同样心事重重的徐阶来了。

徐阶把张居正领到礼部衙门的办公室，关起门来，开门见山："事情你都知道了，你怎么看？"

张居正沉思一会儿，说："严阁老和您的计划是正确的。"

徐阶"哦"了一声。

张居正见徐阶有想让他说下去的意思，就侃侃而谈："战，不可能，我们的军队已腐败透顶，只能当仪仗队。实力不济时，只能隐忍，同意敌人的条件。"

徐阶苦笑，摇头叹息："严嵩担心俺答汗得寸进尺，而且皇上也不是太喜欢俺答汗求贡。我说拖，却也没有更好的办法。"

张居正又沉思一会儿，开口道："拖，无非就是大事化小，小事化无。只要有方法能拖住俺答汗的求贡，他饱掠之后自然会走。"

徐阶考张居正："依你之见，该用什么方法？"

张居正看到那封求贡书，一字一句地说："俺答汗的求贡书是用汉文写的，这不符合中国与外邦的交往规定，要他用蒙文重新写一封。另外，临城求贡也不可，要他退出长城，把重新书写的求贡文交给大同守将，逐级上报，如果做到这些，一切就都可商量。"

徐阶几乎要鼓掌叫好，他心里想，果然没有看错张居正，这是个心思缜密而又步步高招的年轻人，假以数年，必成大材。

俺答汗接到明政府礼部的回信后，心情郁闷，这位征战大半生的粗鲁汉子不禁破口大骂："他奶奶的，这些南蛮子太矫情了。"

但这毕竟是条有可能一劳永逸的路，所以他还是琢磨起来。一面琢磨，一面在北京城郊区抢劫，时间一久，他突然发现不对，如果再拖下去，明政府所有勤王军到来，自己就吃不了兜着走了。况且，他已抢得够多。终于有一天，他整顿战利品，准备退回草原。

朱厚熜得知这个确切消息后，兴奋得发狂，他以为蒙古人是逃跑，命令明兵部尚书丁汝夔对蒙古人开战。丁汝夔问严嵩的意见。严嵩说："你是不是抽风啊！咱们根本打不过人家，人家都要走了，你要是打，反而会给人以口实。老实待着别动！"

至少在张居正看来，这个见解是高明的。因为明帝国的军队真的就不是蒙古人的对手，主动开战，只能丢人现眼。丁汝夔身为兵部尚书，当然明白国家的军队是副什么德行，所以也不出战。

直到此时，张居正对严嵩还极崇拜，但蒙古人退走后，张居正对严嵩的印象稍稍有了点瑕疵。蒙古人撤走后，重拾颜面的朱厚熜一想到几个月来受到的屈辱，不禁怒火中烧，立即将丁汝夔投入监狱。丁汝夔慌忙向严嵩求救。严嵩很担心丁汝夔把自己告诫他不可出兵的事说出去，于是安慰他："我在，你绝不会死。"

可是，直到丁汝夔被拉到刑场，严嵩也未帮他说一句话。张居正明知道这是残酷的政治斗争，可良知上却过不去，他认为严嵩太狠，太无人性。然而，多年之后，他在处理这种事情时，和严嵩的区别并不大。

政治就是保全自己，牺牲他人，如果连自己都无法保全，一切都是虚谈。徐阶说，做政治家要有良知，张居正则认为，政治家的良知是为国家、为众生，为实现这个目标，不能说无所不用其极，但至少应该保住自己的生命和地位，否则，就不是真的"致良知"。

杨继盛，你太蠢

俺答汗虽然离开了北京城，但庚戌之变给明帝国的震动是剧烈的。危险随时都会发生，仇鸾高瞻远瞩，主张开放马市，避免和蒙古人持续不断地战争。

明代的马市，是明政府和蒙古人在边境互相贸易的一种固定场所，蒙古人用马匹交换明政府的货物。表面看是通商，事实是，蒙古人的马匹根本不能作战，只能吃肉，而他们所得到的却是生活必需的资源。纵然这样，马市也不得不开，因为虽然它不能断绝战争，却能减少战争。明政府开国以来，一直有马市，直到1449年土木堡之变后，马市才关闭。

仇鸾此时提马市，面临危险。明政府大部分人，包括朱厚熜，已经把马市当作丧权辱国的表现之一。可不开马市，俺答汗就不老实，朱厚熜恨得牙根痒痒，只好在1551年三月下令开放马市。

俺答汗的马匹还未到达交易地点，明中央政府就有人跳出来，反对开放马市了。此人就是兵部员外郎（副司级）杨继盛。

杨继盛是张居正的同年，中进士后先在南京坐了几年冷板凳，后来被调进中央政府在国子监任职，他的上司是徐阶。正是靠徐阶的推荐，杨继盛扭身进了兵部。杨继盛和张居正迥然不同，火气太盛，直来直去，看不惯就想插一嘴。他有着高尚的救世情怀，我们今天常吟诵的“铁肩担道义，妙手著文章”就是他的诗句。他也有着和脆弱帝国一样的廉价自尊，所以听到开放马市，迫不及待地跳起来。他说：“开放马市有十不可、五大谬。”

朱厚熜发现了知音，大喜若狂地召开大臣会议讨论。严嵩和徐阶都没有说话，仇鸾却大肆攻击杨继盛，说他没有参加过战争，狗屁不懂，战争是要流血的，而马市却能带来和平。仇鸾还认为，已经和俺答汗约好，如果反悔，恐再引事端。

这正是朱厚熜最恐惧的事，他咬咬牙，只好继续支持仇鸾的见解，同时把杨继盛贬出京城到甘肃官场去打杂。

张居正对杨继盛的上疏嗤之以鼻。他和仇鸾的想法一样，杨继盛未见过战争，不了解帝国的衰弱，只是过嘴瘾。这样的人，空有虚名，其他一无是处。张居正后来对那些穷嚼蛆的言官极为愤恨，原因就在此。言官们从不实地调查，把嘴当武器瞎起哄。

马市虽然开了，可在朱厚熜的干扰下，总是遮遮掩掩，今天不开，明天开半天。俺答汗觉得很不爽，于是又按下战争按钮，对大同、怀仁等重镇做持续不断的攻击。

朱厚熜坐到龙椅上，由于吃的丹药过量，加上气急败坏，所以两眼发红，呼吸急促，他要仇鸾解决这件事。仇鸾心里有气，因为正是朱厚熜才把事情搞成这样，但他不敢和皇上撒气，只好悻悻地赶赴大同巡视边防。

仇鸾一走，朱厚熜眼珠乱转，又想了个馊主意。他认为严嵩太过谨慎，所以就把看似进取的徐阶放进内阁，这如同在一个笼子里放进了两只猛虎。

徐阶一进内阁，严嵩浑身毛孔都竖起来。他知道徐阶不好对付，他也知道徐阶肯定有对付他的心。他决定不等徐阶在内阁把椅子坐热，就把他踢出去。

眼前有个大好机会，这就是仇鸾。朱厚熜已明显表露出对仇鸾的不满，因为仇鸾开马市的要求伤了他的自尊，而且开放马市后，战争依然存在。在这种时候，要搞仇鸾，易如反掌。严嵩决定搞仇鸾，但搞仇鸾不是目的，目的是徐阶，因为徐阶和仇鸾的私交不错。

当严嵩得意扬扬地精心谋划时，意外发生了：有人先他一步搞了仇鸾。此人不是别人，正是仇鸾的好友徐阶。徐阶的眼力远超出严嵩的想象，仇鸾还在去大同的路上，他就已看出朱厚熜对仇鸾的极度不满。于是徐大学士入内阁的第一件事就是弹劾仇鸾，批评他贻误大局，让朝廷名誉扫地，而且于事无补。

朱厚熜先表扬了徐阶一番，然后下令仇鸾回京。1552年八月，刚抵京城的仇鸾被收了将军印，马市也随之关闭。两个月后，仇鸾忧惧而死，朱厚熜觉得他死得太便宜，又把他开棺戮尸。

仇鸾死于残忍的政治斗争，他的死给张居正以强大的震撼。如果徐阶不先下手，死的恐怕就不止是仇鸾一个人。徐阶对朋友开炮，虽不近人情，却保全了自己。张居正正是在当时逐渐形成了自己的政治观：在刀剑丛林的政治场，所谓致良知，就是先保全自己。

然而，这并非是他全部的想法。他替仇鸾或者说是替马市鸣不平，因为他已深刻看到，在当时明帝国脆弱不堪的情况下，避免和蒙古人战争的唯一途径就是开放马市。但这个计划却被严嵩和徐阶的政治斗争以及朱厚熜冥顽不灵的自尊心击得粉碎。

他和徐阶聊天时，有意无意地把这看法说给徐阶听。徐阶能做的只是摇头叹息，并且暗示张居正，他本人现在能做的只有一件事——躲避严嵩的攻击。但张居正的见解给徐阶留下了更深刻的印象。

当时在中央政府的绝大多数人都对徐阶敬而远之，原因很简单，严嵩把徐阶当成了潜在的敌人，那么和徐阶走得近，就等于是严嵩的敌人。让人感到吊诡的是，严嵩对任何接近徐阶的人都施以打击，唯独对张居正置若罔闻。有人猜测说，这是因为张居正的人格魅力让严嵩受到洗礼，但这种猜测太高估了人格的力量。阴险的政治家对人格没有概念。恐怕只有一个原因可以解释，张居正虽然和徐阶亲密接触，但也没有把严嵩冷在一边，相反，他对严嵩比从前更为亲密。他给严嵩写贺词，有时候还会替严嵩写一些贺词给朱厚熜。不要以为张居正是在阳奉阴违，瞒天过海。实际上，直到杨继盛入狱前，他对严嵩的政治主张和严嵩本人谨小慎微的性格还是持肯定态度的。

本来，杨继盛应该老死在甘肃的穷乡僻壤，可因为严嵩，他的命运被改变了。仇鸾的尸体还未被戮干净，杨继盛就被严嵩从甘肃调到山东诸城做知县；几个月后，杨继盛又被调到南京户部；又几个月后，杨继盛被调进中央刑部担任副司级干部；再几个月后，杨继盛成了兵部权力最大的武选司（兵部人事司）一把手。不到一年的时间，杨继盛宛如坐了火箭，垂直飞升，而幕后的推手正是严嵩。

严嵩如此卖力地捧杨继盛，就是因为杨继盛曾弹劾过仇鸾。严嵩虽然认为开放马市是避免战争的唯一办法，却讨厌仇鸾在那段时间如此受宠。那段时间，朱厚熜对仇鸾言听计从，险些忘了还有他严嵩。这是吃干醋，也是政治家秉承的基本原则之一：有仇必报。

杨继盛当然明白这里面的猫腻，所以对严嵩的大恩毫无感激之情，在兵部待了一个月，他突然向严嵩射出一支毒箭：严嵩有十大罪，最大的罪就是打击异己，干扰人事。

严嵩伤心欲绝，他想不到世上真有这种忘恩负义的白眼狼。他跑到宫中，跪在朱厚熜脚边痛哭流涕，说杨继盛居心不良，空穴来风。因为他严嵩就是皇上亲自提拔上来的，如果他严嵩有罪，那也就是说皇上眼瞎，是非不明。

朱厚熜听完勃然大怒，将杨继盛下狱。几天后，杨继盛被廷杖一百，关在监狱，不见天日。三年后，因为另外一件案，严嵩巧妙地把杨继盛牵扯进来，斩首弃市。

杨继盛案审理时，张居正要徐阶出手帮忙。徐阶充耳不闻，张居正不依不饶，徐阶只好说了真话："我现在出手，就是往严嵩的陷阱里跳。皇上现在对严嵩信任到迷信，攻击严嵩，就等于攻击皇上。"

张居正愣在当场，问了句幼稚的话："难道就眼睁睁看着杨继盛死吗？"

徐阶平静地反问："不然，还能怎样？"

张居正当时脑子一热，一个想法冒出来：去求严嵩。

但这个想法稍纵即逝，他已渐渐明白政治是怎么回事，如果他真去求严嵩，就等于暴露了自己的政治立场。要知道，在严嵩心目中，他张居正虽才华横溢，却对政治毫无兴趣，只是个应酬诗文的作家罢了。

他一想到这里，马上冷静下来。这是他的过人之处，虽有头脑发热时，却很快能自制冷水，将其浇熄。冷静许久后，他苦笑，心里说道："杨继盛，你太蠢！"

张居正之所以这样说，当然有根据。朱厚熜超级信任严嵩，就如同儿子信任老子一般。严嵩担任首辅长达十五年（1548—1562），保持这么久的权位，在明代历史上是个奇迹。而他能创造这个奇迹，自有过人之处。这个过人之处就是对朱厚熜心理的完全掌控。

朱厚熜不喜欢政治，严嵩从不拿政事去烦朱厚熜；朱厚熜自以为英明，严嵩在朱厚熜面前就处处表现窝囊；朱厚熜死不认错，严嵩在任何情形下都避免暴露朱厚熜的过失；朱厚熜反复无常，严嵩永不提建设性的意见；朱厚熜讨厌大臣结党营私，严嵩对任何陷于危难之中的朋友从不施援手，丁汝夔就是例子；朱厚熜信仰道教，经常要为玉皇大帝献上拍马屁的青词，严嵩就苦练青词写作，还把儿子严世蕃锻造成青词高手。

严嵩就是朱厚熜的催眠师，不幸的是，朱厚熜一年三百六十五天都在被严嵩催眠。所以搞严嵩，就是搞被催眠的朱厚熜，成功的可能性不是说没有，但微乎其微。

张居正说杨继盛太蠢，其实是想说，凡是在这种时候搞严嵩的人，都聪明不到哪里去。迎难而上只是莽夫，真正的英雄从来都是审时度势，有了绝对把握后才出手。

张居正虽然这样想，却仍心有不甘。杨继盛事件让他对当时的政局产生了危机感，对严嵩的看法有了些许的转变。他愤懑，却不能表露；他有抱负，却在严嵩谨小慎微的政治模式下无法实现。

于是，他做了一个对他而言是天大的决定：离开。离开之前，他给老师徐阶写了封辞别信。

对徐老师的期望

1554年，张居正向政府请病假，回了老家湖北江陵。临行前，他先去辞别老师徐阶。徐阶对张居正的决定不置可否，他无可奈何地说："现在朝堂混乱，你人微言轻，在这里也于事无补，离开这是非之地，是最好的保身之术。他日朝廷清明，你再回来，施展你的抱负。"

张居正对着徐老师苦笑，并从怀中掏出一封信，递到徐阶手中，说："恩师，这封信等我走了您再看。"

张居正走后，徐阶打开信，凭他的智慧和对张居正的了解，他应该能猜出这封信的内容。果不其然，张居正在信中说的和他猜测的八九不离十。

信的名字叫《谢病别徐存斋相公》，这是张居正诗文中文采、思想最具光芒、最具震撼力的一篇文章：

相公雅量古心，自在词林即负重望，三十余年；及登揆席，益允物情，内无琐琐姻娅之私，门无交关请谒之衅，此天下士倾心而延伫也。然自爰立以来，今且二稔，中间渊谋默运，固非谫识可窥，然纲纪风俗，宏模巨典，犹未使天下改观而易听者，相公岂欲委顺以俟时乎？语曰："日中必慧，操刀必割。"窃见向者张文隐公刚直之气，毅然以天下为己任，然不逾年遽以病殁。近欧阳公人伦冠冕，向用方殷，亦奄然长逝。二公者皆自以神智妙用，和光遵养，然二三年间，相继彫谢。何则？方圆之施异用，愠结之怀难堪也。相公于两贤，意气久要，何图一旦奄丧，谁当与相公共功者？况今荣进之路，险于榛棘，恶直丑正，实繁有徒。相公内抱不群，外欲浑迹，将以俟时，不亦难乎？盍若披腹心，见情素，伸独断之明计，捐流俗之顾虑，慨然一决其平生。若天启其衷，忠能悟主，即竹帛之名可期也。吾道竟阻，休泰无期，即抗浮云之志，遗世独往，亦一快也。孰与郁郁颇颔而窃叹也？夫宰相者，天子所重也，身不重则言不行，近年以来，主臣之情日隔，朝廷大政，有古匹夫可高论于天子之前者，而今之宰相，不敢出一言。何则？顾忌之情胜也。然其失在豢縻人主之爵禄，不能以道自重，而求言之动人主，必不可几矣。愿相公高视玄览，抗志尘埃之外，其于爵禄也，量而后受，宠至不惊，皎然不利之心，上信乎主，下孚于众，则身重于太山，言信于其蓍龟，进则为龙为光，退则为鸿为冥，岂不绰有余裕哉！

开头直入，先赞徐阶德才兼备，深孚众望。然后一转："您自入内阁以来始终沉默，难道是坐以待时？太阳正中时，必要晒东西，手拿起刀，必要割东西，做事该当机立断，不可错失时机。"接着又举了两个大志未酬身先死的人物，提醒徐阶，"您可千万不能学他们。"

行文至此，张居正的笔锋凌厉起来，直接批评徐阶："您不想同流合污，却又虚与委蛇，这是不是太难了？您是阳明学门徒，王阳明主张以真情行事，起而抗争，难道这些您都忘记了吗？您身为宰相，就该担负起以天下为己任的重任！"

最后，他谈到自己。他说："我已心灰意冷，所以才要归家悠游田园。不过，我仍然企盼徐老师您可以奋起一搏，改变局面。如果真有那么一天，或是您准备有那么一天，徐老师只要招呼一声，我一定会披星戴月而来，以死相报。"

后来很多史学家都认为，这是张居正要徐阶干掉严嵩，大权独揽，然后救济天下。但这并不可靠，张居正对严嵩虽然少了很多好感，却并无反感。他只是希望徐阶能挺身而出，做一个天下瞩目的合格的宰相。至于是否干掉严嵩，那要看形势的发展。也许在张居正看来，只要徐阶振臂一呼，说要干点实事，凭徐阶的威望，天下人必会响应。到那时，严嵩就不得不退。

徐阶一边看信，一边苦笑。经验毕竟和年龄有关，张居正才三十岁，正是血气方刚的年纪，在这种年纪，向来是敢说敢言，但永远都是站着说话不腰疼。

张居正离开北京时，还为这封信沾沾自喜。当他抵达江陵后，态度就变了。人有时候想不明白一些事，就是因为没有站到对方的角度考虑问题。如果世界上，尤其是政治场中的事都如他说的那样简单，政治也就不足为奇了。

徐阶把信轻轻地收起，平复了心情。他坚信，为了江山社稷，为了自己的安全，自己绝不可能如张居正说的那样，贸然造次，以致壮志未酬就挂掉，也不会如其他人那样，因为长久的蜷缩而丧失了最后的斗志。因为他是弹簧，现在蜷缩，是在积聚力量，力量集聚得越多，时间越长，爆发时的力量就越大，能把他的对手撞得粉身碎骨，连灰都不留！

第三章
徐阶的时代

在野之人，看得更真

1554年，张居正回老家江陵养他虚无的病，养“病”期间，他大致做了下面这些事。

第一，读书，拼命读书。

第二，写诗，诗文虽然有着浓厚的田园气息，却丝毫掩饰不了他对政治的热衷。他不想掩饰，因为他有抱负。如果一个人连自己的抱负都掩饰，那他成不了什么人物。

第三，为谋杀了他祖父的朱宪㸅写诗。他回老家不久，朱宪㸅就找上门来，请他吃饭喝酒。张居正喝起酒来万分小心，生怕蹈了祖父的覆辙。但朱宪㸅没有要杀他的意思，张居正现在已是翰林院官员，朱宪㸅虽然不巴结他，可却不敢有害他之心。这种饭局让张居正大为厌恶，因为朱宪㸅总让他写诗。可他是个深沉有大略的人，所以不动声色地为朱王爷写诗。

第四，也是最重要的，他到乡间做实地考察，发现了大地主兼并土地、贫民失业的现实，也发现了政府对农民的横征暴敛。他得到这样一条真理：农民是政权之根，要想根基牢固，就要让根基快乐，而让根基快乐的基础，就是要减轻农民的负担。为了感同身受农民之苦，他亲自下地务农，而且就住在田地边简陋的房子里，风雨无阻。

第五，无时无刻不关注国家信息，尤其是国防。在他回老家那年，东南沿海受到倭寇更加猛烈的侵扰。1555年，俺答汗攻陷大同，进犯怀来，北京戒严。而中央政府中，朱厚熜依然在斋戒祷告，祈求长生；严嵩依然在那里拼命贪污；徐阶依然保持着谨慎的微笑，看着朱厚熜祷告，看着严嵩贪污。

张居正在自己的菜园子里，看着勃发的青菜，攥紧拳头说：国防，皇室。是的，国防和皇室是朱厚熜上任以来国家财政最大的负担。有朝一日，必要将这两件事好好布置。

可他又无可奈何地笑了，因为他站在菜园子里，要解决这两件事，非要站在庙堂，非要站进内阁不可。

父亲张文明对他每天站在菜园里大惑不解，开始唠叨不停。张文明说："我们张家好不容易出了个进士，却在家里读书种地，这不是对待祖宗应有的态度。况且，天生你这等人才，正如农民制造了个锄头，你不用，对锄头是很不公平的。"

张文明开始絮叨时，张居正还能忍受，但张文明一直絮叨，到最后每天唉声叹气，搞得张居正以为自己做了什么大逆不道的事，为了父亲能快乐，他决心回北京上班。当然，张文明的唠叨只是一方面，他内心深处，还是对政治热衷，不想轻易离开政治场，因为他所有的抱负都需要靠政治权力来实现。还有一点，他对总给朱宪㸅写诗，恶心透顶。

回北京前，他写下一首诗，表达其意志：我愿移此心，事君如事亲，临危忧困不爱死，忠孝万古多芳声。

这种伟大的情怀，让人听了热血沸腾，油然而对张居正生出好感。但"孝"他可以做到，而"忠"就有难度了，三年后的1557年回京后，他要"事君"，毫无希望。

徐阶正在为朱厚熜写青词，憋得抓耳挠腮。闻听张居正回来，没有欣喜，反而很讶异："你怎么这么早就回来了？现在你回来也没有意义，干脆，你明年去河南汝宁府主持册封崇端王的仪式吧，完事后，你顺便回家看看。"

张居正对徐老师的安排没有反驳，老老实实地去了汝宁，完成任务后，他回了老家江陵。张文明一看张居正又回来了，大吃一惊。张居正说："这是徐阁老的安排。"张文明凭借有限的政治智慧，高叫道："这不是冷藏吗，怎么能是安排？"

张居正当时也不知徐阶为何要这样安排自己。一个月后的1558年三月，张居正大概明白了徐阶让他远离中央政府的良苦用心。

与高拱相识

1558年三月，严嵩受到挑战。刑部的三个言官吴时来、张翀和董传策在同一天上疏弹劾他，主要罪行包括贪污、干扰人事等。把三人弹劾的内容合并同类项，就发现都有“坏边防”一项。

“边防”的确很坏，自朱厚熜关闭马市以来，俺答汗每年都猛烈进攻明北境，每次都会对北京构成不大不小的威胁。这恐怕怪不得严嵩，严嵩一直主张和蒙古人和平共处，开放马市，可朱厚熜不干。三人指责严嵩坏边防，没有事实依据，只是认为严嵩该对蒙古人的不停进攻负责。

严嵩不是瞎子，也不是傻子。三人同一天弹劾他，又同样指责他坏边防，他断定其中有事，再一细查，果然有问题：吴时来和张翀是徐阶的门生，董传策是徐阶的同乡！

严嵩怒了，哪里有这样巧的事，这明摆着是徐阶在背后捣鬼。他故技重施，跑进宫中跪在朱厚熜脚下，一把鼻涕一把泪地诉说委屈。朱厚熜看到老态龙钟的严嵩哭得像个被同学欺负的孩子，心潮澎湃，下令惩治三人。严嵩主张把三人处斩，朱厚熜没有听从，把三人发配边疆了事。严嵩又说三人是傀儡，背后有大阴谋家，朱厚熜说：“你别胡思乱想，我要回去吃丹药了。”

朱厚熜对严嵩态度的转变，缘于严嵩的年纪。1558年严嵩七十九岁，已是个反应迟钝、耳聋眼花的糟老头子。本来，严嵩能得到朱厚熜的宠爱，全在严嵩的伶俐，朱厚熜一皱眉，严嵩就知道朱厚熜在想什么，要干什么。可随着年龄的增长，严嵩的反应异常迟钝，有时候朱厚熜都快把两道眉毛皱成一条了，严嵩却还站在那里形如痴呆。幸好严嵩有个聪明的儿子严世蕃，能帮他给朱厚熜写青词，否则，朱厚熜对严嵩恐怕早已失望。

三位刑部言官事件后的第二年，严嵩又受到打击：朱厚熜把徐阶提为吏部尚书，一年后又把徐阶晋升为太子太师，这虽然是个虚衔，可代表了皇上的尊崇。严嵩突然发现，身边那个和善的小矮子徐阶猛地强大起来。

徐阶不骄不躁，稳扎稳打地前进。1560年，他小心翼翼地把张居正从翰林院编修提拔到国子监（国立大学），担任司业（副校长）。这是一个很引人注目的安排，明代国子监只有两所，也就是说，它和今天的国立大学截然不同，它有政治权力，而且和翰林院一样，是国家学术的中心，更是皇帝的机要秘书处。

张居正上任前，徐阶对他说："我今天总算给你个交代，虽然还不能直接参与实际政治，但道路不远，你要好好珍惜。从前我不安排你，因为时局太复杂，但吴时来三人未被处决，说明光明即将来临，你我需共同努力。"

张居正谨听教诲，此时，他对徐阶下的这盘棋感到高兴，更让他高兴的是，他在国子监结识了祭酒（校长）高拱。

高拱祖籍山西，生于河南新郑，1541年进士，是个头脑聪明到极致，性格又极端自负，敢想敢做的人，曾在朱厚熜的三子裕王朱载垕府上做讲师九年。朱厚熜的长子早夭，次子被立为太子后于1552年去世，所以朱载垕虽未被立为太子，却是实际上的太子。高拱和朱载垕的关系颇不平常，有识之士都知道，太子府上的讲师就是将来的大学士，所以严嵩和徐阶都极力拉拢高拱。高拱被任命为国子监祭酒，就是严嵩和徐阶共同的主张。

无论严嵩还是徐阶，都不明白，高拱不是任何人能拉拢的，张居正知道。因为他进了国子监不久，就和高拱成了好朋友。

能被高拱当作朋友的人，屈指可数。因为高拱自视甚高，目中没有几人。高拱能看重张居正，足以说明张居正的德才不同凡响。张居正对高拱也是另眼相看，因为高拱的确有非凡的才干，而且和他一样，高拱也有远大理想。两人可谓英雄识英雄。

两人经常结伴去爬香山。每次到顶峰时，高拱都会站到峭壁上，望着一尘不染的北京城，叹息说："江山如此多娇，却时局日坏，不堪看。"

张居正把他从峭壁上拉下来说："先保护好自己，再说其他。"

高拱问张居正："你可知我的理想？"

张居正知道，高拱的理想是掌握大权，指点江山。

高拱不等张居正回答，说："我看你也是胸中有丘壑，将来我们联手干一番大事业，让这多娇的江山更加灿烂！鞠躬尽瘁，死而后已！"

张居正轻轻地摇头道："当然要鞠躬尽瘁，但功业不成，就不能死而后已！"

高拱抓住张居正的手，说："啊呀，太岳（张居正字太岳），你的毅力真让我敬佩！"

于是，两人击掌为誓，相约他日有机会入阁，定当同心协力，振奋大明江山。史书说，二人常常"期以相业"。

"相业"离他们越来越近，因为严嵩的好运气用完，徐阶的反击适时地开始。

严嵩倒台

1561年十一月，西苑发生火灾，朱厚熜居住的永寿宫被毁。他又不想回紫禁城，所以找严嵩和徐阶商量重建永寿宫。永寿宫是朱厚熜多年来修炼之地，他之所以不回紫禁城，一是为了有个清净的地方可以修炼，二是多年前有几个宫女在紫禁城的寝宫险些勒死他，在他看来，那是个不祥之地，能激起他的噩梦。

严嵩主张，皇上该回紫禁城，建永寿宫会花很多钱，目前政府里没有这项余额支出。朱厚熜听到严嵩的话极度反感。徐阶在朱厚熜脸色电光石火般的变化中看到了希望，他几乎兴奋地站了出来，说："不必政府出钱，永寿宫也能重修。"

朱厚熜眼里射出耀眼的光来，指着徐阶："快说，快说。"

徐阶说："之前修建三大殿（奉天、华盖、谨身）还剩了很多余料，这些余料足够修复永寿宫。"

朱厚熜心花怒放，问："多长时间？"

徐阶回答："不超三个月。"

严嵩在一旁咬牙切齿：徐阶这畜生，处心积虑，三大殿剩余材料，我怎么不知道。可见这孙子平时何等精明，连这样的事都注意到了。你说他没有阴谋诡计，鬼才相信。

1562年春，永寿宫完成，朱厚熜奖赏徐阶：升徐阶为少师，得尚书俸禄。

严嵩立即发现徐阶要咸鱼翻身，急忙请徐阶吃饭。徐阶找张居正商量。张居正沉思许久，才慢慢说道："饭是要吃，严嵩有什么事也尽可答应。此时，皇上虽然对他动心，却没有动手的意思。"

徐阶很赞同。严嵩果然有事相求，宴席进行到高潮，严嵩突然把他的家人都叫出来，环跪到徐阶脚下。严嵩举起酒杯，对徐阶说："将来我这些子孙还需您照顾。"

徐阶作慌张状，起身连说不敢当，不敢当。

徐阶这副受宠若惊的样子背后是埋头苦干，昼夜赶工扳倒严嵩。他买通了朱厚熜身边的一位道士，道士给朱厚熜算命，突然说："有奸臣来见。"朱厚熜一抬头，就看到严嵩颤颤巍巍地来了。道士再给朱厚熜算命："朝有奸贼，君子隐没。"朱厚熜问："谁是奸贼，谁是君子。"道士摆出成竹在胸的样子："徐阶是君子，严嵩是奸贼。”朱厚熜沉吟不语。

徐阶得到这个消息后，如获至宝，找来张居正，说：“堡垒内部已起乱，只欠一东风。”

张居正知道这东风是什么，政府中必要有一人弹劾严嵩，里外同时爆炸，严嵩就会被炸上天。徐阶皱眉思考，张居正主动请缨：“老师，我来！”

徐阶的小巴掌在空中一挥：“不！你不行！”

张居正愣住。徐阶急忙解释：“你不是不行，是你不能。也不是你不能，是你就不该做这件事。归根结底，你是做大事的人，这种事自有人做。”

徐阶说的“有人”做的“人”就是监察部的御史邹应龙。邹应龙不是莽汉，弹劾严嵩是玩命的事，杨继盛、吴时来就是榜样。但他有正义感，这是徐阶最希望的。徐阶买通宫里的道士和太监，让他们悄悄传消息出去，消息就是那位道士说严嵩是奸臣时，朱厚熜长久的沉思不语。

邹应龙得到消息，用大智慧判定：朱厚熜对严嵩已失去信任和信心，他成名的日子来了。1562年五月，他上了一道《贪横荫臣欺君蠹国疏》。该疏中指控严嵩的儿子严世蕃贪赃枉法、祸国殃民，应处死刑；严嵩溺爱恶子、受贿弄权，应削职为民。

严嵩这次没有机会跑到朱厚熜脚下流鼻涕，因为朱厚熜的反应太凌厉：先下一旨安慰严嵩，未到半个时辰，又下第二旨，严嵩退休回家，严世蕃发配雷州充军。

从1548年到1562年，十五年的首辅严嵩就这样垮台了。严嵩垮台，徐阶成为首辅，张居正却比徐阶还高兴。他在国子监用诗歌咆哮道：“狂歌袅袅天风发，未论当年赤壁舟。”“佳辰已是中秋近，万里清光自远天。”

佳辰来了，他要挥洒出万里清光。但是，“天风”徐老师在干什么，怎么还没有来找他？

“天风”徐阶不来找他，不是因为徐阶忘了他，而是他太心急。他盼望徐老师来找他，如同盼望情人一样，一日如三秋。

在徐阶背后

徐阶继任首辅的第一件事，就是在办公室里挂起一条幅：“以威福还主上，以政务还诸司，以用舍刑赏还诸公论。”条幅的意思再明显不过：我徐阶要拨乱反正，把威权和福祉归还皇帝，把政务归还政府各部门，把官员的任免、奖惩归还公众舆论。

在施政上，徐阶以严嵩为反例，处处和严嵩反其道而行：严嵩专权内阁，徐阶就和次辅袁炜共同协商大小政务；严嵩对正直官员打压，徐阶就积极提拔德才兼备之才；严嵩每天优哉游哉，徐阶就刻苦勤奋，即使连夜加班，也要把当天政务处理完毕。

徐阶的拨乱反正使人耳目一新，特别是张居正。张居正虽然对严嵩似乎没有恶感，但对严嵩在执政上的谨小慎微和不作为有意见，而徐老师的振奋内阁，有所作为，才是他真正想看到的。

徐阶也没有辜负张居正，开始大力推他。1563年，他推荐张居正担任《承天大志》的副主编。"承天"其实就是朱厚熜的老家湖北安陆。朱厚熜是以王爷的身份继承了朱厚照的帝位，做皇帝后，对家乡自然要善待，于是改安陆为承天。承天大志就是安陆志，一个县城的县志而已。

在外人眼中，张居正这个职务无关痛痒。其实，徐阶这是在塑造张居正的影响力，不想让张居正一步登天，引起非议。而在私下，张居正就是徐阶的超级幕僚。

1563年三月，徐阶命吴维岳巡抚贵州。贵州在明代是蛮荒之地，没有人愿意去，心学大师王阳明曾被发配贵州，险些死在那里。所以吴维岳一肚子的不高兴。

徐阶只好找张居正，吴维岳是张居正进士考试时的房师（考卷必要由一个房间里的考官们选出），对张居正很赞赏，所以才选了他。徐阶把这个难题交给张居正，张居正就去找吴老师，说："您绝才冠世，卓行范俗，徐阁老必当重用您，让您巡抚贵州，只是一个跳板，免得直接提拔您让人议论。"

吴维岳恍然大悟，兴冲冲地去了贵州。

在那段时期，最能体现张居正是徐阶超级幕僚的事就是景王事件。景王是朱厚熜第四子朱载圳，据说很聪明伶俐，颇得朱厚熜欢心。朱厚熜的次子太子朱载壡去世后，朱厚熜未再立太子。为了皇位，朱载圳和三哥裕王朱载垕开始形同水火。朱厚熜也推波助澜，因为有道士告诉他，二龙不能相见，所以他和两个儿子十几年不见一面。其实哥俩斗得远没有李世民和李建成狠，因为朱载垕和朱载圳都属于性格懦弱、不思进取的人。但世界上攀龙附凤的人极多，所以两人的斗，就变成了两人跟班的互相斗。

严嵩在位时，由于摸透了朱厚熜的心思，所以站在景王朱载圳一边。朱载垕倒霉透顶，他本该得到的岁赐被严嵩拖欠了三年，直到他贿赂严嵩一千两银子，才得到这笔钱。严嵩和儿子严世蕃根本没把朱载垕放在心上，某次，严世蕃问朱载垕的两位讲师高拱和陈以勤："听说裕王殿下对家父有些不满意，怎么回事？"

高拱毛骨悚然，当时严氏父子权势滔天，朱载垕又和朱厚熜见不上面，严氏父子只要一个小动作，就能让朱载垕翻车。高拱正琢磨如何转移严世蕃的视线，陈以勤急中生智道："国本（太子位）已定，何必苦张罗！"

严世番冷笑："好像我从未听过皇上立了太子啊。"

陈以勤回答："皇上虽未宣布立太子，但事实已俱在。裕王讳'载垕'，'垕'字从后从土，皇上给起这样的名字，无非是想告诉天下，裕王是土地之主。"

严世蕃号称是天底下第一聪明人，当然明白拆字游戏是扯淡，他鄙夷地一笑，还未等说话，陈以勤又开口了："况且，亲王的讲官，惯例只有检讨（比编修低），没有翰林院编修。而裕王的讲官却有翰林院编修，这是太子宫的规格。要翰林院编修来裕王府做讲师，也是内阁的主意，严阁老是首辅，为裕王如此安排的妥当，裕王如何会对严阁老有意见？"

严世蕃哑然。史载，这一席话，保全了裕王的地位。

其实，写这段历史的人高估了这段话。严氏父子似乎从未有把裕王朱载垕干掉的想法，因为他们认为，将来的皇帝必是景王朱载圳，所以对陈以勤玩弄口舌的一番话毫不上心。

1561年，景王朱载圳按规定离开京城去他的封地，但他依然抱有希望，因为裕王朱载垕还未被正式立为太子。有希望就有行动，而且行动很快奏效。有一天，朱厚熜突然召见徐阶，问："成祖皇帝和仁宗皇帝的故事，你可知道？"

徐阶头顶如响起一个霹雳。成祖朱棣和仁宗朱高炽的故事是这样的：朱棣不喜欢朱高炽，总想立次子朱高煦为太子，后来经群臣劝阻，才断此念头。

朱厚熜问这个故事，徐阶心知肚明。他不知该如何回答，朱厚熜似乎也没让他回答，只是让他回家想想这件事。

徐阶跑回家，急忙叫来张居正。张居正沉思片刻，对徐阶说："朱高煦后来造反，难道不是成祖皇帝生前在仁宗皇帝和朱高煦之间摇摆不定？"

徐阶点头。

张居正又说："隋文帝把太子杨勇废黜，换上隋炀帝，结果如何？"

徐阶大喜。这两个案例足以让朱厚熜下定决心，纵然他再冥顽不灵，也不可能对这两件血淋淋的史鉴无动于衷。

朱厚熜在徐阶的委婉劝说下，终于下定决心，把皇位交给朱载垕。但仍没有计划给朱载垕正名，其实这已是多余。正如事实婚姻一样，结婚证的有无不重要，重要的是，所有人都予以了承认。

此事不久，徐阶为朱载垕推荐了一位讲师，如你所知，这位讲师正是张居正。

这是个令张居正激动的职务。朱载垕既已被默认为太子，将来继位，他的讲师们就是内阁大学士的候补人选。张居正感激徐阶，所以竭尽所能为徐阶排忧解难。

徐阶有很多难处，严世蕃事件就是其中之一。

师徒联手，智除严世蕃

严世蕃在1562年被发配雷州，半路却跑回老家江西分宜，靠多年来贪污受贿积攒的钱财，过着和从前一般无二的奢侈生活。本来，朱厚熜对严氏父子的惩处是点到为止，严世蕃跑回老家的事，朱厚熜一清二楚，整个政府也早有所闻。如果严世蕃在家乡只是花天酒地，朱厚熜不会干涉。但他猖狂大半生，已禀性难移，所以在家乡称王称霸，并勾结倭寇。张居正到裕王府的1564年，江南倭寇猖獗，朱厚熜命御史林润巡察江南防卫，严世蕃的厄运就此注定。

林润是徐阶的党羽，正色立朝，临行前去向徐阶辞行。徐阶提示他，可巡察江西分宜。林润莫名其妙，那里不是倭寇骚扰之地啊。徐阶用细弱的食指蘸了茶水，在桌上写了两个字——东楼。

“东楼”是严世蕃的号，林润恍然大悟。

几个月后，林润回京，先是报告了海防情况，紧接着就上疏弹劾严世蕃在家乡为非作歹，更可怖的是，大摆筵席，身穿龙袍，张牙舞爪。

朱厚熜正思考如何应对，突然整个朝廷都炸开锅，纷纷上疏要治严世蕃的罪。朱厚熜问徐阶的意见，此时他还想保严世蕃。徐阶一句话就断了他的念头：“恐怕严世蕃的罪行还不止这些。”

朱厚熜只好将严世蕃捉到京城下狱，并让三法司（刑部、大理寺、都察院）审讯。表面看，严世蕃被治罪是板上钉钉的事儿，严家虽还有党羽在京城，但已是秋日落叶。问题是，严世蕃不是一般人。

无论是相貌还是智商，严世蕃都是天底下第一等人。相貌上，严世蕃粗矮胖，远看或近看都看不到脖子，一只眼瞎，腿脚还不利落。这样一个人，放在人堆里，绝对是焦点。

智商上，用古人的话说，天下有智慧十斗，严世蕃就占九斗。如果把中国历史上的聪明人做个排名，严世蕃绝对能进前五。他有种异端的天赋，不必你开口，只从你的几个细微动作中就知道你下一步要做什么。他只要盯住你的眼睛看上几秒钟，就知道你心里在想什么。

朱厚熜后期猛吃丹药，神志不清，手诏往往逻辑混乱，语焉不详。严嵩和徐阶每次面对手诏都束手无策，严世蕃却一眼就能看出朱厚熜要说什么。后期严嵩人老眼花，全是严世蕃在游刃有余地支撑着严嵩的地位不倒，支撑着严家。正是这种别人做梦都梦不到的智商，让严家大权在握了十几年。

徐阶知道严世蕃的智商，所以严世蕃虽入狱，他却感觉不到一点轻松。严世蕃在狱中已放出话："任他燎原火，自有倒海水！"徐阶听到这句话时，浑身震颤，这是严世蕃在讥笑他们！

他和张居正吐露了担忧，因为严世蕃的确太聪明，稍有差池，他这次仍会逃出生天。张居正听徐阶絮叨了一会儿，慢慢开口道："最近京城有消息说，严世蕃最怕三法司提杨继盛的事。如果三法司真的提到，严世蕃就没命了。"

徐阶想了一想，问张居正："你怎么看？"

张居正沉思了许久，才慢慢道："我疑心这是严世蕃让他的党羽传出来的。"

"哦？"徐阶和张居正想的一样，他不说，只是想听听张居正的分析和自己的是否一致。

张居正继续说道："杨继盛入狱被杀，幕后凶手固然是严嵩，可当时是皇上下的令。如果三法司提到这件事，表面是攻击严世蕃，实际上是在攻击皇上。这样一来，一切的判决都会被推翻，严世蕃不但会免罪，而且还有可能被重新启用。"

徐阶惊叫起来："哎呀，和我想的一样啊！严世蕃果然聪明，想用这招瞒天过海。"

张居正又说："我担心的事恐怕和老师您担心的事一样，三法司的长官们估计已中计，所以还需老师赶紧行动。"

徐阶点头，命人去请三法司的长官们到内阁议事。三位长官同时来到，脸上呈现着喜悦颜色，徐阶知道他们中计了。

三人说：“我们正要找徐阁老呢，严世蕃的罪状草稿，已经拟好。”

徐阶点了点头，轻声地问：“我可否看一下？”

三人说：“当然。”恭敬地递给徐阶。徐阶也礼貌地接过，不出意料，第一条罪状就是冤杀杨继盛，第二条和第三条也是无关痛痒的道德问题。

徐阶放下文件，要人把门关了，静等了一会儿，突然问：“诸位是想严世蕃死呢，还是想他活？”

三人一愣，当然是要他死啊，这孙子多年来干的坏事还少吗，死一万次都不足。

徐阶指着桌上的文件，说：“你们这个文件呈上去，别说一万次，严世蕃连一次都死不了。”

三人面面相觑：“冤杀杨继盛就是死罪，徐阁老这话，我们是听不懂了。”

“我觉得，”徐阶慢吞吞地说起来，“杀杨继盛固然是严嵩背后搞鬼，可下旨杀杨继盛的是皇上。你们说严嵩杀了杨继盛，那皇上的圣旨算什么？皇上英明，不会认错。你们这不是在指责皇上吗？所以我以为，这份报告一上，不但严世蕃会活，咱们大家都会被问罪！诸位觉得呢？”

徐阶说到最后时，三人大汗淋漓，徐阶再一问，三人已魂飞天外，缓了好久，灵魂才附体。三人发现他们不是三个人在战斗，而是四个人，于是请求徐阶出主意。

徐阶愿意帮忙，要他们把严世蕃的所有调查报告都拿给他。他连夜把张居正叫到家中，师徒二人翻阅了一夜。公鸡报晓时，二人伸了个懒腰，徐阶看到张居正虽然熬了一夜，却红光满面，说明，他大有收获。

徐阶知道，他不问，张居正永不会先开口。于是他问。张居正仍然是一贯做派，虽然胸有成竹，却还是要思考一会儿。

这一次，他没有直说，而是问徐老师：“皇上最厌恶的是什么？”

徐阶对朱厚熜的了解不差于严氏父子，脱口而出：“造反。”

张居正从左手旁的两份文件中拿出一份：“林御史的报告中提到，严世蕃在家乡霸占了一块地，盖了栋豪华寓所。”

徐阶没明白：“那又如何？”

张居正说：“报告中说，那地方山清水秀，是分宜最好的风水宝地，严世蕃在这一块地方能盖楼，当然也就能修陵墓。”

徐阶明白了，严世蕃在有王气之地修筑房屋，这是谋反大罪啊。

张居正又拿出第二份文件，似乎有点得意：“我想，皇上更痛恨的是这个！

这是严世蕃死党罗龙文的资料。据查，罗龙文几年前就和倭寇的首领汪直建立关系，罗龙文一直和严世蕃在分宜，严世蕃难道不知道罗文龙和倭寇有关系？既然知道，为何还要来往？”

徐阶笑了：“严世蕃私通倭寇！皇上这些年被倭寇搞得焦头烂额，这是最大的死罪啊！”

太阳虽还在地平线下面，但人间已有光芒。徐阶把新的报告书交给了三法司长官们，三法司向朱厚熜递上。北京城响起了一声巨响，这是朱厚熜的震怒。1565年三月，严世蕃和他的死党罗龙文被押赴刑场，处斩。苟延残喘的严嵩被抄家，1567年在凄凉饥饿中死去。他的聪明儿子虽成就了他后半生十几年的荣光，却在最后给了他一记闷棍。

徐阶和张居正并肩而立，看着北京城的百姓围观着像个粽子似的严世蕃，欢声笑语，如欢度春节。张居正不由感叹道：“这就是民心！”徐阶却蹙眉道：“严嵩杀夏言，严嵩的儿子又被我杀，必然有人会以为我为夏公报仇。我的心，只有天知。”

张居正说：“您是为公，非为私。不仅天知，地也知，天下人更知。”

徐阶坦然了：“阳明先生说，天知地知你知我知，不过是良知知。良知自在，心上安稳，就比什么都好！”

再联手，拟遗诏

张居正并非是从感情方面安慰徐阶，他是从内心深处觉得徐阶一心为公。严世蕃被处决不久，内阁大学士袁炜病重辞职，徐阶迫不及待地又补进两个人。一个是公正廉明的吏部尚书严讷，另一个是张居正同年状元郎，性格温和、与世无争的礼部尚书李春芳。朱厚熜对徐阶的行为表示不解，他说：“您一人在内阁我就放心，何必再引进人。”徐阶现出受宠若惊的样子说：“国家事务繁重，我一人怎可？凡事还要和同僚商量。”朱厚熜对这句话很满意。

徐阶趁势提到：“张居正才干卓著，品德过人，翰林院掌院学士（常务副院长）一职正空，张居正可否任职？”

朱厚熜又不解了：“大家都知道张居正是你的得意门生，修《承天大志》时，我就发现他有才能。你要举荐他，我是毫无意见的，可你为何举荐他当这样一个虚职？”

徐阶说："他还年轻，需要历练。"

朱厚熜当然不明白，翰林院掌院学士固然是虚职，却能提高张居正在翰林院的地位。现在的张居正，既是未来皇帝的讲师，如果再在翰林院拥有地位，那将来的大学士，几如囊中之物。

徐阶的安排是精致实用的，张居正聪明伶俐，多年来也明白了徐老师的良苦用心。况且，张居正虽在翰林院，法理上不能参与政治，可实际上，他始终是徐阶最珍贵的幕僚。更可喜的是，张居正的幕僚身份渐渐从幕后走到了台前。

1565年十一月，严讷病重辞职，第二年三月，徐阶又引进裕王的讲师郭朴和鼎鼎大名的高拱。郭朴资格很老，加上未来皇帝讲师的身份，早该入阁，而高拱则是未来皇帝朱载垕最喜欢的讲师，大学士是他的命中注定。高拱也是这样的想法，所以对徐阶引他入阁，并无激动也无感动，相反，他居然认为这是徐阶在拍他马屁。

这种心态很不好，张居正最先注意到，他找高拱谈心。他对高拱说："徐首辅引您入阁，看重的就是您雷厉风行的办事作风和您名动四海的声誉。"高拱看着天发出一声冷笑："你呀，不懂，徐阶葫芦里卖的什么药，只有我知道。"

张居正哑然。高拱突然话锋一转："我听说你经常到徐阶的直庐（值班房）去，你师徒二人关起门来就是一天，不知都在干什么？"

张居正想不到高拱如此直接，不禁愕然。他的确常去徐阶的直庐，但稍有礼貌的人，就不会这样赤裸裸地质问。他笑了笑，说："只是谈学术。"

高拱皮笑肉不笑地说道："我只是随便一问，看把你急的，你什么时候不会开玩笑了？哈哈。"

张居正赔了一回笑，他当然不会告诉高拱，他和徐阶商议的都是国家大事，特别是1566年冬天来临时，两人商议的国家大事简直比泰山还重。

1566年冬天刚开始，朱厚熜就病了。朱厚熜在他作呕人生的最后几年，呈现的是这样一幅漫画形象：跪在玉皇大帝画像前，左手一把丹药，不停地向嘴里扔，右手搂着美女，不停地用嘴巴拱，由于吃了太多仙丹，他当时对美女只能动嘴了。在他身后，站着一群身穿道士服的人，他们是群号称可以让朱厚熜长生不老的道士。

徐阶去永寿宫看朱厚熜，感觉朱厚熜不会长生不老，于是请求让御医给他看病。朱厚熜不干，他说："道士就是医，而且是神医。"他还说，"道士说了，我这是成仙的征兆。”如他所愿，那段时间，万寿宫里神秘的事常有发生。有时从半空中突然掉下一个桃子，有时冰凉的水在缸中猛地沸腾起来，还有时，丹药在朱厚熜的掌心翻滚成一小人，跳到地上消失了。有一次，朱厚熜在床榻上看到房间里云雾缭绕，一个菩萨模样的人从天而降，接着，他感觉到床榻在缓缓上升，整个房间开始上升，万寿宫开始上升，整个西苑、整个皇宫、整个帝国都在缓缓上升……

这番景象让朱厚熜使出一生的力气，在床上大叫：“我要成仙啦！”

徐阶摇头叹息，关起直庐的门，和张居正对坐，沉默不语。张居正谨慎地问：“依您之见，皇上这病……”

徐阶看着窗外，满城雪花，比手掌还大。“多做些准备，没有坏处。”他轻轻地说。

张居正沉思一会儿，提到了高拱。他说：“高拱虽是我朋友，但有句话我不得不提醒老师您：高拱对老师恐怕远没您想的那样友好。”

徐阶听了，无动于衷，许久才说：“高拱是个顶尖政治家，顶尖人物都有性格，且不管他，皇上这病……”

张居正认为徐老师居安不思危，不是好事。可徐阶用手势制止了他，一锤定音：“高拱由我引进，才几个月，不能再由我把他轰出！”

这话里有何禅机，张居正当时不理解，几天后，他恍然。一个叫胡应嘉的吏部言官突然上疏弹劾高拱，说他在内阁值班时经常擅离职守，跑回家和小老婆厮混。

朱厚熜已处在昏迷状态，这种事他想理已理不了。于是，弹劾文件就在内阁里讨论。徐阶安抚高拱说：“言官捕风捉影，不必理会。”高拱恼羞成怒，因为胡应嘉指控的是事实。高拱五十多岁的人还没有儿子，所以把家搬到直庐附近，一有空就跑回家行周公之礼。恼羞成怒不久，高拱突然七窍生烟，他发现胡应嘉居然是南直隶人，和同属南直隶的上海人徐阶居然是同乡！

张居正来安慰他，他不管不顾当着张居正的面攻击徐阶当面一套背后一套，并且要张居正传话给徐阶，这个仇，他高拱誓死不忘。

张居正说：“徐首辅不是那种人，你肯定误会了。”

高拱一蹦三丈高：“别拿我当傻子，这事绝对没完，只要有机会，我非报仇不可！”

高拱所谓的机会，张居正心知肚明，那就是朱载垕的上台。朱载垕最信任高拱，高拱也因此自傲。一朝天子一朝臣，风水轮流转，徐阶的权力不是永恒的。

机会悠悠而来，1566年冬的最后一个月，朱厚熜终于在昏沉中死去，结束了他罪恶的一生。他在床上一咽气，徐阶命令太监们守住秘密，心急火燎地跑回内阁。张居正在那里等了他一天！

徐阶肃穆地对张居正点了点头。张居正明白了，唏嘘了一阵。徐阶语气中带上从未有过的威严，说："谈正事。"

张居正稍作沉默，试探地问："是不是请大学士们来共同商议？"

徐阶想都未想，说："刻不容缓，你我二人就足够。"

两人商议的事当然不是朱厚熜的葬礼，而是朱厚熜的遗诏。朱厚熜已没有留遗诏的能力，所以，这份遗诏需要伪造。如何伪造，就是徐阶要和张居正商量的。

其实这件事，两人已大不敬地商量了很多次，中心思想就是，清除朱厚熜时代的弊政。首先，朱厚熜三天两头搞的铺张浪费的道教仪式（斋醮）要停，源源不断的大兴土木要停，求珠宝、营织作要停。那群牛鼻子老道要被驱逐出宫，还要揪出几个平时闹得厉害的道士正法，以正视听。

还有两件事，可以收买人心，简直一本万利。这就是朱厚熜早期的"大礼"案和"大狱"案。"大礼"案是这样的，朱厚熜是以王爷身份继位大统的，当他想把死去的亲爹称为皇考时，大臣们纷纷反对，朱厚熜把反对者定罪；"大狱"案是"大礼"案的延续，被连累的大臣不计其数。

徐阶和张居正用朱厚熜遗诏的名义将"大礼""大狱"两案的冤枉者全部复官。

遗诏公布那天，整个朝堂、整个帝国都惊喜流泪，徐阶的声誉如日中天，简直如周公再世。然而就当徐阶站在"镁光灯"下，缓缓挥手享受着鲜花和掌声时，在阴暗的角落射来两道仇恨的目光。它们的主人没有别人，只能是高拱。

按常理，在这种时刻，张居正应该会注意到高拱射到徐阶身上的仇恨目光，但他不幸失职。之所以失职，是因为他得到了升职。

1566年最后一个月，朱载垕顺理成章继承帝位。1567年正月，张居正被徐阶提为礼部右侍郎，这是个梯子职务。一个月后，张居正踩着这架梯子，顺利入阁。徐阶为了避嫌，把那位曾堵住严世蕃口的陈以勤也引入内阁。内阁人才济济，好久没有这么热闹了。

1567年，张居正四十三岁，是内阁中最年轻的大学士。多年来的夙愿终于接近成功，他终于握到了政治的权杖。他不是得道的活佛，宠辱不惊，所以他有点欣喜若狂，于是他没有注意到高拱冷酷的目光。

他把自己沉浸在感恩徐阶的汪洋大海中，对这位命运之神感激涕零！

阵阵冷风吹进内阁，预示着大风暴将来。

第四章
弱肉强食的内阁

高拱的质问

高拱最先挑起事端。在他看来，这不是事端，而是匡扶正义。

张居正入内阁的几天后，徐阶召开内阁会议。还未等他把开场白念完，高拱就站了起来，大声吼道："惯例，先皇遗诏必须由内阁大学士们草拟，你为何擅自做主？"

徐阶想不到高拱会这样肆无忌惮地单刀直入，一时竟愣在那里。张居正急忙站起来为徐阶解围，可高拱却指着他的鼻子训斥道："你先坐下，那时内阁还没有你呢！"

张居正也和徐阶一样，愣在原地。他想不到高拱嚣张跋扈到如此境地，这和他从前认识的那个好兄弟判若两人。高拱见自己一出招，就奏此奇效，不禁乐不可支。他像泼妇一样，看着徐阶，吐沫横飞："你说，你说啊！"

徐阶不是不想说，但这种场合他不适合说下面的话，下面的话只有高拱的兄弟、内阁排名最末的张居正来说才适合。

张居正说："当时草拟先皇遗诏时，四处找您，您不在啊。"

这是假话，但却能一针见血地暗示高拱经常逃班。高拱果然被噎住，可他的急智是无穷的，侧身一指李春芳：难道李阁老也不在？又一指郭朴：郭阁老从不迟到早退。再指陈以勤：陈阁老也不在？

李春芳急忙摆手："高阁老，我那天的确不在，我想想，我去哪里了……"

郭朴冷着脸，看向徐阶。

陈以勤把头转向一边，想着晚上回家吃什么。

徐阶的涵养不是说说的，换作任何一个首辅，此时非暴跳如雷，和高拱拼命不可。但他是徐阶，是个弹簧，高拱的压力排山倒海而来，他却只是抵抗。当高拱发完这些质问后，他的力量已集聚完成，反击道：“我请问，这遗诏如何？”

高拱发出攻击时，就准备徐阶的反击，他自认为徐阶的反击只有两种，一是解释，二是用愤怒当盾牌。他无论如何都想不到徐阶还有第三种反击方式，所以当徐阶问他时，他竟然没有反应过来。

“什么？”他问。

徐阶又把话重复了一遍，语气加重：“我拟就的先皇遗诏如何？”

高拱气馁，但他是个君子，不会耍无赖，只好承认：“当然好，可你……”

徐阶用手势制止了他：“既然你认可遗诏，那说明你的良知和我的良知一样，诸位都是为江山社稷，为新皇着想。此时争执这种事，你不觉得有失体统吗？”

高拱哑口无言，徐阶的话无懈可击。此时稍有良知的人都明白，应该尽心竭力于国事，而不是在这里争面子、争尊严。

他想到这里，慢慢地坐下去。徐阶用脸色表示满意。但张居正却从高拱的脸上看到了仇恨，高拱只是口服心却不服。他知道，高拱有仇必报，而且意志坚决，绝不动摇。徐阶的命运在高拱坐下握紧拳头时，就已注定。

高拱中了迫击炮

高拱千方百计设计战场，要和徐阶决战。1567年三月，机会来了。按惯例，明帝国政府每隔六年要对五品以下的京官来次大考核，是谓京察。主持京察的是吏部尚书和都察院长官。当时的吏部尚书是山西人杨博，高拱的同乡，和高拱私交甚好。京察结果出来后，大家大感异常，凡是被判定不合格的官员都是南方人，没有一个被废黜的官员是山西人。

张居正敏锐地注意到，被废黜的各部的言官，和徐阶都有关系。这说明此次京察中有个人意志。徐阶不是傻子，也注意到了，但他什么都没说。几天后，那个活跃的吏部言官胡应嘉突然向杨博开炮，指控他京察腐败，挟私愤，包庇乡里，打击异己。

张居正又敏锐地注意到，胡应嘉这匹徐阶的头马这次玩得不靠谱。因为胡应嘉是吏部的言官，按惯例，吏部京察完毕后，要和本部的言官们商量审核结果，并且要表示同意，吏部尚书才能颁布京察结果。也就是说，杨博颁布京察结果时，胡应嘉是同意的。既然之前同意，现在又跳出来说不同意，这是自相矛盾，必定居心叵测。

皇帝朱载垕资质平常，却也看出了其中的矛盾，于是下令内阁商量处罚胡应嘉。

徐阶召开内阁会议，高拱先发言："应该将胡应嘉革职为民！"

郭朴是高拱的同乡，对徐阶草拟朱厚熜遗诏不找他，也极不满意，此时呼应战友高拱，毅然地说："胡应嘉前后不一，毫无良知，无人臣品格，应该革职。"

徐阶看了郭朴，郭朴脸色微红，却不敢去看徐阶的眼。徐阶又去看高拱，高拱直视着他，眼里要冒火。徐阶只好去看张居正，高拱随着徐阶的视线也去看张居正。

张居正此时不能不表态，而且发自良知："胡应嘉出尔反尔，理应受惩罚。但革职为民，似乎有点重。"

高拱身子猛地动了下："这也算重吗？如果不是当今圣上仁慈，胡应嘉有一百个脑袋都搬家了。"

徐阶问李春芳，李春芳急忙说："您做主就是。"又问陈以勤，陈以勤突然对什么东西过敏，剧烈地咳嗽起来，直向徐阶摆手，示意自己说不了话。

徐阶没奈何，只得点了点头，胡应嘉唯一能做的事就是等着被革职了。

如此轻易就干掉了徐阶的头马，高拱有点飘飘然，但他自喜得太早。胡应嘉被革职的消息一传出，言官们就如爆发的火山，惊天动地起来。

号称"劾神"的欧阳一敬先上，他弹劾高拱奸险横恶，是北宋奸贼蔡京转世。他说："高拱要想处置胡应嘉，就先把他搞死，否则他必纠缠如毒蛇。"高拱气得死去活来，他对张居正说："欧阳一敬这孙子就靠弹劾别人活着！从他进政府当言官以来，被他弹劾的人车载斗量，有几个是真如他所指责的那样？他居然说我是蔡京，这是对我人格的侮辱，我要和他死磕！"

张居正劝告他："言官们满嘴跑火车，你何必和他们一般见识。你越是反击，他们越来劲，最好的办法是以静制动。"他又把徐阶经常引用的阳明学思想抖搂给高拱，"面对别人的诽谤非但别动气，还要将其当成磨石，砥砺自己的性情，磨炼自己的心智。”

高拱失声道：“太岳啊，他诽谤攻击的不是你，你当然可以站着说话不腰疼。天下任何事都这样，不发生在自己身上，当然可以说风凉话。我不把欧阳一敬搞掉，誓不为人！”

高拱这样愤愤不平，是因为他脑海里有这样一个挥之不去的清晰画面：欧阳一敬的身后站着个小矮人，这个小矮人自然而然是徐阶。

他心直口快地把这幅画面说给张居正听。张居正把头摇得如拨浪鼓：“徐阁老绝不可能。”

张居正认为高拱想多了，高拱却认定就是徐阶所为。他有证据：任何内阁首辅都不喜欢能力强的伙伴，他高拱能力强，徐阶自然不会喜欢他。

他毫不理会张居正的苦劝，上疏反驳欧阳一敬的指控。这一反驳不要紧，就像是在空旷之地拉了一堆屎，无数的苍蝇飞了过来。

礼部言官辛自修和都察院御史陈联芳联合上疏弹劾高拱没有宰相度量，另一位御史郝杰也弹劾高拱非但毫无宰相气量，就是做五品以下的官员也不够格。

这些言官也并非信口胡说，高拱在内阁盛气凌人，外间早有风传。

张居正发现事态越来越严重，去请徐阶想办法。徐阶摇头说：“言官们要说话，我不能堵他们的嘴啊。”张居正小心地提醒徐阶：“高拱已注意到攻击他的言官要么是您提拔上来的，要么就是您的门生、同乡。”

徐阶看向张居正：“你这是什么意思？”

张居正急忙回答：“纵然老师没有幕后指使，可高拱会多想。瓜田不纳履，李下不正冠。言官们如果真的闹得太不像话，对内阁和您的声誉也有影响啊。”

徐阶考虑了一会儿，去找高拱商议。高拱被言官们攻击得心烦意乱，只好同意徐阶的意见，将胡应嘉调到福建建宁担任推官（司法部官员）。张居正看得很清楚，徐阶终于用言官的力量让高拱屈服，这是巧妙的政治手腕。高拱大概也清楚，只是他当时已泥菩萨过江，唯有屈服。

可让徐阶意想不到的事发生了，胡应嘉去福建建宁的圣旨才下，欧阳一敬如脱缰的野马，不受控制地再度冲出，又弹劾高拱“威制朝绅，专柄擅国，应该去职”。

高拱气得死去活来，亲自出面和欧阳一敬辩论。欧阳一敬是弹劾别人的高手，嘴皮子和笔杆子同样厉害。高拱被批得体无完肤，热血涌到头上，险些脑出血。一气之下，他居然上疏辞职。朱载垕挽留他说：“你的人品我知道，不要仅仅因为人言就求退。”

大学士和言官答辩，过程不重要，重要的是结果。结果当然由首辅徐阶来判，徐阶的办法很不高明：一面抚慰高拱；一面斥责欧阳一敬。欧阳一敬奇迹般地闭嘴了。高拱当即断定，这是徐阶在搞鬼，徐阶这孙子和欧阳一敬在演戏，一个扮红脸，一个扮黑脸。

他逼宫徐阶，这群言官肆无忌惮地攻击大学士，按传统应受廷杖！

这的确是传统，朱厚熜在位时，言官只要对大学士吐口水，惩罚必然是廷杖。于是在朱厚熜时代，先听到言官们叽里呱啦，接着就能听到言官们哎哟哎哟。但这传统是糟粕，不能继承。可如果不继承这一传统，高拱又绝不会善罢甘休。

徐阶有生以来第一次陷入犹豫的旋涡。张居正建议："言官们的嘴的确太碎，不集体惩处，也应杀鸡儆猴。"

徐阶有点恼火地问："谁是鸡？"

张居正回答："欧阳一敬是言官里的标杆，可当鸡。"

徐阶沉思一会儿，才语重心长地对张居正说："言官虽位卑但言不轻，他们是君王的耳目、臣子的警示牌，他们的职责就是知无不言言无不尽。如果因为说话而受到惩处，那我不是在堵塞言路吗？"

张居正也沉思，慢慢开口道："学生对老师的话持保留意见。言官系统固然有优点，但也有缺点，大惊小怪，吠影吠声，常图虚名而危言耸听。而且……"

他看了眼徐阶，发现徐阶的脸色正在变化，但他还是决定说完："而且，他们很容易被人利用，干扰政事的推行。"

徐阶吃了一惊，想不到张居正对言官如此厌恶，更想不到张居正看到了此次事件的背后。然而这名最得意学生的话，最近一段时间，他好像听得越来越不顺耳。他站起来，下定了决心说："我不能因为一个高拱而得罪全体言官。况且，"徐阶说，"我觉得冷淡处理，这件事就完了。"

没完！高拱得知徐阶放过言官后，像炮仗似的爆起来。他叫嚣道："你徐阶有言官，我老高也不是光杆司令！"

高拱被迫离去

高拱在政府这么多年，当然不是光杆司令，当然有自己的言官，他的言官头马是御史齐康。齐康得了高拱的命令，昂首挺胸，像要赴死一样，对欧阳一敬发起进攻。

欧阳一敬每年都打雁，当然不可能被齐康这只小麻雀啄了眼。齐康的奏章才上一天，欧阳一敬马上回敬，弹劾齐康结党，是高党。齐康调动人手，围攻欧阳一敬。遗憾的是，他的人手太少，欧阳一敬振臂一呼，大批北京言官都站出来，向齐康进攻。齐康本来要围歼欧阳一敬，想不到却被反包围。

事态已成燎原，张居正心急火燎。他痛心疾首，刚刚组建起的内阁眼看着就要分崩离析。新的政治曙光还未照临人间，就被乌云遮蔽，这是一个有责任心的政治家最不愿看到的事。他特别希望皇上朱载垕能站出来平息这场战争，可朱载垕自登基后就万事不理，龟缩在后宫和美女共享良辰美景。

张居正前思后想，高度的责任感让他不能作壁上观。他去找高拱，劝他放下已弹尽粮绝的阵地。高拱自和徐阶开战以来，至少老了一千岁，整个人蜷缩在椅子里，两眼无神，唉声叹气。他对张居正说知心话："我想不到徐老头的势力如此庞大，想不到他如此奸诈，我老高恐怕要不久于人世。"

张居正笑了："事情没有你想的那么严重。因为你好胜心太重，所以把成败看得重，于是把这件事本身看得太重。徐老师当初引你入阁，是看重你的才华，只要你现在向他示好——当然，你肯定干不了这种事——只要你不再发动进攻，这件事就算完了。"

高拱瞪起空洞的双眼，张居正敏锐地注意到有亮光射出，随即又消失。他又唉声叹气，突然就像疯驴一样咆哮起来："徐阶，我老高和你不共戴天！"

这是赌徒失败后装门面的话，张居正明白，高拱已经投降。他急忙去找徐阶，把高拱的意思传达给徐阶。徐阶很满意，他终于教训了这个桀骜不驯的山西佬，于是说："我早说了，只要大家安静点，这件事就算完了。"

没完！就当徐阶沾沾自喜于自己的胜利时，出乎他的意料，南京的言官群悄无声息地爬上了打高拱的擂台。明帝国有两个首都，北京和南京，南京只是北京的复制，所以政治中心永远在北京，北京有什么事，南京方面也会积极响应。由于两地相隔很远，所以北京方面发生的事要结束了，南京方面的热度才起来。徐阶只是保证了北京言官们不再闹事，忽略了还有南京言官。

前面讲过，京察是由北京吏部和都察院联合主持，非吏部的言官们如果对京察结果有意见，可以提出“拾遗”。南京方面的言官抓住这个规定，开始攻击：杨博和高拱勾结，打压异己，此次京察不具权威。杨博只是个引子，南京言官们真正要攻击的是高拱，因为他们注意到，皇上对高拱一味地徇私。高拱再次被推上前台，接受狠毒的批斗洗礼。

徐阶始料不及，高拱怒发冲冠。按张居正的意见，两人此时应该联手，共同对付南京的言官群。可是，高拱的脾性做不到这点，他没有这个肚量。他不但没有这个肚量，反而决定和徐阶来个鱼死网破，即使不能抱着徐阶死，也要在死之前把徐阶搞臭。

有一天，内阁大学士们在聚餐（会食），大家还未动筷，高拱突然就向徐阶发难道：“老高我最近常常吃不香、睡不好，侥幸睡着，却是噩梦连连，搞得我现在睡觉要怀抱宝剑。有一天晚上我按剑而起，回想皇上登基以来这几个月间您的所作所为，真要气炸了肺。先帝在时，您搜肠刮肚写下无数文学作品（青词），坚定无畏地邀宠献媚；先帝一走，您就翻脸无情，拟定《遗诏》废了斋醮。可我就不明白了，那些事不都是您手舞足蹈支持的吗？”

徐阶微笑，不说话。

高拱又狠狠地说：“现在，您又广结言路，非要驱逐当今圣上的老师我，您就不怕遭报应吗！”

徐阶缓缓地收起笑容，沉吟许久，才慢吞吞地说道：“你这样讲话，真是不好。你说我广结言路，可是嘴巴长在别人身上，人人一张嘴，哪能那么好操纵？有言官攻击你，你就说是我指使，那我请问，齐康攻击欧阳一敬，谁指使的齐康？”

高拱被徐阶这段话噎得张大了嘴巴，好像是有人往他嘴里塞了个西红柿。

徐阶看了看他，又扫了一眼其他大学士，再看回高拱：“高公啊，遗诏的事，当初我问你如何，你也是默认好的。况且，这份遗诏是为了先帝的身后声誉，身为臣子，为主子正名是分内之事。你谈到我曾经写青词谄媚先帝，这确实是我有错，那么你呢？”

高拱心虚地大声道：“我怎么了？”

徐阶冷笑：“你在礼部时，先帝有一天曾拿着封密函问我：‘高拱上疏，希望为斋醮事宜效劳，你觉得如何？’这封信函很贵重，所以我珍藏至今，如果大家有兴趣，明天我拿出来给大家欣赏欣赏？”

高拱立即如落败的公鸡，垂头丧气。李春芳急忙打圆场："菜都凉了。"

谁还有心情吃饭，最没有心情的就是高拱。他起身，拂袖而去。

张居正追出去，许久才回。徐阶坐在椅子上闭目养神。张居正轻轻地叹了口气，他以为徐老师会问他问题，想不到，徐阶什么都没问。

一天后，高拱上疏请辞。朱载垕劝慰一番，不予批准。

南京的言官们并未因为高拱请辞而停止攻击，反而变本加厉。高拱心灰意冷，想死的心都有了，再上疏请辞。朱载垕不同意，高拱就撒娇一样地两天一道上疏请辞。他在最后一道上疏中说："自己已病重，如果再工作下去，非殉职不可。"

朱载垕大惊，问身边的人："高先生真的病重吗？"

身边的人刚和徐阶见过面，说："的确很重。"

朱载垕可惜地说："那就让他回家养病吧，唉。"

1567年五月二十三，高拱终于得到朱载垕的辞职批准，他流下复杂的泪水，叩谢皇恩。几天后，高拱离开京城，回了老家。

高拱离开前，张居正先去找徐阶，请徐阶挽留高拱。

徐阶摊开双手，委屈地说："北京言官我摆平了，可让高拱离开的是南京言官，我也没有办法啊。"

张居正已经搞不清徐老师说的真话还是假话。他去见高拱，为高拱送行，这是他第一次为高拱送行，但不是最后一次。

高拱如同正卷铺盖回老家的落第举子，面容憔悴，床边真就放着一把宝剑，看来他说自己总做噩梦，非抱宝剑才能睡着是真的。张居正安慰他，可无论多么贴心的话都融化不了高拱心中的仇恨，更抚慰不了高拱的伤心。

"人啊！"高拱走出北京城，回首，用力地说道，"就要狠！"

他看了看张居正，皱起眉头："徐阶这老东西，是笑面虎，你要小心。"

这是带有极端感情色彩的评价，张居正不予评判。但在徐阶和高拱的政治斗争中，他的确渐渐对徐阶产生了不满，就如当年他对严嵩的态度转变一样。这个世界上根本没有忠诚到底的粉丝，和偶像接触的时间越长，崇拜的程度就越小。

高拱被言官们的吐沫喷走后，言官们意犹未尽，把矛头又对准了高拱的战友郭朴。张居正找徐阶，为郭朴说情。

如果用中国传统道德的标准来评价郭朴，郭朴算是优等生，其为人宽厚正直，处事公正，是我们在关于传统美德的古典书籍中常常见到的那种长者。

就凭这点，张居正就有一万个理由向徐阶求情。徐阶不禁恼火，训斥弟子道："我早说过，言官们有嘴，我没有权力堵人家的嘴啊。"

张居正对徐阶的回答不满意，他始终认为此时的言官还在受徐阶控制，因为言官们不攻击别的大学士却攻击郭朴，根本原因是郭朴和高拱亲近，而对徐阶态度冷淡。

言官们攻击郭朴比攻击高拱有难度。高拱性格外露，桀骜不驯，缺点一抓一堆；郭朴没有缺点，所以言官们开始的攻击很不顺。他们说郭朴没有做辅臣的素质，朱载垕驳回；他们又说郭朴不配合首辅徐阶的工作，影响内阁团结，朱载垕又驳回。

言官们转变思路，既然攻击现在的郭朴不成，那就穿越回从前，他们不相信，郭朴真是个完人。皇天不负有心人，他们终于发现郭朴丧父时没有回家守孝，又发现郭朴的老母年老多病，他不回家尽孝，却在京城迷恋权力和富贵，这真是个大不孝的畜生。

高拱被喷走的三个月后，1567年八月，郭朴在言官们的猛烈攻击下，心力交瘁，连上三疏乞休。

朱载垕让内阁商议郭朴的去留。徐阶问李春芳，李春芳说："徐阁老做主就是。"问陈以勤，陈以勤最近上火，指着嗓子摆手摇头。徐阶最后问张居正，张居正来了脾气："我今天说句话，明天就会成为高拱（某今日进一语，明日为中玄[1]矣）！"

李春芳吃惊地张大了嘴；陈以勤喉咙里咕咕响，手心出汗。想不到，徐阶对这位弟子的忤逆只是淡淡一笑，平静地说："好，一致通过，允许郭朴致仕。"

高拱走了，郭朴走了，内阁只剩下徐阶、李春芳、陈以勤和张居正。其实，内阁只有一人，就是徐阶。但张居正有一天在内阁中看徐阶，徐阶渐渐变得模糊，随即整个身体透明起来，越来越透明，最后成了空气。

这是不好的感觉，张居正想，内阁大风暴虽然过去了，但徐阶真的能屹立不倒吗？

[1] 高拱号中玄。

徐阶也去职

徐阶以为，只要自己愿意干下去，就没人能撼动他的地位。到处都传颂着他的美名，连最擅鸡蛋里挑骨头的言官群都对他赞许有加。除了皇上朱载垕，没人能推倒他。而朱载垕对政事毫无兴趣，只对玩乐有兴趣，所以大权全在内阁，也就全在他徐阶手上。

但问题恰好出在这里，合格的政治家认为，他对皇上的私人行为负有政治责任。这种特质，使徐阶只能出局，否则，他就不是清明的政治家徐阶。

朱载垕在做准皇帝时很老实，老实得让他那些讲师误以为他是五百年才出的圣君。但做了皇帝后，就如同变了个人。他喜欢珠宝，一继位就下令户部购买珠宝；他喜欢美女，派出花鸟使满天下地寻找美女；他更喜欢无度的游宴，把庄严肃穆的紫禁城变成个夜市。言官们在徐阶的暗示下纷纷进谏，但无济于事。言官们把话说得像骂街一样，宽厚的朱载垕也只是置之不理。

徐阶深深忧虑。张居正暗地里倒认为这是好事：徐阶完全可以放开手脚，振兴破败江山。徐阶可能有这样的心思，却没有时间，因为他把全部身心都浪费在和高拱的争斗中。高拱被赶走后，又是郭朴，一年的光阴就这样消逝。当徐阶把精力移到朱载垕身上时，正如有些言官所说的，“玩乐之端一启，日积月累，积重难返”，徐阶要改正朱载垕的私人行为，已无能为力。

他唯一的办法就是劝谏，不停地劝谏。朱载垕要去郊外打猎，徐阶说影响百姓；朱载垕要在紫禁城养野生动物，徐阶说万不可效仿武宗正德皇帝（朱厚照）；朱载垕要征天下少女，徐阶说这会冷了天下人的心。

朱载垕要这样，徐阶非要那样，朱载垕本来就口齿不伶，被徐阶一气，顿时磕磕巴巴：“徐……徐……”

他身边的太监陈洪凑上来，涎着脸：“阶。”

朱载垕捶胸顿足，张着嘴巴，像只望月的青蛙：“王……”

另一名太监也凑上来：“八蛋。”

朱载垕五官扭曲，紧握双拳在空中挥舞：“徐……他怎……怎么……这样？”

太监滕祥弯着腰，小心翼翼地说：“徐阶是伪君子，他对您的私生活如此苛刻，可他的三个儿子在老家锦衣玉食，奢华无度，全天下人都知道。”

朱载垕也知道这事，如果徐阶不给他找麻烦，他会假装不知道这事。在他看来，徐阶也不容易，把大半生都交付朝廷，功劳苦劳样样都有，家里贪污腐化点没有什么，这也是人之常情。人做官，不就是想让自己和家人过得好一点吗？否则干吗拼死拼活，把青春岁月浪费在书斋里。

可是，你自己舒坦，却不让别人舒坦，这不是违反圣人“严于律己，宽以待人”的教诲吗？朱载垕决心对徐阶表示下不满，给他点颜色瞧瞧。

从此，徐阶上奏的一切事，朱载垕都不理。他原本就不理，可还话放出来：你看着办。现在，连这句话都没了。徐阶以为朱载垕在耍小性子，但一个多月后，朱载垕仍然如此，徐阶有点毛了。

他对张居正抱怨说：“皇上不说话，这不是事啊。”

张居正沉思一会说：“我想，皇上应该是听了身边小人的谗言。”

徐阶冷笑：“那群阉竖吗，毫毛而已。”

张居正又沉思一会儿，正色道：“老师这样说，学生不太赞同。皇上如果英明勤奋，常和我们这些做臣子的接触还好。可当今圣上藏在后宫，身边只有那些宦官，他们说什么就是什么。我觉得，老师应该和他们处理好关系。”

徐阶猛地看向张居正，目光凌厉，让张居正浑身打了个冷战。

“太岳啊，”徐阶语重心长地说：“本朝立国时，太祖洪武皇帝（朱元璋）就严厉禁止政府官员和太监结交，并用残忍手段限制太监。近二百年来，虽有太监嚣张跋扈，但昙花一现；也有大学士们对宦官献媚，却遗臭万年。他们本是废物利用，我们读圣贤书，学做圣贤，万不可和他们搅到一起。宁身败，不名裂。”

这话说得掷地有声，多年来徐阶也是知行合一。不过，张居正突然想到徐阶搞严嵩的事。坊间早有传言，徐阶能搞掉严嵩，就是收买了朱厚熜身边的道士。在他看来，那群装神弄鬼的道士和太监没有区别。可他终究没有说，他隐约地预示到，徐阶以后的失败，也许就败在这上面。

徐阶不想和太监结交，一是出于道德观念，二是缘于自信。他坚信自己还有力量让朱载垕回归正途。

其实，朱载垕自继位后就从未在正途上。朱载垕对徐阶态度的转变，引起了言官们的注意。或者说是徐阶让他们有了注意力。他们开始向朱载垕发动进攻，正如一年前向高拱和郭朴发动的进攻一样，排山倒海，铺天盖地，神鬼皆惊。

朱载垕在那三位太监的指引下，对那些上疏置之不理，反而以守为攻。1568年六月，朱载垕宣布要去北京四大郊野公园的南海子狩猎。言官们群轰，徐阶也上疏恳请朱载垕收回圣命。朱载垕不理，毅然决然地去了南海子。对徐阶而言，这是个重大打击。徐阶对张居正唉声叹气，张居正突然之间发现徐老师苍老了，像是秋季的干荷叶，色苍苍，已耐不住风霜挫。徐阶本来就不年轻，1568年时，他已六十六岁。多年的弹簧生涯，被压，反弹，复位，再被压，再反弹……他的精力已用尽，好运气也已用完。

不知是试探还是真心，徐阶在一个月后朱载垕回到紫禁城时，提出辞职。

朱载垕眼前一亮，对三位太监伙伴说："看啊，徐阶动摇了。"

三位太监在心里先夸奖朱载垕口齿伶俐了，然后说："他这种人早去早好，就没有人烦您了。"

朱载垕用他伟大的头脑想了一会儿，摇头说："不，不行。徐老头德高望重，我就这样批准，那群言官……"一提到令人生畏的言官，朱载垕的口吃又犯了，"肯……肯定会……咬。"

他的确有点小见识，徐阶的辞职信才上，言官们就上疏请朱载垕挽留。朱载垕只好挽留，他说："家有老，是个宝。没有了徐阁老，那可如何是好。"

徐阶对张居正苦笑道："皇上不是真心啊。"

张居正早看出来了，他希望徐阶到此为止。可不知为什么，几天后，徐阶又上了一道辞职信。言官们又请朱载垕挽留，朱载垕只好挽留。

这种招数，用一次是奇技，用两次是办法，用三次就成了馊主意。徐阶再用第三次，言官们随后跟上。朱载垕恼了："这……他……"

孟冲对出下面的话："把您当小孩子耍啊！"

陈洪适时跟上："徐阶真是个狡猾多端的家伙。坊间传说，高拱就是被他活生生轰走的。您的讲师高拱多好的一个人啊，容不进他的眼。"

滕祥在孟冲背后扯开公鸭嗓子："皇上您不知道，徐阶对我们几个那是死活看不上。我们可是您身边的人，他都那种态度，对您，鬼知道他心里想什么呢！"

朱载垕被撩拨得激动起来，但他是个宽厚的君主，马上又冷静了。他说："这……这事不好办，徐……徐阶……"

他看着陈洪，示意陈洪替他说。陈洪果然是他肚里的蛔虫："俺们知道您的意思，徐阶在政府威望甚高，就这样允许他辞职，恐怕引起众怒。那咱们就等着，俺们就不相信徐阶是菩萨转世，众生都被他普度了，没有仇人。"

徐阶当然有仇人，政治家没有仇人，就不是优秀的政治家。徐阶的仇人其实多如牛毛，高拱虽然去职，根基还在，杨博就是一块阵地，只因为徐阶实力太强，这个倒徐阵地不轻易开枪而已。徐阶的三次请辞，朱载垕的态度转变，让倒徐阵地的人看到光明。一个叫张齐的言官义无反顾地蹿上阵地，举起了倒徐的大旗。

如果不是弹劾徐阶，张齐不会留下名字。可见和大人物扯上关系，无论是拍马屁还是挥拳头，都有巨大收益。当然，张齐不是愣头青，或者说，他背后的主谋不是一般人物，因为弹劾徐阶的奏章刀刀见血，招招致命。

张齐弹劾徐阶三件事："第一，朱厚熜在位时，大兴土木和搞庞大的道教仪式，徐阶鼎力赞成，可朱厚熜一死，徐阶却草拟遗诏，历数其罪过，这是不忠。第二，徐阶和严嵩共事十五年，甚至还递交联姻，严嵩做了那么多坏事，徐阶无一言劝告，也无一次弹劾。而严嵩一败，徐阶上蹿下跳，把严嵩搞得狼狈不堪，这是不义不信。第三，1567年九月，俺答汗兵团兵临滦河，情况危急万分，皇上您亲自选将调兵，要内阁制订作战计划，可当您问徐阶作战计划时，徐阶像个闷葫芦，一个屁都没放出来，这是无能。徐阶不忠不义不信，丧失道德，无能，不配担任首辅。"

三件事完毕，张齐使出令人毛骨悚然的撒手锏："徐阶擅作威福，天下唯知有阶，不知有陛下。"

真是狠！

但张居正认为，张齐说的都是事实。尤其是第三件事，当时徐阶的确没把心思用在这上面，几乎对军国大政漠然。这也有原因，1567年整个一年，徐阶在清除朱厚熜时代的弊政，几个月后又和高拱斗，再和郭朴斗。1568年，他又调转枪头对准皇上的私生活，哪里有时间管理军国大政？

张齐的弹劾书一上，朱载垕跳了起来，他的三个太监伙伴也跳了起来。这就叫苍天有眼，山高月小，水落石出。

徐阶慌忙上疏辩驳。他先辩驳第三件事："阁臣的职责是票拟，军事是兵部的事，所以我没有责任。"再辩第一件事，"我拟先皇遗诏，是代先皇言，以成其美。"最后辩第二件，"严嵩败亡和我无关，那是先帝、三法司的主张和明断，我后来攻击他，是大义灭亲，以国家为重。"

说的是很有道理，可朱载垕心里早已下定决心，任凭你辩出花来，我也是块石头。

言官们集体沉默，因为张齐的弹劾书太有杀伤力，他们找不到反攻的切入点。徐阶无可奈何，上辞职信，朱载垕立即批准。

十七年大学士，七年首辅，十五年隐忍，搞掉腐蚀江山的怪物严嵩，刷新朱厚熜弊政的徐阁老徐阶，黯然离场。

和高拱离开北京前截然不同，徐阶情绪平静，心情还不错。他对张居正说："我走得无牵无挂，知道为什么吗？"

张居正大概知道，但他不说。徐阶就说："因为我培养了你，我不会看错，你有肩负重任的能力。将来的世界是你的，国家大事也是你的。你不要辜负我多年来的精心栽培。"

张居正流下眼泪说："我定鞠躬尽瘁，死而后已。"

徐阶又说："将国家大事托付有能力的人，是政治家最大的快事。但你不但是我的接班人，还是我的知己，将家事托付给知己，也是人生一大快事。"

张居正当然知道徐阶的意思，徐老师的三个儿子全是浑蛋，徐家在上海是超级土豪，无尽的繁华，无尽的奢侈，当然还有无人不知的贪赃枉法。这一切，徐阶都托付给张居正。张居正要徐阶不必担心，他会竭尽所能保护徐家，保护徐老师的名声。

徐阶很欣慰，他知道张居正能做到这点，他也知道，张居正可能会比他期望的做得更好，无论是在国事上，还是在他的家事上！

隐晦的复仇

没有了徐阶的内阁，温情脉脉。

李春芳是老好人，陈以勤少说也少做，张居正厌恶争斗，而且少了徐阶和高拱这两位政治大佬后，也没了争斗。张居正觉得光明来了，徐阶才走了不到一个月，张居正就迫不及待地上《陈六事疏》。

这是他多年后改革的政治纲领，共有六条。第一条到第四条论政本，他希望朱载垕有主张，有决断，一切行为知行合一，一切政策要贯彻到底，有始有终，一切空泛议论要坚决制止。显然，张居正希望朱载垕能独裁。第五、六两条是论当时国家当务之急：财政和军事。

沮丧的是，《陈六事疏》和他当年《论时政疏》的命运不相伯仲，朱载垕给的回复漫不经心：你的奏章，都深切时务，谋国忠恳，发给各部门。

有些话说了等于没说，朱载垕的批示就是这类话。内阁在李春芳的领导下毫无生气，没有气魄。皇帝不发话，李春芳就什么都不做。以张居正的眼光来看，无论是李春芳还是陈以勤，都沾沾自喜于雍容进退。内阁死水一潭，就不可能指望各个部门一起而振，有为奋发。加上多年来的纪纲颓坠，法度松弛，空话废话漫天飞舞，在庸人眼中，整个政府已毫无希望了。

但张居正不是庸人，《陈六事疏》虽未引起巨响，却丝毫没有动摇他“鞠躬尽瘁，死而后已”的责任感。他在内阁找不到同道，就去兵部、吏部，和他们促膝长谈。有识之士渐渐注意到了张居正腔子里的熊熊烈火，正在向外燃烧，他们欢欣鼓舞，主动向张居正袒露积郁多年的胸怀，恢复了消逝多年的身为臣子本该有的使命感。

还有人注意到，张居正不但才干卓绝，而且有出类拔萃的政治头脑，比如他和朱载垕身边的几个太监的关系就处理得不错，再比如，他和恩师徐阶的对头高拱的战友、吏部尚书杨博就建立了深厚的友谊。

这是个厉害人物——有人这样说，轻易不搞人，搞人就能把你搞死。有人绝不相信，可1568年最后一个月发生的一件事，让绝不相信这句话的人开始半疑半信。这件事就是辽王朱宪㸅被废。

早在1567年，朱载垕刚即位时，就有个叫陈省的御史弹劾朱宪㸅有不法行径。当时朱载垕正狂热地痴迷人生最低级的肉体享受，徐阶和高拱正在内斗，没有人理会这件事。1568年七月，徐阶离开，一个月后，张居正上《陈六事疏》，再一个月后，又有个叫郜光先的御史弹劾朱宪㸅有十三大罪。朱载垕发现罪状可畏，于是把郜光先的弹劾书交由内阁讨论。

李春芳同时问陈以勤和张居正：“如何？”

陈以勤自徐阶走后，身体健如牛犊，不感冒不发烧也不上火，开口道：“简单，派人去调查一下，真相即可大白。”

李春芳注目张居正。张居正慢悠悠地说：“这件事我还是避嫌为好。”

陈以勤点头：“是。”

李春芳沉默了一会儿，以商量的口吻对二人说：“那就这样办吧。”

被派去的调查员是刑部侍郎洪朝选。洪朝选刚进荆州界，就听说按察副使施笃臣带领五百名士兵把朱宪㸅的王府包围了。

施笃臣对风尘仆仆而来的洪朝选说：“朱宪㸅在王府门前竖起一面写着‘鸣冤之纛’的大旗，这不是造反吗？”

洪朝选观察了朱宪㸅的王府情况，嗤笑道：“施大人难免小题大做了，你看他王府里歌舞升平，连把弓箭都没有，这要是造反，那简直侮辱‘造反’这两个字。”

朱宪㸅的确没有造反的想法和准备。他的确在江陵没做什么好事，强抢民女，圈地占地，横征暴敛，可造反对他而言，难度太大，他没这个能力。他竖起那面白旗，是因为得知郜光先指控他而激动耍性子罢了。

洪朝选经过一番调查，回京后上了报告书，书中强调，朱宪㸅并未谋反，但朱宪㸅在当地的名声很臭，郜光先的指控不是空穴来风。

朱载垕命令内阁拟个处理意见，李春芳不敢，他对陈以勤和张居正说：“这是皇家的事，清官难断家务事，我看，咱们还是把郜光先的指控书抄一遍，交给皇上，让皇上自己定夺吧。”

陈以勤说：“就这么办吧。”

但谁来办？李春芳和陈以勤都看向张居正，张居正当仁不让，他说：“这是最低级的录入工作，哪敢劳烦两位阁老？还是我来吧。”

张居正不是录入员，他把郜光先指控朱宪㸅的十三罪状进行了精致的、不露痕迹的编辑。郜光先指控朱宪㸅有十三罪，大致是说其淫虐，可白痴都明白，明朝皇族，哪个不淫，哪个不虐？这只是小节，根本不是罪。郜光先又说朱宪㸅在郊外搞军事演习，但他也未亲眼看到，连无微不至的洪朝选都没有看到。朱载垕不会相信这些。

张居正对这些指控也毫无兴致，他最感兴趣的是其中被郜光先插进十三大罪最不起眼位置的一条罪状：朱宪㸅违制娶娼，冒充世子。

朱宪㸅年轻时纵欲过度，以致人到中年，还不能生育，所以他从妓院相好那里夺了个男孩，冒充是他的小妾所生。帝王家，尤其是朱家，最怕这种狸猫换太子的把戏，因为朱家的皇帝后嗣都不旺，偏系如果运气好，很可能一步登天入继大统，朱厚熜就是典型例子。所以，皇家最忌讳的就是子孙非龙种。在这方面的规定相当严厉，一旦发现，什么废话都没有，立刻废藩。

张居正深思熟虑后，把郜光先的弹劾内容一字不动，只是把顺序颠倒：“违制娶娼，冒充世子”提到了第一条。

一天后，内阁将调查辽王报告书呈给朱载垕，朱载垕看到第一条，就气得磕巴起来，下令撤销辽王的爵位，将其软禁。

这位谋杀了张居正祖父的王爷就这样在高墙内度过凄惨的一生。

朱宪㸅被废给一些聪明人留下深刻印象，他们恍恍惚惚地意识到张居正的政斗水平。在惹人困倦的午后，李春芳晕晕乎乎，总感觉朱宪㸅的被废，是张居正一手操办的。可他没有任何蛛丝马迹的证据，越是这样，他就越感觉到恐惧，张居正这人太可怕了。

当然，恐惧之后，他又回到平和状态，他对自己说：“想得太多了。整个事件根本没有张居正什么事，张居正不过是秉公办理罢了。如果对此怀疑，你完全可以去看张居正拟就的报告书，不过是重新录入罢了。”

陈以勤也觉得这件事很不对劲，但到底哪里不对劲，他思考不出来。有一天他问张居正：“朱宪㸅和你祖父的事可是真的？”张居正恭敬地回答：“确有此事，但这件事不能怪朱宪㸅。我祖父豪气干云，喝酒不要命，他自己也是有责任的。”陈以勤“哦”了一声，琢磨张居正这句话背后隐藏的情感，可惜，他什么都没琢磨出来。

朱宪㸅被废案和张居正到底有什么千丝万缕的关系，这是一个谜。不过有一件事很是怪异，万历新政后，弹劾朱宪㸅的陈省和郜光先都受到重用，两人的确是实干型人物，符合张居正选人才的标准。但有人却认为，这实在有点巧，因为两人几乎同时受到张居正的重用。

无论如何，朱宪㸅结束了他烂污的一生，如果张居正能去祖父坟前扫墓，这件事应该是给他祖父最好的祭品！

成为军事专家

光阴荏苒，1569年来了，赵贞吉来了，他腆着肚子，高昂着头踱进了内阁。

赵贞吉是1535年的进士，比内阁中所有人的资格都老，岁数也比所有人大，时年六十二岁。赵贞吉是阳明学信徒，和当时在江湖上行走的很多著名心学人物都有来往。但他的心学造诣到底有多高，是个值得商榷的问题。王阳明坚决反对傲，说千罪百恶，皆从傲上来，而赵贞吉不但外貌不谦和，内心也绝未对任何人恭敬过。他希望自己是个传奇人物，于是舆论满足了他，把他塑造成一个传奇人物。

1550年，俺答汗兵团围困北京，要求上贡，赵贞吉以监察御史的身份上疏反对。廷议之后，朱厚熜要徐阶主持此事。赵贞吉不知怎么想的，却去找严嵩。严嵩当然不见他，于是他在严府前撒泼，臭骂严嵩。严嵩不是那种躺着中枪还给你笑脸的人，于是将他贬到蛮荒之地的贵州荔波做县长助理。之后，赵贞吉凭借才干和气魄，渐渐回到权力中心。朱载垕继位时，他已做到礼部左侍郎（礼仪教育部第一副部长）。

赵贞吉是个肚里有货的人，据说他自幼酷爱读书，每天诵书一卷，和人聊天时，手中拿本新书，聊天完毕，这本书的内容已装进脑海。读书多的人有两种，一种是嘴巴闭得紧紧，一种是嘴巴从未闭过，侃侃而谈，赵贞吉属于第二种。朱载垕对赵贞吉百科全书似的脑袋很赞赏，于是在1569年八月，将其送进内阁。

当他冷笑着出现在内阁时，张居正意识到，一向平静的内阁将不复存在。

张居正能有这样的意识，全因为赵贞吉是个透明的瓶子，一眼看到底。他对同乡陈以勤还算有礼，但对李春芳尤其是张居正的态度，完全是倚老卖老，傲慢至极。他经常叫张居正为“张子”，类似于今天的“我说小张啊”。他初进内阁时，张居正出于尊老的美德，经常向他请教些非常简单的问题，每当这时，赵贞吉就拿出他的招牌动作，先对张居正翻个白眼，然后鼻孔里喷出两股气，最后鼻孔朝天说道：“唉，非尔少年所解。”

说赵贞吉有气魄，并非虚语。在入阁谢恩时，他指出朝纲边务，一概废弛，决心拼了这把老骨头，整顿国事。说他有才干，恐怕也有，但未必卓著。

他入阁不久，宣大军区报告俺答汗要进攻蓟州。朱载垕要内阁讨论对策，赵贞吉当仁不让，先发睿智豪迈之言。他说：“俺答汗此次必攻蓟州。”

张居正小心翼翼地问：“您有什么依据吗？”

赵贞吉白了张居正一眼，不说依据，只是说：“立即和兵部商议，派重兵到蓟州，蓟州要钱给钱，要粮给粮，不能让俺答汗在蓟州讨到一点便宜。”

赵贞吉是站着说话不腰疼，无条件地支援蓟州，这不是上嘴唇碰下嘴唇的问题，而是要付出高昂代价的问题。而且，没有任何证据充分证明，俺答汗肯定要进攻蓟州。这么多年来，俺答汗非常不靠谱，今天说进攻这个，明天说进攻那个，其实哪个也没有进攻。忽然有一天，他什么都没说，明朝边境却遭到大规模攻击。

陈以勤看赵贞吉情绪亢奋，似乎要凭此一事而成就万古之名，不禁插嘴道：“这事，还是该听听太岳的意见吧。”

赵贞吉对这不和谐的声音表示不满，看准了陈以勤：“小陈啊，小张太年轻了吧。”

陈以勤突然对赵老头的倚老卖老厌恶到极致，发高声道：“张居正虽然年轻，可比您还早入阁。三年来，张居正和兵部无一日不沟通。”

赵贞吉的脸色微微变化，李春芳立刻注意到，急忙咳嗽一下，示意陈以勤闭嘴。陈以勤不是那种肯仗义执言到底的人，于是收了嘴。

陈以勤说得没错，张居正在朱载垕继位的三年时光中，向帝国国防投入了不打折扣的精力。当徐阶和高拱斗得死去活来时，他正和兵部尚书霍冀对着帝国将领的花名册冥思苦想；当徐阶驱逐郭朴时，张居正正和从边境回来的官员喝酒——酒是上好的酒，他自带——他替人家斟酒，听人家说边境之事；当徐阶离开，李春芳和陈以勤在内阁闭目养生时，张居正却在书房里认真研究帝国边防的漏洞。这种良苦用心，使他成为明帝国的军事专家和一流的战略家。

早在1568年五月，张居正就和兵部尚书霍冀搞了个大动作：调军事天赋出色的总督两广军务的老将谭纶回中央政府担任蓟辽保定总督，又调在南方抗击倭寇成绩斐然的名将戚继光北上，总理蓟州、昌平、保定三镇练兵事宜。也就是在这时，张居正和谭纶、戚继光结下深厚友谊，为日后的国防安全奠定了坚实基础。

戚继光，山东人，年轻时风流倜傥，极具个性。贫寒的家境未阻挡他刻苦读书的热情。1544年时，戚继光继承祖上职位，任山东登州卫的中级官员。之后，凭借出色的才干屡立奇功。1555年，他被调往浙江防御倭寇，百战百胜，终于把自己锻造成英雄人物而名扬天下。

张居正和戚继光的结识无从考证，不过张居正是有心人，对出色的将军总会密切关注，所以和谭纶、戚继光结识也在意料之中。他不但对人，而且对帝国军事的深入也可谓无微不至。

1568年末，谭纶请求中央政府拨款在边疆修建碉堡。兵部已准备拨款，却被张居正拦了下来。他给谭纶写信说："你们的报告里说，一个碉堡需要五十人守卫，你们说要建造一千个碉堡，那这就需要五万人。我冒昧地问一下，你们是想把这五万人训练成碉堡守卫吗？如果这样，一旦野战，该如何？另外，碉堡周长一丈二尺，五十人在里面，又加上守卫之具和衣粮薪水，岂不是太狭窄了？"

这等精审，如果没有对国家安危的责任心和高度的政治敏感度，是绝不会拥有的。

对于帝国最厉害的敌人俺答汗，张居正几年来竭尽所能搜集其资料以及研究其战略战术。渐渐地，他了解了对手，甚至超越了俺答汗对自己的了解。

所以当他问赵贞吉为什么肯定俺答汗进攻蓟州时，只有最后入阁的赵贞吉嗤之以鼻，李春芳和陈以勤都明白，张居正是这方面的专家。遗憾的是，两位阁老修身养性，臻入化境，稍见风吹草动，立即闭嘴。所以，张居正这位专家就成了摆设，赵贞吉眼中的摆设。

张居正之所以肯定俺答汗不会进攻蓟州，一是对俺答汗不靠谱的科学认识，二则是几个月前，明帝国在他和兵部尚书霍冀的主持下，于郊外举行了一场声势浩大的阅兵典礼。参加这次阅兵的正是谭纶和戚继光训练的新兵。连对军事最迟钝的人看到那场大阅兵后，都变得豪气干云，两眼放光。

大阅兵向来是对敌人和平展示武力，俺答汗不可能不知道这次阅兵，更不可能不知道明帝国的军队有了实力上的突飞猛进。所以在这种时候，他不可能以身试险。

赵贞吉似乎没有注意到那场大阅兵，所以他异常忙碌起来，对蓟州城增兵增粮，每天工作到太阳西坠，月亮升起，仿佛他是帝国最忙碌的中流砥柱。

但一个月过去了，俺答汗用悄无声息抽了赵贞吉一个响亮的耳光。赵贞吉很颓唐，张居正冷眼旁观，叹息的同时发出阵阵讥笑。

赵贞吉虽然皮已糙、肉已厚，却异常敏感，他感知到了张居正的讥笑。他看着张居正说："我说小张啊，这个军事啊，你以后要多加留意，你既然有这方面的天分，就该好好利用，不要浪费了。如今国防正值多事之秋，正需要你这样的人。"

张居正看着他，眼神复杂。赵贞吉咳嗽了一声，继续说道："其他事你就不要掺和了，内阁有我，啊，还有李首辅呢。"

张居正厌恶赵贞吉，他厌恶一切想要独霸内阁却没有能力的人。可他不能像徐阶把高拱打得人仰马翻那样把赵贞吉打趴在地，因为他没有力量。

他看着赵贞吉那张肥嘟嘟的脸，突然产生了一丝小抱怨：走了高拱和徐阶，又来了这么个东西，谁来把他一脚踢出去啊！

他的小抱怨似乎感应了上天。上天有好管闲事之德，于是派了个人来。

1568年最后一个月的某日，有人撞开了内阁的大门，整个紫禁城都晃动起来。他大踏步地走过陈以勤的办公桌，点了点头："你好，陈公。"陈以勤张大了嘴巴，看着他的背影。他又走过赵贞吉的办公桌，只是傲慢地点了点头，没说话。赵贞吉一眼就认出了他，发出一声冷笑。他又走过李春芳的办公桌，大声说："李公，好久不见。"李春芳被吓得从吐纳术中苏醒，正要看时，只能看到背影。最后，这个人在张居正办公桌前停了下来，仿佛这是他有生以来第一次停下脚步。他敲了敲张居正的桌子，张居正抬起头，看到一张刻薄的笑脸。张居正有生以来第一次不经思考就脱口而出："啊呀，你回来了！"

来人一笑，点了点头，回首扫了一眼内阁里的所有人，语气里带上让人不寒而栗的威严说："是的，我回来了。"

如你所知，这个人就是高拱！

高拱对阵赵贞吉

张居正对高拱的归来充满喜悦和幻想，多年前二人登香山顶峰，互诉壮志的情景跃上脑海。张居正说：“高老是同道中人，又实力雄厚，国事有望了。”他并未因高拱是恩师徐阶的政敌而产生愁绪，他是个胸怀宽广、眼光高远的人，一心只为国家。况且，徐阶是他恩师不假，可高拱也是他的好友。

虽然如此，他还是给徐阶写信安慰徐阶，他也知道徐老师高风亮节，所以说高拱归来，世局定当一新。徐阶有点寒心，又有点担心，他写信给张居正说：“高拱才干卓著不假，可脾性太刚，有仇必报。世界上有种人你死都不要得罪，高拱就是这种人。”

徐阶在信中还谈到一件事，他说高拱能咸鱼翻身，朱载垕身边的三个太监伙伴功不可没。而这群畜生所以帮高拱，是因为有个叫邵方的“大侠”周旋的结果。徐阶有点酸溜溜地说：“这个邵方最先找的是我，说能让我复起，可我把他当成江湖混饭吃的，胡说八道。后来听人说他去找了高拱，高拱在家中都快憋死了，死马当活马医，想不到这小子本事通天，真就办成此事。”

张居正对高拱的复出底细其实一清二楚，也知道那个叫邵方的“大侠”。当时政府有传说，邵方和朱载垕身边的三个太监交情匪浅。看来，高拱的复出就是朱载垕身边那三个太监的运作。当然，高拱是朱载垕最中意的老师，这层私人关系也是高拱复出必不可少的。

徐阶要张居正提防高拱，既出于师生情谊，又出于对自己家族的担心，一旦张居正完蛋，有仇必报的高拱绝对不会放过他徐阶一家。

张居正开始时还认为徐老师的担心是多余的，不过很快，他就意识到，姜的确是老的辣。

高拱复出的时机妙不可言。吏部尚书杨博致仕，高拱就请朱载垕把吏部尚书的位置也给他。那三个太监一起用力，高拱轻易如愿以偿。历史似乎要给世人上演一场好戏，高拱得到吏部尚书职务的一个月后，他在内阁最大的劲敌赵贞吉也获取了都察院院长的职务。一个是控制行政和人事权的大学士，一个是控制监督权的大学士，二人可谓旗鼓相当，不分上下。

虽然高拱还未向内阁的任何人发动进攻，可所有人，尤其是赵贞吉已经感受到高拱无形的，如泰山压顶般的力量：高拱做事雷厉风行，今日事今日毕，头脑冷静而稳准狠，仅一个月时间，就把吏部搞得绘声绘色，井井有条。

一搞定吏部，高拱就发动复仇计划，将徐阶从前的一切政治举措通通推翻。徐阶曾以朱厚熜遗诏的方式赦免“大礼”“大狱”被牵连的官员，高拱又把他们重新贬黜一回；徐阶把朱厚熜身边的那群臭道士关进监狱，高拱就把他们放出。也就是说，高拱推翻了朱厚熜遗诏，其实也就是推翻了徐阶，而朱厚熜遗诏是徐阶和张居正共同拟定，张居正立即感觉乌云笼罩到自己。

但高拱似乎没有向他动手的意思，他拍着张居正的肩膀说：“太岳啊，咱们要做的事太多了，你看我忙得四脚朝天。”

张居正笑了笑，高拱突然对着一份文件吼起来：“蠢材！蠢材！来人，把这个人给我叫来，我看看他到底有多蠢！”

张居正对高拱的歇斯底里已见怪不怪。高拱办事，容不得别人犯一点错，否则就是暴跳如雷，把对方骂得后悔来到世上。有人说，人对一件事愤怒是因为没有智慧解决这件事。可张居正有时候就会想，愤怒本身何尝不是智慧？高拱用臭脾气在官员中建立权威，这不正是另一种政治智慧吗？

让张居正欣慰的是，高拱从来未对他发过脾气，也未先对他动手。高拱最先对付的人是赵贞吉，这也是张居正最希望的。

如果夏言是锋芒毕露的长枪，那高拱就是魔鬼附体的紫金锤。如果高拱是个锤子，那赵贞吉就是狼牙棒，谁都不是省油的灯。所以，两人的争斗势不可免。

高拱嗓门大，赵贞吉比他还大；高拱吹胡子，赵贞吉就瞪眼；高拱拍桌子，赵贞吉就骂街。整个内阁每天鸡飞狗跳，让人不得安生。1570年七月，陈以勤上疏说，自己大概得了神经衰弱症，头痛头昏，怕声耳鸣，不能继续待在工作岗位，他主动放弃权力，离开了内阁。

陈以勤一走，李春芳捶胸顿足，对张居正说：“陈公不仗义，突然就辞职了，事先也不通知我一声，你看我现在还赖着这个首辅的位置不走，真是罪孽深重。”

张居正只能苦笑，高拱和赵贞吉的恶斗居然把陈以勤搞得神经衰弱，又把李春芳折磨得神经兮兮。这种内斗除了让人寒心外，还能有什么！

李春芳请辞，朱载垕不允，李春芳就不去上班，给高拱和赵贞吉的角斗场腾出更大空间。内阁已空，高拱决定和赵贞吉作最后一战。

1570年十月，高拱上疏请求朱载垕对科道（六科给事中和十三道监察御史）进行考察。科道官员都是言官，高拱上次被逐就是这群言官的“功劳”，一来他要复仇，二来，赵贞吉是言官大本营都察院瓢把子，借此剪除赵贞吉的羽翼，可谓一石二鸟。

赵贞吉积极迎战。按规，吏部和都察院主持这次言官考察。高拱把赵贞吉的所有人全部判为不合格。赵贞吉针锋相对，也把附和高拱的言官统统画叉。

近二百人的言官，考察之后连四桌麻将都玩不起来。整个朝廷震动，朱载垕也震动，他十分惊骇：想不到有这么多不合格的言官！

张居正看了许久的戏，终于站出来调和。高拱和赵贞吉也不想这样僵持下去，于是都给张居正面子。

高拱提出，双方人员，一概保留，但那些没有站队的，曾经攻击过他的言官必须全部清退。

赵贞吉见高拱未损害自己的利益，欣然同意。这是十足的愚蠢，它使外人产生了高拱在这次战役中取得了决定性胜利的印象。附和高拱的言官越来越多，赵贞吉的实力正在削弱。

高拱和赵贞吉的此次争斗告诉我们，站队有风险，不站队也有风险，人事无常，政治不靠谱。

张居正又一次提心吊胆，因为高拱清退的言官大多数是当年徐阶的人，其中有个阳明心学门徒耿定向，还是张居正要好的朋友。他忐忑地想到，高拱会不会对自己下手。但是高拱仍然没有，高拱的注意力全放在赵贞吉身上，在他眼中，整个天地都不在，只有赵贞吉。

考察言官后，赵贞吉有些心力交瘁，他毕竟年纪大了，经不住政治斗争的狂轰滥炸。他想休整一段时间，想不到高拱突然使了个回马枪，重启战端。

攻击赵贞吉的是高拱的言官头马韩楫，他弹劾赵贞吉庸横，考察过程中存着私心。

考察过程中存私心，高拱也有。赵贞吉此时最正确的反击应是指使他的言官攻击高拱。但不知什么原因，他居然亲自上阵抗辩，说："真正庸横的是高拱！"最后他气急败坏地要两败俱伤，"如果皇上和舆论认为我应该去职，我就离开，但高拱必须把吏部尚书的职务交出来！"

这已不是战斗，也谈不上抵抗，只是消极地要鱼死网破。高拱冷笑，因为他赢了，皇上绝不可能拿官职做买卖。

果然，朱载垕在三个太监伙伴的帮助下，认为赵贞吉有失人臣体统，居然要在如此庄严的庙堂做买卖，这种风气要不得。朱载垕说："老赵啊，你反省一下啊。"

赵贞吉明白，胜负已分。他开始收拾办公桌，但老天爷不想让他和当年的高拱一样，走得那么痛快。所谓曲折婉转，才是人生。

这个曲折婉转给了赵贞吉一个希望，他以为翻身的机会来了，但事后证明，这是假象。这个曲折婉转已和他赵贞吉无多大关系，因为主角是张居正。张居正担任首辅之前，最光辉的一刻来临，他抓住了机会，给了历史一份完美的、让人惊喜的答卷。这个曲折婉转就是俺答汗封贡。

第五章
俺答封贡

张居正来信

高拱和赵贞吉苦苦缠斗的1570年九月中旬，心事重重的宣大、山西总督王崇古接到张居正的一封信。王崇古打开信，才看了一句就惊愕得闭不上嘴。信的内容正是他这几天心事重重的原因。

三天前，曙光初现，长城守军突然见到前方尘烟滚滚，几十匹蒙古种马向城墙飞驰而来。守军急忙报告长官，长官慌忙叫醒士兵，上墙准备作战。来的人正是他们最熟悉的蒙古武士，为首一人虽满脸疲惫，却遮不住贵族特有的英姿。守将见敌人稀少，不禁升起英雄胆，喝问："找死啊，这几个人就来攻城。"

为首那人冷笑，主动介绍自己："我是俺答汗的孙子把汉那吉，来投诚。"

守将不相信自己的耳朵，可见这阵势的确不是来攻城的，所以命令严防，把消息快马加鞭报告给了大同巡抚方逢时。

方逢时和王崇古都是1541年的进士，两人的仕途也大致相似，先是在地方历练，后来进了兵部，再后来就是多次巡抚北境。1570年初，在张居正的大力推荐下，王崇古做了宣大、山西总督，方逢时做了山西巡抚。张居正可谓慧眼识人，两人的品德都好，报国热忱都高，才略也都明练，多年的经验使他们处置边事得心应手。所以大半年来，二人通力合作，屡屡挫败蒙古人的小规模进攻，宣大一线静悄悄，人民安居乐业。

方逢时得到边城的报告后，立即和王崇古商议。王崇古搓着双手说：“这事有些棘手啊。”

方逢时沉思了一会儿，说道：“我记得年初我来大同时，张阁老对我说，‘故世必有非常之人，然后有非常之事，有非常之事，然后有非常之功，公所谓非常之人也’。”

王崇古承认张居正说得对，方逢时同学的确是非常之人，而且他也隐约嗅到这件事是非常之事，可要立非常之功，有难度，这需要精密的计划。

两人商议了半天，最后决定，先把那个把汉那吉迎进大同，好酒好肉款待着，再想下一步。另外，如果那人真是俺答汗的孙子，那他逃到这里来，俺答汗必会发兵，所以要做好战斗准备。

经过全方位的调查，方逢时和王崇古确认，来人就是俺答汗的孙子把汉那吉。王崇古再下令边防军坚壁清野，备战级别提到一级。做好充分的准备后，王崇古开始给张居正写信报告情况，可他的信草稿还未出，张居正的信就来了。

张居正的信没有废话，用五个问句直奔主题，句句戳中事情的本质：

听说俺答汗的孙子带了十几个人来投降，有这回事吗？

你是边关高级将领，可否见到人？

俺答汗活着的儿子只有一个叫黄台吉的，此人是不是黄台吉的儿子？

他来投降的原因是什么，你们搞清楚没有？

如此重大的事，怎么到现在还没有报告朝廷？

张居正的信息如此灵通快捷，其对问题的深思熟虑如此全面，王崇古如果不吃惊，那他就是神仙。

方逢时对这封信发出由衷的赞叹：“张阁老如果没有报国热忱，怎么会有如此高度的关注？你我二人有生之年能遇到这样的贵人，真是幸事。”

王崇古也赞叹，过了许久，他才猛地拍脑门子，叫道：“咱们赶紧写回信啊。”

回信其实是答卷，王崇古在信中回答：“俺答汗的孙子把汉那吉的确来投降了；我和方大人已见到真人；这个把汉那吉的确是俺答汗的孙子，老爹早死，所以咱们未听过；据他自己说，他来投降的原因是俺答汗抢了他的新娘；这样重大的事所以没有尽快报告朝廷，实在有罪。”

张居正得到这些信息后，飞快地去信做了周密布置。他先给两人扣了顶帽子：“虏种来降，虽是华夏文明的威力，但你二人在边疆的威德也是原因之一。此事关系重大，可能是我们和蒙古人和平还是继续战争的转机，一定要谨慎处理，不可重演桃松寨事件……”

桃松寨事件发生在1557年。桃松寨是俺答汗之子辛爱的小妾，她和辛爱的一个部下私通，后来怕泄露，于是投降明朝。当时宣大总督杨顺为了邀功请赏，毫不客气地收留了桃松寨，并把她送到北京。想不到，辛爱爱这个女人爱得发疯，当然也恨得发疯，于是率部猛攻大同。杨顺发现无法抵挡，急忙向朝廷谎奏说，辛爱打算用白莲教起义失败、逃亡到蒙古的汉人交换桃松寨。朱厚熜是个榆木脑袋，马上同意，就把桃松寨送到大同。辛爱在大同城下杀掉桃松寨，非但没有退兵，而且攻势更猛。如果不是后来中央政府增兵，后果不堪设想。这件事让大明帝国颜面扫地，用张居正的话说，至今提起都齿冷。

张居正认为，此次事件又比桃松寨事件更严重，桃松寨只是俺答汗儿子的小老婆，可把汉那吉却是俺答汗的亲孙子，所以行事万不可草率。而且他已经得到情报，俺答汗兵团正向大同方向推进。

张居正给两人出招对付俺答汗的兴师问罪：“您的孙子来降不是我们引诱的，是您孙子倾慕中华文化主动来的。我们的法律规定，得到你们蒙古大汗的子孙首级者，封侯赏万金。我们不是不能把您孙子的脑袋送到北京请赏，只因为他是慕名而来，又是您的孙子，我们不忍砍他的脑袋。非但如此，我们还用中国最好的饮食与衣物赏赐他。您如果想要回孙子，有三个条件，写一封谦卑的书信来，把叛贼赵全和他的伙伴交给我们，大家杀鸡为盟，从此后，你不可再对我们发动军事行动。如果你能做到这三点，我们必定送还你孙子。不过你要打的话，我们没有问题，我们的军队已不同往昔，奉陪到底。”

以上是张居正传授给王、方对付俺答汗的外交台词，台词之后，张居正话锋一转，说：“蒙古人来攻是常事，即使他的孙子不来投降，他必来，我们也必防。所以谈判是谈判，严阵以待是严阵以待。”

然后，他针对把汉那吉一行指示二人说：“不要让他们和外人交通，该给吃的给吃的，该给喝的给喝的，不要吝啬，一定要让他有宾至如归的感觉，他才不会萌生归念。”

最后，他指示两人，上一封奏疏，把把汉那吉来投的来龙去脉说一下，请求朝廷允许接受把汉那吉投降。

方逢时和王崇古对张居正又是一顿发自肺腑的钦佩，随后就写了一道奏疏，加急送到北京。

北京朝堂炸开了锅。

无尽的担忧

凭多年来对政府官员的了解，张居正早就预料到把汉那吉之事会引起波涛，所以他做好了充足的准备。在和王、方二人紧密沟通时，他也争取高拱的支持。高拱气势磅礴，来者不拒，对送上门来的这块肥肉当然垂涎。高拱又去运作朱载垕，朱载垕也认可高、张二人的主张，先接受把汉那吉的弃暗投明。

王、方二人的奏疏一到，朱载垕召集群臣讨论。第一反对的就是已穷途末路的赵贞吉，他几乎要痛哭流涕，说这是引火烧身，把汉那吉看着是个人，实际上是个臭鸡蛋，必会引来俺答汗那只大苍蝇。还有御史摇头晃脑地说，受降之事让他想到北宋末年北宋政府接受军阀郭药师投降的事，结果后来郭药师反叛，北宋雪上加霜，万不可让历史重演。他有绝妙计策，就是把把汉那吉无条件送还给俺答汗，这样才可避免北境战争。

张居正极度厌恶这群言官，不是因为他们胆小怕事，而是因为他们狗屁不懂还满嘴跑火车。当时的形势和北宋郭药师受降时截然不同，不实事求是就乱发议论，这是言官狗不改吃屎的本性。他不阴不阳地提醒众言官："现在形势很明朗，没到哭丧的时候，所以收起你们那肆意的眼泪和眼屎吧。"

王、方二人高歌猛进，高拱推波助澜，朱载垕积极配合，张居正在背后全力运作，言官们终于闭了嘴。赵贞吉还想战斗，高拱马上擂起战鼓，赵贞吉叹息着退缩了。

事情就这样定了。明帝国授予把汉那吉指挥使职务，赏象征尊严的大红丝绸一袭。

好勇斗狠的俺答汗来了，几乎倾巢出动。俺答汗根本不想来，他抢了孙子的老婆，孙子对他恨之入骨，他不想再把仇人放在身边。可他老婆对这个孙子感情极深，自把汉那吉走后，老人家一天哭十次，险些淹死在自己的泪水中。俺答汗虽然娶了孙媳妇，却仍对大老婆情深义重，只好出兵来要把汉那吉。

大兵压境，王崇古和方逢时毫不惊慌，因为导演兼编剧张居正的剧本已到：派一位口齿伶俐、智勇双全的人去和俺答汗谈判，谈判内容我早已给你们了。

这样的人才在边境有很多，方逢时随便一搜，就搜出个叫鲍崇德的人。鲍崇德把张居正之前写给王、方二人的台词刻进脑海，豪情万丈地来到俺答汗军营。

俺答汗说："我的大兵一动，你们的军队就灰飞烟灭。"

鲍崇德搜索脑海，找到台词："我们的军队不比往昔，你来好了。"

这不是张居正信口胡说，事实是，最近这两年，经过他安排、调整后的北境边防军，实力的确大增。俺答汗对此也深有同感。

鲍崇德当然不是只会念台词的三流演员，他有现场发挥的急智，见俺答汗脸色难看，他以张居正思想为核心，发挥道："当然，我们的军队死多少无关紧要，可您孙子的命应该很值钱吧，您一发动战争，朝廷一怒，您孙子的命就没了。"

其实这正是俺答汗的本心，干掉情敌是每个男人的热切愿望，尤其是借他人之手，更是妙不可言。但他这种想法一出现，眼前马上映出他老婆淹死在泪水中的情景。他打了个寒战，问道："我孙子还活着吗？"

鲍崇德回答："能杀他的人只有您，您不杀他，谁都不敢杀他。他现在被我们皇上封为指挥使，好不快活。"

俺答汗叹了口气："你们放了他，有什么条件尽管提。"

鲍崇德搜索脑海，找到台词："您这话就不对，什么叫'放'啊，好像是我们捉他来似的。您也知道，是他仰慕我中华文化投来的。但这只是场面说法，具体原因，就不好说了。"

俺答汗脸色通红，嘴唇发抖，他发现眼前这个汉人的嘴很碎，不能和他谈论太久，否则会被烦死。他有点焦躁地问："你们有什么条件，有屁快放。"

鲍崇德说台词："只要把赵全和他的伙伴交给我们，把那汉吉指挥使随时都可回草原，只要他愿意。"

俺答汗犹豫了。赵全是明帝国北境附近的汉人，足智多谋，白莲教分部的掌门人。白莲教是邪教，所以受到政府的打压，赵全被追得穷途末路，所以翻越长城，投靠了俺答汗。

赵全在中国可能无足轻重，但一到草原就成了重大人物，因为他知道明帝国北境的虚实，而且受过中国权术文化熏陶，知道出谋划策。他在俺答汗的支持下于河套的丰州开垦荒地，种植粮食，兴建城墙，招兵买马。丰州既成了蒙古人的根据地，又成了蒙古人向明帝国进攻的跳板。

自赵全投靠俺答汗给他做高级参谋后，俺答汗对明帝国的进攻效果突飞猛进。明帝国多次花重金悬赏赵全的人头，但没有人有这个福气得到这笔赏金。

现在，终于有了可以干掉赵全的机会，张居正无论如何都不放过，他也知道，俺答汗绝不会轻易舍弃赵全，赵全就是他另一个大脑，一盏指明灯，一个无可替代的军事导师。

俺答汗抓耳挠腮地对鲍崇德说："这也是条件，你们吃错药了吧。如果我让你们把北京城里所有的官员都交给我，你们愿意吗？"

鲍崇德站在那里，微笑着，什么都不说。

俺答汗沉思，再沉思，最后拍了大腿说："不行，这事我得从长计议。你先回去。"

鲍崇德回了，骑了匹俺答汗送他的骏马，他自信地对王、方二人说："此事可成。"方逢时立即给张居正去信，报告了情况。

张居正很兴奋，他觉得离实现更为辽远的计划不远了。这个辽远计划就是借把汉那吉事件和俺答汗永远地讲和。不过兴奋之后，就是担忧。好事多磨，他不相信这件事会如此容易成功。

他给王、方二人去信诉说了这一担忧。他说："赵全等人投靠俺答汗年深日久，他们是受中华文化熏陶多年的人，不可能不结交俺答汗身边的亲信。我们今天向俺答汗提出要他的人头，他明天就会知道。如果他知道了，岂会坐以待毙？倘若他说服俺答汗，用几个小蟊贼冒充赵全等人，我们纵然明辨出，还要向政府报告，来往时间不定，俺答汗等不及，发动战争该如何？"

这是张居正的第一层担忧，第二层担忧是："我听说俺答汗此次来是倾巢而出，机动部队昼夜不停巡逻，所有骑兵都磨刀霍霍，这不是谈判，而是战争。纵然他头脑一热，归还赵全，我们一归还把汉那吉，他马上按下战争按钮，刀光剑影仍无法避免。"

张居正的第三层担忧是："假设俺答汗归还了赵全，带着把汉那吉离开边境，可如何敢保证他明年春天不会再来侵袭，即使明年春天不来，后年春天，再后年春天呢？"

所以，张居正的看法是，尽量借这件事，要俺答汗接受我们的封爵："你们可提醒他，只要接受我们的封爵，其他一切问题都可以谈。"

王崇古和方逢时看到这里，都惊愕得抽冷气。张阁老是不是想太多啦？俺答汗接受我们的封爵？这不就是投降我们吗？俺答汗如果脑子没问题，就不可能接受这种条件。这倒不是说俺答汗铁骨铮铮，气节熏天，而是因为俺答汗做不了这个主。俺答汗只是蒙古鞑靼的一个首领，他真正的主人是鞑靼的国王小王子。他和这位小王子的关系就如东汉末年曹操与汉献帝的关系，就如战国时代日本的大将军和天皇的关系。你封俺答汗为爵，就是让俺答汗认明帝国为主人，那把他原来的主人小王子置于何地？

王崇古和方逢时虽然对边事娴熟，了解敌人的军事，却不了解俺答汗这个人。俺答汗自完全掌控鞑靼军事力量后，就持续不断地进攻明帝国，而目的很单纯：抢劫。俺答汗从未想过要废掉小王子，正如曹操不想废掉汉献帝一样。小王子在草原上是块招牌，有了这块招牌，就有好处，俺答汗可以用这块招牌做很多事。草原上虽部落林立，可明面上都尊重听命于小王子，俺答汗认小王子为主人，既能招兵买马，又能保持草原和平，从而无忧无虑地享乐，何乐而不为?

张居正要俺答汗受明帝国封爵，不过是让俺答汗多一个主人而已。只要有利可图，俺答汗有几个主人，在他看来其实无所谓。

张居正对俺答汗的人性洞若观火，只要王、方二人处置得当，就没有不成的道理。王、方二人在张居正第二封信的解释下，恍然大悟，于是再和俺答汗谈判，明示暗示齐上阵：“交出赵全，你孙子就能回到你身边；如果你受我大明帝国的爵位，你们一直垂涎三尺的‘互市’就能实现。”

俺答汗还未做任何反应，中央政府言官们却又跳了起来。

舌战群臣

第一个上疏的人叫姚继可，他在半个月前以巡按御史的身份巡视宣府、大同，由于离王、方二人很近，所以隐约听到了王、方二人要和俺答汗议和的消息。他发了羊痫风似的跑回北京，上疏指控方逢时通敌。并且说，和蒙古人议和简直是和老虎讲慈悲，和这群野人打交道，只有针锋相对，高筑墙、广储粮、坚壁清野。

“通敌”这个罪名不小，在当时闭塞的朝廷没有人知晓方逢时和蒙古人谈判细节的情况下，姚继可的这道指控书是炸药。但也不得不承认，这不过是个夺人眼球的烟花，陈以勤已经在半个月前黯然离开，都察院被高拱掌控在手，言官们纵然有三头六臂，也无法跳出高拱的手心。

张居正去信给王崇古，要他安慰方逢时说：“姚继可神经错乱，你听到后不要挂怀，更不要灰心，我可以向你保证，皇上和高阁老都支持你们，这件事已定。”

方逢时从抑郁中恢复，继续和俺答汗“要求其送还赵全”的谈判。正如张居正所料，赵全早已得知他祖国要他人头的事，他思来想去，欲保性命，只有一条路可以走：说服俺答汗放弃把汉那吉。

这条路难度极高，但赵全此时只能死马当活马医，决心一试。他对俺答汗说：“把汉那吉的老婆还在您怀里，他如果回来，您敢保证他对您的仇恨一笔勾销？”

这真是哪壶不开提哪壶，俺答汗本来对赵全还有眷恋之情，想不到赵全戳他的痛处，再想到和明帝国议和的美好前景，更想到家中哭成泪人的大老婆，一咬牙一跺脚：“来啊，把赵全和他的伙伴们绑了，送给明国。”

1570年十二月，寒风呼啸中，赵全和他的战友们回到祖国大同，被装进囚车，送到北京。朱载垕亲自到午门观刑，赵全一行被凌迟。多年来，俺答汗在赵全的辅佐下把明帝国搞得焦头烂额，如今终于出了这口恶气。

赵全还在从大同去北京的途中时，王崇古已按内阁的决定，将把汉那吉送还俺答汗。俺答汗内心有愧，又因为大老婆的压力，不禁抱着孙子痛哭，场景十分感人。送把汉那吉的明边防军看到祖孙情深，情敌言和，在风沙中放下面子，热泪盈眶。

当北京城所有人都沉浸在无限欢欣中时，张居正早已坐在办公桌前，冷静地给王崇古写信传授机宜：和俺答汗谈封爵、入贡。

俺答汗经过此事想通了很多事，尤其是当他看到孙子把汉那吉衣锦而回，吃得脑满肠肥，更对明帝国产生好感。入贡是他始终渴望的，封爵嘛，不过是再多个主人而已。他对王崇古说：“这么大的事，你能做主吗？”

王崇古说：“你也知道这是大事啊，我当然不能做主，但有人可以。你等消息吧。”

几天后，王崇古上疏中央政府，议封贡和开市共八事。上疏一到中央政府，有人欢喜有人愁。欢喜的当然是高拱和张居正，忧愁的是兵部尚书郭乾。郭乾对明帝国边事也非常娴熟，年轻时非常干练，老了后小脑萎缩，做什么事、想什么问题都虎头蛇尾。他是一年前取代霍冀而主掌兵部的，张居正对他的印象非常一般。在把汉那吉事件中，始终看不到郭乾的身影，因为他在暗处长吁短叹，认定张居正、高拱还有皇上在瞎胡闹，必定出乱子。

出乎他意料的是，把汉那吉事件居然和平解决。他觉得世事太莫名其妙，于是开始关注此事的余波。他见到王崇古的上疏，就对高拱说：“这是国防问题，应该归我们兵部。”

高拱说：“好啊，太岳是这方面的专家，你和他商量吧。”

郭乾喘着粗气，浑身发汗，对张居正说：“这事不可行。蒙古人都是野人，不讲规矩，不知礼仪，和他们谈和平，痴人说梦。”

张居正沉默。

郭乾眉头紧锁，咬着发紫的嘴唇，话锋一转："不过要是真能和平，不用打仗，也未尝不是好事啊。"

张居正慢悠悠地问道："那您的意见是？"

郭乾搓着双手，不好说。

张居正站起来，语气里带上让郭乾生畏的坚定："以兵部名义请皇上召集廷议。"

廷议是当时的大臣会议，所有人都要发言，但决定权却属于皇上，这就叫"民主集中"。郭乾还在犹豫，张居正已转身大步迈了出去，留下一句话："我这就去通知高阁老。"

1571年二月最后一天，朱载垕下诏明日召开廷议。张居正和高拱做了充足的准备，当然，反对派们也在前一天挑灯夜战，要在明日的战场上扬名四海。

朱载垕命人先说了大致情况，然后点头示意开始。

辩论双方进入斗场，定国公徐文壁和吏部右侍郎张四维肯定封贡互市，附和者有二十人，能有这么多的附和者，全是高拱和张居正私下活动的结果。

反对者有十七人，尤以户部尚书张守直最为激烈，张守直摇头晃脑说："鞑靼并非草原上的唯一部落，他俺答汗能代表整个草原吗？如果封了他爵位，让他入贡，别的部落仍不安宁，我们岂不是白费劲？爵位乃国之利器，不可轻易授人，倘若封了他爵位，让他入贡，你们内阁可以保证有一百年和平吗？"

这不是辩论的态度，而是抬杠。高拱冷笑道："我们又不能未卜先知。"

张居正站出来补充高拱的话："先皇在世，俺答汗屡屡攻击边防，甚至还兵临京城，有一年平安无事吗？百姓处于生死边缘，国土沦于贼寇的铁蹄之下，可有一年平安无事吗？我们不能保证百年之事，俺答汗也不能，您能吗？"

张守直一直晃荡的脑袋总算静止，满脸通红，不再言语。

反对派中没有人再出来。张居正和高拱对视，嘴角不易察觉地一笑，他们胜利了。

如果事情这么简单，它肯定不是发生在大明帝国政府里。工部尚书朱衡慢吞吞地挪出来，说："我同意封贡，但互市有风险，我坚决不同意。"

御史叶梦熊跳出来，附和道："先皇在世时，仇鸾不敢同俺答汗开战，主张开马市，拿最上乘的丝绸和大米换来的只是劣马。今天王崇古总督又要开马市，难道觉得帝国又缺劣马了吗？"

反对派们哄堂大笑，故意把笑声抬得很高，拉得很长，好争回点面子。

张居正讨厌言官们的油腔滑调，有事说事，拿这么严肃的事开玩笑，简直该让他们变成哑巴。

叶梦熊这番话给反对派们一个错觉，他们以为柳暗花明，反败为胜了，所以都纷纷发言。有个叫饶仁侃的御史一面从群臣行列中走出，一面高声说：“当年先皇英明果断，取消马市，并严令再言马市者斩，王总督难道是想以身试法吗？”

反对派们正要以第二次“哄堂大笑”给饶仁侃喝彩助威，只听高拱一声大喝：“你们这群蠢材！先皇取消马市，是因为仇鸾榆木脑袋，办事不力。因人废言，这是猪才做的事！”

反对派们嗡嗡起来，高拱向群臣中一人使了个眼色，那人站出来，高声叫道：“在下认为，封贡、互市是一体的，而且有四大好处。”

张居正循声而望，正是高拱的得意门生、吏部言官胡嘉，他不由得向此人投去感激的一瞥。胡嘉所谓的四大好处，也正是张居正和他的同志们都意识到的。封贡互市，俺答汗可停止战争，边民可享太平；诸边有数年之太平，可乘机积蓄力量，俺答汗如果背盟，打就是了；边境汉蒙居民交错，民间贸易往来，可用中国文化渗透进蒙古，做到不战而屈人；我天朝大国，胸怀如江海，允许蛮族来降，这就在宇宙做了个好广告啊。

反对派们不嗡嗡了，张居正好不容易享受了会儿宁静。这种宁静，他最喜欢享受。高拱站出来说：“我看情况已明朗，皇上可做定夺了。”

朱载垕在龙椅上昏昏欲睡，听了高拱的话，像死囚听到大赦一样，欢乐地站起来说：“那按少数服从多数，拟旨准行吧。”

张居正几个月来的殚精竭虑终于得到回报，他的坚持得到胜利。中国历代王朝，越弱的王朝越有廉价自尊，把和外族的议和当成奇耻大辱。这不是神圣，而是神经。在给方逢时的接任者刘应箕的信中，张居正这样说道：“所谓讲和，是两敌相持难分高下时，不得已之举。世界上两国之间没有真正的和平，所以讲和不是目的，积蓄力量超越对方开战才是目的。”

张居正深刻认识到这样一个道理：战胜没有把握战胜的对手，最好的武器就是友谊。但对于那些头脑不清晰又喜欢发热的人，这个道理他们永远都不会懂。

再接再厉

俺答汗封贡、互市的决议是定下来了，可定下来是一回事，付诸行动又是另外一回事。廷议的第二天，张居正就给王崇古去信，要他立即撰写奏章上交朝廷。王崇古没有拖泥带水，几天后就把奏章送进了皇宫。朱载垕也干脆利落，交由内阁讨论拟出意见。

张居正去催李春芳，李春芳正在写辞职信。他已受不了高拱的雷霆，之前写了无数封。所有人都专注于俺答汗封贡的事，只有他一门心思扑在撰写辞职信上。他百无聊赖地对张居正说："这件事，你和高公商量就是了。"

张居正就去找高拱。高拱有点忙，兵部尚书郭乾因在俺答汗封贡、互市一事上表现奇差，无脸再待下去，提出辞职。高拱正琢磨兵部尚书的人选，无心理会其他事。还有一件更重要的事，就是胶莱河事件。

明帝国的政治中心在北京，经济中心却在江南，每年京城所需的粮食物资都要从南方运来，而南方到北方，唯一的生命线就是大运河。从南到北千里迢迢，每运送一次粮食，有五分之一消耗在路上。于是有人又提出海运，可由于造船和航运技术的萎靡，也是困难重重。高拱主政后，提议启用胶莱河以缩短海程。胶莱河从山东高密分两股流出，一股进黄海，一股进渤海。有人提议在中间凿新水道，沟通两股水流。1570年九月，把汉那吉事件刚发生不久，黄河在邳州决口，粮船不能北上，高拱主张开新胶莱河，张居正极力反对。

两人都是公心，所以争论得很激烈，由于把汉那吉事件的发生，胶莱河事件才被逼到暗处。等把汉那吉事件解决后，高拱旧事重思，张居正还是反对。高拱只好说："我现在一门心思都在胶莱河上，俺答汗封贡、互市的事，你来决定吧。"

这是废话，连动物世界都知道，高拱在内阁是一指通天，他不开口，任何事都办不了。张居正并不焦急，焦急解决不了问题，只会阻碍小宇宙的爆炸。他想从朱载垕那里入手，可他去找朱载垕，看门的说，皇上在睡觉。他一直去找，看门的一直说，皇上一直在睡觉。

到底出了什么问题，张居正大概想得出。高拱应该不会从中作梗，只是因为胶莱河事件而采取消极态度，朱载垕的决心向来飘忽不定，可能是重大原因。而朱载垕最信任的人当然是高拱，张居正又掉头从高拱身上下手。他上疏朱载垕，请允许胡嘉去山东实地考察胶莱河。

高拱笑了：太岳就是会来事，推荐我的亲信去，这说明他同意了新胶莱河计划。他向张居正抛个笑脸，说："走，咱们去见皇上，赶紧把俺答汗封贡、互市的事定下来，这都耽误好几天啦。"

在高拱的请求下，朱载垕终于不再睡觉，但对俺答汗封贡的事却表现得异常冷淡。张居正有点急了，拿出当年成祖永乐皇帝（朱棣）同时封瓦剌三王的历史，请朱载垕遵循祖制。

朱棣封瓦剌三个部落首领为王的事发生在1409年，在这之后，瓦剌安静了很多年。朱载垕当然知道这件事，所以慢吞吞地问高拱。高拱说："皇上在廷议时已经同意，现在只是实行，赶早不赶晚。"

朱载垕打着哈欠说："好……好，就拟……旨吧。"

张居正如释重负，跑回内阁就票拟：诏封俺答汗为顺义王，其忠勇绝伦的部下六十人也被授予明帝国的官职。自此，鞑靼骑士成了明帝国的贵族和军官。既然有互市的好处，他们也不必再来抢劫，既然他们又有了新的主人，那就不能和主人动刀动枪，整个帝国北境升平了。

这是多年来很多人想做而不敢做、做不成的事。其实，俺答汗封贡的成功是意外的结果，把汉那吉投降是意外，俺答汗交出赵全是意外，但就在意外中，张居正迅疾地抓住这千载难逢的机会，成就了明帝国的和平，当然也成就了他自己。

一般人看到俺答汗欣喜地抚摸着明帝国赏赐给他的红蟒袍服，看到鞑靼武士们放下刀枪骑马撒欢，看到和平的曙光在苍茫的边境上升起，就以为大功告成了。但张居正没有，他头脑冷静，郑重其事地写信给王崇古说了五条：

第一，开市之初，民间肯定不愿和蒙古人交易，所以官方必须介入，让百姓知道有利可图，渐渐就会自动自发；

第二，蒙古人在以往的开市中喜欢买铁锅，那东西在交易时是锅，到了草原被熔化就成了武器，所以铁锅轻易卖不得，他们非要买锅，就卖给他们广锅，广锅不能制造武器；

第三，蒙古使者一概不准入朝，也不许入城，只许他们在边堡逗留；

第四，政府和蒙古人休战，有些边将失去掳掠和建功立业的机会，不免心情低落，产生怨气，你要加意防备，别让搅屎棍坏事；

第五，我听说俺答汗强娶的把汉那吉的老婆是个中原文化爱好者，详细打探，把报告尽快交给我。

王崇古不明白张居正要这个女人的资料做什么，但他已形成良好的习惯，张居正说什么，他就做什么。经过周密调查，王崇古得到了那个女人的资料。此女子叫克兔哈屯，貌美如花，从小仰慕汉文化，言行举止，甚至是服装打扮，都和汉人无二，而且为自己起了个汉人名字“三娘子”。可靠情报是，俺答汗喜欢三娘子，就如喜欢抢劫和喜欢自己的老命一样。

张居正心里有了谱，他意识到这个女子将是汉蒙和平的关键，拉拢住她，就等于为汉蒙和平上了保险。后来的岁月证明了张居正的判断，在三娘子有生之年，汉蒙关系始终是和平为主，这缘于她的深明大义，也缘于张居正的苦心孤诣。

“俺答汗封贡”是张居正自进入政坛以来最夺目的一场表演，只凭这件事，张居正就绝对能进入超一流政治家的行列。

第六章
拯救徐阶

海瑞搞徐阶

高拱可以忘记父母和君王，可以忘记世界，可以忘记太阳是圆的、自己是男的，却绝对忘不了徐阶。他有仇必报，连睡觉时都对徐阶咬牙切齿。在他被徐阶驱逐到家乡无所事事的三年时间里，徐阶就是他活下去的动力。前面讲过，他复出的第一件事就是推翻徐阶的国家大政，搞得张居正神经紧张了很久，幸好赵贞吉的激烈反抗和把汉那吉事件，吸引了高拱的注意力，所以身为徐阶的得意门生张居正才安然无恙。

不过张居正知道，这只是暂时的，他和高拱必会发生对攻。不因其他，仅徐阶这个理由就足够。命中注定，高拱将会搞徐阶，否则他就不是高拱；张居正也必保徐阶，否则他就不是张居正。

实际上，高拱卷土重来之前，就已有人在搞徐阶，这个人就是有着异端天赋品德的海瑞。海瑞脑子里只有一根筋，那就是严苛的道德。他认为，身为人就要遵守他本分内的道德，否则就不是好人。1569年他巡抚应天，发现所巡视范围内土地兼并严重，土豪过着奢华无度的生活，而百姓只能吃糠咽菜。他从脑海里翻出传统道德“为富不仁，为仁不富”而断定：一个人富得流油，肯定不是好鸟。

海瑞在应天也搞革命，先革他们的资本。应天各地的大地主们开始倒霉，徐阶的松江也在海瑞的巡视范围内，当然也逃不出厄运。海瑞很快就风尘仆仆地找上门来，和徐阶聊天。徐阶的三个儿子站在老爹身边助威。海瑞最不怕的就是这个，因为他站在道德制高点，君临一切。

海瑞开门见山："徐公，我是来请您退地的，松江府的土地都快改姓徐了。"

徐阶明白，三个儿子靠着自己的势力为非作歹，积累下泰山一样的不义之财。他知道这是非道德的，甚至是犯罪，可他对海瑞的态度很不满意："你居然对我如此秉公执法，就不怕遭雷劈？"

他用柔声细语把海瑞带到1566年。海瑞看到自己扛着棺材在紫禁城门前跪着，还看到朱厚熜正对着他刚上的奏疏暴跳如雷，并且说："不要让他跑了，捉了处死！"海瑞又看到有人告诉朱厚熜："海瑞没有跑，而且还是带着棺材来的，这是一心赴死。"

海瑞在这段回忆中自豪地笑了笑，扛着棺材诤谏君王，古往今来，只有他海瑞一个人能做到。徐阶看到他沾沾自喜地笑，急忙把他拉到另一段回忆中。于是海瑞看到，朱厚熜正下命令杀掉他，但徐阶站出来替他求情，朱厚熜给了徐阶面子。那年末，朱厚熜驾崩。海瑞看到自己在牢狱中哭得死去活来，咬着手指，以头撞墙，狱卒看到他这副忠心，都流下感动的眼泪。

海瑞又看到自己被释放出狱，声名鹊起，飞黄腾达……

停！徐阶急忙把他拉回来："不要再回忆下去了，我想让你记起的就是这段，其他的你自己回家躺床上美滋滋地回忆去吧。"

海瑞立即明白了徐阶的用意，这是想让他报恩。他极度厌恶这种行为：你徐阶难道是第一天出来混的，难道不知道我海瑞是什么样的人，在道德审判台前，恩情难道是可以交换的？

他满脸阴云地对徐阶说："您当年救我是身为内阁首辅的职责，首辅不拯救忠臣，那就是奸贼。而我现在要您退地，也是我的职责。如果我对您家二十四万亩的土地置若罔闻，我也不是好官，连好人都算不上。"

虎父无犬子，徐阶还未开口，长子徐璠阴阳怪气地说道："海大人真是明察秋毫啊，连我徐家有多少亩地都查得一清二楚。不过如果不是家父，您这颗会数数的脑袋恐怕早就搬家了吧。"

海瑞猛地站起来，咆哮道："少废话，你们现在只有两条路：一、退地；二、跟我去大牢！"

徐阶的次子问："你让我们退地，可有官方条文？"

海瑞又咆哮道："你们那些地是劳动所得吗，你们心知肚明！找你们贪赃的证据就像是和尚头顶找虱子！”

徐阶意识到了，海瑞是个油盐不进的臭石头，跟他说话纯是浪费生命，他摆手示意送客。海瑞走到门口，停下来转身道：“我还会来的。”

海瑞说到做到，从此每天都来。大门不开，他就拼命地敲；徐阶在卧室不出，他就在客厅一坐一天，好像那是他的家。

徐阶唉声叹气，三个儿子决定为老爹排忧解难，于是写信给张居正。张居正当时日子也不太好过，高拱虽未回来，可赵贞吉在内阁嚣张跋扈。他只好回信安慰徐家三位少爷：“我抽空给海瑞写封信，希望能让他适可而止。你们现在最应做的有两件事：第一，停止一切生意（徐家在松江府有很多官商勾结的生意）；第二，用心照顾你们的爹，徐老师年纪大了，经不起折腾。”

张居正是否给海瑞写信，史无记载。但在徐家三少爷给张居正去信后，海瑞来徐府的次数明显减少。1570年春节，海瑞还来给徐阶拜年，送上几斤上好的面条。海瑞对徐阶说：“老人吃面对肠胃好，但这面在南方买不到，我是特意托朋友从陕西带来的。”徐阶有些感动，海瑞及时补充说，“我是给了朋友钱的，连运费都算给他了。”

徐阶老谋深算，感动之后马上就是警惕，他虽然知道张居正必会从中周旋，但人尽皆知，海瑞是谁的账都不买的。果然如此，海瑞正迂回进攻，他慢悠悠地对徐阶说：“前几日赈济贫民，有个富豪捐了三万两白银，徐公遐迩闻名，可否向贫民施舍点？”

徐阶老大不高兴，这倒不是他贪钱，他那样的人到了那样的年纪对钱财已没有概念。关键是他总感觉处处受海瑞的压迫，尤其是最近他心情很不好，因为高拱复出了。

但架不住海瑞总来“拜年”，徐阶不情不愿地拿出了五千两银子应付海瑞。海瑞也老大不高兴，暗示徐阶：“您老别给脸不要脸，高阁老在北京可很关注应天情况啊。”

徐阶听到这句话，浑身发汗，他此时最怕的就是高拱算旧账。而高拱的确也和海瑞探讨徐阶家产的问题，并且告诉海瑞：“你放心地干，天下人都知道你是道德圣人，用你的道德给应天地区一片湛蓝的天。”

徐阶的五千两银子刺激海瑞重启要徐家退地行动，他要徐家把二十四万亩土地全部退还。徐家三少爷再给张居正去信，张居正回信说：“我也是心有余而力不足，可否和海瑞谈判，少退？”接着他话锋一转，看似轻描淡写地说了一句，“海瑞不离开应天，这事始终是个麻烦啊。”

这句话开启了徐家三位少爷的智慧，徐璠动用京城关系网，把一箱箱金银财宝运到北京。当海瑞在应天紧锣密鼓地要徐家退地时，徐璠的金钱攻势立竿见影。

1570年二月，吏部言官戴凤翔弹劾海瑞，说：“他贪图个人名利，祸乱法纪，完全不通为官之道。最可恶的是海瑞居然煽动民众掀起告状风潮。亏他还自称道德完人，孔子说诉讼是不得已而为之，他居然大肆鼓励。刁民肆意讼告乡绅，海瑞无理剥夺他人财产，致使民间有‘种肥田不如告瘦状’的风闻。”

朱载垕交由内阁讨论，李春芳主张将海瑞调离岗位，去南京当闲差，张居正也主张，赵贞吉本来想中立，可一见高拱反对，他立即同意李春芳和张居正的意见。就这样，海瑞在1570年二月末被调去南京，坐上了冷板凳。临行前，海瑞对着徐府叹息垂泪，大有出师未捷身先死之意。

实际上，高拱对海瑞搞徐阶是没有任何意见的，但对海瑞在应天境内大搞官员乡绅，有一肚子腹诽。官员和乡绅是二位一体，只有乡绅有钱培养子弟读书考取官员，官员在任时维护乡绅，退休后做乡绅，这是题中应有之义。海瑞却像只进了沙丁鱼罐头的鲇鱼，把这个宁静世界冲得七零八落，没有一个官员会支持他。

有人问高拱对海瑞的评价，高拱脱口而出：“人是个好人，但不会做事。”

不会做事的海瑞离开了应天，这并不证明徐家太平无事了。相反，对徐阶而言，海瑞只是开胃菜，大餐在后面，并且马上就来。

徐家倒霉了

1570年整个一年，高拱陷在和赵贞吉的对攻与俺答汗封贡上，即使这样，他也分出一部分最精锐的精力关注徐阶。海瑞离开应天后，接替他巡抚职务的叫朱大器。高拱给朱大器写信说：“海瑞在松江府搞得的确不太像话，但出发点不错，对那些倚仗权势而积累大量非法财富的人，应严惩。”

这话说得烟水茫茫，但细看之下，还能看出他到底想说什么。朱大器是聪明人，也是个不想深陷政治内斗的人，他对徐阶很有好感，所以对高拱的话假装不知。

张居正也给朱大器写信说：“海瑞在应天虽一心为民，但手段太刚强。霜雪过后，少加和煦，人即怀春。你在应天好自为之，地方有幸，就是国家之幸。”聪明的朱大器当然明白张居正是在为徐阶讲情，担心自己和海瑞一样，对徐家咬住不放。朱大器回信给张居正说：“本人一直在北方做官，对南方的经济发展之高叹服不已，一心想学习为政之术。”

这也是烟水茫茫的表态，张居正很欣慰，同时又非常紧张。因为高拱在无法进攻徐阶大门的情况下，竟然想从外围突破，他严令亲信对松江府进京人员严加监控，一有关于徐阶的蛛丝马迹，立即报告给他。

高拱的头马韩楫勇挑重任，这是守株待兔，可已有事实证明能等到兔子，即使等来撞树的不是兔子，而是只狗熊，韩楫也能让狗熊招认自己是兔子。

1571年初，韩楫终于等来了不知是狗熊还是兔子的人，此人叫孙五。在韩楫严刑拷打下，孙五招认说：“自己现在居住于湖北汉阳知府衙门，籍贯是松江府城东门外孙家园。”

韩楫从他身上搜出多封信件，收信人都是京城中不起眼的小官，只有一个大官，就是内阁首辅李春芳，写信人则是湖北汉阳知府孙克弘。韩楫把那几封信翻来覆去地看，又放进水中想发现机密，忙活了半天，什么都没有得到。

可是他已对这个任务厌烦透顶，想尽快脱身，于是想到了栽赃，也就是把这件事和与此毫无关系的事联系起来。毫无关系的事有两件，一件是松江府人顾绍状告徐府家仆诓骗、延误转运颜料银，另外一件也是告徐家有违法行径，原告人是松江府人沈元亨。

两人其实都没有证据，或者说他们拿不到证据，这就是韩楫为什么有这两人的状子却不肯轻易出手的原因。现在，有了孙五，他就可以出手了。经过一番绞尽脑汁的编排，一件案子出炉：顾绍和沈元亨得知了徐家的罪恶，跑来京城告状，徐家派了孙五到京城拦截。即使顾绍和沈元亨没有证据，但孙五来拦截就已证明徐家确有罪行。

韩楫把案件调查报告交给高拱，高拱捏着鼻子看完，摇头道：“你这狗屁报告八面漏风，连猪都不信。”韩楫很沮丧，高拱却问，“孙克弘写给李春芳的信呢？”

韩楫急忙拿出，这封信他没有用水去泡，大概是下意识的。高拱看了一遍那封信，脸上露出笑容，说：“意外收获，李春芳完蛋了。”

第二天，高拱冲进内阁，把韩楫的报告扔到李春芳桌上，夸张地喊起来：“徐公太不像话啦，你们看！”

李春芳虽然是个老好人，但在高拱搞徐阶的问题上却总站在徐阶立场说话，这也是高拱想尽快把他驱逐的原因。李春芳拉来张居正，二人看完后，李春芳慢悠悠地说："高公不会相信这样的事情吧？"

高拱当然没把李春芳当成猪，他真正要做的是下一步，把孙克弘写给李春芳的信扔到桌子上："您和孙克弘的父亲孙承恩关系不一般啊，你当年会试，他是主考官。噢，还有你，太岳。"

张居正脸色微变，高拱的嚣张越来越升级，他的感受越来越不舒服。

李春芳看了信，一笑："高公，这事和你这份报告有什么关系？"

高拱一拳砸在桌子上："当然有关系，孙克弘和徐阶是同乡，又写信给您，我疑心徐阶在暗处活动图谋不轨。"

李春芳又一笑，这帽子扣的，叹口气，看着张居正，不阴不阳地说："太岳啊，我不把这椅子让出来，高公就寝食难安啊。"

高拱大怒，要和李春芳打架，张居正急忙拉住高拱。李春芳潇洒地站起来："不必你处心积虑，我已辞职多次，只是皇上不允。我这次效仿海瑞，抬着棺材去辞职。"

李春芳没有抬着棺材去，但其意已决，一百头牛都拉不回。他的确厌倦了，厌倦了内阁的争斗，厌倦了高拱的嘴脸。1571年五月，朱载垕终于同意李春芳去职，高拱顺理成章地坐上了内阁首辅的椅子。

张居正现在和高拱对面而坐，每当抬眼时，他就会看到高拱射来的犀利的光，像寒冷的箭一样。此时，他并未想到自己的安危，而是对徐老师牵肠挂肚起来。因为他知道，没有了李春芳以首辅地位对徐阶的维护，高拱可以肆意妄为了。

韩楫的报告在高拱的奔波下，起了点效用，朱载垕同意对徐家展开隐秘调查。高拱第一步就是捉捕徐家在京城中店铺的伙计，罪名是以经商为幌子，为徐阶图谋不轨东山再起打点、奔走。

高拱明白，这只是微不足道的外科手术，伤不了徐阶，所以决心派一得力干将到松江府，和徐阶短兵相接。很快他就在头脑中搜索出一个叫蔡国熙的名字来。

蔡国熙，河北人，1559年进士，严肃内敛，是徐阶门生。1567年，徐阶将他从户部调升苏州知府，其在苏州政绩非凡，名声在外。

高拱是不是疯了，找这样一个人？事实证明他没疯，因为蔡国熙和徐家有仇，而且对他那种性格的人来说，是不共戴天之仇。

双方的仇恨发生在蔡国熙的苏州知府任上。某次，徐璠派仆人到府衙办事。这名仆人狗仗人势，对蔡国熙极为嚣张。蔡国熙有强烈的自尊，怒发冲冠，把这名仆人掀翻在地，打个半死。一个多月后，蔡国熙在松江上遇到这名活过来的仆人，仆人居然在船上臭骂他，而且还围住他的船喧闹不已，直到松江知府出来调停，蔡国熙才逃出。

这件事让蔡国熙颜面丢尽，他气急败坏，请病假回老家。1571年五月末，高拱向他伸出权力之手，升他为苏州、松江兵副备使（苏州、松江军区副监察官）和苏州、松江按察副使（苏州、松江地区司法副监察长），嘱咐他："你复仇的机会来了，有多大仇都可以报。"

蔡国熙心花怒放，一到松江府，就下令说："凡和徐家有仇者都可以上诉。"徐家本来就不干净，这么多年积攒下无数仇人，于是告状者把蔡国熙的办公衙门变成了市场，每天都人来人往。

徐阶一家无可奈何，张居正去信给蔡国熙说："凡事都应该有度，有人牵牛踩了你家白菜，你难不成还要让人家把一头牛赔偿你损失吗？"

蔡国熙不认理，只认心，因为徐阶对他说过"心即理"。他煽动徐家的仇人围困徐府，从前给徐家送过礼的，现在居然讨回，并且还要利息。徐家三位少爷忧伤不已，徐阶唉声叹气。1571年九月，徐阶在门外闹哄哄的情况下过了大寿。张居正之前来信祝他生日快乐，自称现在内阁高拱像个炸药，他不敢多说一句话，不敢多走一步路，虽然特别想维护老师的利益，却噤若寒蝉，望空惆怅。

张居正虽这样说，但仍然在关键时刻鼓起正气维护徐阶。蔡国熙是个辣手人物，先用群众路线将徐阶一家搞臭搞得没有脾气，然后突然下令审判徐家三位少爷的不法行径。徐家三位少爷当然不是好鸟，种种罪证几乎淹没了蔡国熙。蔡国熙迅速判案：徐璠、徐老二充军，徐老三削职为民。至于徐阶，蔡国熙想等等，一来是有太多的朝中大人物为他求情；二来，他知道高拱把徐阶恨入骨髓，不如把已毫无反抗之力的徐阶交给高拱处理，这应该是高拱有生以来收到的最好礼物。

徐阶一家老小围在徐阶脚下，抱头痛哭。徐阶的心都要碎了，老泪纵横。他脑子里只有两个人影在来回游荡，一个是高拱，另外一个是门生张居正。

他希望高拱能手下留情，但这太有难度，所以他希望张居正能出手相助，无论阴谋还是阳谋。

张居正总算出手了，但不是为徐阶，而是为高拱。

张居正拉偏架

恶人自有恶人磨，这不是句空话。就当高拱在内阁不可一世时，有人已准备向他开炮。此人叫殷士儋，山东人，相貌堂堂，人高马大，讲话声若洪钟，肚里也有点货。殷士儋和张居正是同年，还是朱载垕做准皇帝时的讲师。赵贞吉被高拱挤出内阁后，殷士儋看着北京的天边未收的乱云，浓妆的彩霞，不禁心潮澎湃。他想，高拱、张居正、陈以勤都曾是朱载垕的讲师，他也是，这三人都进了内阁，他也应该进内阁。

他找高拱商议此事，高拱当时已有人选，所以冷淡地拒绝了他。殷士儋气咻咻地对高拱说："但有绿杨能系马，处处有路到长安。"

高拱冷笑，他以为殷士儋在吹牛。但1570年十一月，殷士儋真就仰着脑袋，蹭着地皮走进了内阁。

高拱事后打听，原来是太监陈洪在其中起了重要作用。高拱不禁叹息：太监这玩意儿的力量真大。陈洪为何要帮殷士儋，史无记载。不过可以猜得出，太监这玩意儿，送点钱和谄媚，就足以让他们效劳。

殷士儋进内阁后，高拱正在搞李春芳，搞掉李春芳后又开始搞徐阶。殷士儋冷眼旁观，血丝骇人。1571年冬天，高拱正准备提拔他的好友张四维，突然有御史弹劾了张四维。张四维虽未得到惩罚，但入阁的事就只好先放一下了。高拱环视众人，发现殷士儋正在得意扬扬，他当即断定殷士儋是幕后主使。

目标既已确定，高拱的下一步自然是开炮。他的数名言官纷纷弹劾殷士儋，说他是靠太监进的内阁，这种阉人推荐的人怎么可以参与国政？殷士儋答辩说："要我入阁的圣旨是皇上所下，你们这是欺君罔上。"言官们哑口无言，高拱只好让他的言官头马韩楫上阵。

韩楫上阵之前，先把消息传了出去。他说："他手中已有绝顶武器，可以把殷士儋一锤子砸死，连呻吟的机会都没有。"

殷士儋听到这话，气得哇呀怪叫：事情已一目了然，高拱正在搞他。他和陈以勤、赵贞吉、李春芳不同，他是山东人，脾气暴。

那年春节前夕，内阁大学士们和言官照例举行座谈会——会揖，殷士儋上演了一场惊天动地的好戏。在人头攒动中，殷士儋一眼就发现了正吐沫横飞的韩楫。

他想都不想，就走上去，看准了声称要一锤子砸死他的韩楫，不阴不阳地说："听说你韩楫对我很不满意，而且要一锤子把我敲死。这没有关系，你是言官，弹劾别人是你们分内之事。可我特别可怜你，你怎么被某个混账当枪使！"

韩楫想不到殷士儋会如此直白，目瞪口呆，他在脑海里迅速集结智慧，准备反击。还未等他反击，突然一个声音如雷鸣般传了过来："放肆！"

众人被这声响雷震得魂不守舍，鸦雀无声，他们根本不必去寻找声音的来源，因为在现在的朝廷，只有一人敢这样大声说话，这个人当然就是高拱。

张居正就在高拱身边，看到高拱胡子直抖，满脸通红，显然已被气了个半死。他不可能不生气，殷士儋说的某个混账就是他。

高拱说完这两个字，已如猛虎下山扑向殷士儋。张居正急忙去拉，想不到高拱岁数不小，步履却异常轻盈，张居正抓了个空。高拱离殷士儋越来越近，众人不由自主地给他让开了一条路，他一面扑过来，一面叫嚷着："成何体统，你殷士儋成何体统？！"

殷士儋此时如果要退缩，那他就不是殷士儋。多日以来，始终有言官弹劾他，猪都知道主谋是高拱，怒气催他不管不顾，他大踏步迎了上来。两人像是打擂的武士，在两道人墙之间，如公牛一样冲向对方。

殷士儋一面冲，一面大骂："你还敢跟我讲体统？！你先驱逐陈阁老，又驱逐赵阁老，再驱逐李阁老，你现在又想驱逐我，无非是想把你的狗张四维拉进内阁！你以为这个内阁是你高拱的吗？"

高拱开始冲得还很猛烈，这缘于他对权力的迷信。他以为没人敢和他叫板，他以为自己只要冲上去，殷士儋肯定跪地求饶或是落荒而逃。想不到，殷士儋居然迎了上来，而且是怒发冲冠，目出眼眶。他又听到殷士儋和他飙脏话，立即心虚了。毕竟他年纪一大把，真要赤手相搏，他肯定不是殷士儋的对手。所以他的脚步还在向前挪，但内心已退却，殷士儋已冲上来，一把揪住了他的脖领，举起山东大汉特有的拳头，准备给高拱来一顿老拳。

高拱此时喊"救命"的心都有了。旁边的言官里虽有高拱的人，可却不敢上，因为这毕竟是两个宰相的决斗，谁敢插手？

殷士儋的胳膊在半空中画了道优美的弧线，如锤子一样的拳头迅猛砸向了高拱。这时，高拱成了钉子。高拱咬牙闭目，等着承受殷士儋这计炮拳。殷士儋把多日来的怒气全都聚集在拳头上，这一拳头下去，高拱非死即伤。他已能听到高拱头骨的碎裂声，他内心已开始狂笑。

“哎哟！”众人听到了一声惨叫，所有人都认为高拱一年半载可能都要在家里养伤了。“畜生！”众人听到殷士儋的一声咒骂，定睛去看他们脑海里确定的场面时，全部愕然。

他们看到殷士儋步步后退，看到高拱双手护着脑袋，几乎要蹲到地上，他们还看到一人，站在高拱和殷士儋的中间，犹如黄飞鸿打架前的招牌动作，前伸的胳膊微微颤动。这个人，正是张居正。

反应快的人马上就还原了刚才的情景：殷士儋的拳头抡向了高拱的脑袋，可就在半路上，张居正的胳膊挡住了他的拳头，把他震了开去。

殷士儋揉着拳头，大骂不已。张居正收起了那美妙的动作，去搀扶高拱，回头又对殷士儋行礼。殷士儋不吃这套，事已至此，他索性抒发一年来胸中不平之气。他指着张居正的鼻子说：“你呀，猪狗不如！高拱这老家伙搞你恩师，你连个屁都不放一个，还替他出头！”

言官们噤若寒蝉，他们固然知道殷士儋不是病猫，可不知道他发起威来比老虎可怕十倍。

高拱发现殷士儋的攻击目标已换了人，马上觉醒，气势又上来了，对着那群言官咆哮起来：“你们这群废物，把殷士儋这老贼给我弹劾掉！”

殷士儋没有给高拱复仇的机会，他一回到家就写了辞职信，也不等皇上同意，就带着家人离开京城，回山东老家颐养天年去了。

高拱对殷士儋事件心有余悸，对张居正的“救头之恩”有些小感动。有一天，高拱看着空旷的内阁只有他和张居正两人，不禁升起了一股柔情，说：“政治风云过后，独剩你我，看来我们真是有缘。太岳啊，之前我有做得不对之处，还请你别放在心上。”

外面巴掌大的雪花纷纷洒洒，整个皇宫沉浸在忧郁中。张居正看到高拱动了感情，趁机站起来说道：“高公，徐公的事……”

他没有再说下去，因为高拱眼神里的柔情瞬间消逝，代之而起的是一股火，虽然不凶猛，可它毕竟是火。

保住徐阶

按常理，1571年张居正的政治智慧绝不会允许他替徐阶向高拱当面求情，但因刚救下高拱的肥头，高拱又展现了可爱的人性，他以为高拱不会拒绝自已。出乎他意料的是，高拱什么都没有说。

在1572年春天海棠花谢后蔷薇开时，他感觉到春色毫无趣味。徐家的两位少爷进了大牢，三少爷正抱着徐阶的大腿哭泣，哭得徐阶肝肠寸断。徐家的信一封接着一封写给张居正，张居正如履薄冰地看信，绞尽脑汁思考保住老师的策略。

有一天，高拱在内阁收到苏州、松江巡御史的来信。信中说："事情有点不妙。徐家老大在狱中放出话来说，蔡国熙查徐家，其实是复仇。更不妙的是，徐老大说，蔡国熙幕后有人撑腰，出谋划策。"

高拱有点坐不住了，蔡国熙也来信说："他快把徐家连根拔起了。现在徐家就是松江府的过街老鼠，人人喊打。我把他家所有固定资产都给封了，而且把徐家大院严加看管，有进无出。不出数日，徐家大院就会长草，成为狐狸老鼠的巢穴。"

高拱这时才感到蔡国熙下手真黑，他有道德水准，当然不想千夫所指无疾而死。倘若徐老大的话真传遍大江南北，人人都能猜出是他高拱所为。

大概是出于直觉，他找来张居正。他对张居正解释说："徐阶的事从头至尾，我只是秉公。你也知道，就如写文章，取法乎上仅得乎中。下面的人执行力有问题，所以才闹到现在这地步。"

张居正立即给高拱的心思切脉，这就是良知。高拱的良知提醒他，对徐阶做得有些过分了。然而他又不能当面去找徐阶说，这不是他的作风。所以他就找了徐阶的传话筒张居正。

高拱找张居正还有个不轨的企图，就是试探张居正对徐阶到底有多忠诚。让他失望的是，张居正对他的解释表现得极为淡漠，似乎这件事跟他无关，所以他说不下去了。两人沉默许久，高拱终于忍不住，以一种请求的口吻向张居正说："太岳，你说这事如何收场？"

张居正仍是不说，这缘于他高度的政治智慧。高拱能问出这句话，说明他已准备收场。一个认定自己错了并准备改正的人，其实已有了改正的方法，何必别人多嘴多舌地去指点？

张居正慢悠悠地说："高阁老，解铃还须系铃人。"

高拱"嘿"了一声："太岳啊，你这城府……"

"这和城府无关，"张居正说，"现在天下人都知道徐公一家受到的不公平待遇是怎么回事，我始终没有参与这件事，您现在让一个门外汉来给您出主意，这真是为难我了。"

高拱满脸通红："太岳，你这是什么意思？你是说我在背后捣鬼？"

"千万别误会，"张居正慌忙站起来，"您是用人不当，跟您无关，这是天下人都知道的。"

高拱缓和了情绪，捏紧拳头，半是解释半是抱怨："蔡国熙这蠢材，真是心狠手辣。"

张居正一言不发，嘴角却挂起了不易察觉的笑。

那次谈话一结束，高拱就给蔡国熙写信，他委婉地说："徐阶毕竟曾是辅臣，有功于国。你把他搞得家破人亡，颜面颇不好看，还是宽松一些为好。"

他担心蔡国熙搞徐家搞得兴奋，红了眼不能罢手，又去信给苏州、松江政府官员，厚着脸皮解释说："世上传说徐公家的倒霉事是我报复他，我没有报复之心，蔡国熙办的案子并非我授意，你们不要看热闹，对蔡国熙该劝解劝解，该控制控制。"

蔡国熙得知高拱的这封信后，勃然大怒道："高拱这老匹夫出卖我，让我得到抱怨，而自己却收获恩情！"

局势迅速转变，张居正悄无声息地出手，指使忠于他的言官上疏请求重审状告徐家的顾绍。结果顾绍翻供，说自己是诬告。高拱此时只好撤手，蔡国熙见状不妙，急忙请朝廷调他出松江府，这是高拱巴不得的事。

徐阶的晚节总算是保住了。

徐阶虽未被高拱整死，但已伤筋动骨。徐阶后来给张居正写信说："人生得失利害原如梦幻泡影，我现在有幸窥破这句话。所以虽然遭受凌辱，别人无法忍受的，我却忍受下来，不动如山，只是头发全白了。"

虽然很同情徐阶的遭遇，但对于徐阶的这段话，张居正却无法苟同。渡过艰难困苦之后，应该是越挫越勇，拉起大旗重新上路，他张居正就不能把得失利害当作梦幻泡影。自他第一天进内阁，就从未想过要放弃政权，他要实现伟大抱负，就绝不能失，只能得！

但"失"太易，"得"却如登天，尤其是在高拱这座大山前，张居正所受到的压力如五岳压顶。

1572年四月，高拱和张居正坐在内阁中。高拱死盯着张居正，突然问道："坊间说，你处处维护徐公，是因为收了徐公的三万两银子？"

这是个晴天霹雳！徐阶案虽然结束，但高拱已把张居正当成最大威胁，个人友谊在政治面前，不值一提。听到高拱这一问，张居正先是震惊，突然就大激动，站起来又是发誓又是痛哭，说不可能有这种事，否则他愿受法律制裁。

张居正这番戏剧性表现把高拱震住了，他站起来，假惺惺地安慰张居正：“谣言，你别激动，我不信啊。”

张居正好不容易安静下来，高拱突然又说：“太岳啊，内阁太冷清了。”

张居正看向高拱，不知他葫芦里卖的什么药。

高拱拿出药：“我想请高仪入阁。”

张居正知道这不是商量，而是命令。他说：“高公说是就是。”

1572年四月末，高仪入阁，这位高拱的同年、礼部尚书，为人木讷，性格温和。据说高拱和高仪私交甚好，张居正意识到，高拱这是找帮手啊。

可有必要吗？

很有必要，因为高拱自殷士儋和徐阶事件后，威望大降，部分官员对高拱已有腹诽，渐渐把目光聚焦在张居正身上。

高仪入阁不久，尚宝司（管理玉玺和百官牌符）一把手刘奋庸突然上疏条陈五件事。刘奋庸认为朱载垕已大权旁落，“权奸”蒙蔽皇上，朱载垕应该振奋精神亲政。

这当然有所指，高拱怒了。还未等他发泄怒气，吏部言官曹大埜出奇制胜，弹劾高拱有十件不忠行径，其中“擅权”“贪污”最让高拱怒火中烧。他在内阁咆哮：“谁，到底是谁？！”

高仪用手拄着下巴看着棚顶，张居正沉默不语。高拱把一双拳头砸到桌子上：“给我反击！”

他的言官们分三路披挂上阵：一路猛攻刘奋庸，说他动摇国是；二路猛攻曹大埜受人利用，倾陷元辅；第三路对刘、曹二人同时进攻，说两人狼狈为奸，诬陷内阁伟大领袖，罪该万死。

朱载垕有气无力地坐在龙椅上，晕头转向。他最近一直生病，一直难以痊愈，听着下面的人辩来论去，脑子里像进了无数只苍蝇。他魂不守舍地问高拱：“你以为如何？”

高拱回答：“应将刘、曹二人逐出朝廷。”

朱载垕点头说：“好。”

高拱看向张居正，张居正如大理石一样。

“太岳啊，我告诉你个秘密，”回内阁后，高拱得意扬扬地对后进来的张居正说，“刘、曹这两头猪不自量力，胡说八道。我开始想不明白，后来啊，有人告诉我，刘奋庸是愤愤不平，因为他是皇上做太子时的裕王府官员，大家都升了，只有他沉沦，所以他抽风似的咬我一口。但曹大埜就没有这么简单了。”

张居正看了高拱一眼，轻轻地“哦”了一声，说：“愿闻。”

高拱笑得花枝乱颤：“这小子背后有人指使啊。”

张居正思考了一会儿，说道：“曹大埜所说的十件事，都属无中生有。高公高风亮节，人尽皆知，怎么会贪污，怎么会擅权，更怎么会和江湖骗子（邵方）、内官勾结，夺首辅位呢！”

高拱脸色突变。张居正知道他动了杀机，他知道自己还不是高拱内阁的对手，但他不会像陈以勤那样被吓跑，不会像李春芳那样被赶跑，也不会像殷士儋那样拂袖离去。因为他是张居正，他“愿以身心奉尘刹，不于自身求利益”，对于政治，他只有争取，没有放弃，只有前进，绝不后退，要死也要死在工作岗位上，轻伤不下火线。

然而，这种明知不可为而为的坚定决心，却未派上用场。因为1572年五月发生了重大事件，把忧伤痛苦的明帝国所有人的目光都吸引了过来！

这就是朱载垕的死亡。

第七章
首辅张居正

冯保崛起

张居正与高拱在内阁剑拔弩张时，朱载垕正在后宫几个妃子身上发愤图强。自他继位以来，在女人身上倾尽全力就成了他的人生功课。权力是春药，吃多了肯定出事。1572年三月，朱载垕就已得病。两个月后的一天，他强撑着上朝听政。高拱在下面吐沫横飞，突然看到皇上站起，嘴里絮絮叨叨，走了几步，嘴角就不安本分地抽动起来，孱弱的身躯向后直挺挺地倒下去，在他身边的内侍冯保慌忙向前扶住。张居正年轻反应快，也迅疾上前。两人看着怀里的朱载垕时，已是脸部变形，眼神游离。这是典型的中风，一干太监忙慌将其扶入后宫。

高拱、张居正和高仪在内阁惊慌失措，不知接下来将发生什么。半个时辰后，内监传旨内阁大学士到乾清宫。张居正心里咯噔一下，心想大事不妙。如果皇上缓过来了，只需告诉内阁一声，根本不必要大学士们觐见。带着有生以来最大的焦虑，张居正和高拱、高仪走进了乾清宫，来到了朱载垕的龙床前。

张居正料想的没错，朱载垕是活过来了，可却如遭了瘟一样，毫无生气地斜倚在龙床上。他身边站着皇后、李贵妃和太子朱翊钧，还有一表人才、温文尔雅的太监冯保。冯保整个脸上都是泪，精致而适时地啜泣着。房间里环绕着他忽低忽高的呜咽，更增添了沉重感。

朱载垕的死鱼眼看着三人，动了动嘴唇，呜啦了几句，高拱和张居正、高仪急忙跪下。朱载垕又呜啦了几句，三人面面相觑。冯保翻译道："皇上说，你们三人以后要辛苦些，太子还小，请以后尽心辅佐。江山社稷就靠你们了。”

高拱听到冯保尖声细语的翻译，也顾不得厌恶了，微张大嘴，哇的一声哭出来。他是发自肺腑，朱载垕是他在人间最尊敬的人。现在，这个赋予了他无限信任和权威的人将离他而去，他如何不伤心？

他一哭，张居正也是悲从中来。朱载垕在位的这六年，放任权力给内阁，虽然他张居正从中并未得到实惠，可比起朱厚熜时代，这是个值得纪念的时代。毕竟高拱在搞政治斗争的同时未忘记治理国事。如今这位给内阁带来荣光的人就要走了，以后的事，谁能说得清？于是，他也默默地流下了泪。高仪也跟着高拱哭。冯保哽咽着劝三人："诸位大学士不要哭，这里不是哭的地方。你们听旨。"

冯保取出圣旨，念道："朕嗣统方六年，如今病重，行将不起，有负先帝付托。太子还小，一切付托卿等。要辅助嗣皇，遵守祖制，才是对于国家的大功。"

太子朱翊钧哪里是"还小"，简直是"太小"，1572年时他只有十岁！高拱三人从乾清宫出来后，高拱号啕："十岁的太子，怎么能治天下啊！"

这话并非不敬，而是因高拱深感肩上的担子重如泰山才出口的。张居正慌忙搀住摇摇晃晃的他，语气冷静地说："高公，小点声。"

这句话像是一根针，把沉浸在悲伤和绝望中的高拱刺醒，他环顾四周，见除了如树桩子的哨兵外，空无一人。他叹息，拉起张居正和高仪的手，握紧了，嘴唇因悲痛而发抖："就靠咱们了！"

张居正坚毅地点了点头。高仪眼眶发红，不置可否。三人回到内阁后，各自想着心事。高仪五脏六腑都在颤抖，他自进内阁后就开始生病，是真的病。他本来想过几天就和皇上请辞的，可却突然发生了这样的事。张居正早已从忧伤中逃离，正思考将来：十岁的太子、年轻的皇后和更年轻的小太子母亲李贵妃，还有玉面太监冯保。

高拱也从忧伤中醒来，他也想到了张居正所想到的那些。当他想到冯保时，心上一震。他霍地站起来，像发现了史前怪兽一样地看着张居正。

"太岳，为什么是冯保，孟冲呢？！"

从高拱的思路说，他的这个问题的确是个问题。当时的冯保是内廷最大权力机关"司礼监"的秉笔太监，而孟冲则是掌印太监。这两个职务表面上看是并驾齐驱，实际上，秉笔太监替皇上写完处理意见后，必须要掌印太监盖皇帝玉玺，没有玉玺，秉笔太监的一切批示都没用。也就是说，从黑市地位来看，掌印太监比秉笔太监要高。朱载垕颁布遗诏，掌印太监居然不在！

从张居正的思路来说，高拱这个问题就不是问题。冯保是小太子朱翊钧的玩伴，朱载垕把小太子交给冯保远比交给孟冲放心。况且，他自己的遗诏，纵然孟冲不在，还怕孟冲不盖印吗？

张居正觉得高拱是小题大做，一惊一乍。大概是多年来政治斗争把他搞得太敏感，高拱认为，这是件异常严重的事，因为他有难以启齿的隐情。

这个隐情就发生在三年前。三年前，他靠内监陈洪、孟冲和滕祥卷土重来。他回来时，掌印太监空缺，在朱厚熜时代就已做到秉笔太监的冯保想顶补，可高拱为了报答那几个阉人，强烈推荐陈洪。冯保就此记了高拱一笔。一年后，陈洪出缺，冯保以为该轮到自己了，可高拱又把孟冲推上来。冯保七窍生烟，孟冲当时是皇家厨房的职员，根本没有资格做掌印太监。冯保因此和高拱水火不容。

其实从胜任的角度来说，冯保比陈洪、孟冲强了许多倍。冯保能力出色，在朱载垕时代掌管东厂，把东厂治理得井井有条。他还有很高的文化修养，在太监群中鹤立鸡群，琴棋书画样样精通。同时，他奉行一定的传统道德，不像陈洪和孟冲全靠谄媚上位。

高拱也知道冯保对他怀恨在心，可在朱载垕时代，他就是天，便根本没把冯保放在眼里。他忽略了“三十年河东，三十年河西”的古训，更轻视了冯保复仇的决心。

当他现在终于想到那站在朱载垕身边，尤其是站在十岁小太子身边的冯保时，不禁出了一身冷汗。但他毕竟是高拱，说把你搞死就绝不会让你生的高拱。他打点精神，恢复了威严。

当第二天朱载垕驾崩时，高拱已在心里对昨天自己的恐慌大为不屑，他冷笑道：“一个蠢阉人，能起多大风浪！”

冯保是阉人不假，但绝不蠢。朱载垕死后的第三天，冯保就用忠诚和眼泪取得了皇后和李贵妃的信任，掌印太监已如探囊取物。高拱没有注意到这点，全心全意办理朱载垕的丧事。冯保取得掌印太监那天，他要张居正去大峪岭视察朱载垕的葬地。张居正欣然前往，一来是为皇上朱载垕尽最后的忠心，二来是，他隐约感觉到新旧交替时会有大风暴。远离风暴，就能自保，这么多年来，他始终使用这种战术，才挺到现在。

张居正快马加鞭去了大峪岭，高拱在北京城中突然紧张起来。

张居正到底在干甚

高拱在京城突然紧张，是因为各种对其不利的、真假难辨的消息接踵而来。首先是宫里传来消息说冯保驱逐了孟冲，掌印太监已是冯保囊中之物，只等几天后朱翊钧登基宣布。宫里又传来消息说，两宫年轻的太后现在焦虑得很，因为宫外有个大家伙，这个大家伙当然就是高拱。再有消息传来说，冯保决心向高拱复仇，而且已有了计划。

对这些消息，高拱只紧张一会儿就放松了。此时是非常时期，尤其是宫廷内的孤儿寡母，难免过度紧张敏感，流言蜚语自然会产生，这不必多虑。他很难想象，这个朝廷，这个国家，没有了他高拱还能玩得转！

才放松了一会儿，他又紧张起来，而且是从未有过的紧张。据可靠情报，张居正的仆人游七和太监冯保的得力手下亲密接触了好几次。

高拱跳起来，他半信半疑："张居正不是去大峪岭了吗？那个狗头蛤蟆眼的游七不是也跟去了吗？难道他有分身术？"

送情报的人一脸苦笑："大人，游七是个大活人，有手有脚，去大峪岭可以再回来嘛。而且从大峪岭到这里，快马加鞭用不了多长时间啊。"

高拱眉头紧锁，茫然无措地问："游七见冯保的人干什么？"

这问话太搞笑，送情报的人乐了，但马上显出紧张来，说："大人您聪明一世糊涂一时，游七是张居正的人，张居正不说话，游七敢和内监交往？"

高拱心里有了答案，但不相信："这不可能，他张居正平时正义凛然，怎么会和太监勾搭？"

送信人反唇相讥："您平时也高风亮节，可您的复出……"

高拱要震怒，但又忍住了，因为他不愿相信这是真的。但他不得不面对现实：值此革故鼎新之际，张居正如此活跃，还能干什么，当然是首辅的位置啊。

高拱咆哮起来："扯淡，有什么证据？"

"现在的局势就是证据。"

高拱沉重地靠到了椅子上，狠狠地抹了下脸，拼命地挤了挤眼睛，以便使自己清醒。在如幻灯片一样的过往中，他看到张居正一声不吭，看到张居正冷峻的眼神，看到张居正雍容典雅的神态，最后则看到张居正向他走来，指着坐在椅子上的他说了两个字：走开。

这不是真的！他从椅子上弹起来，背着双手在地上转来转去，脚步把地皮踏得直响。

“去请高阁老！”他下了命令，语气仍然威严，令人生畏。

高仪不能来，因为他病得很重。高拱再去请，高仪还不能来，他病得更重了。他摇头讥笑：“一摊泥！”

残霞来了，把天际照得发亮。高拱让思路重新回到张居正身上，不知为什么，他现在对张居正凭空产生了畏惧之心。这应该是绝不可能发生的，三年来，他干掉了四个比张居正资格老的大学士。张居正是有野心，可按他的看法，这种野心还在羽毛中。张居正要腾飞，必须是他高拱同意了才行。朱载垕在位的最后一年，高拱的确感到张居正的威胁，然而他断定只是有惊无险。

可现在，他从前的自信一扫而空，他觉得张居正突然从一只毛茸茸的小鸟变成了翱翔天际的雄鹰。这就是政治，能把一个人搞得阴狠毒辣、神经兮兮。

他一时之间没了主意，浑浑噩噩地下令，要他的言官们来见他。他的言官们一听他说出对张居正的担忧，纷纷发言。大部分人认为，张居正早对首辅宝座垂涎，他现在是要联合冯保实现多年来的欲望。

还有言官神秘兮兮地说，其实张居正在两个月前就已开始和冯保勾结。此人以小说家的口吻叙述道：“曹大埜攻击高阁老时就是张居正的指使。当时先皇上朝给高阁老平冤，张居正发现先皇脸有菜色，精神萎靡，就预料到先皇已病入膏肓，所以开始和太子最信赖的阉人冯保互通有无。”

高拱抬了抬眼：“你有什么证据吗？”

该言官环视众人，双手一摊：“我也是听说的。”又补充，“局势就是证据。”

高拱有点不置可否。言官们马上察言观色、调转马头，有人认为：“张居正没有那么蠢，此时和冯保勾结不是给高公以口实？高公一声令下，天下人都会对他击鼓而攻。况且，他人在大峪岭，如此重大事件怎么会轻易交给手下人来办？”

这种分析很符合逻辑，高拱几乎动心，相信张居正在专心地视察大峪岭。然而有言官以阴暗的心理小心翼翼地提到：“一山不能容二虎，如今内阁只剩高阁老您和张居正。即使张居正现在未勾结冯保，可将来呢？”

高拱只是微微悚然了一下，自负地一笑。这不是他担心的问题，其实这就不是个问题。

在言官们七嘴八舌的议论下，他突然释然："张居正即使真的和冯保勾结又如何？他已准备攻击冯保，而且必能凯旋。张居正最好没有和冯保勾结，否则，他离开得就更快。"

张居正到底在干甚，正史载：全心全意地视察大峪岭，给朱载垕找个光明的埋葬地。但高拱和他的手下猜测以及预测的那番话，并未浪费，几年后它成了高拱写作《病榻遗言》的重要素材。

1572年六月初十，朱翊钧继位。他就是那个"明亡，实亡于万历"的"万历"皇帝。朱翊钧继位的两天前，张居正完成任务回到北京，但他没有参加朱翊钧继位大典，因为他中暑了，而且很厉害。朱翊钧派冯保去看他，冯保回来报告说，张大学士上吐下泻，连坐着的力气都没有。

朱翊钧继位大典后，高拱匆忙地来找张居正。张居正脸色蜡黄斜躺在床上，看到高拱来，想要挣扎着起来，但终究没有成功，因为高拱把他按下了。

高拱一脸的凝重，说："太岳啊，当年你我都有凌云之志，后来内阁只剩你我二人，想实现'周、召夹辅'的伟愿。不想先皇离你我而去，如今我仍是希望你和我能再续伟愿。新皇还小，我们的压力都很大啊。"

高拱这番话把张居正说得鼻子直酸，高拱嚣张的种种如云如烟，抛到脑后。他像是对着高拱，也像是对着苍天，用尽力气说道："鞠躬尽瘁，死而后已。"

高拱握住张居正的手，满脸的柔情。

高拱狼狈而走

朱翊钧继位的第二天，内阁收到一道中旨。所谓中旨，即皇帝本人亲自撰写的命令。法律规定通政司和六科言官们有权力驳回中旨。但法律规定是一回事，事实又是一回事，中旨渐渐成了无人敢质疑和违抗的圣旨。

冷清的内阁只有高拱一人，当他听了中旨其中一件"授冯保为司礼监掌印太监"后，勃然大怒。他不管不顾对着传旨的太监咆哮道："混账！这中旨是谁的旨意？皇上的年龄小得很呢！我想，这中旨是你们的中旨吧，我真想把你们全驱出皇宫！"

传旨太监惊愕地张大嘴，像是被高拱塞了个苹果。回宫后，传旨太监把高拱的话统统告诉了冯保。冯保发出尖利的吼叫："高拱啊高拱，天庭有路你不走，地狱无门你偏硬闯！我还没准备和你开战，你却扔过来炸弹，我老冯跟你拼了！”

冯保跟高拱拼，当然不是去找高拱打擂台。他是个阉人政治家，懂得如何借刀杀人。他跑去两宫太后那里，跪下痛哭，哭得肝肠寸断，把高拱的话复述给两宫太后听。当他发现两宫太后的脸色微变时，又现场发挥道：“先皇驾崩那天，高拱在内阁里嚷着：‘十岁的小孩怎么能做皇帝啊！’”

李太后眉头一皱。未等她发问，冯保却又发了问：“他高拱说这句话到底是什么意思啊？”

“是啊，这句话到底是什么意思？”两位太后重复了一遍。

其实这句话的意思，连猪都想得出来，两位太后之所以重复，只是想掩饰内心的惊恐。朱翊钧年纪小，不用掩饰，脸色突变，浑身战栗。

冯保的阵线已布置完成，算上他才四个人：两位皇太后，当今圣上，当今司礼监、东厂掌门人冯保。

冯保的阵线布置得小心翼翼，悄无声息。而高拱布置的战场却是人喊马嘶，惊天动地。他兵分三路，第一路由言官程文、刘良弼打头阵，这一路的作战思想是铺天盖地地全方位扫荡，目的是震慑住冯保。高拱手下几乎所有言官都倾巢出动，攻击冯保把意志强加给皇上。

第二路由高拱最得意的言官大将陆树德、雒遵为主，直攻冯保品德败坏。

第三路是高拱本人，他在朱翊钧继位的第四天，站在御座前，指着冯保的鼻子臭骂道：“你只是个侍从，居然敢站在皇帝身边，文武百官拜皇上时也在拜你，这真是大逆不道！”

高拱说这些话时，庙堂上的臣子们如蚂蚁出洞觅食，井然有序地频繁从行列中站出，斥责冯保，臭骂冯保。坐在龙椅上的朱翊钧终于见识到了高拱的力量，也知道了多年的儒家道德教育并未把他们驯化，他们说的脏话简直不忍听闻。冯保气得脸皮直颤，眼里要流出血，恨不得找个地缝钻了。

人人都知道，这是高拱和冯保短兵相接的战争。短兵相接就是殊死搏斗，不是你死就是我亡。高拱的看法是，他有广大的言官集团，这就是世界上最先进的武器，再加上他这位出色的指挥官，没有敌人可以生还。而且从朱翊钧和冯保的表现来看，高拱确信已取得战争的胜利，他险些要把巩固胜利果实提上日程。

在家中养病的张居正显然不这样看。当有人告诉他，内阁和司礼监开始决战时，他惊了一下，但马上恢复平静。

朱翊钧继位的第五天，又有人告诉他："高拱在朝堂上已取得绝对胜利。虽然大批言官攻击冯保的奏折被冯保留中不发，但胜负已定，内阁胜利了。张阁老，恭喜啊。"

张居正不露声色地笑了一下："恭喜我什么？"

"您是内阁大学士啊，你们内阁赢了啊。"

张居正冷笑："什么我们的内阁，只是高拱的内阁！"

有人小心翼翼地问："既如此，张阁老希望谁赢？"

张居正口上没有回答，心里已波涛汹涌。他希望谁赢，这真是难题。站在道义上，他应该希望高拱赢。可高拱赢了，他的日子就不好过。他不可能像从前那样躲在众多大学士背后，他现在和高拱是当面锣对面鼓，不必想就知道，高拱肯定会像对付从前那些大学士一样对付他。而冯保赢了，他的春天可能就来了。冯保赢，高拱就要滚蛋。高拱一滚蛋，内阁中只有他和高仪，高仪半死不活，听说正在倒计时。那么，能撑起内阁的只有他张居正！

想到这里，张居正又回到那个问题，他到底希望谁赢。这不是希望的事，而是谁能赢的事。朝廷已疯传高拱赢了，可他不这样看。

高拱动用全部言官攻击冯保，毫不遮拦，这是大忌，恰好给了冯保再次攻击他的口实。冯保在两宫太后和朱翊钧面前说："高拱在外面说，他拥有百官，要想搞谁都轻而易举。如此明目张胆地用政府威胁皇室，这是什么行为啊！试看今日之域中，竟是谁家之天下？是高拱的天下还是朱家的天下？！"

两位太后这几天神经绷得紧紧，稍有点风吹草动，都会轰然崩溃，一听到冯保的这句话，突然感觉呼吸困难，眼前模糊，心脏如被人剜了一样痛。

朱翊钧年纪虽小，此时却爆发了人君的威风："把高拱轰出朝廷。"

他母亲李太后急忙要他闭嘴，说："这是儿戏吗？高拱在政府中威望极高，轰他走，就等于和政府作对，你就不怕政府罢工？"

冯保适时地插嘴："说到威望，高拱未必是唯一的，还有一人，可顶替高拱，统领百官。"

"谁？"

"张居正！此人深沉有大略，久被高拱压制，如果让他顶替高拱，他必感恩戴德，尽心辅佐圣上。况且，他也有这个能力。"

冯保的这段话，并非是全为张居正说话，而是为了清除高拱。两位太后互望了一眼，又看了一眼朱翊钧。朱翊钧粉面通红，正在生气。

朱翊钧继位的第六天，高拱在家中客厅里和言官们谈笑风生。他们把冯保那天在御座前狼狈的样子谈了一遍又一遍，每次谈起，都是哄堂大笑。高拱就沉浸在这笑声中畅想未来，他要做的事很多，第一件就是为小皇帝安排几位德高望重的老师，第二件则是安插一位听话的太监掌管司礼监，第三件是内阁的人事问题。想到这里，他就想到了张居正。他问："张阁老的病怎样了？"

没有人能回答的了，因为这几天大家都在忙着向冯保开战。高拱眉头锁住，又松展开，说："太岳这病得真是时候啊，我们在奋勇杀敌，他却睡到日上三竿。"

有人马上听出了高拱语气里的异样，立即发出试探的附和："张阁老平时就深沉多谋，该不是坐山观虎斗吧。"

高拱一震，难道他在装病？

伶俐的属下都有广阔的思路，立即有人说："大峪岭的气候应该不会中暑，可能是张阁老身子太虚了吧。但从他上次挡住山东大汉殷士儋一事可看出，他没有那么虚啊。"

一提到殷士儋，高拱放松下来。他想到了张居正的好，而且自己也去看过张居正，症状的确是中暑。于是他心想：这件事先放一下，等处理完了冯保，我要和老朋友张太岳好好聊聊。

当时夕阳西下，闷热却未散，归巢的鸟被热得晕头转向。高拱也是浑身出汗，他遣散了他的言官队伍，要回屋休息，一面走一面想着：皇上已继位六天，弹劾冯保的奏疏已如小山，明天应该有个确实的结果了吧。

他漫不经心地走回卧室，躺到床上，突然记不起刚才在想什么了……

1572年六月十六，朱翊钧继位的第七天凌晨，北京城中所有的官员府门都被内监们敲开。

"皇上有旨：立即到会极门。"

高拱听到圣旨时，吃了一惊：只有在非常时期，比如敌人兵临城下时，皇上才会在会极门召开会议，而现在是正常时期，怎么会把朝会安排在这里？

高拱当时已想不了那么多，因为内监催促得紧。坐到轿中，他驱逐困意，思考这件事。但他的头脑在那天凌晨如同糨糊，怎么都思考不出个子丑寅卯来。

"这是什么意思？"百官聚齐后，大家都发出了一致的询问，可没有人能回答。他们都把希望放到高拱身上，高拱脑袋里那摊糨糊仍在晃荡。因为想不出答案，所以他很气恼，训斥那些围拢来的官员："乱猜圣意，成何体统？！"

百官们这才鸦雀无声，等待皇上来解开答案，但皇上始终不来。让人煎熬的一个时辰过后，晨光熹微，慢悠悠地飘到会极门。六月的北京城，阳光一来，酷热顿生。高拱一连打了几个哈欠，最后一个哈欠未完时，只听一个公鸭子嗓子喊起：“皇上驾到——”

百官全都跪下去。高拱在最前列仰头向上看，只见朱翊钧迈着小孩子装腔作势的方步走出，一屁股坐到龙椅上。高拱心花怒放：冯保这阉人没有来，说明他的末日到了。

正当他沾沾自喜时，朱翊钧突然扭头，又点了点头。高拱不由自主地向朱翊钧扭头的方向看去，只看了一眼。这是万劫不复的一眼，因为他看到冯保迈着方步，施施然地走了出来！

高拱心里咯噔一下，就如心脏从原来的位置掉到了小腹。百官叩拜完毕，都站了起来，只有他还在原地跪着。内侍轻声呼唤他，才把他从噩梦中惊醒。他艰难地站起，还未站直，就听冯保扯开娇嫩的嗓子喊道：“皇上谕旨。”百官们又都跪下，高拱有些生气：还不如刚才不起来。

他沉重地跪下去，只听冯保的声音道：“告尔内阁、五府、六部诸臣：大行皇帝殡天先一日，召内阁三臣御榻前，同我母子三人，帝受遗嘱曰：‘东宫年少，赖尔辅导。’大学士（高）拱揽权擅政，夺威福自专，通不许皇帝主管，我母子日夕惊惧……”

只听到这里，高拱已感觉到属于自己的空气耗尽了，时间变了方向，膝盖下旋起了一阵飓风，把他抛向半空，撕了个粉碎。他清晰地感觉到心脏难以承受的刺痛，一股滚烫的液体在鼻腔里涌动，他下意识地去抹，是血，紫黑炽热的血！

他听到老家国槐树的落叶坠到地面发出的巨响，听到榆树梅凋敝的惨叫，听到褐马鸡被宰杀时发出的长啸，就是听不到圣旨后面的那段话。当有人对他大喊大叫时，才把他从迷蒙中唤醒。他向上看去，冯保正在向他露出胜利者的狞笑，身边的百官都已站起，同情地看着无助的他。

他不知道自己是该起来，还是该继续跪下去。只听冯保说：“还不谢恩？”

他才一个猛子扎了下去。“谢恩”两个字，连他自己都听不清。

“还不走？”他一站起来，就听到冯保的话。他连看百官的勇气都没有，转身擦拭了眼泪，步履蹒跚地走出了会极门。

会极门外站了两个内侍，他们要搀扶高拱。高拱用尽全身力气推开他们，可他们又上来，一左一右，架着高拱。高拱怒火中烧，嚷道：“老子能走！”

两位内侍“哎哟”了一声：“俺们知道您老能走，但您没听到圣旨啊，要您立即回原籍，不得耽搁，我们不是扶您，是监督你赶紧滚蛋啊。”

高拱这才想起他听圣旨时有一段时间断片了。明制，大臣解职时可使用驿站的车马，而高拱被明令不许使用车马，而且还要他即刻离京。

“混账，狗屎！”高拱在心里骂道。当然他骂的肯定不是皇上，而是冯保。

诅咒和谩骂不是战斗，冯保已站在司礼监中，举着酒杯庆祝胜利，而高拱要回家仓皇无措地收拾东西。

押送他的兵丁落井下石，催促不已。高拱悲愤得不能自已，就在昨天晚上，他还是大权在握、万人瞩目的首辅，而今天却成了房客，被房东催逼着清房。

世态炎凉啊！

不能使用驿站车马，高拱只能雇车，但从北京到山西，山遥水远，马夫们都不愿意去。高拱万般无奈，只好雇了一辆牛车和几辆骡车。他出北京城时，百姓们对他指指点点，时而发出爽朗的笑声。

“这群不能独立思考的蠢民！”高拱想。他高拱为百姓做了多少好事，这群人转身就忘，他坐在牛车上，看着牛屁股，眼泪哗哗而下。

他的政治生涯就这样结束了，结束得让人唏嘘，其实也在意料之中。

他搞了半辈子政治斗争，却从未想过，身为臣子，纵然政治斗争技惊宇宙，但只要皇上一句话，就全是落花水流空。

夏言、严嵩、徐阶，包括他自己，结局表面上看是被政治对手搞掉的，其实一锤定音的不还是皇上的一道圣旨吗？

很多别有用心的人，都想从中国古代政治高手那里学到政治斗争的技巧，但君主独裁制度下，君主说你行你就行，说你不行你就不行。只有维护住君主，才是超级的政治斗争艺术，其他恐怕都是扯淡。

张居正的解释

高拱被驱逐的三天后，1572年六月十九，张居正痊愈了八九成，在朱翊钧的圣旨下，他上朝面见。

朱翊钧等张居正向他叩头完毕，说：“先生为父皇陵寝，辛苦受热，国家事重，只在内阁调理，不必给假。”

张居正点头。

朱翊钧又说："以后要先生尽心辅佐。"

张居正叩头，表示要鞠躬尽瘁。

朱翊钧说："父皇在时，常提到先生是忠臣。"

张居正感激涕零，不能仰视说："臣叨受先帝厚恩，亲承顾命，怎敢不竭才尽忠，以图报称？"

朱翊钧问："先生有何治国之法？"

张居正回答："遵守祖宗旧制，不必纷纷更改。至于讲学亲贤，爱民节用，请圣明留意。"

朱翊钧点了点头说："先生说的有道理。"

张居正突然说："臣有件事……"

朱翊钧伸出手示意他："请说。"

张居正要说的事，就是希望让高拱使用驿站。

坐在朱翊钧身后的李太后对张居正的深明大义颇为感动。朱翊钧却不以为然，他对张居正说："高拱这人不知有多可恨，他当初居然想废我，谋立周王！"

张居正惊骇万分，这是他从未听说的，而且以他对高拱的认识，高拱绝不会干这种事。他不经意地看了站在朱翊钧身边的冯保一眼，冯保很不自然。他心里全明白了，这大概是冯保造的谣言，可想而知，内监的力量真是不容小视，他必须要小心应付。

他再为高拱求情，但不为高拱辩解是否有谋立周王的事。李太后悠悠地说道："既然张大学士如此为高拱求情，我看就让他用一回驿站吧，以示皇恩。"

朱翊钧不说话了，张居正又得到了一个信息：皇上年幼，后宫的力量也不容轻视，他要谨慎对待。

这两个信息的重视，是他日后执政时期最用力的两件事。如果不是他把内监和后宫安排得妥当，他的执政岁月恐怕不会比高拱长。

高拱还未出京师地界，张居正如流星赶月般地追来了。两人见面，高拱如同死人，但脸上却挂着愤懑的表情。他用食指点了点张居正，又竖起大拇指，阴森森地说："张居正，你行！够狠！"

"高阁老……"

"别叫我！"高拱像是被针刺到一样，跳起来大叫。

"高公啊，你真认为是我把你赶走的？"

高拱发出空洞干涩的笑声来：“你当然没有这个本事，可你勾结冯保那阉贼，你俩狼狈为奸，我就斗不过你喽。”

“斗？”张居正苦笑，“高公，你这人就喜欢斗，好像‘斗’本身其乐无穷一样。我们身为大臣，应该尽心辅佐皇上，斗来斗去的，岂是臣子所为？！”

“你……”高拱七窍生烟，张居正的话让他产生了“得了便宜还卖乖”的感觉。

张居正坐到他面前，语气柔和：“高公，这个内阁首辅的位置，我是不得已而为之。我深知责任重大，所以此次前来，一是为您送行，二是请教治术。”

高拱发出让人肉皮发紧的冷笑：“嘿嘿，送行？我看你是来看我热闹的吧。”

“随您怎么说吧，不过我已请求皇上让您使用驿站，您回老家不会太辛苦。”

“哼，”高拱向张居正一拱手，“那我还要谢谢你了。”

张居正发现，高拱死都不会相信他，所以叹气笑笑，站起向高拱道别。高拱狠狠地瞪了他一眼，转身就走。

驿站为高拱提供了优质服务，高拱虽避免了长途跋涉的劳苦，但却憋了一肚子气，所以一到老家就病倒在床。好不容易康复后，他每天做的事就是大骂张居正搞阴谋诡计。

张居正是否要阴谋诡计，至少从正史记载来看，一点都没有。但高拱一走，张居正就上位，难免引起喜欢政治斗争的人的臆测和推理。

当然，张居正不参加清除高拱的阴谋，不代表他就是正人君子。用高拱言官的话说，张居正坐山观虎斗倒是真的。

他对人说，曾冒死为高拱求情，其实只是为高拱把牛车换成了驿站的马车。他不是慈善家，他是政治家，政治家的第一要义就是先保住自己，政治家不会为别人而牺牲自己的权力，所以他不可能为高拱冒死求情。

于是，他的解释苍白而无力。但他不在乎这些，因为等待他的将是看得见摸得着的权力，以及更加沉重的责任。

他从容地走进内阁，并未急不可耐地坐到高拱的椅子上。他站在门口，扫视着内阁，澄清天下的志向如史前火山必须要爆发时一样，冲彻云霄，震荡着内阁。那张椅子，他等着坐上去，足足等了六年！

他深呼吸，平息激动的心情，踱开方步，像是信徒见到圣物一样，虔敬而肃穆。他走到椅子前，慢慢地转身，扶住扶手，极慢极慢地坐了下去。椅子发出从地底下传来洪荒时代怪兽的呻吟，他坐满了，坐稳了。

如他所料，这把椅子有着他早就知道的诡异魔力：当你坐上时，整个肩膀沉重起来，越来越重，犹如泰山压顶，这就是压力，首辅的压力。对于他张居正来说，这压力更大！

第二部：拯救帝国

第一章
大调整

留住张佳胤

中午，窗外的鸣蝉咆哮起来，搅动着空荡荡的内阁中沉重的空气。张居正担任首辅已一月有余，很多官员都在等着他的动作。可是，他没有任何动作。

官场中人都深信不疑一条格言，一朝天子一朝臣，新任首辅即使是偏瘫，也肯定会在人事上做调整。但过去了一个月，除些例行公事外，张居正做得最多的事就是在内阁“调养身体”。

稍具智慧的人都明白，调养身体的同时大脑是不会闲着的。“修齐治平”本来就是一回事，张居正现在终于有机会把这事付诸实践，绝不可能停滞在修身上。

正如外界猜测的那样，张居正在内阁的一个月里，脑袋始终没闲着。他内心涌动的狂流已迫不及待地要破胸而出，他不想做一番惊天动地的大事业，只是保守地想把帝国从孱弱中拯救出来。

张居正不是那种对名声特别在乎的人，他是做事的人，一门心思只想着如何把事做好。至于名声，那是别人口中和笔下的事，他张居正管不了，也不想管。

要做事，先要有个稳定的平台。这个平台现在看上去有，是高拱创建的平台。但大多数有能力的官员都是高拱执政时提拔重用的，所以他要把高拱的平台变成自己的。

张佳胤事件就是他这一想法的最佳执行。

张佳胤是1550年的进士，后来得到高拱的赏识，平步青云，1572年时正在应天巡抚任上。张佳胤聪慧干练，品德高尚，正是国家最需要的那种官员。

高拱去职，张居正升为首辅后，张佳胤心乱如麻。凭多年官场经验，他知道作为高拱曾经的亲信，自己已注定前途无望。可做官多年的人，往往很难洒脱地放弃权力，于是他每日都活在纠结中。

上天有好生之德，用一份状子帮他从痛苦中解脱出来。这份状子控诉的对象不是别人，正是徐阶最小的儿子徐老三。徐老三在两位哥哥充军后，拼命慎独了一段时间。可当高拱去职，张居正荣登首辅后，他又恢复本色，在老家干起了霸占别人良田的好事。

张佳胤收到这份状子时，想秉公办理，可一看被告是徐老三，心里可就起了波澜。徐老三的爹是徐阶，徐阶的弟子是张居正，张居正是当今首辅。如果他袒护徐老三，那不符合他做人原则；如果他惩处徐老三，不正是向张居正的枪口上撞吗？

这是两难，张佳胤考虑了一夜，终于下定决心，选择第三条路：辞职。他给张居正写信说："我能力有限，不能担当重任，请求卸任回家养老。"

张居正正琢磨张佳胤的信时，徐阶的信也到了。徐阶说："有人控告唯一还在我身边的儿子，我知道可能属实，但还是希望你能帮忙。我年纪已大，再也经不起生离死别这种事了。"

张居正恍然大悟，张佳胤辞职是因此。这回轮到他陷入两难。徐阶可是他货真价实的恩师，没有徐阶就没有今天的他。从前是能力有限无法帮忙，现在已大权在握，如果不帮老师，那实在太忘恩负义了。可如果帮徐阶，就是得罪了张佳胤，必然冷了那些有能力的官员的心。

和张佳胤不同，他没有逃避，而是勇敢面对。他先给徐阶写信，动之以情晓之以理，阐述了此事的利害关系，要恩师以国事为重，并且保证会为徐阶家从前受到的不公正待遇鸣冤昭雪。

接着他又给张佳胤回信说："天下之贤，与天下用之，何必出于己……区区用舍之间，又何足为嫌哉？"意思是说，很多年前，我就发现你是个人才，无论是谁推荐的你，你和我一样都是为国效力，如果你还有心思区分谁是谁的人，那我觉得你的境界就有点小了。

张佳胤接到信后，犹豫不定。张居正的第二封信又来了，张居正苦口婆心，要他按良知做事，一切事都由他扛着。在信的最后，张居正说："愿努力勋名，以赴素望。"这是对张佳胤最殷切的希望，张佳胤感动得很想哭鼻子。

翻来覆去地把张居正的信看了多遍，确信张居正说的是肺腑之言，更确信张居正不会因为他是高拱的人而耿耿于怀之后，张佳胤终于重坐回应天巡抚的椅子上，秉公处理了徐老三霸占别人良田一案。

张居正留住的不仅是张佳胤和他的心，还留住了那些高拱的旧臣，他们渐渐放下心来，心无挂碍地继续做事。但有一部分人却仍在不安中，他们没有忘记张居正，张居正也没有忘记他们，这就是那群被张居正深恶痛绝的高拱的言官。

言官们，尤其是高拱的那群言官有多可恶，张居正心知肚明。当然，这里面不排除有真知灼见之人，但绝大多数都喜欢无事生非，更要命的是对高拱死心塌地。高拱已离开两个月了，可那些言官还是眼巴巴地看着北京城外，希望能在尘土飞扬中见到高拱骑驴翩翩而还。

然而，奇迹永不可能出现两次，高拱已是一去不返。张居正正如日中天，注定要搞他们。

但在搞他们之前，张居正先要建立一套自己的领导班子。

中枢换血

首辅要控制全局，至少要在人事、军事和内阁上动脑筋，只有掌控了这三个部门，才能有所作为。掌管人事的是吏部尚书，张居正心中早就有了吏部尚书的人选，他就是正掌管兵部的杨博。

杨博是高拱的人，对高拱死心塌地，无人不知无人不晓。所以当高拱去位后，杨博把辞职信都写好了，准备找时间投递。他不是真想离开政府，而是认定张居正一定会排挤他，那么与其让张居正请他走，不如自己保全名声主动走。

张居正对杨博有着深刻认识，杨博出将入相，而且最负重望，这也是善于用人的高拱始终对其另眼相看的原因。只要把杨博留住并重用，那就能挽救大部分人心。

他去找杨博，杨博忸怩相见。两人先是客套，客套之后就直奔正题。张居正侃侃而谈说："圣人说，尽己谓忠，就是尽自己全部心力，不但要对得起外部，更要对得起自己的良心。忠分三种，也是三个境界，第一是忠于国家，第二是忠于某人，第三是忠于利益。不知杨公属于哪一境界啊？"

杨博"这……这……"了半天，也没说出个所以然。

张居正适时地正色道："当今皇上的意思，让您掌管吏部，这其实也是先皇的意思。我希望有幸能和您同心戮力，共创美好明天。"

杨博在1572年时已经六十四岁，但精神矍铄，再干个十年八年的不成问题。

但他必须要谦虚一下，这是处世智慧。他说："我做过三任兵部尚书、一任吏部尚书，做累了，真不想再做下去了。"

张居正觉得杨博和大多数人一样，说话喜欢藏着掖着。

杨博还在说："你再让我做吏部尚书，我就是尸位素餐，恐怕于人于己都无好处。"

张居正笑了，说："您的政绩名声妇孺皆知，请不要谦虚。如今正是用人之际，还请杨公出马。"

杨博感觉到了张居正的诚意，但他还是不太放心，小心翼翼地说："我和高拱的私人关系很好。"

张居正又笑了："杨公和同僚的关系一向处理得很好。我记得当初高拱对我老师徐阶痛打落水狗时，第一个向高拱求情的就是您。做大臣的最忌有私心，拉帮结派。可您不是这样的人，您不站队，只站在公理这边。"

杨博有点动心，盯着张居正看了许久，但他看不透张居正，这是当时很多人都面临的难题，没有人能看透张居正在想什么。他说："你容我再想想吧。"

杨博想得很复杂，这缘于多年来他耳濡目染的内阁混斗，还缘于他和高拱的密切关系。出任吏部尚书，就是投靠张居正。高拱的势力在中央政府仍很牢固，再起波澜是必然的，他不想在最后的岁月中卷入波澜，晚节不保。

张居正知道杨博会把问题想得复杂，但他确信杨博肯定会出山，因为杨博是个肯担当的人。果然，两天后，杨博就主动来找张居正，向张居正和帝国献上忠心。

杨博走马上任吏部尚书，兵部尚书的职位就空了出来。张居正心中有三个人选：前任蓟辽总督老将谭纶、前任三边总督王之诰、同张居正关系异常密切的宣大总督王崇古。

他心中有了人选后，去征求杨博的意见。杨博受宠若惊，动了最大心思分析这三人的优劣。他说："王之诰有军事才能，但只是将才，兵部尚书恐怕做不来。谭纶文武全才，善识人用人，胸中有丘壑，应是最佳人选。不过王崇古也不赖，俺答汗封贡时，他和您合作无间。"

张居正微微点了点头，说："王崇古身负重任，边境离了他，俺答汗封贡的事业将无法进行。我看，兵部尚书就让谭纶来做吧。"杨博对张居正的安排没有异议。

张居正此时表现出了高明政治家的智慧。他担心王崇古会有想法，所以去信说："当今世上再也没人能和你相提并论，因为俺答汗封贡一事从头到尾，你都参与，并且巩固得很好，那里不能没有你。"

王崇古对张居正的器重感激涕零，回信说："全听您的安排。"

兵部尚书人选确定后，张居正又把目光瞄向内阁。

高仪死后，内阁只剩张居正一人。张居正面临着和老师徐阶当初所面临的同样的问题，必须要补人进来。补大学士很有门道，要么是皇帝的老师，要么就是当时资望最高的人。朱翊钧年纪还小，虽有老师，但都很年轻，还没达到进内阁的资格。资望最好的人，当属杨博。问题是，杨博已是吏部尚书，如果再让他入阁，那权力就太大了。

张居正巧妙地绕开杨博，推举了礼部尚书吕调阳。吕调阳和当年的李春芳一样，与世无争，脾气极好，没有野心。张居正要独裁，吕调阳这种忠厚老实的长者是最佳伙伴。

吕调阳开始时死活不同意进内阁，他知道张居正不是善茬，伴张居正和伴老虎区别不大。但张居正不是征求他的意见，而是向他下达了命令。按他的性格，不可能违抗，只好唉声叹气地走进了内阁。

吕调阳从礼部尚书任上离开，张居正要陆树声补上。陆树声狷介耿直，在任何职位上都尽心尽职，张居正请他出任礼部尚书，足可见张居正的公心。

吏部和礼部换人后，张居正又把户部和刑部尚书换掉。由财政专家王国光出任户部尚书，王之诰出任刑部尚书。至于工部尚书朱衡，张居正认为其成绩和操守都不错，于是留任。同时留任的还有廉洁奉公的左都御史葛守礼。

中枢机构大换血就此完成。仍然忠诚于高拱的那群言官感觉黑云压城，他们惶惶不安起来，常常坐到一起商议对策。如你所知，没有领导时，他们就是群无头苍蝇，只会嗡嗡，绝拿不出有效的行动来。

张居正显然不是这样的人，他一把中枢调整完毕，就向他们举起了棍棒——京察。

杨博大力支持张居正，两人通过京察把一大批言官罢黜。张居正毫不留情地铲除这些官场蛆虫，就如同铲除院子里的臭狗屎一般。

有人曾提醒张居正，这群言官中也有能人，不能一竿子划拉一船人。张居正说："时间紧迫，没有时间去察看谁行谁不行，他们遇上我只能算他们倒霉。只要江山社稷不倒霉，冤枉几个人算什么？！"

这就有些霸道了，甚至有违圣人的教诲，圣人不是说过：“行一不义、杀一不辜而得天下，皆不为也。”张居正说：“说这话的人绝对不是身当大任的人，否则他不会说出这种废话来！”接着，他就说出了那句名言，“二三子以言乱政，实朝廷纪纲所系，所谓‘芝兰当路，不得不锄’者。知我罪我，其在斯乎！”

杨博从政几十年，从未见过任何皇帝、首辅有张居正这样的手腕和速度。在他眼中，张居正永远都是成竹在胸，要么不言，言必有中。一言既出，立即付诸行动，绝没有多余的废话。和张居正才合作半个月，杨博明显感觉到精力跟不上张居正了。

但张居正就是有这样的魅力，跟着他做事，虽然劳心劳力，却乐不可支。杨博曾琢磨很久，也和同僚们探讨过，仍不得其解。

既然不知其所以然，那就只好用心做分内的事，推荐人才，是他当时最迫切的分内之事。这份分内之事很有难度，因为入张居正法眼的人很少。

有一天，杨博试探地对张居正说：“有传言说海瑞放出话来，只要张阁老您一声令下，他披星戴月赶来为您、为国家效劳。”

张居正毫无表情。

杨博就继续说道：“海瑞可不是‘以言乱政’的人，而且是污浊官场中的一面清白旗帜。如果重用他，可以给帝国官场竖个标杆，人人仰头观看和敬仰，官场风气将大为改观，我们也省了不少气力。”

张居正笑了，只是一笑，笑完仍是一副冷淡的表情。

杨博被张居正搞得丈二和尚摸不着头脑。几天后，他又向张居正提到海瑞，说他正在老家待业，他这样的人应该被重用。杨博最后强调说：“用了海瑞，就等于收了天下士人的心。”

张居正对杨博向来敬重，而且又是他几次三番请杨博出山，如果不答应杨博这件事，于情于理都说不过去，所以他在第二天就派出御史去拜访海瑞。杨博很高兴，不是因为海瑞可以当官了，而是因为张居正很重视他的意见。

该御史跋山涉水，一路风尘来到了海瑞的老家广东琼山。海瑞宰了一只鸡招待他。该御史见海瑞住的房子摇摇欲坠，海瑞本人老朽得如同五百岁，不禁叹息连连。回北京后，他将海瑞的情况详细报告给了张居正，大概是海瑞的招待太简单，这名御史下定义说海瑞的精神状态不适合出山为官。

张居正看了看杨博，不说话。杨博连连叹息，海瑞出山的问题，就此尘埃落定。

其实，纵然那名御史说海瑞有精力出山，张居正也不会用。他知道海瑞，了解海瑞，甚至比海瑞本人都了解他自己。海瑞“峭直”，心中和眼中只有道德规范，没有人，没有关系，甚至连私交都没有。张居正最担心的是海瑞一旦出山，必会愚蠢地用道德标准来对待政治。海瑞永远都无法明白，政治和道德各行其是，倘若将二者混为一谈，那就不是实事求是的态度。

他即将要进行的新政，必有许多地方违反传统道德。如果他真用海瑞，那就是把一颗定时炸弹放在身边，纵然炸不到他，也会给他设置重重障碍。张居正绝不会给自己设套。

张居正讨厌高调的道德理想主义者，他们虽然能获得舆论的支持，但让他们去做事，他们就会用毫无用处的道德代替能力，结果只能是处处碰壁，一事无成。

他很想对杨博说下面的这些话，而且杨博在官场中历练多年，也应该明白这段话：政治家，尤其是伟大的政治家，靠道德是做不成事的。只要有“为天下谋福”的志向，抛弃一些腐朽的道德，不择手段是天经地义的。夏言、严嵩、徐阶、高拱，哪一个是道德完人？他张居正更不是，他也不想是！

应付三只老虎

中枢换血后，张居正正式面对更大的难题，这就是如何处理与李太后、冯保和皇上朱翊钧的关系。他要实现自己的政治理想，没有这三个人的许可和帮助，就不可能成功。这是三只老虎，李太后是后宫的权力代表，冯保是内廷的权力代表，朱翊钧则是整个帝国的代表。

人一旦树立坚定的志向后，眼前就没有困难，因为他们必能解决这些困难。张居正充分发挥政治天才，逐一进攻。

李太后出身小农家庭，有着浓厚的小农意识。但在张居正看来，这是个有能力有手腕的小女人。他清楚地记得，朱载垕去世时，李太后曾对他和高拱说：“江山社稷要紧，诸位要尽忠为国。”这句话出自深宫女人之口，就显得异常决断，使人肃然起敬。所以，张居正不能把她当成一个普通女人对待，锦簇花团，胭脂水粉，打动不了她。张居正冥思苦想寻找李太后的最大需求，让他欣喜的是，朱翊钧主动送上了答案。

有一天，朱翊钧对他说：“张先生，有件事，请您帮忙。”

张居正慌忙说："不敢，请皇上吩咐。"

朱翊钧脸红了一下，吞吞吐吐起来："这个嘛，先生知道，先皇的皇后并非朕的生母……"

说到这里，朱翊钧停了下来，他希望张居正把这件事说出来。张居正立即就明白了朱翊钧的意思，他说："按祖制，皇太后只有一位。不过皇上这是特殊情况，皇太后可以是两位，只要在皇上生母尊号上多加几字即可。"

朱翊钧兴奋起来："张先生，真的可以这样吗？"

张居正说："当然。"

朱翊钧激动得满脸通红，几乎想从龙椅上冲下来给张居正磕头。他是孝子，十年来被母亲管教得极严，母亲成了他十年人生中最敬畏的人。他说："张先生如果真能办成这件事，那母后肯定欢喜。"

张居正内心一笑：我更欢喜。

事情就这样决定了。几天后，朝廷宣布，尊朱载垕的原配陈女士为仁圣皇太后，尊姨太太李女士为慈圣皇太后。马上有人私底下嘀咕：这像什么话，一国有两位皇太后，正如夜晚有两轮月亮。嘀咕只是嘀咕，却无人敢跳出来发出反对声。

李太后对张居正不但满意，而且更刮目相看。

张居正应付李太后，如此轻而易举，不禁沾沾自喜。但面对冯保，他就需谨小慎微了。

冯保始终有种自信，张居正的上台有他的大功。他这样为自己解释："如果不是我老冯在李太后和皇上面前大力举荐你张居正，你张居正不可能这么快就主政内阁。当然，我老冯也是读过书识过理的人，不要求你报答。可你张居正也要有自知之明，要把我当根葱。"

冯保想的没错。他是内廷的头号人物，掌握着章奏的批示和皇帝的大印，张居正虽是首辅却不是宰相，没有法定地位，只有黑市地位。在主少国疑的情势下，没有他冯保的支持，张居正的首辅地位很堪忧。

人之大病在傲，儿子一傲就不会孝顺父母，太监一傲就会惹是生非。这是心态问题，所以张居正决定调整冯保的心态，让他明白一件事：把你当根葱，你不能装蒜。

面对面地和冯保谈心理疾病，不是张居正所为。他不是心理咨询师，也不是黑社会老大，他是政治家。政治家解决问题不必当面锣对面鼓，他把这个任务交给了仆人游七。他要游七去结交冯保的心腹徐爵，两人都属于同一层面，有共同语言。张居正的主动，引起冯保的特别关照，并且沾沾自喜。他嘱咐徐爵："一定要把游七当成你失散多年的亲兄弟，有你就有他，他没你就没。"

两人很快就成为无话不谈的朋友，也成了张居正和冯保的传话人。张居正委婉地传话给冯保："内廷是你的天下，你别把手伸到外廷，其他事，我都可以睁一只眼闭一只眼。"

冯保有点不服气，传话给张居正："先皇走时，虽托孤高拱、高仪和你三人，但我也在旁。我也不是吃白饭的，也有两下子，皇帝年幼，皇太后年轻，国事繁重，我有责任为你分忧。"

张居正发现冯保的良知大大的不明，所以加重语气传话给冯保："祖制，内廷不得干预朝政。我也知道您冯公公文武全才，您这样的人才，国家求之不得。问题是，朝廷人多嘴杂，而且历来就厌恶内廷参政。我桌上现在有一道奏疏，还未来得及给您看。这道奏疏说，几天前您在北郊祭祀时，传呼直入，面南背北烧香。奏疏说，您这是代替皇上行使权力呢，这是要谋反吗？当然，那些言官都是大惊小怪，我相信冯公公不是这种人。可流言能杀人，如今主少国疑，正是人心浮动时，还希望冯公公能体谅皇上和李太后的苦衷。"

冯保看了张居正的信，猛然意识到自己有些失控了。张居正这封信刀剑齐鸣，先用其所掌控的外廷向他施压，再把李太后抬出来，冯保如遭泰山压顶。谁都知道，冯保的权力源泉是李太后，而张居正现在又把李太后搞定，要真让李太后在他和张居正两人之间选一人，李太后必选张居正！

这封信，他看了十几遍，越看越觉得张居正不好惹，越看越觉得张居正深不可测。但从字里行间，他也看出张居正不想和他为敌，只要他不在没有张居正的许可下参政，张居正是可以迁就他一些有悖道德的行径的。

换作其他太监，对张居正的警告必会拍案而起。但张居正很幸运，他遇到的是冯保，一个还有良知的太监。冯保给张居正回信说："您放心治国，至少在内廷，不会有人给您添乱。"

张居正吐出一口长气，谆谆叮嘱游七，一定要和徐爵保持良好的私人关系。这个关系就是内廷稳固的基石。

搞定了李太后和冯保后，张居正又考虑如何应付朱翊钧。表面看，朱翊钧是最容易应付的，因为他只有十岁，还是个孩子。但事实上，应付朱翊钧困难最大，张居正去世后的悲惨遭遇，正是由于他对这件事的掉以轻心。

朱翊钧虽小，可他不是智障。他知道自己是皇帝，普天之下都是他的土，率土之滨都是他的臣，张居正纵然本事滔天，也只是他的臣子而已。十岁的孩子早已明白许多深刻的道理，比如政治。他在知道自己是主人的情况下，更知道自己还没有支配实际政治时要受他人支配，甚至对于他的支配者，还要笑脸相待，否则他的母亲会不高兴，他的大伴冯保会讨厌地提醒他。这种意识深深扎根于他的内心，张居正当政十年，这种意识一直没有消失过。

让人无法理解的是，张居正居然没有意识到这点，他虽然把朱翊钧当成皇帝，可只是个还不能亲政的皇帝，一个必须要由自己塑造的小学生。

张居正有强烈的儒家情怀，那就是把皇帝塑造成圣君。同时他也是位极端负责的老师，所以对于朱翊钧这个小学生，要求极为严格。祖宗规定的经筵和日讲自不在话下，为了让朱翊钧能真正悟透圣君之道，张居正特意编撰了《历代帝鉴图说》，这是一种图画历代帝王以仁义思想执政的教科书。当张居正把这本书恭敬地捧给朱翊钧时，朱翊钧翻看了几页，就快活地叫起来说："张先生，这书是我迄今为止看过最有意思的书！"

张居正立即严肃地说道："皇上不可只看出有意思，还要能看出有意义，才可。"

朱翊钧立即收起笑脸，向张居正请教这本帝王教科书的精华。张居正几乎每天都会抽出一点时间为朱翊钧讲解，但高明的张居正并非单纯讲解这本书，而是就地取材、潜移默化地向朱翊钧脑子里灌输他的执政理念。

一次，张居正讲到汉文帝（刘恒）在七国之乱时到细柳军营劳军，朱翊钧听得专心致志，张居正就说："皇上应该留意武备。祖宗以武功定天下，如今承平日久，武备日驰，不可不及早讲求。"朱翊钧听了，连连点头称是。张居正趁势把自己的整饬武备、抵御外侮的政治主张，全盘提出。朱翊钧哪里懂，见张居正说得一本正经且又异常激动，断定这是正确的，于是欣然同意。

当然，作为朱翊钧老师的张居正形象并不永远都是这样平和，有时候他会呈现给朱翊钧严厉甚至严酷的老师形象。一次，朱翊钧读《论语》时，不小心把"色勃如也"读作"色悖如也"，张居正厉声道："勃！"朱翊钧被这声喊吓得浑身发抖。但张居正却未注意到朱翊钧的神情变化，那是一种既怕又恨，但又不敢形于色的压抑感。这种心理，将在十年后爆发，而且震天动地，把张居正的尸体卷入万劫不复的洪流中。

所以说，李太后、冯保和朱翊钧这三只老虎中，朱翊钧是最难应付却又最容易被忽略的一只老虎。有超人智慧的张居正也未能幸免，何况他人？

实际上，就在张居正当国不久，发生的一件事完全可以给张居正提个醒，但不知为什么，他轻易地忽略了。

这件事经过如下：慈庆宫后房毁坏，言官胡涍上疏请求放还一部分后宫宫人。胡涍说："慈庆宫毁坏是天意，放还一部分宫人是赎罪。"他又抽风地说了这样一句话，"唐高宗君不君，所以才有武则天夺权。"这话显然是说慈庆宫里的李太后要做武则天。

朱翊钧咆哮起来，要胡涍把话说清楚。张居正替胡涍解释再三，可朱翊钧如茅坑里的石头，什么都听不进。张居正无可奈何，只能把胡涍削职为民。

这件事透露了朱翊钧的性格，倔强、倨傲、冥顽不灵。但遗憾的是，张居正未在意。不在意别人的性格，这是做人之大忌。张居正生时不知道，死后才知，却已晚。

不过，张居正当国的这十年里，朱翊钧这只老虎还未发作兽性，所以一切还是张居正时代。在他的时代，天地万物都为他而存在，整个明帝国都被他握于掌中，他踌躇满志，昂首独步，搞定了中枢和三只老虎后，按下了拯救帝国的按钮！

并不圆满的巡边

张居正的执政方略只有四个字：富国强兵。富国强兵是一件事，富国是过程，强兵才是终极目标。良好的经济基础，才谈得上国防强大。而良好的经济基础来源于政府的有所作为，也就是快速精准的行政效率。说白了，张居正十年执政的精髓，就是提高行政效率。

功夫片中常讲一句话，天下武功唯快不败，这个"快"就是效率。

不过在当时的情况下，提高行政效率并非一蹴而就，它是长远的。1572年摆在张居正眼前迫在眉睫的事是边防问题。俺答汗封贡后，北部边防压力骤减。不久后，一群西部的蒙古首领也来求贡市，明帝国在北部自建国以来获得了从未有过的安宁。有些浅碟子已狂呼乱喊、额手相庆，但张居正却冷静地认识到，双方的安宁只是停战，并非和平。

他对谭纶说："对付鞑靼人，就要像对付狗一样：它摇尾乞怜，咱们就给它根骨头；它发狂犬病，咱们就给它一顿棒子。"也就是说，主动权要永远掌控在自己手中。

谭纶说："这是帝国上下都希望的事，可实行起来很难。"

张居正问道："要打败一个敌人，首先该做什么？"

谭纶不假思索地回答："身体要壮。"

"对！"张居正说，"民谚说，打铁还须自身硬。自己强壮了，就不会怕敌人。军队强大了，就不会怕敌人的军队。"

谭纶似乎找到了答案，但不确定："您的意思是？"

"很简单，四个字：足食足兵。"

谭纶认可，因为这是常识。

"在这之前，必要先对咱们的军队有所了解。我决定派几人去巡边，您意下如何？"

谭纶说："这是好事啊。"

张居正说："那您得给我推荐几人。"

谭纶被噎住了，他只会打仗，识人不是他的长项，而且他隐约感觉到张居正心中已有了人选，让他推荐人，只是给他这个兵部尚书面子。他说："我看这件事就您做主吧，我做不来啊。"

张居正笑了笑，谨慎地开口道："其实我心中的确有了人选，不过还是担心他们难以胜任，所以才找您来商议。"

谭纶也笑了笑，等张居正说出人选。

张居正考虑了一会儿，缓缓说道："巡边，本朝有成例，但很多时候都是蜻蜓点水，走个过场。我想，这次派人巡边，要让巡边人看出究竟，和边防长官们推心置腹地会晤，得出最真实的结论，也好让朝廷制订计划。"

谭纶继续等着张居正的人选。张居正见开场铺得差不多了，就侃侃而谈："你的两个助手，兵部左侍郎汪道昆和右侍郎吴百朋可以，另外你部里还有个叫王遴的人，你对他们三人怎么看？"

谭纶没有看法，虽然他初来乍到，但他也发现了这其中的微妙：这三人都是张居正的同年，换个说法，张居正对同学的了解是深刻的，所以他举双手赞成。

事情就这样决定了。汪道昆被派往蓟、辽；吴百朋被派往宣大、山西；王遴则被派往陕西。

先来看汪道昆。汪道昆是张居正的同年，曾在湖北当了几年巡抚，政绩堪忧，但名声在外，因为汪道昆是个喜欢吟风弄月，善于和公知们打成一片的人。张居正当了首辅后，汪道昆就给张居正写信，希望能到中央工作。张居正觉得汪道昆是个有能力的人，所以就把他调到中央兵部任职。

汪道昆去蓟、辽之前，张居正给戚继光写信说明汪道昆的去意，同时嘱咐戚继光："汪道昆可是朝廷派去的，你不可耍威风给他难堪，一定要以礼相待。

尊重他，就等于尊重朝廷。你是我的好朋友，汪道昆也是我的好朋友，我的朋友也就是你的朋友，请你留意。”

戚继光谨遵教诲，当汪道昆抵达他的辖区后，准时送上各种报告。可惜汪道昆对这些并不感冒，而是和当地的文人一起吟诗作赋。张居正得到这个消息后，大为不满，但没有发作。汪道昆回北京后，给朱翊钧写了一份奏章，讲述他视察边境军事的情况。他把这份报告写成了优美的散文。

张居正看了汪道昆的报告后，批了八个字：芝兰当道，不得不除。芝兰可是美的草，但你长错了地方，就该除掉。你汪道昆既然喜欢吟风弄月，那就去作家协会吧。

就这样，汪道昆被免了职。

汪道昆之后，吴百朋到宣大也出了问题。这个问题，张居正曾有过意识，却没想到问题那样严重。问题出在宣大领导人王崇古身上。王崇古自俺答汗封贡后，春风得意，但也内心忧虑，他特别担心朝廷忽然派个人来掣肘。正所谓心忧事成，吴百朋如幽灵一样地来了。倘若是别人来，他不会紧张，但吴百朋不一样，吴百朋是帝国在南方抗击倭寇的著名儒将，可与戚继光的名气相提并论。尤让王崇古紧张的是，吴百朋铁面无私，敢说敢做。作为边关大将，谁还没点事啊！

吴百朋其实也不想来，他在中央兵部做着人人羡慕的副部长，来到宣大苦寒之地，名义上是特派员，但他很多朋友都认为这是明升暗降。所以他离开北京后，慢吞吞地走路，一肚子的抱怨。张居正所以挑选他，是因他有才能，可张居正想不到他除了才能之外还有情绪。

听说他走得太慢，张居正连忙去信向他强调这次差事的重要性：“宣大乃边防重地，派你去就是要你检视其中的缺陷。这是只有你才能担负起的重任，你不前往，我该如何？”

吴百朋从张居正的信里读到了“重用”的信息，跳起来一溜烟地向宣大跑。张居正又给王崇古写信安慰他：“要吴百朋去，非是掣肘你。只是旁观者清，他或许能看出一些问题，而这些问题的解决正是你稳固边防的基石。他不会留太久，我很快就会将其召回。”

王崇古放下心来，热烈地欢迎吴百朋。

吴百朋第二天就开始工作，几天后，他就拿出了考核边将的八条标准。这八条标准让王崇古冷汗直流，如果用这八条标准，所有边将都不合格。八条标准送进北京，张居正看后也是浑身发热。还未等他想出对策，吴百朋的弹劾书已到，他弹劾王崇古、宣府巡抚吴兑和山西总兵郭琥有失职之处，请求降级。而对另一位失职更严重的大同总兵马芳，更是提出严厉的弹劾，请张居正将其治罪，罪名是行贿受贿。

张居正叫苦不迭，他懊悔当初派吴百朋去宣大了。明帝国的边将贪污受贿行贿，是题中应有之义。严嵩在内阁时，边将要拿到军饷，必须要给严嵩行贿，就是号称清廉的高拱在位时，边将们也把高阁老当成财神爷而虔诚供奉。高拱曾对张居正说过："这是帝国的弊政，军饷总是迟到，边将们就以为京官们有私心，为了得到军饷，只能送礼。如果你不收，他们就提心吊胆，哪里有心思守卫边疆？"

张居正明白，边将行贿是迫不得已，只要他们能在边疆尽职尽责，不教胡马度边关，这种罪行可以忽略。他想不到的是，吴百朋是个书生，有高尚的道德情操，眼里揉不得半点沙子，所以事事都较真。如果真按吴百朋的意思，那边疆将为之一空。这不是张居正想要的结果，他想要的是中央政府能精准地得到边疆情况，边疆在特派员的帮助下可以事半功倍。

还未等他解决吴百朋这个难题，又有人跳出来指控宣府总兵赵岢贪腐。张居正头都大了，他刚上任，倘若就对边将们开刀，边境怎能稳？边境不能稳，何谈内部经济建设？富国强兵就是一句空话。

他此时只能以进为退，在安抚诸边将的信中，他说："我知道你们有不得已的苦衷，行贿也是迫不得已。不过此时是非常时期，还希望你们收敛。从前给内阁首辅的东西，我这里不会收的。也请你们放心，京官们的指控，我会谨慎处理。你们只要有保家卫国的心，我就有保护帝国砥柱的能力。"

这只是暂时安抚了边帅们的心，那群指控者还在上蹿下跳。张居正刚柔并济地敲打："你们所指控的人，罪行是否属实，还需调查。你们在风清月白的北京城中谈笑有诗书，可边疆只有大漠风沙。想想他们所受的苦，建立的功勋，你们扪心自问，是不是站着说话不腰疼。边将固然有许多道德瑕疵，可不要忘了，他们的角色是什么，是保家卫国！那么，他们现在做得如何？你们睁开狗眼，竖起你们的狗耳，去边疆看看听听，就知道了！"

张居正在此之前搞掉了一群言官，这种敲山震虎的技巧并未使言官们安分守己。他们三五成群地攻击张居正，说张居正维护马芳，忽略吴百朋。吴百朋绝对不能忽略，张居正只好把马芳免职，并给吴百朋去信安慰，要他在宣大可大展拳脚。

吴百朋朝地上吐了口痰，这可能是文质彬彬的他有生以来第一次如此粗鲁，他说：“我如果再在边疆待着，非得有头睡觉，无头起床不可。”几天后，他不等中央政府的命令，就私自跑回了中央。他得到的是同僚们热烈的欢迎，也得到了张居正的厌恶。

和汪道昆的一事无成与吴百朋引起的波澜相比，王遴去巡边，如泥牛入海。他到陕西待了几天，上了份不疼不痒的报告，就请了病假回家了。张居正非常不满，去信谴责他不负责任。

三位巡边特派员虽然未达到张居正的要求，可他对边境的密切关注十年始终如一，所以整个张居正时代，北境没有发生过任何大的边患。专注产生成功、创造奇迹——这话送给张居正，当之无愧。

巡边的不圆满，并未让明帝国损失什么。倒是那个不安分的蒙古人昆都力哈的一个要求，让明帝国再次紧张起来。北方有实力的蒙古人除了俺答汗一支外，只剩土蛮。土蛮和俺答汗相比，又逊色一点。自俺答汗封贡后，北方基本和平。可张居正通过各种信息渠道得知，这种和平是假象，因为俺答汗名义上是他这支的主人，实际上他连自己的弟弟、侄子和儿子都控制不了。

昆都力哈就是俺答汗的弟弟，他一直看不起俺答汗的儿子黄台吉，黄台吉也看不起他。两个人经常殴斗，气得俺答汗直跺脚。张居正刚主政明帝国时，草原谣传昆都力哈暴死。张居正得到消息后，想扶持昆都力哈的儿子青台吉，和不太安静的黄台吉对抗。其实最终的目的，是分裂俺答汗这一支蒙古人，使他们各自为营，一盘散沙。

这是好计策，遗憾的是正当明帝国的礼部要去授予青台吉官职时，昆都力哈突然又复活了。他发现明帝国要越俎代庖，大怒起来，联合黄台吉准备和明帝国政府对抗。

张居正慌忙派人去找俺答汗，俺答汗满脸惆怅，摊着双手说：“我那弟弟和儿子都是畜生，我根本管不了。”

北京沸腾起来，马上有人提到当年的俺答汗封贡，说这是养虎为患，又有人抱头痛哭，说这次蒙古人要来，可绝不是小事。这群瞎子根本不懂经过张居正整顿后的边防已今非昔比，当昆都力哈和黄台吉各怀心思向明帝国边境推进时，张居正下令边防部队主动出击。

黄台吉最伶俐，发现讨不到便宜，慌忙撤兵。昆都力哈有蒙古汉子的气派，和明军打了一仗，双方虽不分胜负，但昆都力哈却被明军战斗力的突飞猛进所震慑。他一溜烟跑回老巢，厚着脸皮向明帝国提出封他为王的要求，他说他要和俺答汗一样平起平坐。北京政府又哗然，有人在暗处说：“张居正这是引火烧身，长此下去，九边之外，见到个蒙古人就肯定是王。”

张居正对这些看笑话心态的人嗤之以鼻，他对昆都力哈说：“封王这种事，以后你们想都别想，有本事就打，没本事就老老实实地互市！”

昆都力哈现在陷入困境：打吧，没有把握取胜；不打，他将来在草原就没了颜面。正当他苦闷时，张居正给他送来了梯子。

张居正给俺答汗写信说：“你的弟弟昆都力哈要封王，这显然违反当年的封贡精神。你不要站在那里看热闹，用你的脑子好好想想，如果我们真的封昆都力哈为王，草原上就是二王并立。你现在的地位已是摇摇欲坠，再多出个王来，你的地位恐怕难保。我有个办法，既可维持你当年封贡的原状，又能让你避免一个敌人。我不动声色，对昆都力哈的任何要求冷处理。你则去劝他，就说明帝国给了他这个梯子，就赶紧从高处下来，不要再惹是生非了。”

这封信把俺答汗从看台上揪了起来，他骑上大马，飞奔出营，跑去劝阻弟弟昆都力哈。昆都力哈眼见有个梯子送上来，正好借坡下驴。

张居正用一封信解决了麻烦。北京城那群看笑话的人，最终没有看到笑话，他们看到的是一个不露锋芒、却能在不动声色中扭转乾坤的内阁首辅。

而就当张居正也有些自命不凡时，一场暴风雨突然从天而降，他被猛地推进了漩涡。

第二章

考成法：集权的第一步

吊诡的刺客

1573年正月，柔和的春节气氛飘浮在紫禁城上空。朱翊钧在乾清宫琅琅读书，冯保站立一旁，受张居正的托付看护着朱翊钧的功课。铅灰色的云层压下来，朱翊钧感到困倦，抬头看向远方，要舒缓下眼睛的压力。刹那间，他看到一人在门外东张西望。

此人穿着平民服装，腰中鼓鼓，鬼鬼祟祟，朱翊钧扭头问冯保："那人是谁？"

冯保也看到那人，三步并作两步跑出去，指着那人喝问："什么人？"朱翊钧快步跟了出来。

那人听到冯保的喊，向这边一望，看到了朱翊钧。他手已摸向腰部，弓腰直奔朱翊钧蹿来。

冯保大惊失色，急忙吼道："来人，给我拿下！"从四面八方蹿出了多名侍卫，扑向那人。那人寡不敌众，终于被制服，按在地上。

朱翊钧在冯保和多名侍卫的护卫下，挪到那人眼前。朱翊钧装作大人的模样，使出威风喝问："你是什么人？"

那人整个身体猛地向上一挣，险些从几十双手里挣脱出来。冯保慌忙把朱翊钧护在身后，向后疾退，说道："皇上快回屋，我来审他。"

一干侍卫把那人连拖带拉地带走。中午，朱翊钧在房间里焦虑地踱步，冯保急慌慌地来了，向朱翊钧报告说：“此人自称王大臣，是蓟州的逃兵。”

朱翊钧脸色发红，显然对结果不满意，问道：“完了？”

冯保想了想，小心地回道：“完了。”

朱翊钧很生气：“皇宫守卫如此严密，他一个逃兵是怎么进来的？”

冯保“啊”了一声，扑通跪到地上，连说死罪。

朱翊钧愤怒地要他起来：“我不是说守卫问题，我是说，皇宫守卫如此严密，他一个士兵不可能靠自己进来，这其中必有隐情，你要给我查清楚！”

冯保连答了几个“是”，转身就跑。

朱翊钧喊他：“回来，立即去请张先生。”

张居正神色自若，脚步飞快地来了。在来的路上，他已得知了大致情况，一见到朱翊钧，他急忙跪下请罪。朱翊钧拉他起来，把疑问说给张先生听。

张居正正在思考，冯保谨慎地插嘴道：“不如让东厂来审。”

这话说得很有艺术，冯保提督东厂，要东厂来审就是让他冯保来审。张居正发现冯保正用求助的眼神看着自己，沉默了一会儿才对朱翊钧说：“这事发生在大内，要冯公公审，自然恰当。那就先让冯公公审吧。”

朱翊钧点头同意。冯保感激地看了张居正一眼。张居正当时还不懂这一眼的内涵。两天后，他才懂，但有点晚了。

对嫌疑犯而言，东厂和地狱区别不大，只要你进了东厂，连你前辈子犯的事都能记起来。酷刑之下，无人能一言不发。冯保很快就得到那名刺客的招供，刺客名叫王大臣，是戚继光军中的一名小班长，此次进京是奉了戚继光之命刺杀皇上朱翊钧的。

这一信息很快被徐爵输送给游七，游七马上报告给张居正。张居正大惊失色。这份供词非同小可，他知道戚继光不可能干这种事，可身为边将，大权在手，就怕有人说你干了这事。他连忙派游七去找徐爵，让徐爵通知冯保，他要见冯保！

1573年明帝国外廷巨头和内廷巨头在幽暗的光线下，对座而谈。张居正在冯保来之前已经筹划了所有问题，所以冯保才落座，他就开始了发问：“王大臣是屈打成招吧？”

冯保笑道：“张阁老这话不对，东厂以前是这样，可现在，您是首辅，就不敢那样了。”

张居正也一笑：“他都招了什么？”

冯保端起茶碗，又放下："我让徐爵通知了游七啊。"

张居正正色道："我还是想听冯公公亲自说。"

冯保又端起茶碗，别有用心地一笑，喝了口茶。这个时候他还卖关子，张居正很不满意，但他没有催促冯保，因为他知道冯保肯定会说。

"此人的名字很怪异，"冯保慢悠悠地说道，"他说自己叫王大臣，本是您好友戚继光的部下，这次是奉戚继光之命来京师谋杀皇上的。"

张居正冷笑："冯公公相信吗？"

冯保把头摇得像拨浪鼓："谁信谁是傻子，他这是诬陷戚帅呢。"

张居正再冷笑："可见你们东厂还是屈打成招啊。"

冯保干笑："张先生，这件事还真麻烦。你说如果不是受人指使，他一个当兵的，怎么就敢来刺杀皇上。如果不是受大家伙指使和帮助，他怎么就能奇迹般地出现在大内？纵然不是戚继光指使，肯定也有大家伙为他提供帮助。"

这也是张居正疑惑不解的地方。这个自称王大臣的人怎么会神不知鬼不觉地出现在大内？大内是什么地方，连锦衣卫的指挥使出入都要被审查，一个名不见经传的人却轻而易举地来到皇帝眼前！其中必有玄机。

他冥思苦想时，冯保问道："张先生对这件事怎么看？"

"怎么看？"张居正思考了一会儿，"这要看从什么角度看。"

冯保一震："哦？"

张居正向冯保吐露心迹："冯公公，你我都知，此人必不是戚继光派来的。他诬陷戚继光不是最终目的，最终目的可能和你我有关。"

冯保失声："什么意思？"

"自先皇去世，主少国疑，你我二人分掌内外廷，难免引起别人嫉妒憎恨。我常提醒公公做事要谨慎，万不可在此时被人捉了把柄，就是此意。此人恐怕是那群反对我们的人所指使的。"

冯保跳了起来，咬牙切齿道："高拱！"

张居正连忙说道："冯公公不要这样想，高公恐怕没有这个心思。"

冯保在原地打转："请教张先生，此事该如何处理？"

张居正沉思一会儿，缓缓说道："如果轻易放过，显得我们太软弱……"

冯保把右拳砸到左掌上，恶狠狠地说："那我就挖出背后的阴险小人来！"

冯保告辞后，张居正右眼皮直跳，他总感觉有什么大事要发生。月光初上时，游七像被狼追一样冲进他的书房，气喘吁吁地说道："大事不好，王吉又招供了。”

张居正没有反应过来，训斥游七：“什么王吉？”

游七定了定神，说道：“就是那个王大臣，翻供了。他说自己叫王吉，是受高拱主使来京城刺杀皇上的。”

张居正从椅上一跳而起，惊慌失措：“什么？冯保胡闹！”

游七还有更不好的消息：“冯公公已把审讯报告交给了皇上。”

张居正又一屁股坐回椅子里，脸色很难看。

他固然恨高拱，恨高拱当初在内阁的嚣张跋扈，可高拱既已离开，仇恨就烟消云散，他从未想过要把高拱赶尽杀绝。想不到，冯保却还铭记高拱，更想不到，冯保会借此向高拱复仇。

张居正马上感觉情势严重了，如果此事做成，官员们会毫不客气地想，这是他张居正在报复高拱。到那时，真的浑身是嘴都说不清了。

一想到这里，他就头皮发麻，命令游七：“备轿，去皇宫！”

无法息事宁人

朱翊钧正准备派人去请张居正，张居正已匆匆而来。跪拜完毕，他发现朱翊钧的脸很难看，李太后坐在那里冷若冰霜。冯保站在一旁，满脸的红光。他暗暗叹息，知道事情挽回的余地已所剩无几，然而他还是想试一试。

李太后先发话，如同一座石雕发出人声：“张先生，当初高拱去职，是皇恩浩荡，要他使用驿站。这也是我和皇上看在您的面上。先皇待高拱可是恩重如山，想不到他狼心狗肺，做出这等事来。张先生，你说他的良知都让狗吃了吗？”

张居正正思考如何回李太后的话，朱翊钧已急不可耐地发话：“他高拱就没把咱们放在眼里。到了今天还贼心不死，应该满门抄斩！”

张居正吃了一惊，同时去看冯保。冯保努力躲着他的目光，躲来避去，还是被张居正捉住了。张居正看准了冯保，却对朱翊钧说话：“皇上可得到确凿证据是高拱指使吗？”

这种态度很不敬，但朱翊钧没有感觉到，他全部心思都在对高拱的愤怒上。听到张居正这样问，他转向冯保：“你说！”

冯保终于有机会躲开张居正犀利的目光，报告案情：“王吉已招供，是高拱主使，高拱靠他的力量在京城中布置，一直布置到了皇宫。”

张居正冷冷地看着冯保。冯保哆嗦起来：“王吉临行前，高拱送给一件蟒褂、一柄三尺宝剑，现都在东厂。”

李太后哼道：“倒是不惜成本！”

这句话如同强心剂，鼓舞了冯保：“是啊，那柄宝剑据鉴定，是玄铁所制，柄上还镶着一颗猫眼玉珠。那件蟒褂，在黑市能卖到几百两银子呢。”

朱翊钧暴躁地喊起来：“大伴，说正经的！”

冯保“是”了一声，继续说道：“据王吉交代，高拱自回老家后就招收豪杰，只是找不到合适人选，不然，早就派人来刺杀皇上了。”

朱翊钧双手颤抖，嘴唇发紫，像是要背过气去，正要说什么。张居正再也受不了冯保的胡说八道了，向朱翊钧鞠躬道：“皇上，这件事有疑点，请皇上三思。”

朱翊钧气呼呼的：“什么疑点？”

张居正道：“千里迢迢入京，穿着蟒褂，带着宝剑，岂不是很惹眼？世上哪有这样的傻瓜？”说完这段话，他看向冯保，“冯公公第一次审讯此人时，他自称叫王大臣，说是戚继光派来的。才半天时间，又说自己叫王吉，是高拱派来的。显然，此人是狡诈阴险之徒，栽赃陷害戚继光和高拱。”

朱翊钧狐疑地看着冯保，冯保急忙说：“是有这么回事，当时我不信是戚继光派来的，所以一用刑，他就说了真话。”

张居正平静地回应冯保，也是对朱翊钧和李太后说话：“真话假话，现在还未知。他第一次说假话，第二次就敢保证是真话？”

朱翊钧和李太后听出来了，张居正是在为高拱辩护，不禁皱起眉头。张居正何等聪明，马上发现了二人的情绪变化，提出已思考多时的方法：“其实有个办法，可查出真相，把他交给锦衣卫和都察院。”

朱翊钧冷起脸：“张先生，冯公公已审完，何必再麻烦呢？我看明天就派人去高拱家，把他全家捉来！”

“皇上！”李太后提高了音量，“就听张先生的。”

朱翊钧垂下头，母亲的话就是他的圣旨，是天的意志，他不敢违抗。在他的字典里，连“违抗”一词都没有。

张居正谢了圣恩，出来回到轿子里，对游七说：“回去，走快点！”

一回到家，张居正直奔书房，铺开纸，把在轿中酝酿的话如水银泻地般地写了下来，让游七送给了冯保。冯保不必展开信，就知道张居正肯定没有好话。果然，张居正在信中义愤填膺地说："有多大的仇恨，竟然使你做出如此事！如果今天我不拦着，后果有多严重你可知道！高拱一人死掉不要紧，天下人岂是瞎子和聋子，他们必会对你我群起而攻！你倒无所谓，躲在深宫，我呢！我不在乎流言蜚语，我在乎的是政治事业夭折。皇上年幼，万一有巨变，你担当得起吗！"

冯保看完信已是满头大汗，他对心腹徐爵说："这事是我欠考虑，把张先生给装进来了。"

徐爵说："没那么严重吧。"

冯保无力地摇头道："你不知道政治的厉害，张先生麻烦了。"

张居正在第二天就遇到了麻烦，王吉事件像风一般被传开，京官们哗然。有人立即跳出来说："这明显是冯保和张居正勾结制造的案子，要把高公置于死地。"

有人就伤心欲绝地添油加醋："张居正已挤走了高拱，为何还要赶尽杀绝，连禽兽都不如！"

有人刚表示怀疑，便立即遭到驳斥："你就是白痴，按历史故事推，也能推出此事是张居正所为。严嵩挤走夏言后便杀了他；徐阶挤走严嵩后就杀了严世蕃；高拱要把徐阶一家置之死地。现在高拱能逃出这个定律？！"

在议论纷纷后，所有人都把目光投向杨博。杨博知道，这是众人的托付。如今朝中，只有他威望最高，也只有他和张居正能说上话，可保高拱不死。杨博决心勇担重任。

葛守礼站起来说："我陪你去。"

杨博激动地点了点头，两台轿子抬到了张居正家那条胡同。按当时不成文的礼节，两人就在胡同口下了轿子，骑上马，敲开了张居正家的大门。

张居正的愤怒

杨博和葛守礼一进张府大门，马上有人把他们引到张居正的书房。张居正正襟危坐在书房中，仿佛一直在等待二人。杨博意识到，张居正已有准备，所以很快就进了正题。

杨博说："东厂是最无良知的，他们是想牵连无辜之人。我愿以身家性命保证，高公是无辜的。"

葛守礼接话道："我也愿以全家百口性命担保高拱是无辜的。"

张居正的确有准备，可他想不到平生所钦佩的人，竟然误解自己，竟然会把这件事扣到自己头上。他沉默了一会儿，猛地爆发道："你二人以为王吉事件是我主使的？"

葛守礼一见张居正脸色大变，马上不出声。杨博鼓着勇气道："不是，但只有您，此时才有回天之力，拯救高公。"

张居正缓和了下口气："别人非议我，我无所谓。你二人如果也有这样的心思，我很伤心。这件事发生后不久，我就知道了。我特意嘱咐冯保，别四处牵扯。想不到冯保……"说到这里，张居正停了下来，在二人面前提"冯保"，总感觉不对劲。

杨博理解了张居正的顾虑，接过话头说："冯保做错事，还希望张阁老能矫正。不瞒您说，官员们在外面议论纷纷。"

张居正的气又起来了，先怨恨冯保做事不用脑子，再厌恶那群穷嚼蛆的官员。他总说自己不惧人言，可吐沫星子能淹死人、流言杀人这些格言总让人心里不舒服。

"我已布置了，"他在椅子上向后一仰，百无聊赖，"水落自然石出，请两位回去等待。记住两件事：第一，高公是我此生中最敬重的人之一；第二，告诉那些嚼舌头的官员，多做实事少胡说！"

两人知趣地站起来，匆匆离开。

张居正刚走出书房，游七急慌慌地来了，说："吴百朋要见您。"

这个时候，他来干什么？张居正满脸狐疑。

游七心有灵犀："还不是王吉的事。"

张居正想了想，让他进来吧。

他又重坐回书房。吴百朋进来了，神色自若，不等张居正让座，就一屁股坐进了椅子。自从巡边事件后，吴百朋和张居正的关系日益淡化。据可靠消息，吴百朋在背后没少指责张居正，张居正对这位同年的脾性了解，所以也没放在心上。

二人谈了会儿闲话，正所谓话不投机半句多。张居正很不耐烦地说："你善用兵，还是谈兵事吧。"

吴百朋冷淡地回道："我来你这里可不是谈兵事的，现在有件事比兵事更重要。"

张居正知道，吴百朋的来意要脱手了，他静静地等着。

吴百朋的嘴如脱缰的野马："有些官员并无大罪，而有人却无中生有、小题大做，千方百计罗织罪名，必欲置之死地而后快。对这类案件，你作为首辅，难道就没有一点责任吗？"

张居正冷笑："这是你臆想出来的，还是确有此事？"

吴百朋也用一声冷笑，针锋相对："有没有此事，首辅大人您不知吗？"

张居正收了冷笑："这件事都是东厂搞的。"

吴百朋发出干燥的"哈哈"两声笑："太监能干什么好事？"

张居正冷"哼"一声："送客！"

吴百朋想不到张居正用这招，把一箩筐话全都烂在肚子里，愤愤不平地离开了张府。

张居正看着他的背影，先是冷笑，然后凝重起来。王吉案的确已布置好，可就怕中间出差错。本来，他只想让都察院和锦衣卫联审，可担心冯保，于是，他再上疏朱翊钧请求都察院、锦衣卫和东厂三堂会审。

朱翊钧同意。冯保发现自己受到张居正的重视，表示很欣慰。心情大好之下，冯保特意给王吉送去一杯酒。王吉认为是毒酒，坚不肯喝。冯保对别人的不识抬举很愤怒，强行把那杯酒给王吉灌了进去。

王吉用手抠嗓子，吐出一点。他连忙躺到地上等死，可过了许久，他没有死。但冯保告诉他："你现在没死，不代表你明天后天不死，因为你要经历三堂会审，你要说实话。"王吉狐疑地看着冯保，冯保露出诡异的一笑。

十天后，三堂会审。主审官是锦衣卫左都督朱希孝。此人大有来头，先祖乃是成国公朱能，老哥是成国公朱希忠。张居正要他做主审，显然是看重了他在朝中的威望，只要他审核的结果，官员们就不会再有话说。代表都察院的是葛守礼，他和冯保坐在朱希孝两边，几乎没问王吉什么话。冯保更是一言不发，甘心做个陪衬。

朱希孝当然想知道王吉到底是怎么回事，可惜他得不到答案。这并非是王吉不想说，而是他已说不出来。就在今天早上，王吉突然发现自己哑了。他在堂下比画来比画去，谁都看不懂他到底要比画什么。朱希孝突然想到"哑巴吃黄连"这句话，看王吉的焦虑表情，他认定这嫌疑人有一肚子话要说。当他也跟着焦虑时，冯保叹息道："真是清官遇上哑巴，这怎么审？"

葛守礼紧跟冯保的话后说道："我看就算了吧，且不说他是谁派来的，单就私入大内，也是死罪。"

如果张居正在，他会听出冯保和葛守礼话外之音。冯保一半高兴一半忧愁：高兴的是，王吉对在东厂的事什么都说不了；忧愁的是，王吉也不能说高拱指使了。

冯保的忧愁却是葛守礼兴奋的：高拱可无忧了。

朱希孝很快结了案，案词是和葛守礼与冯保达成一致的：王吉是社会无赖，侥幸进了大内被捉，胡说八道诬陷高拱指使，想脱罪，交刑部拟罪。

朱翊钧很不满意这结果，他对张居正说："哪里有这样简单的事？王吉进入大内是偶然事件？背后没有指使人？这不可能啊。"

李太后默不作声，张居正也就不说话，并拿眼去看冯保。冯保得了指示，说道："皇上，这件事真就这么简单。三堂会审结果也得到了官员们的认可。"

朱翊钧在椅子上来回蹭着。李太后轻轻咳嗽一声，他老实了。李太后轻启朱唇："张先生，你怎么看？"

张居正略一思索，回道："三堂会审是权威，没有问题。王吉案可以结案。"

朱翊钧很不忿，但不敢发作。李太后微微点了点头，说："那就照三堂会审的结果判吧。"

王吉被判斩首，即可行刑。正史说，王吉是冤枉的，流的血非常无辜。这种论调实在让人奇怪，他私闯大内，就是死罪，被斩首何来冤枉？

当然这是个疑案，王吉是怎么进的大内，为什么要进大内，恐怕只有掉了脑袋的王吉本人知道。朱希孝用十天时间调查来龙去脉，也没查出任何结果。他能迅速做出判决，大概也是受了张居正"不要牵连任何人"的暗示吧。

王吉案就这样不明不白地结束了。官员们私下议论纷纷，论调无数。都察院葛守礼对张居正说："这案子总不让人踏实。"

张居正冷冷回道："你自己心中踏实就好，管别人做什么？"

张居正心很踏实，因为他不会关注这种小事。几乎所有的事在他看来都是小事，只有一件事是大事，那就是富国强兵。富国强兵有很多前提，提高行政效率是眉睫，顺利推行他的执政思想也在眼前。他把两方面同时解决，这就是考成法。

考成法：把权力集中到内阁

富国强兵的理想一直萦绕在张居正脑海，王吉案一尘埃落定，张居正马上执行富国的第一步：整顿吏治。一提中国王朝的吏治，“腐败透顶”是人人脱口而出的形容词。其实，“腐败”是中国政治的常态。之所以腐败，是天长日久、因循守旧的结果。

对于如何整顿吏治，张居正已有了想法。不过1573年，张居正还未专制到极致，所以他找来杨博与吕调阳商量，一开口就奔主题：“现在的各个衙门都是一副场景，几个脑满肠肥的人指挥着一群面黄肌瘦的人，玩命办公。文件堆满办公桌，新纸从东门进来，出去时就满满的文字。实际上，他们整天都办不成一件事。”

虽是直奔主题，可杨博和吕调阳还是听不懂。

张居正循序渐进地说：“前几天翻看我帝国法典，发现太祖时期就有规定，凡是六科每日收到的各衙门奏章，奉了圣旨者，分门别类，送司礼监。还有，各衙门奏章都要附写文本，五日后，送到相应的科注销。还有，地方衙门，每年将完销过的两京六科文件，填写底本，送各科收存，以备查考……”

杨博听得头昏脑涨，打住张居正：“您到底想说什么？”

张居正笑了：“我是想说，为何明文规定的事，在现实中却销声匿迹？”

这也叫问题？吕调阳不禁觉得可笑：“很正常，法纪条文浩如烟海，时间一长，形同空文，这也是规律吧。”

张居正板起脸来：“这绝不正常！有法不依，不如无法，有令不行，不如无令！我想治理这股歪风邪气，你二位有何建议？”

杨博考虑了一下，慢吞吞地开口道：“我突然想到高公。”

这真是哪壶不开提哪壶，王吉案刚结束，“高拱”这两个字对张居正而言是敏感词。杨博并不是没脑子的人，怎么这时候提高拱？

张居正看着杨博，杨博还是慢悠悠地说道：“高公当年下大力气整顿吏治，结果得罪了好多人。第一次离开内阁，就是因为这个。”

张居正释然，杨博说得没错。在当时的明帝国整顿吏治，很冒险。要整顿吏治，必须要在原有基础上重建制度和机构。一旦重建，就会被切身利益者攻击违背祖制，这是大罪。

吕调阳就有这种担忧，他试探性地问张居正："不知您准备建立什么制度和机构呢？"

张居正坚毅地摇头道："不必建立什么新制度和机构，天下之事，不难于立法，而难于法之必行！如果一项政策不考其终，做事不加屡省，当政者没有综核之名，做事者常怀有苟且之念，就算是尧舜复活、晏子为相，也难以有所作为。"

杨博点头叹息道："张阁老说得对。现在朝廷，每遇衙门言官议建一事，朝廷曰'可'，置邮而传之四方，言官的责任就算完了，他们根本不必关心建议是否实行。六部议除一弊，朝廷曰'可'，置邮而传之四方，六部的责任就算完成，根本不必关心弊病是否真的被清除。如此一来，所有的奏章题本都成一具空文，这就是程序腐败啊。"

吕调阳见说得很热闹，不禁激动起来："是啊，我以为应订立严格章程，凡是朝廷政令、奏章题本，都应严格考察其执行结果，凡不能按时完成者，从严惩处。"

张居正笑了："吕大人，你这又是订立新制了，就不怕那些人找麻烦吗？"

吕调阳哑然，尴尬地笑。张居正说："根本不必订立新章程，我担任首辅第一天就和皇上说过，遵循祖制。《大明会典》里对这块早就有了规定，何必画蛇添足！"

杨博做吏部尚书多年，对《大明会典》倒背如流，此时不由得唉声叹气："咱们又回到原点了，固然有规定，可如何监督执行啊？"

张居正说："很简单。各衙门制三本账簿，一本记载一切收文、发文的章程计划，这是原本。在这许多的项目计划中，把例行公事无须考查的，全部剔除，再把剩下的制成同样两本账簿：一本送各科备注，完成一件，注销一件，如有过期未完成的，就由该科提出弹劾；另外一本送内阁查考。"

杨博听了，不禁大惊失色："张阁老，您这是要把行政权和监督权都集中到内阁啊！"

吕调阳也听出来了："张阁老，这可是破天荒的，皇上能同意吗？"

两人异样的神情并非一惊一乍。自朱元璋废除宰相，设立内阁后，内阁就是皇上的秘书处。阁臣没有行政权和监督权，只有建议权。张居正这一招环环相扣，六科控制六部本是法律规定，然后用内阁控制六科，这无异于内阁控制了六部。

这并非是最困难的，最困难的在内廷，也就是冯保把持的司礼监。人人都知道，任何文件，不经司礼监掌印太监的印，就不具法律效力。所以从某一角度而言，是司礼监在控制着六部和六科。张居正的“考成法”表面看是为了提高行政效率，实际上是从司礼监手里夺权，然后把权力集中到内阁。

杨博和吕调阳很担心张居正说服不了冯保，交出这一天大的特权。但他们不知道，或者是假装不知道张居正和冯保的关系。

二人的担心并非多余，人人都喜欢权力，这是本性。冯保虽然被去了根，但对权力的热爱和正常人没有不同。要冯保同意内阁控制六部而撇开司礼监，这简直比登天还难。

张居正胸有成竹，他找冯保谈，谈的问题很简单。他说：“帝国残破不堪，非经大阵仗不能挽救。你冯公公也是胸怀大志之人，有良知之人，不能眼睁睁看着帝国这样消沉下去。我要拯救这个帝国，非得到您帮助不可。”

冯保受到如此重视，不禁飘飘然。

张居正看他入套，接着说道：“只是想请冯公公以后在我送上的奏疏上不必为难，用好你的笔和你的印。”

冯保大概听明白了，本来司礼监就是个橡皮图章，但橡皮图章却是有个人意志的，张居正现在是想让这个橡皮图章仅有的一点个人意志都要消失。

冯保一肚皮不高兴。“这不符祖制吧。”他慢吞吞地说。

“我说的正是祖制，”张居正从袖中掏出一叠纸，放到桌子上，敲了敲，“里面都有明文规定。”

冯保当然知道，朱元璋时代，他们做太监的就是木偶，皇上要他们写“一”字，他们绝不敢写“二”字。

他思虑很久，再次断定张居正和其他首辅不一样，不是很难对付，是无从对付。他使出最后一招：“太后和皇上那里……”

“这需要冯公公帮忙。”张居正把他拉到一条船上。

“这……”

冯公公要跑，张居正哪里给他机会，急转直下道：“您不是说过吗，先皇离世前，也让您担当一定的责任，您现在是想推脱？”

冯保哑然，最后露出会心的笑来：“张先生，真是厉害，我服了。”

几天后，张居正拿到了朱翊钧同意实行考成法的圣旨，半死不活的明帝国隐隐醒来。

考成法的实质其实就是，地方官不作为，六部就问责；六部不负责，就由六科纠正；六科有问题，内阁就会向六科问责。考成法无非就是让官员们赶紧办事，提高行政效率。

张居正的思路如下：我给你的命令就是你的真理，你不必在命令上冥思苦想它的对错，所以你得到我的命令后必须立即去执行。

在考成法的实行下，整个明帝国的吏治满血复活。张居正大权独揽，成为明帝国有史以来最有权势的内阁首辅。

考成法在整个帝国推行后，首先在苏州府发生奇效。苏州府是帝国财赋重地，但多年来官员和当地地主勾结，财赋始终收不上来。考成法实施后，苏州府官员再也不敢推诿，聚精会神办理政事，很快，就将苏州府多年来所欠赋税收了上来。

这就是行政效率的提高，但事物都具有两面性，考成法也会被人钻空子。

周倍阳事件

考成法实施的几个月后，1573年十一月，替代吏部尚书杨博的张瀚向张居正递交文件说："为了鼓励官员，建议让六部、六科选拔推荐廉能官员。"张居正欣然同意，他也想看看考成法实施后，催生了多少廉能官员。

张瀚虽初登吏部尚书的宝座，但因为是张居正推荐上来的，所以倾尽全力张罗此事。在他督促和操持下，各地长官纷纷上报优秀人才的名单、简历和政绩。只一个月的时间，工作就大功告成。

张瀚不无谄媚地对张居正说："若是从前，非拖延两三个月不可。自您的考成法出台，看这效率，简直快如闪电啊。"

张居正也很欣慰，看了看名单，全国各地共上报申请奖谕官员三十五人。他大致浏览了下名单，就分送给六部科审查考核，这不审不要紧，一审问题就出来了。

吏科言官上疏说，推荐名单中有一人不符合规定，不但不能给予奖励，而且应该惩处。张居正看了混在珠里的这个鱼目，名叫周倍阳，时任广西巡按御史，他是张居正最货真价实的老乡——湖北江陵荆州人。

周倍阳是1562年的进士，1571年被调到广西担任巡按御史。当时广西境内府江瑶人叛乱，占据了从桂林直到苍梧的桂江流域，进攻永安完州荔浦县城，州长和武装部部长都被瑶人活捉，导致桂江交通中断，各县城市，光天化日之下都紧闭城门，形势异常严重。

张居正当时正主持帝国军事，得知此事后马上给新上任的广西巡抚郭应聘去信说：“这股盗贼为患日久，之前的地方官为了隐瞒，姑息养奸，所以才发展到今天这个地步。我的意见是，对付盗贼如对付身上的烂疮，必迅疾除之，绝不姑息。你可集结广西境内所有武装力量，务必一战而成，消此祸患。”

郭应聘虽是文人，却很能打，尤其是对付内部叛乱，曾在镇压福建上杭古田叛乱时立下赫赫战功。他和张居正私交也不错，所以一接到张居正的信，马上集结六万军队，向府江瑶根据地推进。

人马未动，粮草先行。郭应聘知道这么多人，补给是大问题，于是向坐镇贵阳的周倍阳请求粮草。周倍阳自来广西后，就闷闷不乐。这是个鸟不拉屎的地方，如果不能立下震天动地的大功，肯定离不开这里，可现在有机会立功，却被郭应聘抢了。于是他扣押粮草，搞小动作，使郭应聘巧妇难为无米之炊，府江瑶的叛乱非但没被平息，反而渐呈燎原之势。

幸好，张居正调集资源全力支持郭应聘，瑶人的叛乱才渐渐被平息。但周倍阳嫉贤妒能、贻误战机的臭名已传开，只因为后来朱载垕去世，朝廷空气极度紧张，没有人关注他罢了。

张居正执政后，空气缓和，言官们又发现周倍阳是张居正的老乡，所以不太敢发声。最应该弹劾周倍阳的是郭应聘，可郭应聘也看在张居正的面子上息事宁人。于是，周倍阳在广西继续当他的巡按御史。

张居正发现问题时，大惑不解。很多人都知道周倍阳是副什么德行，怎么会有人举荐他呢？他对张瀚说：“考成法的实施正是关键时刻，严刑峻法的精神连同层层负责的机制已深入人心，言官们在这个时候弹劾周倍阳，我们必须要查清楚。否则，会冷了其他官员的心。”

张瀚昼夜加班，像老鼠一样追查，终于追查出了事情的真相。原来，推荐周倍阳的是吏部右侍郎崔永年。崔永年和周倍阳好得能穿一条裤子，他们从小长大，既是同乡，又是同年，这种关系使他们唇齿相依。周倍阳去广西做巡按御史时，崔永年哭得昏天黑地，如同死了爹妈。他对周倍阳说：“只要有一线机会，我就把你搞回京城。”遗憾的是，两年来，他一直没找到机会。现在终于有了机会，他都没和周倍阳打招呼，就推荐了他。推荐周倍阳前，他也想过周倍阳的劣迹，但兄弟的情感糊住了他的心，他大无畏地把好兄弟的名字写进了推荐书里。

张居正得到调查结果，拍案而起，发誓必须严肃处理这件事。他马上找来张瀚、葛守礼和吕调阳商议。

张瀚先发言："崔永年假公济私，玩忽圣命，理当贬黜。不过……"他停下来看张居正，见张居正毫无示意，他继续说道，"崔永年和周倍阳进士考试的主考官是杨博大人，杨博刚去世，门生就遭罢黜，外面的人恐怕会对张阁老您说三道四。"

张居正何等聪明，已听出张瀚的真实用意。张瀚最想说的其实是这两人都是张居正的同乡，张居正虽口口声声不拉帮结派，可朝中权势人物，谁不拉帮结派？一个好汉三个帮，不拉帮结派，尤其是不和同乡打成一片，你的位置就很悬。他这是为张居正考虑，张居正没有说话。

葛守礼鲁莽地插话了："张大人糊涂啊！张阁老一再强调秉公执法，不分亲疏远近。尤其现在，考成法已颁行，就应当违法必究，管他是谁的门生，谁的同乡，考成法面前，人人平等。你提到杨大人，杨大人最恨的就是结党营私，徇私枉法。如果杨大人在天有灵，肯定会严厉惩处这两个浑球儿，防止玷污他的清名！"

张瀚脸上很挂不住。张居正笑了笑，去问吕调阳。吕调阳从若有所思的状态中跳出来，说道："我在想啊，这崔永年和周倍阳都是张阁老您的老乡，此事很有难度。不处理或处理轻了，朝廷上下肯定风言四起；处理重了，又有人会说你张阁老忘本，对同乡下手。难得很。"

张居正点头，称赞吕调阳："你说得很好，我也是有这层顾虑。"然后看了看三人，庄重地说道，"我以浅薄之才，身当国家重任，不敢有丝毫懈怠侥幸之心。考成法才出，就出了这样一件事，非严惩不能争取官员之心。诸位大人都见过马车，马车不前，因马不用力。不驱赶马而驱赶车，没有意义。同样，法不能行，人不出力也，不议人而议法，这和赶车而不驱马有何区别？"

张瀚直愣愣地听着，想不明白张居正说这段话的意思。

张居正看了他一眼，说："我以为，要严格实行考成法，必要从惩处以身试法者开始。古往今来，天下之法律，先严格后废弛。人立志后，开始奋发，但无持之以恒的劲，所以渐渐懈怠，终于虎头蛇尾。只有不计一身得失，摈弃褒贬毁誉之词，持之以恒，才能严刑峻法，赏罚分明，有始有终。"

葛守礼频频点头，吕调阳也附和着，张瀚满脸通红。张居正即刻说出自己的判决结果："周倍阳降三级，调往他处；崔永年削职为民；至于郭应聘，身为广西地方长官，却对周倍阳置之不理，我亲自去信责备他。诸位以为如何？"

三人异口同声："张阁老处理得当，我等深深佩服。"

事情就这样定了下来，崔永年懊悔不已地离开京城回他的老家，当然也是张居正的老家。临行前，崔永年决心赌一把，去见张居正，希望用同乡之情感动张居正。遗憾的是，张居正连见都不见他。这位吏部右侍郎用功名换了“够兄弟”三个字；张居正举重若轻地用一个礼部侍郎重点强调了考成法的威严。双方算是各取所需，抛掉崔永年的功名，可谓皆大欢喜。

实际上，对崔永年和周倍阳的处罚的确很重，张居正并未依据当时的法律，而是实行了“严打”。之所以有这种强硬措施，不仅是因为考成法，还因为周倍阳所在之地百姓造反，的确形势严峻。张居正下重手，只是希望包括广西在内的南方地区的百姓造反能尽快平定，对于周倍阳的捣乱行为肯定不会放过。

第三章
盗者必获，获者必诛

殷正茂可用

和历代伟大人物不同，张居正很少提到他的偶像。如果非说他一定有崇拜的人，那大概就是东周时期的孙武了。当然，他并非是崇拜孙武的兵法，而是崇拜孙武“用兵法治理国政”的理论。说白了，也就是对敌人势力“铁血镇压”，绝不留情。

如果说他在对待政敌上还会留情，那么在对待国内百姓造反上，就纯以铁血手腕“盗者必获，获者必诛”了。把他这一理论贯彻到底的是他忠实的支持者兼同学殷正茂。

殷正茂精明干练，手段泼辣，中进士后进入兵部实习，发挥了连他自己都意想不到的军事才干，很快得到上级赏识。1567年，朱载垕才上台，广西古田壮族人就掀起反抗大旗，而且越搞越大。1569年，在多次围剿不利的情况下，张居正向首辅高拱推荐了殷正茂。

高拱开始极力不同意，依他的见识，殷正茂这人贪财，桀骜不驯。张居正说：“形势危急时，怎可用道德标准来衡量人？他只要能把问题解决，桀骜不驯又如何？大不了等他解决问题再把他拿下。”高拱听从了张居正的话，因为短时间内他找不到合适人选。不过他提醒张居正：“殷正茂是你先向我推荐的，但万一他坏事，还是我的责任。所以我决定除了军饷之外多给他二十万两银子，只要他能把事给我办成，我就当这二十万两是给他的奖金。”

这就叫以己度人，先把自己假设成贪污犯，然后问自己想要什么，当然是钱，于是他也认为殷正茂是这样的。

殷正茂很快以右佥都御史的身份巡抚广西，和广西提督李迁调集土、汉兵十四万，对壮人造反兵团发动了迅疾的进攻。在殷正茂的精明指挥和残酷镇压下，壮人造反兵团渐渐销声匿迹，走进历史。

殷正茂在战场上心狠手辣，大多数文官对其印象很差。所以剿灭古田壮族叛乱后，并未得到高升，高拱只是让他继续在广西巡抚。1571年，古田瑶族继壮族揭竿而起，掀起声势更大的叛乱。提督李迁屡剿不利，张居正再提议用殷正茂。高拱对殷正茂剿灭古田壮族的叛乱印象深刻，于是用殷正茂代替李迁，提督两广军务。

当时形势是非常严重的，张居正回忆那段时期时曾说："广东处处是盗贼，悲观者都认为两广已脱离大明帝国版图了。"

殷正茂被授权提督两广军务后，张居正写信给他："治乱国，用重典。广东就是乱国，不用残酷手段就不能荡平，百姓就无法安居乐业。"

殷正茂对老同学说："你放心，我做事风格如此，你若让我以德服贼，我还真没有那样的本事。"

以德服贼办不来，残酷杀戮也没那么容易。当时广东的叛乱头领五花八门，几乎遍及广东全省，其中尤以惠州的蓝一清、赖元爵实力最强，其次是潮州的林道乾、林凤、诸良宝，排名第三的是琼州的李茂。

后来历史教科书说，他们所领导的暴乱是农民起义，但这些人根本不是农民，要么是原本就无恶不作的官员，要么是人人切齿的地方恶霸。

这些人虽然没多大能耐，可倚仗山高林密的地势，让政府军大为头痛。殷正茂给张居正的信中就提到，论军事才能，盗贼都是白痴，可他们有个最厉害的武器，就是地利，所以剿灭他们并非朝夕之事，要慢慢来。

张居正不着急，因为当时高拱专权，他着急也没用。朱载垕去世，高拱离开后，他成为首辅，想到广东匪患，他可就有点着急了。

殷正茂已在广东两年，但从未有一封振奋人心的捷报书送来。高拱在位时一提到广东，猛地就皱起眉头说："殷正茂这小子在干吗？是不是嫌我给的钱少了？"

张居正不言语，私下给殷正茂写信道："殷同学，你在广东度假呢？政府大把花着钱，怎么不见效果？"

殷正茂回信说："张同学啊，不当家不知柴米贵，我正在紧锣密鼓地准备，你放心，不出三年，我就把广东的和平送给皇上。”

张居正一坐上首辅宝座，马上就给殷正茂去信说：“两广的盗贼如杂草，斩尽还生。自古以来经略南方的人，都未能以一举而收荡平之功，势然也。你在广东，可全权处置，申严将令，见贼就杀，不必问其向背。你的手下如果有不遵从命令者，杀无赦。你能做到铁血无情，我坚信贼胆可破，必能一劳永逸。”

殷正茂看到“见贼即杀，不必问其向背”时，吐了吐舌头说：“张同学从未上过战场，想不到比我还狠。”

张居正这番话只能说给殷正茂听，对其他人说就是对牛弹琴。二人似乎心有灵犀，张居正当首辅不久，殷正茂就送来捷报，剿灭了几股叛贼。虽然送来捷报，但中央政府很多人对殷正茂印象不佳，巡视过两广的言官们说：“殷正茂就是屠夫，不接受俘虏，所有盗贼不留活口。这有悖圣人的教导，不仁不义，怎可为官？”

张居正对这群满嘴喷粪的人置之不理，去信抚慰殷正茂说：“同学，继续你的提督两广军务，纵然弹劾你的奏章堆积如山，只要有我在，你就能不动如山。”

张居正并非是单纯地安慰殷正茂。1573年末，宣大总督王崇古被张居正替换成方逢时。朱翊钧迷惑不解，问道：“宣大是北防重镇，王崇古也胜任有余，为何要替换他？”

张居正平静地回答：“朝廷用人，不宜把他的力量用尽。王崇古在宣大太久了，应当休息一下，他日不妨再用。”

朱翊钧茫然了一会儿，张居正这套用人理论，他不太懂。他一生都未懂，因为后来他就对朝政不管不顾了。张居正此时也不希望他能懂，而是转了话题：“南北督抚，都是臣亲自选用，能为国家尽忠办事之人。皇上应充分给予信任，不要听浮言，患得患失，使他们手足无措。”

朱翊钧何其聪明，即刻明白了张居正的言外之意：“张先生请放心，你认同殷正茂，我也认同。也请张先生安慰殷正茂，专心剿匪，不必担心中央。”

张居正的好友、治河专家潘季驯几年前曾巡抚广东，对广东地区的匪患深表忧虑，他和张居正谈起时，唉声叹气。张居正笑着安慰他道：“瓜熟蒂落，殷正茂酝酿了两年，如果没有意外，一二年内荡平匪患是没有悬念的。”

这不是虚言浪语，而是心中有数。1574年初，殷正茂发来最大的捷报，广东匪患除了林凤外，全部荡平。据巡抚广东的御史回京扼腕叹息说：“到处都是尸体，殷正茂杀人不分青红皂白。”但他也不得不承认，广东大部分地区已恢复平静，百姓正逐步安居乐业。

张居正得意之余，向殷正茂去信说：“老同学，你做得很好。不过别骄傲，务必痛打落水狗，斩草除根。”

殷正茂被激励得如同打了鸡血，把战场从陆地搬到海上，追击狼奔豕突的林凤。林凤被殷正茂追得惨不欲生，只好舍命向海洋深处逃亡，殷正茂见他已难成气候，又因为他对海战陌生，便退回陆地。

他还未从晕船状态中恢复过来，张居正的信又来了：“岭西的山民闹了几十年，虽未呈燎原之势，却也是火星，老同学再辛苦一下，将其一股荡平吧。”

广东岭西的山民就不是正常人类，他们能在树林中如猿猴般跳跃腾飞，反抗政府多年，地方官焦头烂额。殷正茂早就注意过这些山民，经过多方位衡量，发现荡平他们的可能性不大。他一直担心张居正会想到这件事，想不到越怕什么就越来什么。他有理有据地给张居正回信说：“岭西山民的地利强大得一塌糊涂，而且我觉得他们只在山里闹腾，影响不到乡村和城市，只要政治清明起来，他们会无疾而终。”

张居正冷酷地回信：“你这种想法要不得！我早说过，对叛乱分子除了屠刀，没有别的，斩草除根是唯一办法。现在朝堂上也有人反对，说他们不宜剿灭，剿杀他们劳民伤财。劳民伤财是暂时的，用一年时间的劳民伤财换取几十年的和平，这笔生意不该做吗？！你放心，我会亲自为你在广东集结三十万人马，听你指挥。不必运筹帷幄，只需进行地毯式扫荡，见人就杀，不留活口。”

殷正茂只好从命，带着张居正亲自集结起的三十万人，杀鸡用牛刀地彻底剿灭了岭西的山民。

张居正得到捷报后，冷静地指导殷正茂：“务必多进行几次扫荡，千万别有漏网之鱼，防止春风吹又生。一旦发现，立即除掉，绝不姑息。”

这就是张居正对待所谓农民起义的态度，和几十年前同样在两广剿匪的王阳明截然不同。王阳明主张恩威并施，用良知感化土匪。而张居正主张的是，只要你一日为匪就终生是匪，对待匪徒，只有一个字：杀。

星星之火，可以燎原

广东安宁之前，广西的匪患也销声匿迹，这缘于张居正和郭应聘默契的合作。前面谈过，郭应聘到广西任巡抚时，府江瑶人掀起叛乱。郭应聘主动剿杀，却被周倍阳捣乱，功败垂成。周倍阳被调离后，郭应聘正准备大展拳脚剿杀府江瑶，想不到怀远的瑶人又掀叛乱，怀远知县马希武被杀，整个广西为之震动。

张居正得知消息后，暴跳如雷，他和郭应聘商议后，决定先集中力量对付府江瑶人，让怀远瑶人疯狂一段时间。在郭应聘的强力指挥下，1572年春节前夕，府江瑶之乱被平定。1573年正月，张居正认为刻不容缓，命令郭应聘向怀远瑶人发动进攻。

朝中马上有人弹劾郭应聘，说他滥杀无辜，平定府江瑶之乱的过程中，无辜百姓被他砍了脑袋领功。朱翊钧时刻记得张居正的教诲，对弹劾文件置之不理。张居正去信抚慰郭应聘："这都是那群穷嚼蛆的人胡说八道，你不必往心里去。皇上的眼睛和我的眼睛是雪亮的。不要被人说滥杀无辜，就不敢轻易动屠刀。对付叛乱，必诛杀殆尽，不可留一人。"

郭应聘和殷正茂不同，他内心深处有慈悲的痕迹，对别人的看法很在意。当张居正命令他向怀远瑶人进攻时，他停滞不前。怀远瑶人的叛乱和府江瑶人的叛乱有本质不同，怀远瑶人是官逼民反，府江瑶人是聚众闹事。

这一种态度的转变，让他失去机会。1573年春天，一场大雪突降广西。广西下雪，几十年难遇，坊间纷纷传说，这是老天爷警告嗜杀者立即放下屠刀，否则将有更大的天象变化。北京方面，言官们捉住这千载难逢的机会，向张居正发出抱怨，指责他在对待百姓暴乱上的态度过于强硬，如嗜血狂魔。

朱翊钧刚一动摇，张居正马上拿出他个性鲜明的理论。他没有谈百姓暴乱问题，而是谈皇上该如何保身以保民。他说："爝火之方微也，一指之所能息也。及其燎原，虽江河之水，不能救矣。……人心之欲，其机甚微，而其究不可穷，盖亦若此矣。是故善养心者贵豫，主敬以存之，典学以明之，亲正人君子以维持之。禁于未发，制于未萌，此豫之道也，所以保身保民者也。"

张居正虽是在说保身，实际上说的是，皇上应该密切注意刚露头的星火，及时扑灭，否则到燎原时，就不可收拾了。

朱翊钧生长于深宫之中，想象不出百姓暴乱的破坏性。中国古代百姓的造反有个规律：开始时因为没有力量和官府对抗，所以只能从老实的百姓那里抢劫粮食和武器；发展壮大后，才和政府短兵相接；被政府军击败后，又回头抢劫老百姓。所以，无论给他们冠以“起义”还是“革命”的名头，都无法掩盖他们对苍生的破坏性和负面价值。

张居正从民间来，虽未亲眼见过百姓暴乱，但他深知这样一条道理：一群人集合起来，群情沸腾，肯定是不分青红皂白抢劫杀戮的，受苦的只能是那些老实巴交的百姓。对这群祸害，最好的教化武器只能是屠刀！

对于张居正的“星星之火可以燎原”的理论，朱翊钧不置可否。张居正不希望他能深刻理解，只要求他同意剿匪工作的继续。

朱翊钧同意。

张居正立即去信郭应聘：“郭巡抚啊，你读圣贤书，崇拜圣贤，岂不知孔夫子说，天道幽远，不可探察。让天象归天去吧，人该做的事，还要做。”

郭应聘这才下了进军的决心。张居正又来信说：“怀远盗贼和其他不同，由于是官逼民反，所以得人心不少。他们所以能发展如此迅速，是因为有百姓的支持。第一招先将其生存之源切掉，当地百姓有通匪者，杀无赦。搞定百姓后，再向他们进攻。”

郭应聘未听张居正的话，先向怀远盗贼发动了猛攻。怀远盗贼据险死守，政府军死伤惨重。郭应聘又下令围而不攻，想不到夜晚时受到怀远盗贼的突袭，又是损兵折将。勉强围困一个月后，他发现怀远盗贼各个红光满面，这时才想起张居正的话，他们得了民心，有老百姓的支持。撤回大本营，郭应聘一筹莫展。

张居正责备他的信到了，说：“将在外固然有所不受，然而战略还应该从长计议，多听中枢的指导。你如此任性，损失惨重，按法律，我该治你罪。可现在正是用人之际，我先记你这笔。手下将官在这次军事行动中有畏死不前者，可斩杀几人，以尊律法。军队有损失，该休整。军事行动可延缓，等兵强马壮之后再图进取。”

郭应聘懊悔不已，又一次违背张居正的嘱咐，重新发动两方面的军事进攻。一方面阻断百姓，一方面围困怀远盗贼。这一次，老天爷眷顾他，郭应聘获得大成功。写捷报时，双手直颤。

如果他还未成功，张居正的压力可就太大了。他的首次失败已让整个政府意志动摇，连内阁都出现分歧。他把张居正从烂泥中解救出来，张居正不得不心花怒放一回。

高兴之后，他千叮咛万嘱咐：“是否还有余贼藏于民间？要进行多次扫荡，务必斩草除根，不留后患。已动刀兵，就不要忸忸怩怩，也别发妇人之仁的慈悲。留下祸根，将来还要有军事行动，这才是真正的劳民伤财。”

一个月后，郭应聘给了张居正可靠的答复：“星星之火已被扑灭，若再燎原，我提自己的头去见你！”

张居正很满意，他仿佛看到太平之光在累累白骨上缓缓升起，虽然慢，但正如星星之火可以燎原一样，这太平的星星之火在不久的将来必呈燎原之势！

曾省吾的提议

1573年春节，四川巡抚曾省吾却心事重重，毫无欢乐可言。曾省吾是张居正心目中最合格的官员，“娴将略，善治边”。两年前以佥都御史身份巡抚四川，只用一年时间就将四川治理得井井有条。四川百姓对其顶礼膜拜，但曾省吾知道，眼前的秩序和繁荣都是暂时的幻象。不去除都掌蛮这个毒瘤，四川就永不会和谐。

都掌是在明代生活在四川的一支少数民族，汉人称其为“都掌蛮”。这个民族有两个符号：一是铜鼓，族人腰间可以没有腰带，但绝对要有一面铜鼓；另外一个就是悬棺，把死人的棺材用我们今天都无法破解的方式放在悬崖峭壁上，引人注目。

曾省吾就对他们的铜鼓和悬棺做过详细的研究，结果一无所获。他之所以研究这两样东西，是因为他想破脑袋都不明白，为什么有如此想象力和艺术魅力的民族会那样好勇斗狠、不受拘束，是连天地都不惧的恶棍。

曾省吾在百思不解的同时，也深深佩服都掌蛮，一有战事，他们放下铜鼓拿起刀枪就成了一支所向披靡的军队。其实不仅是曾省吾对都掌蛮心乱如麻，每个来四川的官员一想到都掌蛮，都要抱头蹙眉。

从朱元璋建国到朱翊钧登基的两百年间，都掌蛮和明帝国的军事冲突就成了常态。两百年间，明军对都掌蛮进行了十一次颇具规模的征讨，但都无功而返。经过百年的反围剿斗争成果，到曾省吾来四川时，都掌蛮已拥有凌霄寨、都都寨和九丝寨三大据点。这三大据点周围都是绝壁悬崖，奇险得连飞鸟都望而却步。都掌蛮就在这三大据点中囤积粮食，占山为王，作为四处骚扰杀掠的根据地。再加上他们活跃的地方处于云、贵、川三省咽喉，战略位置相当重要，所以明帝国中的有识之士才感叹说：“都掌蛮盘踞其中，实为心腹大患。”

曾省吾翻阅材料得知，1465年，政府调集兵力二十万，用了三年时间，却寸功未取。当时有民谣说：“若要凌霄破，星往月中过。”政府一些悲观者挥泪道：“要搞定都掌蛮，除非二郎神下凡。”

的确，曾省吾也认为，都掌蛮坐镇九丝寨，以都都寨为左膀，凌霄寨为前障，可谓三足鼎立，不可撼动。然而，曾省吾认定一条道理：天下就没有攻不破的寨子。

经过多方面、多角度的调查后，曾省吾给张居正写信说：“广东、广西正有人立下夺目之功，我也有万丈豪情、报效国家之志，都掌蛮不除，四川不宁。我请求剿杀都掌蛮。破敌方法，我已想好：先取凌霄寨，再剿都都寨，它的前障和左膀一失，九丝寨孤立无援，指日可破。”

张居正接到曾省吾的信后，激动得手直颤。他把信给吕调阳、张瀚、葛守礼看。张瀚还未看完，就急着发言：“这事要从长计议，都掌蛮可不是两广那些蟊贼，那可是身经百战的一支特种部队啊。”

张居正冷不防地瞅了他一眼，张瀚马上闭了嘴。葛守礼沉思中。张居正看向吕调阳，吕调阳先咳嗽了一声，然后说道：“都掌蛮是劲敌，二百多年来一直是四川的心腹之患。它能存在二百余年，就说明它有强大的存在资本。曾省吾提出的剿灭方略大而化之，我不知道这个人有多大才略，是否能胜任此艰巨任务。”

葛守礼发言了：“曾省吾是帅才，并非将才。要想摧毁都掌蛮，非有一员将才不可。”

张居正点头：“曾省吾极具行政才干，更能大处着眼，而且立功心切，这正是帝国需要的人才。葛大人说得对，曾省吾运筹帷幄可以，决胜疆场恐怕不是他所长。我这就写信给他。”

写给曾省吾的信，异常简练。张居正只问了一句话：“若对都掌蛮采取军事行动，你心中可有指挥官人选？”

曾省吾接到信后，大喜过望，立即回信：“有，狼山总兵刘显。”

刘显，江西南昌人，在当时名声响亮。刘显纯靠能力打拼出来，从军队底层开始，一步一个脚印，一战一个军功，爬到了总兵官的位置。他保持着明帝国有史以来的单兵作战纪录：连续击杀五十余敌。他和抗倭名将戚继光、俞大猷齐名，在南方被敌人称为刘老虎。张居正一直很欣赏刘显，有几次想调他来北方防御蒙古人。不过据他掌握的材料，刘显这人纪律性很差，贪欲极盛。就在曾省吾的推荐信抵达北京时，南方一些官员正在弹劾刘显，说他贪污行贿，不守法纪。

张居正很理解刘显，明帝国的武官绝大多数都是刘显这副德行。他去信给曾省吾说："刘显这人可用，但不遵纪守法。不过凡事都应以最大利益化为目标，如果你真确定刘显可用，那就让他立功赎罪；如果你不敢肯定，那就另找人。"

曾省吾接到信后，意志坚定地回信："刘显可用。"

张居正支持曾省吾的判断，马上请朱翊钧召开御前会议，商讨剿灭都掌蛮的问题。

朱翊钧问张居正："这次军事行动需要多少物资？"

张居正信心满满地回答："军粮二十万石，白银七十万两，兵力十四万，即可一战而成。"

朝堂下立马嗡嗡起来。张居正转身，扫了一眼，眼光凌厉如刀剑，朝堂顿时鸦雀无声。

朱翊钧刚要问话，张居正已开口回答："军粮可在两广、四川、福建凑齐，白银七十万两只是个虚数，可先给一半，看战事发展。兵力问题，可调集永宁、水洗、酉阳土司兵力，再加上两广、四川驻军，十四万并不难。"

朱翊钧的问话活生生被噎了回去，有点不快："张先生，你确定这次军事行动定能成功吗？"

张居正严肃地回答："这世间哪里有万无一失的事？任何事筹划得再好，没有行动，也是空谈。只有付出行动，才有可能见到成功。"

这是段答非所问的话，朱翊钧"哦"了一声，不知再问什么。张居正双手托着笏板正等着他的答复。朱翊钧只好说："准奏，都去准备吧。"

灭亡都掌蛮

曾省吾和刘显接到朝廷允准围剿都掌蛮的圣旨时，刘显兴奋得一蹦三丈高。曾省吾却心思凝重，去信给张居正说："都掌蛮的三处据点易守难攻，我担心伤亡太重，所以请张大人可否支援一些火器？"

十几日后，一批包括将军铳、七稍炮、佛郎机、百子铳在内的火器运到了曾省吾的府衙。1573年四月，曾省吾和刘显准备完成，对凌霄寨的军事进攻展开了。

曾省吾有好生之德，军事行动前，派遣一名面目可憎的武举人李之实去“投靠”凌霄寨。寨主阿苟虽武艺高强，智商却不高，被李之实引下山寨，活捉到了曾省吾军营。曾省吾要他举寨投降。阿苟狂笑：“你疯了吧，我族有规矩，老大没了，儿子接管，不管老子死活。”

曾省吾不相信这是真的，押着阿苟到凌霄寨前喊话，一阵不分青红皂白的乱箭让他相信了阿苟的话。刘显怒不可遏：“这是群不知孝悌的野人，非用宰畜生的手段对付他们不可！”

大规模的进攻开始了，明军的各种火器全部派上用场，势若雷电。凌霄寨守兵被炸得漫天飞舞，尸骨无存。经过一天一夜的激烈战斗，凌霄寨被攻陷，除了七十多人投降活下来，其余人全部死亡。

张居正得到捷报，急忙写信给曾省吾：“凌霄寨已破，我军占了他的大门，此乃天亡小丑之时。宜乘破竹之势，早收荡定之功。都掌蛮之前被高估得厉害，凌霄寨之破说明他们不过尔尔。”接着，张居正拿出战略家的姿态来，指点曾省吾，“攻险之道，必以奇胜，你现在可用一支敢死队，从间道以捣其虚。从前对都掌蛮的战役，指挥官都久久围困，这是愚蠢。我们是客场作战，军粮有限，若加以围困，实是自困。”

兵贵神速，曾省吾不是不知道，刘显是战场骄子，更是成竹在胸。二人遵照张居正的指示，用曾省吾的战略，稍作休整后就对都都寨发起进攻。都都寨寨主阿墨自闻听凌霄寨陷落后，一直心神不宁。自他出生以来，从未见到过凌霄寨的陷落。凌霄寨不仅是他们都掌蛮的一处根据地，还是精神圣地。凌霄寨一没，都掌蛮上下的心都碎了。

阿墨鼓动他的士兵们绝地反击，士兵们在绝境中迸发出惊天的意志和力量。曾省吾对都都寨势在必得，双方的战斗异常惨烈。阿墨是个喜欢打破常规的人，当曾省吾的部队停止进攻休整时，他率领全寨精锐，突然大开寨门，冲下山来，和政府军混战。勇气固然可嘉，但双拳难敌四手，很快，他们就淹没在十几万政府军的刀丛剑雨中。

都都寨就这样稀里糊涂地陷落，只剩下九丝寨在风中瑟瑟发抖。即便如此，可要想攻陷它，绝非易事。

刘显说：“张首辅要咱们神速进攻，我看先用火器轰它一阵子，然后让所有士兵攻寨，不怕拿不下来。”

曾省吾有清醒的认识：“我记得1465年那场战役，政府军就是硬攻，不但伤亡惨重，而且未动九丝寨分毫。张先生远在京师，对许多细节并不清楚，况且张先生也要咱们实事求是，不可全听他。你也看到九丝寨的险要了，连飞鸟都难以逾越，不如先围住，再说下一步。”

刘显讨厌围困，他当年在福建和倭寇作战，向来是猛冲猛打。他一向认为，最好的围困就是猛烈的进攻。世界上没有攻不破的防御，也没有杀不死的敌人。曾省吾还在军帐里琢磨计划，刘显已带着他的亲兵，对九丝寨的大门发动了猛攻。

九丝寨这几天神情恍惚，本来想一直闭门不出，直到天荒地老。可当他们看到敌人大将只带了几十人向大门冲锋时，不禁怒火中烧。如果面对几十人都不敢出寨，那他们的脸面何存？

一声巨大的铜鼓声响，几百个如马戏团演员的高手从半开的大门冲了出来，双方混战到一起。刘显大显神威，抡着手中的狼牙棒，如抡一根棉签，打得都掌蛮魂飞天外。

“扯乎啊！”随着一声喊，侥幸活命的都掌蛮逃进寨里，大门重重地关上，任凭刘显骂破了嗓子，也没有一个人影闪出来。

九丝寨的都掌蛮们亲眼见到刘显的神力，咬着指头叫出声：“我的亲娘啊，这是人啊还是野兽。”

刘显虽然单独击杀了几十名敌人，可回到军帐里仍是气呼呼，尤其是他发现曾省吾正和几个都掌蛮首领喝茶时，已是七窍生烟。

曾省吾见他杀气腾腾，狼牙棒已变成血红，慌忙站起来向他介绍那几个人。这几个都掌蛮首领并非是都掌人，而是汉人。但他们和都掌蛮的关系非同一般，并且掌管着围绕九丝寨的数十个小寨。

其中一位汉人首领说，九丝寨靠蛮力肯定打不下来，当年二十万政府军，进攻了二十多天，都未见效果。原因就是，九丝寨里有一万余很能打的都掌人，并且围绕着他的数十个寨子源源不断地给他运输粮食和武器。打下九丝寨最好的办法就是切断它的补给线。

刘显明白了，曾省吾正在和九丝寨的补给线谈话呢。

曾省吾又对刘显说：“这些人都是帝国大大的良民，他们和九丝寨的领导人也能对上话。我们可以用他们去敌人内部采取攻心战，让他们成为惊弓之鸟，瓦解他们的斗志。”

刘显对阴谋阳谋毫无兴趣，只是问：“曾大人给句痛快话，什么时候发动进攻，我好赶紧布局。”

“急性子，”曾省吾哈哈笑道，“你给我三天时间，三天后，我让你痛快地打一场。”

刘显掰着手指头：“一、二、三，说定了！”

三天后，刘显提着狼牙棒兴冲冲地来找曾省吾：“我已布局完毕，可以打了吗？”

曾省吾无奈地点了点头。他的计划在三天时间内实行得很彻底，九丝寨中经过那几个汉人首领的攻心后，人心不宁。可曾省吾认为，此时进攻仍不是时候。但他已答应了刘显，如果不实践诺言，他非常担心刘显会把狼牙棒扫向他。

进攻一开始，政府军的势头相当猛烈，但九丝寨的险阻渐渐削弱了他们的斗志。一天后，刘显只能宣布停止进攻。士兵们拖着战友的尸体离开了九丝寨的各个寨门。

已进入九月，秋雨绵绵，浑身湿透的曾省吾视察军营，到处都是受伤的士兵，惨叫和呻吟遍布九丝寨下，士气低沉。

张居正的信来了，曾省吾面对张居正的问题，一筹莫展。胜利好像就在眼前，可正如眼睫毛一样，可感觉到，却不可及。1573年九月初八，曾省吾坐在潮湿的军营中，思虑着如何给张居正回信。外面的雨越下越大，乌云如墨，沉重地压下来。就当他在唉声叹气时，突然有人闯入军营，狂喜地叫道：“咱的事成了！”

曾省吾惊问：“怎讲？”

来人是他和九丝寨汉人首领的联络员，浑身已湿透，衣服下摆滴着水。他抹了抹脸上的水，急迫地说道：“那几个汉人让我告诉你，明天是都掌蛮的‘赛神节’，他们决定杀牛宰猪，大肆庆祝这个传统节日。到时防守会松懈，我们正好趁机潜攀而入，打他们个措手不及。”

曾省吾谨慎地问：“确定吗？”

“非常确定。那些蛮人现在就开始宰杀畜生，并搬了好多酒出来，准备大喝一场呢。”

曾省吾兴奋地跳了起来：“节日快乐啊，感谢节日！”他在军营里转了几大圈，然后收起正准备给张居正写信的纸，“快，通知刘显将军。”

第二天，大雨继续。九丝寨的豪杰们认为这种天气敌人不可能发动进攻，又加上“赛神节”是他们神圣的节日，所以像从前一样喝酒庆祝，擂鼓跳舞，快活得忘记了寨外还有敌人。

刘显兵分五路，乘黑夜大雨攀上悬崖，到凌晨时，三万士兵全部进入寨子，看着眼前醉倒的都掌蛮，一路砍杀。

被惨叫声和刀兵声惊醒的都掌蛮，见政府军从天而降，早已失魂落魄，有的逃跑，却重心不稳，坠入悬崖，有的跪下投降，却被政府军活活砍死。

屠杀进行了一天，一万人只剩下一千人。曾省吾及时赶到，这一千俘虏才未被处决。九丝寨沦陷，都掌蛮的光辉岁月随着雨后天晴而永远退出人间。

捷报在1573年十月上旬抵达京城。张居正兴奋得手舞足蹈，连鞋跟掉了都没有发觉。他后来说："听到捷报后，不禁心花怒放。四川百姓安枕，国家神气，借此一振。其他地方有造反之心者，闻听都掌蛮灭亡，必收敛不轨之心，踏踏实实做他的良民。这就是保身安民之道！"

灭之以靖华民

接下来的事就是善后工作。

对于都掌蛮的那群俘虏，张居正的主张是杀无赦。对于都掌这个民族，张居正的主张是"根株悉拔，种类不遗"，这是他对待叛乱的一贯措施。就在他的命令下，刘显带着扫荡部队对都掌蛮的地盘进行了惨无人道的灭绝政策。曾省吾说："在这种思想的支持下，政府拓地四百余里。"

从此，都掌蛮作为一个声势浩大的民族和军事组织，永远地消亡了。张居正的斩尽杀绝政策，是否符合当时四川民心，众说纷纭。四川地区的大地主们双手赞成，因为都掌蛮控制了很多土地，都掌蛮一灭，这些土地就被政府卖掉，能买得起土地的恐怕只有那群大地主。

有些慈悲之士就强烈反对，那位被高拱搞掉的赵贞吉是代表人物。赵贞吉是四川内江人，退休后在老家颐养天年，曾省吾和刘显残酷的军事行动，他纵然未亲眼所见，也听到比别人更多的信息。他给张居正写信说，诸葛亮当年征讨孟获，是"欲生之以广舆宇"，而曾省吾和刘显征都掌是"欲灭之以靖华民"。他说，他并不反对灭都掌以靖华民，可途径不止有血腥屠杀一条，圣人不是出过一个叫"同化"的阴招吗？

张居正和赵贞吉的关系原本不好，但随着赵贞吉离开内阁回老家后，竟然奇迹般地好起来。二人还偶尔通信谈往昔岁月，谈人世无常。赵贞吉的疑惑很快就被张居正得知，张居正对人说，赵公这话从理论上来说是对的，可他不明白，“同化”需要时间，如今东南方面最缺的就是时间。正如灭大火，怎能用长流细水？非要兜头罩下一桶冷水不可。这桶冷水就是斩草除根。

话虽这样说，但张居正还是勉强同意了曾省吾在四川都掌蛮地盘实行文化育人的计划。曾省吾不负众望，先从改变风俗做起，要万幸活下来的都掌蛮几千人穿汉人服装，吃汉人的食物，学习汉人的文化。不过一年时间，四川境内再也不见都掌蛮的身影。

文化育人，很多时候只是一种口号，真付诸实践，获取成果的过程异常缓慢，稍有疏忽就前功尽弃。对待敌人就该如狂风扫落叶一样，毫不留情。和他们谈仁义讲礼仪，纯是对牛弹琴。你浪费时间不说，牛还很不高兴。这就是张居正当时最诚心实意的想法。

对待叛乱，张居正残忍暴力，对待罪犯，同样如此。1573年秋，按惯例是秋后问斩，李太后却发慈悲说：“皇上才登基，大赦一回吧，以呼应上天好生之德。”

朱翊钧请教张居正的意见。

张居正沉思一会儿，说道：“春生秋杀，天道之常，皇上应该记得，自去年继位以来，大赦已不止一次。糟粕不去，反害精华；凶恶不去，反害善良。这不是天道。”

朱翊钧很为难：“这是母后的意思。”

张居正接口道：“皇上试想，那些杀了别人的罪犯，如果被赦，对受害人公平吗？慈圣太后信佛，佛主张不杀生，但佛教也有怒目金刚，正是惩罚罪人的意思。”

朱翊钧释怀：“张先生这话让我茅塞顿开，我这就去说服母后。”

李太后同意了张居正的见解，但心里却很纠结，因为她在佛像面前允诺要放生的。李太后不是政治家，或者说，她不是正在从事实际政治的人，所以她和那群站着说话不腰疼的公知一样，认为宽大是治国良策。但凡有点良知的人都喜欢宽大，不喜欢流血。可喜欢是一回事，实际又是一回事。

张居正熟读古典，当然知道东周时期郑国宰相子产的一段治国箴言：“火的威焰，人人看到后害怕，所以被烧死的人不多；水性柔弱，人人都觉得可爱可近，但死在水里的人成千上万。所以宽大是在害人，而不是在救人。”

张居正主张刚猛治国，他曾对人说：“如果让我做刽子手，我不离法场而证菩提。这也是成圣成佛之道。”当他回忆历史时，看到元末的大动乱，由衷地钦佩明朝开国时期，同样是帝王师的刘伯温[1]的论断：元亡于对叛乱、对官员的无限宽大，最后搞得一发不可收拾。

种种历史教训让张居正的执政思路百折不挠：严刑峻法，才可天下太平。有法可依，执法必严，人人平等。

可如果犯法的是特殊人物，比如李太后的亲爹、朱翊钧的姥爷，张居正该怎么办？

巧解难题

1574年正月元宵节前一天，怒风呼啸着穿堂入室，吹起内阁办公桌上的文件。张居正急忙按住，风过后，他呵了呵双手。这天真冷，不过一想到东南方面的叛乱被平定，张居正的心里就如升起火炉般温暖。

当他沉浸在自己非凡政绩中时，工部掌门人朱衡和户部掌门人王国光小跑着来了。两人有事，而且不是小事。张居正认真听完，不禁倒抽凉气，一种奇异的感觉袭上心头：1574年可真不是个好年头，才开始，老天就给他出了这么大一个难题。

这个难题要从李太后的信仰说起。李太后信佛，所以常做功德。1573年秋，李太后征得张居正同意后，就从内库（皇帝的小金库）取银五万两，修建了河北涿州胡良河与巨马河二桥。第二年初，两座桥横空出世，负责督建的工部官员邹清明就把建桥的开支报到工部审核。

想不到工部审出问题：开支有七万八千两，而内库只拨银五万两，凭空多出了二万八千两白银。其实也就是说，这多出的二万八千两白银不是从天而降的，而是从外库（国库）明目张胆挪出来的。

事态如此重大，朱衡和王国光只好来报告张居正。张居正倒抽凉气，是因为只有一个人能做到这点，而且也只有他敢这样做。这个人就是朱翊钧的姥爷、李太后的亲爹李伟。

李伟祖坟冒的可不是几缕青烟，而是核爆炸的好运冲击波。他多年前带着女儿从乡下来到京城，命运的眷顾下，女儿被卖进朱载坖的王府，再在命运

[1] 刘伯温，即刘基，明朝开国元勋，以神机妙算、运筹帷幄著称于世，在民间有着“三分天下诸葛亮，一统江山刘伯温”的美誉。其生平事迹，详见度阴山著《帝王师：刘伯温》。

的眷顾下，女儿被朱载垕弄上床，又在命运的眷顾下，她生下朱翊钧。朱翊钧成为皇帝，她成了皇太后。李伟毫无悬念地女贵父荣，在朝中炙手可热。后来他又通过女儿的关系，到户部看管外库（国库）。这个职务虽不高，却是个肥差，因为他可以在进出钱财上动手脚，而不被人轻易察觉。

李伟的身份太让张居正尴尬，他可是皇帝的姥爷、李太后的亲爹，这两个人都是他的政治靠山，哪个都得罪不起，他的眉毛快皱到了一起。

王国光急忙为他排忧解难："张阁老，有几句话不知当讲……"

"你讲！"张居正看定他。

"您整顿朝纲，肃清吏治，全靠考成法。皇太后是当今圣上之母，手握重权，考成法是标，那皇太后的支持就是本，标本之间，微妙权衡，我觉得应舍标取本。李伟之事，现在知道的人还少，我再叮嘱邹清明保守秘密，张阁老您权当不知，容后再行处置，岂不是两全之计？"

这是变通，高明政治家都擅长这招。正因为变通挑战了规则，所以有时能出奇制胜，而有时则会吃不了兜着走。

张居正本以为这件事会悄无声息地绝迹，让他惊骇的是，两天后的早朝，一大批言官纷纷上疏弹劾李伟，不但弹劾他此次私挪银两之事，还弹劾他贪污军饷，克扣军需。这都是事实，张居正又气又急。

"谁走漏了口风？"朱衡和王国光一进内阁，张居正就跳起来质问。

两人也是满脸的茫然，都摇头。张居正坐下去，陷入沉思。朱衡和王国光以为张居正在琢磨谁透露口风的事，想不到张居正一开口却是自言自语："通变之功，亦在法度之上。"

朱、王二人莫名其妙，张居正恢复了平常的冷静，对二人说："这件事既已闹到如此地步，谁透露出去已不重要。正如王大人所说，皇太后得罪不起，可不惩罚李伟，就对不起考成法，更对不起那些官员。"

朱衡脸色微变："张阁老，三思啊，那可是您的权力源泉。"

张居正笑了："朱大人，我刚才说'通变之功，亦在法度之上'，你没听见吗？"

朱衡尴尬地一笑："倒是听见了，但不明白。"

张居正站起来，意志坚决："我去见皇上，稍后，你们就明白了。"

李太后和朱翊钧正满面愁容地受张居正的拜见。李太后长了一颗玲珑心，当然知道张居正来的目的，所以主动开口："唉，我时刻注重名节，更做善事，想不到我那不争气的父亲，总给我丢脸。如今又有违法犯纪到这种程度，张先生，您说……”

下面的话肯定是要张居正来说，张居正于是说：“太后这话有些重了，本朝吏治废弛日久，人心浇漓，现在虽皇上英明图治，但长时间积累，不可能在短时间内消除。贪污索贿、中饱私囊是平常事，您父亲初入公门，被小人一蛊惑，难免有差池，也是情理之事，太后何必放在心上？”

这是段极具艺术的话语，它使李太后悬着的心放下一半。但张居正的严苛给李太后的印象太深了，她不太相信张居正也有对罪行如此通情达理之时，她再度发出试探：“张先生就不要为我父亲开脱了，他和内宫勾结，外库内库都成了他贪污的阵地，扰乱国事，罪不容恕。”

张居正不假思索地说道：“太后又言重了，您父亲看管国库，宫内宦官看管内库，本来就没有严格规定，双方不许交往。这不是什么大不了的事。”

李太后渐渐高兴起来，再发第三次试探：“弹劾我父亲的奏章上说，他克扣军饷，这应该是大罪吧？”

这要不是大罪，还有什么大罪！张居正咬牙道：“克扣军饷一事，臣已调查清楚，军饷从国库发出后，经过层层辗转，不断有人从中截留，所以到了军中减少是情理之事。您父亲可能克扣了一点点，但主要责任还是下面接手人员利欲熏心，言官们吠影吠声，都归罪于您父亲，实是过激之词。”

李太后脸色已恢复正常，张了张嘴，还想说什么，但好像没有可说的了。张居正这个辩护人做得太出色，她这个指控方已黔驴技穷。

朱翊钧在一旁听着二人的你来我往，突然头脑浑浊，张居正应该是来问罪的，怎么倒成了李伟的辩护人？他不禁疑惑地问道：“依张先生的意思，外公就没有大错了？”

张居正看了一眼李太后，李太后凤眼流转，也瞅上了他。张居正觉得时机已到，缓缓说道：“皇上，您姥爷初入官门，受人诱惑，才小有不规，这都是小错误，满朝文武，哪个没有？如果真较真，恐怕连微臣也有罪过。还希望皇上、太后不必为此事过虑。”

朱翊钧能不过虑吗？他小心翼翼地问：“张先生，那这件事是不是就过去了？”

张居正以攻为守：“皇上以为如何？”

朱翊钧“啊”了一声，他想不到张居正会反问他，急忙看向李太后。李太后也以攻为守：“皇儿，说说你的想法。”

这可难住了朱翊钧：惩罚吧，那可是他母亲的亲爹；不惩罚，看张居正的样子，好像不会就此善罢甘休。他斗争了好久，说了句模棱两可的话：“这事不能就这样完了吧？”

“皇上英明！”张居正俯首一叩。李太后吃了一惊。张居正继续说道：“这事不能就这样完了，我觉得应该订立国库登记出纳新规，更换人员，杜绝腐败行为，保证财政清楚。”

李太后松了一口气，但心里还是没有底：“张先生竭智尽忠，真是社稷之福。那么，李伟该如何处置？”

“太后一定要处置吗？”

李太后又惊了一下，想不到张居正老谋深算到如此境界，让她主动说出来，可话已说到这份上，她只能硬着头皮坚持下去：“一定要处置。”

张居正假装思考了一会儿，说道：“那好。请您将您父亲召进宫来，教训他两句，要他以后注意就是了。”

李太后惊喜，又半信半疑：“就这样？”

“就这样。”张居正又补充道，“但国库保管员的职务，还请太后向您父亲说明，恐是要换人。”

李太后欣喜道：“好，既然张先生为他求情，我这次就放过他。国库的事，您全权做主吧。我想，他也没脸再要这个职务了。”

从宫里出来，张居正的神经并未彻底放松，他还要对付那群言官。一天后，在他的帮助下，朱翊钧下了一道圣旨：“李伟无法胜任国库工作，削职。至于言官们指控他的违法行为，容日后慢慢侦查，钦此。”

言官们闭上了嘴巴，其实他们的弹劾书也无确凿证据，只是捕风捉影。李伟被拿下，他们已心满意足。实际上，他们只是想看看张居正该如何处理此事，给张居正设置了一道难题。让他们大失所望的是，张居正轻而易举地就破解了这道难题，交了一份完美的答卷。

李颐丢官

对付皇帝的家人，张居正虽不残酷，却也不失有罪必罚的决心，而对于自己的亲人，张居正做起来就远没那么变通、顺手了。

1574年，御史李颐巡抚广西，路过湖北江陵时，想到首辅张居正老家在此，就去拜会。李颐做官多年却两袖清风，而且鄙视官场潜规则，但巡抚广西这个差事可是张居正给的，所以去拜访他的家人也是情理之事。可他第一眼看到张府时，脸色瞬时就变了。

张府气派非凡，犹如皇宫。本地人都知道，张府原本是辽王府宅，辽王被废后，这座府邸就悄无声息地成了张府，张府在此基础上扩建，尤其是张居正成首辅后，张府一跃而成为江陵第一府。

李颐被请进客厅，客厅的摆设让他眼花缭乱，不知道张家来历的人还以为进了千年的黄金世家。李颐直嘀咕，张阁老在京城口口声声不收贿赂，那他这豪华府邸是怎么来的？

李颐的火气很容易喷发，想到这里，他就生起气来。气了半个时辰，仍不见有人出来，李颐七窍生烟。站起来要走，一个珠光宝气的老头趾高气扬地走出来，指着李颐："你就是去巡视广西的李颐吧？"

李颐强忍住气，如果不是老头，他非上去一顿老拳不可："正是在下，我是来看望张阁老父亲的。"

老头鼻孔朝天："老夫就是。你来看我，带了什么礼物？"

李颐又把气压下去："匆忙得很，只从京师带了点特产，放在外头呢。"

老头正是张文明，虽是读书人，但自从儿子成了内阁首辅后，暴发户心态炙热如火，对送礼的人从不拒绝，所以短时间内积累起财富，圣贤书也抛到脑后，如今眼里只有荣华富贵。

听李颐这么一说，张文明讥笑起来："特产？我要那玩意儿干吗？只要我一句话，北京城有人会送几大车来。你拿到广西吃吧。"

李颐的愤怒火山终于爆发了，他跳起来，指着老汉张文明的鼻子臭骂，骂他把尊老的传统美德抛到九霄云外，骂他给张阁老丢人，给张家丢脸，给帝国官员们的家人树立了坏榜样。他说他要回京面奏皇上，把张老汉的无耻原原本本地报告给皇上，让皇上看看他最信赖的张居正的爹是什么货色！

张文明也来了脾气，他在张家列祖列宗面前发誓，要李颐马上丢官，滚回老家卖地瓜。李颐开始还不相信张文明的话，十几天后，正当他走进广西地界时，圣旨来了：李颐即刻回京，听从处分。

李颐遗憾地一笑，转身回了京城。他的处分是，调到偏僻小镇担任闲职。

李颐活了一大把年纪，有件事他不明白，凡是位高权重的人都或多或少"仙及鸡犬"。张居正自己都说："老爹岁数大了，性格随意，家人也推波助澜，所以凭我的权势胡作非为，我也无可奈何。"

这就是中国定律，每个父母都望子成龙，然后借光。成了龙的儿子虽对父母的狐假虎威有微词，却极少阻拦。于是，一条定律油然而生：贪官的背后都有个如饥似渴的家庭！

其实自张居正成首辅后，不仅是他的老爹变了质，张家从上到下都变了味道。对于在北京的张家人，因为就在张居正眼皮子底下，他还能约束。但在湖北江陵，他则鞭长莫及。张家人大概本性都不坏，只是因为张居正做了首辅后，来溜须拍马的人太多，于是外界的种种诱惑遮蔽了他们的良知，所以他们变得坏起来。

他们都变得飞扬跋扈，不可一世，好像地球都会围着他们转。有些官员为了巴结张居正而无所得，就曲线救国跑到江陵，又见不到张文明，只能从张家其他人身上打主意。于是，张家人身价百倍。

有一件事可证明张家人的熏天气势。李颐丢官不久，有个人被南方官员抓获，从此人住处和身上搜出大量珠宝钱财。审讯官问他是如何获得这些珠宝的，他说："我只是说我来自湖北江陵张家，就有无数人上蹿下跳地跑来给我送金钱，其他我就不知道了。"

张居正的修身功夫，是很不到家的。因为他不是道德圣人，所以他对家人的管理约束上，也未尽心尽力。或者是，他没有把心思放到这上面，他的全部身心都在拯救帝国上。

第四章
整顿驿递

李世达的上疏

1574年秋，大力支持张居正的佥都御史李世达巡抚山东。李世达有责任心，肯干事，对繁杂的公务处理得当，颇得张居正的心。抵达山东不久，李世达就发现一件别人认为很平常的怪事。他略加思考，就认定这事非同小可，再不解决，恐怕是帝国大患。

此事就是孔尚贤进京。孔尚贤可非池中之物，他是孔子货真价实的第六十四代孙。孔子是圣人，并被明帝国政府热烈认可和膜拜，被封为“衍圣公”，这是个世袭的爵位，所以孔尚贤借着祖宗的尸体之光也就成了“衍圣公”。

“衍圣公”毫无“圣”痕，自幼纨绔，不学无术，因为头上罩着“衍圣公”的帽子，所以对地方官和法度从不放在眼里，对族人更是刻薄寡恩，丢尽了他大祖宗孔子和列祖列宗的脸。

按历代祖制，衍圣公每年都要入京觐见皇上。这是传统，道德领袖和政治领袖的会晤，可以给臣民们传递一个信息：大家都要遵守道德和法律，共同维持社会和谐。

孔尚贤没有那么高尚的情怀，可他每年都会进京，而且乐此不疲。缘由在于，他进京一次就能赚取一次巨大的经济利益。他会携带大批私货入京贩卖，在京城待上几个月，伟大的衍圣公就摇身一变成为富甲山东的土豪。

本来，孔家有“进京”传统，孔子当年向各个国家的京城跑，可他饿得死去活来也从没想过去人家京城做生意。孔子主张“重义轻利”，孔尚贤显然是背祖忘宗。不过，孔尚贤到京城做生意，政府并不干涉。每当秋天要进京时，山东政府还为孔尚贤开绿灯，给他提供各种方便。在这种种方便中，其中有一方便就是李世达密切关注的“驿递”。

明帝国建“驿递”，始于朱元璋时期，目的是递送使客、飞报军情及转运军需。这种制度很好，在长时期内起到了至关重要的作用。朱厚熜时代，全国共设水马驿1259处，它保证了政务和军务的时效性，张居正的考成法能迅速生奇效，驿递功不可没。

遗憾的是，任何一种制度年深日久，必发生变质。驿递本来是为公务人员和政府允许的公务人员服务的，也就是说，驿递必须是为了公务。但很多人都占驿递的便宜。那位写下《徐霞客游记》的徐霞客就是免费使用驿递，才走了那么多地方。孔尚贤占的便宜就更大，从山东到北京，他的如山般货物的运输费通过驿递全部免费!

明帝国的驿递规定，凡是驿站沿途的百姓，都要义务为驿站服务。不但要出人，还要出车、出船、出马、出驴、出草料。整个明帝国的驿站沿途百姓怨声载道，尤其是秋天的山东到北京的驿站沿途百姓。李世达看在眼里，焦虑在心里。

一个秋天的午后，李世达去拜访新时代的圣人孔尚贤。孔尚贤很忙，所以李世达等了半天，圣人才乐颠颠地走了出来。二人寒暄过后，李世达直奔主题，指着孔府大院里忙得热火朝天的人说：“这些人好力气！”

孔尚贤哈哈一笑，拉起李世达的手，把他拉到门外，指着直插云霄的一堆货物说：“这是山东大葱，这玩意儿到北京后价格会翻五倍。”又指着一堆货物说，“这里是山东煎饼，卷根大葱，那叫一个香。”他把伸开的五指翻了两下，“能翻十倍。”说完又要拉李世达去看别的山东特产。

李世达挣脱他的手，不怀好意地问道：“算运费了吗？”

孔尚贤又是一笑：“用驿递，没有运费。”

李世达正色道：“这恐和制度不符吧。”

孔尚贤刚抽出一根葱，正找煎饼，一听李世达语气有异，马上去瞧，李世达一副黑脸包公的模样。“哈哈，李大人第一次来山东吧。孔家去京城，多少年了，一直用驿递，免费的。这就是制度。”

“胡扯！”李世达后脑都是气，“驿递可不是给你做生意用的！”

孔尚贤手里攥着根大葱，一时无所适从，突然就干笑起来：“李大人，你看我这里挺乱的，你改日再来，我这还着急上京去面圣呢。”

李世达愤愤然地离开新时代圣人的家，回到办公室就写了封奏疏，先谈设立驿递的最初目的，再谈驿递的原貌丧失，最后谈了孔尚贤不知羞耻地使用驿递造成的影响。

张居正举着李世达的奏疏对吕调阳说：“李世达真是有心人，驿递这事我早就注意到了，可惜没有人提。”

吕调阳有点尴尬。张居正马上发现了他的心思，转话题道：“这也不能怪其他官员，习惯成自然，驿递败坏到今天这种田地，大家也就见怪不怪了。”

吕调阳咳嗽了下问：“张阁老准备怎么办？”

张居正沉吟一会儿，把奏疏郑重地放到桌上：“就拿孔尚贤开刀，彻底整顿驿递！”

搞定冯保

对张居正来说，向孔尚贤开刀不难，孔尚贤虽被尊位“衍圣公”，但它没有世俗权力。况且他张居正也不是呆板的儒家圣人的奴仆，“衍圣公”在他眼里就是个普通的有血有肉的人。但要搞孔尚贤，必须要经过一个人的同意，这个人就是冯保。

孔尚贤和冯保的关系是利益联盟，孔尚贤把货物运到北京后，仓库就是冯保亲戚所开的镖局。当然，孔尚贤懂得规矩，保管费相当昂贵。这是冯保发财致富的一条路，所以惩治孔尚贤，就必然断了冯保其中一条财源，换作任何人都不会干。

自张居正执政以来，他和冯保的关系淡如水，两人也遵守当初谈好的规则。冯保在宫外无论干什么，只要不干预行政，张居正完全睁只眼闭只眼。按这条规则，张居正没有权力干预冯保，这就是麻烦的地方。

更麻烦的是，内宫冯保手下那群太监到各地办事，无论是国事还是私事，都使用驿递。要对孔尚贤开刀，就是对驿递开刀，就是对太监们开刀，就是对冯保开刀。

对冯保开刀，不能拿刀就捅，最好的办法是说服冯保主动递上刀来。张居正决定请冯保吃饭。冯保得到消息，笑吟吟地对心腹说：“张先生是无事不请客，看来，又有什么大事了。”

宴会进行到高潮，张居正抛出了问题：“冯公公对驿递有何看法？”

冯保一愣，伸出去夹菜的筷子停在半路，看着张居正：“张先生这话怎么说？”

张居正说：“驿递制度本来是帝国行政的一部分，祖宗哪里想到今天的驿递已成了某些人的私物，长此以往，民怨沸腾，肯定会出大事。”

冯保点了点头，猛然醒悟：“张先生今日这饭就是这事？”

张居正微笑不语。

冯保正色道：“张先生，你这就不对了。驿递属于国家政事，当初咱们有言在先，凡是国家政事，我不能干涉的。您今儿这是什么意思？”

张居正笑出声来：“冯公公误会了，驿递当然是国家政事。可镖局的生意就是您的私事了。”

冯保陷入云雾里，直愣着眼睛看张居正。张居正直说道：“孔尚贤每年进京的货物都放在您亲戚的镖局中，冯公公可知此事？”

冯保知道。

“我想借孔尚贤违规使用驿递一事，整顿驿递，那您亲戚镖局的生意可就受损了。”

冯保摇头苦笑：“张先生绕了这么大一个圈子，原来是担心我。张先生太小看我了，别说是我亲戚，就是我本人，如果真和国家制度冲突，那也要秉公办理。”这话说得大义凛然，张居正有点小感动。

冯保又说道：“张先生，做太监的也有好人。大家一提到太监就说是坏蛋，一方面太监里固然有害群之马，另一方面，那群读书人用笔当武器，抹黑我们。这个道理，我想张先生应该知道。”

张居正知道，他站起来，握起冯保的手：“整顿驿递，事关重大，有冯公公的支持，我张居正心里就有底了。还请冯公公回宫后，向您的属下说明这情况，大家都是为了国家啊。”

冯保频频点头，笑得如花：“为皇上分忧，这是俺的分内之事，张先生尽管大刀阔斧地做！”

1575年六月二十六，张居正颁行了整顿驿递条例，大致有以下三条：官员非公务，不许使用驿递，纵然是公务，也要严格按品级的规定携带货物；驿递沿途地方官只需为公务人员准备最低保障的生活资料，不许借故扰民伤财；凡是官员丁忧、起复、升转、改调、到任等事项，都不准使用驿递。

这就是张居正驿递新规，他让百姓拍手称快，让政府官员们咬牙切齿。一些心理龌龊的官员扯着脖子叫嚣："我就不信他张居正以后非公务不使用驿递，即使他不使用，难道他的家人也不使用？"

张居正早就预料到会有这种叫嚣，他的办法也是直观的：为政必责身先。张居正是聪明的政治家，很明白一个浅显的道理，自己制定的法规，自己必须带头遵守，才能行之有效，否则，自立法规，自己破坏，不仅法规得不到执行，自己也会权威扫地。

一个政治家如果失去感召力，政治生涯也就结束了。

狼狈的孔圣人

驿递新规才出台，张居正就把三儿子张懋修叫到跟前说："你收拾一下回老家给爷爷祝寿去吧。"

张懋修茫然，因为爷爷的寿辰还早得很。张居正直说道："驿递新规刚颁布，我想让你做个政治表率，这次回家不许使用驿递，我给你雇辆牛车。"

这是个艰辛的旅程，从北京到湖北江陵，千山千水，路途遥远，坐牛车恐怕要走上几个月。但张懋修是个懂事的孩子，能站在父亲的角度考虑问题，于是欣然同意。

就这样，张懋修坐上一辆老态龙钟的牛车，悠悠上了路。不知是欣赏风景还是牛车的确慢，七月份从北京出发，八月末才到山东邹县。一进邹县，张懋修就看到了让他瞠目结舌的一幕。孔尚贤的货物在驿站堆积如山，远远看去，仿佛是孔圣人把泰山挪到了这里。

尚贤在驿站气得死去活来，因为驿站官员告诉他，政府出了新规，不允许闲杂人等使用驿递，圣人也不例外。

孔尚贤傲慢地说："本圣人多年来一直使用你们这鸟驿递，我还记得几年前，你们都是我坚定的谄媚者，怎么突然翻脸无情！"

驿站官员将红头文件甩给他看："圣人您瞧，这是新规定。"

孔尚贤嗤之以鼻："少来了，就这玩意儿，嘉靖时期也有过，而且还是两次，隆庆时期也有过，到头来不还是雷声大雨点小？我看你们啊是缺银子了，来啊，每人赏一百两，两捆大葱。"

驿站官员板起脸来："孔圣人休要胡闹，这是当朝首辅张大人亲自定下的规矩，我们哪里敢违背？你不知道考成法吗？你不要圣人的头衔，我们还想要头顶的乌纱帽呢。”

孔尚贤收起圣人高高在上的模样，堆起笑容：“各位长官，行个方便，下不为例。”

官员们把脑袋摇得如拨浪鼓：“不行。巡抚李大人做事最爱较真，连受刑人挨的板子数，他都当堂数着，这个方便给你行了，我们可就完蛋了。废话少说，圣人，要么你带两个随从去北京，沿途驿站好吃好喝，要么你原路返回，带着你的大葱和煎饼。”

孔尚贤大怒，重新恢复圣人神圣不可侵犯的架势，要揍驿站官员。驿站官员好汉不吃眼前亏，急忙赔上笑脸，对孔尚贤说：“有事好说啊，别动手。”

张懋修在一旁看得清楚，跳下牛车，上前就给了那名官员一脚。那名官员向前扑倒，摘了个狗啃屎，站起来正要骂，张懋修已先发制人：“你敢违反驿递新规吗？”

官员站起来，整理了官服，气咻咻地质问：“你是哪儿来的鸟人，敢管大爷的事？”

张懋修报上姓名：“张懋修。”

“什么鸟人？”

“我爹是张居正。”

在场所有人闻风丧胆，那名官员腿不听使唤地跪了下去。孔尚贤听到“张居正”虽然哆嗦了一下，但毕竟血管里流淌着圣人的血液，又是吃大葱长大，胆气稍逝即回，可也只回来一点，所以他针对驿站官员：“你等着，本圣人让你吃不了兜着走。”说完，调转马头，如一阵风般撤了。

他当然不会走远，因为他觉得只需要向北京写封信，他的货物就能和当初一样，不费一毛钱顺利进京。

张懋修也在写信，写给老爹张居正。张居正收到信后很欣慰，这是驿递新规以来圆满执行的一次。看完儿子张懋修的信，他又看了圣人孔尚贤写给皇上的信，纸上满是抱怨之气，厚颜无耻地指责驿站官员的无礼。孔圣人最后说，他圣人有大量，可不追究驿站官员对圣人的糟蹋，他只希望自己的大葱和煎饼快点进京，为京城百姓的饮食生活锦上添花。

张居正冷笑，提起笔来给孔尚贤写了封信。他由远及近，悠悠而谈：“当今国势日衰，民生日苦，您知道是什么原因吗？就是因为吏治因循，法无权威，遂使人人皆有侥幸贪贿之心，而朝廷达官和宗亲豪门以及一些所谓的圣人，不知为国分忧，率先垂范，却还居高自恃，不重德名，横行朝野之上，为害黎民百姓之间。我才华不多，但也是身当国重，辅年幼皇上，决心不顾毁誉得失，重振朝纲，仰赖贤明有德如您这样的人辅佐支持，而偶有藐视朝廷法度，屡教不改者，我也不敢以私意包庇。邹县驿站，我儿有做得过分之处，可能在您面前有失分寸，这是老夫管教不严。但我儿千里回乡，尚能驾牛车而省驿劳，以您德高望重，为何不改正从前作风，为民表率？”

孔尚贤一生读了许多书，这封信读得懂。正因读得懂，所以知道这是在劝导的后面加了不可侵犯的警告。此时，他感到一阵寒意，从尾骨慢慢爬上脊梁骨，背后已湿透。

他看着外面堆积如山的货物，从桌子上抓起一根大葱，狼吞虎咽下去，以稳定自己的惊慌。一个仆人跑进来报告他另外更不好的消息：以前允许咱们堆放货物的镖局翻脸无情啦。

孔尚贤气得双手颤抖，又去桌上抓了根大葱。咬牙切齿道：“今年就算了，我就不信这狗屁规矩能支撑到明年。”

明年的事，孔尚贤还未见到，政府的圣旨就来了：衍圣公每年都进京，太劳苦，所以以后每三年进京一次。这对孔尚贤而言，无异晴天霹雳。

晴天霹雳不仅在孔尚贤的头上响起，很多想要违反驿递新规的人，头上都炸起了霹雳。

侯东莱儿子案

驿递新规颁行不久，张居正就碰到难题，张居正碰到的难题都是大难题。甘肃巡抚侯东莱的儿子擅自使用驿站，被一群言官弹劾。侯东莱的儿子算不了什么，可侯东莱却是封疆大吏，帝国西北部没有他，简直不堪设想。鞑靼的马不敢过明帝国边境半步，全是侯东莱的功劳。多年来，中央政府非常重视侯东莱，凡是弹劾他的奏章都如同进了坟墓。

如果言官们弹劾侯东莱儿子的其他罪行，还不算难处理，可弹劾他违规使用驿站，就很不好办。因为驿递新规才颁布，倘若不治罪，驿递新规就成了废纸，张居正的权威会立即受到严厉的挑战。

张居正绝不容许这样的事情发生，可李太后和朱翊钧却认为，此事关系重大，未和张居正商议就下了圣旨：侯东莱之子下不为例。

北京城哗然。张居正分明感到排山倒海的压力扑面而来，早就有人等着看好戏。张居正不急不躁，叫来吕调阳商量，准备要皇帝重新下旨。吕调阳倒是同意张居正的意见，可如何处罚侯东莱之子？如果重了，侯东莱能干吗？如果轻了，那群看热闹的人能干吗？

张居正用一句话就解决了问题：“按律法办。”

吕调阳吐了吐舌头，如果按律法办，侯东莱之子可是要革去官荫的。

张居正斩钉截铁：“那就革去他的官荫！”

吕调阳默不作声了，张居正严肃地说道：“法律面前人人平等，不能因为他老子是侯东莱，就对法律视而不见。如果我们真姑息了他，那么，曾被处罚的违反驿递新规的人怎么想？”

吕调阳沉思一会儿，说道：“张阁老，有些话我闷在肚子里好久，现在不得不说了。”

张居正看了他一眼：“你说就是！”

吕调阳虽声音不低，但时刻都在字斟句酌：“驿递新规颁布以来，很多官员都有怨气，因为使用驿递在他们心中就是该有的权利之一。”

张居正冷冷道：“权利？让他们去查祖宗之法，看看哪条规定非公务时使用驿递是官员的权利！”

吕调阳被打断，又重新组织思路，憋了半天才说道：“张阁老，自您执政以来，所行之法、所行之事，似乎有些严苛急迫。比如驿递这事，应稍缓稍柔些，要官员们慢慢适应，然后逐渐严格起来。凡事都有个适应过程嘛，正如从黑暗中突地走进光明，人的眼睛受不了啊。”

张居正明白这个道理，可时间是宝贵的，乱世用重典，重病用猛药，剥丝抽茧固然春风化雨，但他没有那么多时间！

他没有理会吕调阳，直接去和朱翊钧讲，必须要重新对侯东莱的儿子处罚。朱翊钧为难地左顾右看，冯保在他身边，默不作声。

朱翊钧说：“圣旨已下，况且，侯东莱的儿子……”

张居正正色道：“天子犯法与庶民同罪！”

朱翊钧无可奈何，点了点头。

几天后，圣旨重下：侯东莱之子违规使用驿递，革去官荫资格！

胆小的人都在等待侯东莱的发威，可等来的却是侯东莱的谢恩疏。侯东莱说：“我积极支持政府的所有制度，我的儿子不懂事，给我丢脸，也给帝国蒙羞，给张阁老出了难题。”

张居正迅速回信，对佚东莱的深明大义表示最虔敬的钦佩。同时委婉地说："因此事发生在风头，所以不得不处理。不过请佚东莱放心，将来只要有合适的机会，我必设法补救。"

这是一出张居正和佚东莱上演的双簧，整个政府都被这出戏所迷住，忘了一切！

但驿递这出戏，远未结束。佚东莱儿子事件不久，又出了赵悖事件。

赵悖是大理寺（最高法院）副院长，秋高气爽时，他到北京郊外野游。大概是兴趣盎然，忘记了世俗法度，就在昌平驿站吃了顿丰盛的午餐。昌平驿站官员似乎也忘了法度，不记得驿递新规。当赵悖吃饱喝足，正欲回城，昌平驿站官员才一拍脑门，失声道："完蛋了，赵大人。"

赵悖打了个饱嗝，疑惑地看着刚才的酒友。昌平驿站官员发音震颤地说："咱们违反了驿递新规。"

赵悖先是一愣，但在酒精辅佐下，豪气地一笑："什么驿递新规，那玩意儿制定出来就是让人违反的。你放心，有事我担着。"

昌平驿站官员酒醒了一大半，脸色灰白："赵大人，几天前的佚东莱之子案，您不是不知道吧，我看张首辅这回是玩真的啊。"

这是屁话，张居正自执政以来从来就没玩过假的。

赵悖强撑着已不堪一击的胆气，说："你把心放在肚皮里，没事！"

回去的路上，赵悖鼓舞自己：没事，这件事知道的人少，张居正无论如何都不知道。

可进了北京城，他又想到另外一件事：这天下的事还有张居正不知道的？东厂、锦衣卫那些特务不都是为张居正效力？啊呀，完蛋也。

赵悖想的没错，第二天，他就被言官弹劾，指控他违反驿递新规。在懊丧悔恨中，赵悖被降职一级，五年的辛苦付之东流，重回原点。

如果和按察使汤卿相比，赵悖的运气已算是相当好。汤卿出京公干，可以使用驿递，但他要求驿站多给三匹马，以驮载他的仆人和酒食。驿站官员苦口婆心劝他，汤卿不理解别人的好心，反而当成驴肝肺。他坚持索要，最后他如愿以偿，但还未到公干地点，就被朝廷召回，连降三级。

正是张居正这种绝不姑息的明朗态度，让地方官员毫不畏惧地执法。

一次，张居正的家奴路过高邮，要求使用驿站。高邮州长吴显按驿递新规断然拒绝。张居正家奴暴跳如雷，闯入州衙大骂不已。吴显一脸平静，始终微笑着。

后来，张居正的家奴又把吴显骗到自己船上，抢走他的官印，吴显镇静地说："我执行的是你家相爷的法令，你能把我怎样？"

这名家奴无可奈何，只好恭敬地送回官印，送吴显下船。张居正对这名家奴如何处置，史无记载。但另外一个家奴的下场可就很悲惨了，这名家奴外出办事，用了驿站一匹马，张居正知道后立即把仆人绑到锦衣卫治罪，杖刑一百遣回原籍。杖刑一百后非死即残，这名家奴之后的命运可想而知。

经过张居正雷厉风行、刚直不阿的一年治理，烂了一百多年的驿递制度恢复生机，秩序井然，仅这一项，就为中央政府节约了一百多万两银子。

但这只是站在帝国和张居正的立场说，倘若站在众多官员的立场上，驿递新规简直遗臭万年。张居正知道，太多的官员怨恨他，恨不得把他的皮活活剥下，挂在北京城墙上。

他毫不在意，自执政以来，他树立了属于他自己的人生观：为国除弊就不能担心牺牲自己的身家性命。"今不难破家沉族以徇公家之务"，不管是否有人愿意为自己分忧，他都会大无畏地鞠躬尽瘁，死而后已。

在给朋友的信中，张居正自负地说："大抵仆今所为，暂时虽若不便于流俗，而他日去位之后，必有思我者！"果然，在他去世的三十年后，有人就开始追忆他的驿递新规，并呼唤重现人间。

保定事件

世间最美好的事，都是一张一弛。维护驿递新规也有变通的时候。张居正在该变通时就变通，绝不胶柱鼓瑟。比如他处理的张卤事件。

张卤是保定巡抚，对张居正的态度很积极。某次，张居正家人回老家，路过保定时，张卤热情地为张家人准备驿站，并写信给张居正，要张居正同意他人性化的建议。

张居正回信说："我执政，是为朝廷行法律，怎敢不以身作则？"

这是工作上的话，他又用私情对张卤说："希望你能理解我的心情，帮助我约束家人，如果发现家人违法，即行扣押，然后转告我。"

最后他正告张卤，千万不要满足张家人的非分要求，因为他的家人违法的影响和自己违法没有区别，不可轻视。

张卤先是沮丧，他本来是想拍张居正马屁，却没拍到。接着就是后怕，他能为张居正家人提供驿递，那在精明的张居正想来，他是否也为别人提供了违规驿递？

就在他魂不守舍时，张居正以政府名义发给他的信到了。张居正说：“保定是交通干线的要点，来往官员极多，这里可有违规之人？请张巡抚稽查！”

张卤不是“未做亏心事，不怕鬼叫门”的人，所以稽查的过程很痛苦。几天后，他呈递张居正稽查报告。张居正拍案大怒：“我不信只有这两个人！”

张卤见到张居正的责问，抹去头上的冷汗，一咬牙，把十几个违反驿递新规的人写进了稽查报告。这回轮到张居正冒冷汗了。

张居正想不到情况竟如此严重，倘若一下处置这么多人，必会引起保定官场的震动。他给张卤去信说：“你稽查的这十几人都有罪过，但如果大面积处置，恐怕会牵连太多人，所以还请你将此事隐瞒。当然并非不处理，我们应该杀鸡儆猴，找几个违反驿递新规最严重的惩处，以儆效尤。”

张卤头痛得很：张居正说得简单，找出几个人来，可找谁呢？总不成让这些人聚到一起抓阄吧。

在经过全方位考虑后，张卤把太仆寺和太原府的五个人重新放进稽查报告。张卤很聪明，太仆寺是中央机关，太原府则属于山西，他可以撇得很清。

稽查报告一上，张居正马上对太仆寺官员进行了处置，又准备处置太原府知府时，这名知府先得到消息，先上疏辩驳，说他在保定并非有意违例，因为山西巡抚派人护送他，一直到保定，保定方面看到护送人的人数违规，就以为他违规。他的意思是，若违规的话，也是山西巡抚违规，而不是他。

责任又落到山西巡抚身上，张居正的头也痛起来。倘若再惩处下去，山西巡抚肯定脱不了关系。为了这样一件事，让封疆大吏的山西巡抚受惩罚，实在不值当。山西巡抚和侯东莱案件还不一样，侯东莱并非本人犯法，而山西巡抚则是本人。

张居正权衡再三，给山西巡抚写了封信，严厉斥责。这对山西巡抚来说，自然是好事，因为斥责就意味着不会受责罚。

他借坡下驴，虔诚接受张居正的斥责，并表示以后绝不再犯。

这件事就悄无声息地解决了。

在张居正眼中，法律是为人服务的，它不是铁板一块，而是随时可以变通执行。这是张居正和其他以法治国者的本质不同！

驿递之清暗，是明帝国政治之白黑的窗口。

很多人认为，张居正整顿驿递无非是为国家节省了点银子，其他效果似乎没有。

这种论调忽略了一个大事实：张居正死后，驿递制度恢复原貌，如脱缰野马把明帝国拉进深渊。当时有人对思宗崇祯皇帝（朱由检）提议裁撤驿站，可为时已晚。在裁撤的驿站中，有个驿卒失去工作，于是揭竿而起，最后灭掉明王朝，这个人叫李自成。可以说，驿递覆亡了明王朝。倘若张居正之后的人继续坚持驿递新规，明王朝可能也会灭亡，但绝不会灭于驿卒李自成手中。

第五章
用人之道

王希元的奏疏

1575年最后一个月，吏部尚书张瀚向朱翊钧递交了一份允准升职报告。请求被升官的人是浙江瑞安县主簿（县长秘书）汪玄寿。张瀚对他的考语是，才能出众，品德高尚，足以担当更重的责任，希望能升他为瑞安县县长。

朱翊钧看了这份报告后，眉头一皱，亲自批示了“不准”两个字。批示公布后，不怀好意的官员们马上如狗闻到屎似的嗅起来。吏科一个叫王希元的言官马上嗅到发迹气息，心急火燎地上了一道弹劾书。他弹劾汪玄寿向吏部行贿，又借题发挥、登堂入室说，汪玄寿只是个吏员，他们这种人大多品行不端，根本无资格担任县长。

王希元是个伶俐之徒，在吏科做官员已很多年，始终想攀上张瀚和张居正这条线。让他非常伤心的是，张居正似乎发现了他那可疑的品质，从来没给过他任何机会。他愤恨之余，始终在找机会射张瀚和张居正一暗箭，汪玄寿的升职报告被朱翊钧高高挂起，他认为这就是机会，所以才毫不犹豫地出了手。

王希元只是伪伶俐，其实他骨子里是个笨蛋。这道弹劾书如果放在张居正执政前，肯定一击命中。但在1575年时，这道弹劾书就是肉包子打狗——不但被吃掉，扔包子的人也不会全身而退。

其中缘由要从张居正的整顿吏治说起。

考成法是张居正整顿吏治的终极手腕，其实在考成法之前，张居正就已对吏治进行了全方位整肃。

明代开国时，公务员来源主要有三条途径：进士为一途，举人、贡生为一途，吏员为一途。进士是通过中央考试的人，举人是通过省考试的人，贡生是由地方官推荐，经过翰林院考试而录取的人，吏员则是通过服吏役而获得做官资格的人。本来，这是三驾马车，并驾齐驱，给帝国各级机关输送人才。可天长日久，政府渐渐把举人、贡生、吏员贬低，只重视进士。

张居正清楚地记得，当初和高拱谈到帝国这种重资格问题时，高拱说，进士、举人的功名不过是国家网罗人才的工具，用这一工具将人才网罗进来后，还应该看他的实际政绩，绝不能根据功名等级来断定能力的高低和官职的大小。

的确，明帝国中期以后，非翰林不能升任大学士，而非进士出身的人则不能担任翰林。同样是中书舍人，同样是任职九年，同样是合格，进士出身者就可以升三级，而监生只能升一级。进士、举人出身的人到地方做官，就是一把手，而其他资格的人纵然尧舜附体，也只能做副手。

张居正早已清醒地意识到，用人重资格而不看实绩，排挤举人、贡生和吏员，会让有志者变得无志。所以他说："良吏不专在甲科（进士），甲科未必皆良吏。"

1573年，张居正就以朱翊钧的名义下过这样的命令：凡是推荐官员，只论贤良与否，不论是否进士出身。

王希元上弹劾书的半年前，在众进士出身私下谩骂声中，张居正迎难而上，又颁布举荐法令：凡官员有贤者，都应举荐，各地举荐官员要特别注意那些资格低下，但却有实际政绩的贡生和吏员。

不要以为这只是一纸普通政令，它引起的后果不亚于十级地震。有政绩的贡生和吏员们固然心花怒放，可那些进士却黯然神伤，甚至出离了愤怒。其实这道政令并未伤害他们，倘若他们真有政绩，和从前一样照样得到提拔。问题是，他们廉价的自尊受到伤害，他们为自己和那群举人、贡生、吏员站在同一高度而哭天抢地。

尤重要的是，按出身资格用人有利于官僚集团内部的稳定，因为出身资格的差别是一种最明显的差别。对许多高资格的官吏来说，大家都按资格和年资循序渐进，总有希望从小官熬到大官，所以大多数官员都接受这种方法。

可张居正却清醒地意识到，这种用人制度会让官员不求有功，但求无过，从而形成死气沉沉的墓道似的稳定。张居正打破了这种制度，必然会引起大部分进士出身的人的憎恨，张居正和他的战友受到攻击在所难免。

王希元的弹劾书正是那些自命不凡、愤恨进士们的一个小突击。实际上，这两年来，吏部尚书张瀚在张居正的许可下，没少举荐出身低的官员。为什么没有人跳出来指控呢？原因就在于，这一次，朱翊钧没有同意张瀚的举荐。

这也是张居正莫名其妙的地方。两天后，张居正来见朱翊钧，二人谈了一会儿，张居正就有意无意地问道："皇上见到王希元的奏章了？"

朱翊钧若有所思："见到了。"

张居正再问："那您也一定见到了张瀚举荐汪玄寿的奏疏了吧。"

朱翊钧点头。

张居正沉默了一会儿，说道："汪玄寿虽是吏员出身，但经过考成法，是很优秀的一个人。"

朱翊钧急忙说："张先生您误会了，我不批张瀚的举荐书，并非因为这个。"

"哦？"张居正不满地发出一声，突然意识到这一态度不对，马上平和地问，"皇上发现了什么问题吗？"

朱翊钧拿出一道折子，说："张先生，这是汪玄寿写给张瀚的折子。这应该是公文，可汪玄寿的行文格式不对，是以私人身份写的。"

张居正大吃一惊，想不到朱翊钧进步如此之快，居然连这么微小的细节都看出来了。他接过太监送上来的折子，果然，汪玄寿写给张瀚的这道政府公文，开头的称谓不对。

他惊异的同时是高兴，脸上露出欣赏的神色，夸赞朱翊钧："皇上真是英明，汪玄寿的这道折子的确有违规之处。"

朱翊钧被他的张先生一夸，顿时兴奋起来，脸上泛着红光，继续卖弄起来："我又看了王希元的弹劾书，发现也有问题。他说汪玄寿行贿吏部，可没有指出是谁，这是无中生有。"

张居正有点失态地叫起来："皇上太英明了。"

朱翊钧在龙椅上晃动起来，掩饰不住内心的疯狂喜悦。但张居正马上又说："皇上这样看问题是对的，但不全面。"

朱翊钧停住了晃动的屁股，有点失望："哦？"

张居正稍一沉思，说道："王希元是言官，指控别人是他的职责，但寻找证据是司法机关的事，和他无关。倘若他不是诬告，那司法机关必能找出证据来。遗憾的是，据我所知，他正如皇上所说，是无中生有。"朱翊钧展现出一种恍然大悟的模样。

张居正继续给他上课："王希元指控的是一个部门，而不是个人。倘若他指名道姓指控就是张瀚收贿，那皇上就该立即下令司法机关调查张瀚。做臣子的向君主反映情况应该直截了当，不能藏头露尾。如果属实，自当依法处理；如不属实，也不至于冤枉好人。"朱翊钧连连点头。

张居正顺势询问："那汪玄寿当县长的事？"

朱翊钧脱口而出："准了。"

这个时候，张居正应该高喊"谢恩"，但他没有。朱翊钧觉得张先生还有话："张先生还有什么话吗？"

张居正半是询问半是考朱翊钧似的问："皇上觉得这件事就算完了吗？"

朱翊钧琢磨了一会儿，一拍大腿："啊呀，对，还有王希元，他无中生有，应该惩处。来啊，传……"

"皇上且慢！"

朱翊钧生生把"旨"字憋回喉咙，疑惑地看着张居正。

"皇上，如果这样就惩处王希元，必有人说皇上不调查就擅自惩处言官。"

"那张先生的意思呢？"

张居正回答："先让吏部尚书张瀚代表吏部向皇上辩明，然后再让王希元为他的无中生有付出代价。"

朱翊钧想了一会儿，连连点头："张先生真是想得周到，就这样办吧。"

第二天，张瀚上疏辩明，说明了汪玄寿和他吏部清白无误。同一天，朱翊钧下旨，王希元无事生非，罚薪半年，调出京城。又是同一天，吏部发文，升汪玄寿为浙江瑞安知县。

不重资格重能力，破格用人，这就是张居正的用人之道，其实也是所有精明政治家的用人之道。

用人唯贤

张居正之所以改变用人制度，首先是资格低的人受到资格的限制，报国无门，灰心丧气，这会导致帝国人才的减少，另外一点就是，进士资格的官员自恃资格的庇护，骄横狂妄，不可一世，从而让官场乌烟瘴气。

当考成法进行得顺风顺水时，山东昌邑知县孙鸣凤被人查出有贪污行径，同时还未按时收缴赋税。案件审理期间，张居正和朱翊钧有过下面这段对话。

朱翊钧问张居正：“该如何处置孙鸣凤？”

张居正由远及近地侃侃而谈：“臣刚执政时，国家百废待兴，问题千头万绪。在这种情况下，最先解决的应该是当务之急。在我看来，当务之急就是安抚民众。如何安抚民众呢？四个字，整肃吏治。官风不正，任何政令都会流于形式。举个简单的例子，皇上下诏免某地税粮，可某地官员竟照收不误，皇上要求地方官务实政，可有的官员置之不理，继续对上司拍马溜须，这种行为使上下不通。纵然皇帝和大臣有兴利除弊的方案，却找不到切实可靠的人去执行，所以我才开始在任用官吏上下大力气。如今已初现成效，但贪污之风仍会偶尔吹出。若要天下太平，须是百姓得安，若要百姓安生，须是官不要钱。”

朱翊钧点头赞同，但提出疑问说：“我看了此人的档案，发现他是进士出身，何其无耻到这种地步？”

张居正愤慨起来：“此人正仗恃自己是进士出身，所以才敢如此放肆。今后皇上用人，要考虑其实际能力和品德，不要拘泥于资格。如果被考察的人奉法守分，不肯要钱，就是异途下僚，也要提拔他；如果被考察的人贪赃枉法，不守官律，就是资格再高，也要罢黜。”

朱翊钧频频点头，不由自主地扭头去看一排屏风。那是共为十五扇的一座屏风，中间三扇是天下疆域图，左边六扇是文官职名，右边六扇是武官职名，名列其上者都是部以下知府以上的人，上面有他们的姓名、籍贯及出身资格。

这是张居正在执政初期特意为朱翊钧制造的、被称为“浮帖”的官员履历图：如某衙门缺某官，该部推举某人，即知某人原系某官，今果堪此任否；某地方有事，即知某人见任此地，今能办此事否。

表面看，这是张居正让朱翊钧把用人大权攥在手里，实际上，所有的用人权力，朱翊钧必须和张居正商量。十五扇屏风不过是朱翊钧预备从政的见习课本罢了。

他扭头去看那些屏风时，张居正适时地向他灌输“用人唯贤，不重资格”的用人之道。朱翊钧认真地听着，张居正讲完，朱翊钧若有所思地说：“我想起了汪玄寿，同样是县官，汪玄寿就比这个孙鸣凤好一百倍。”

张居正很满意地点头，说：“县官乃一县之长，又是最基本的行政单位，所以选人不可慎。如果有贡生、吏员非常适合，何必非要用进士、举人呢！”

张居正这样说，当然也这样做。1575年九月，山东方面上奏说，郯城和费县两处的知县出缺，现在正由东平州的同知杨果和判官赵蛟代理。杨果和赵蛟都精明强干，道德高尚，完全能胜任县长的职务，问题是，两人都是吏员出身，按从前的制度不能担任正职，因此请中央政府委派知县。

朱翊钧问张居正："这二人能当知县吗？"

张居正把两人的考核成绩给朱翊钧看。朱翊钧看完后，试探性地问："我认为他们可以当知县，是这样吗？"

张居正说："皇上认为可以就可以，我说过，不拘资格，只重能力和品德。"

朱翊钧大喜，传旨：升杨果为郯城知县，升赵蛟为费县知县。

吏员出身的人在解决实际问题上的能力可能要远大于进士出身的人，他们在基层历练很多，接触现实问题更多，在被张居正提拔成知县的黄清就是典型的吏员出身的能人。他"才智四出，应变无穷"，在多地担任县令，被人誉为"天下第一等清官"和"天下第一等智官"。

张居正与王世贞的恩怨

王世贞，江苏太仓人，出身名门，本是魏晋南北朝"旧时王谢堂前燕"的琅琊王氏后裔，和张居正同一年中进士。王世贞智商极高，所以才华横溢，因为才华横溢和出身名门，所以恃才傲物。步入仕途后，对权贵从不正眼相看，千方百计把自己的角色塑造成文人首领，于是，他的仕途很波折。

他得罪过严世蕃，老爹也因此而惨死狱中。但是，他并非真的是看透名利之人。他昼思夜想要在政坛上站稳脚跟，飞黄腾达。遗憾的是，他个性张扬，目中无人，所以根本处理不好同上级的关系。非但处理不好上下级关系，而且有文人特具的酸劲，稍不如意就牢骚满腹，好像天地万物，连茅坑里的石头都欠他似的。张居正在翰林院做编修十年不升，但能沉住气，静心观望，终熬出个天地来。王世贞在郎官（皇帝顾问）上九年不动，每天都怨气冲天，牢骚满腹，搞得许多诗友一见到他张口，掉头就跑。

张居正当首辅前，王世贞和张居正的交往并不多，因为两人不属于一个世界。不过对王世贞动辄满腹牢骚的性格，张居正看在老同学的面上多次去信劝解。张居正语重心长地对他说："你呀，喜欢意气用事，倘若真要做个文坛领袖也就罢了，文人就该有点性格嘛。问题是，你我都明白，你不是那种心甘情愿埋头书卷的人，你想要做一番事业。既然如此，就该遵循做事业的法则。这种法则就是，闭上嘴巴，韬光养晦，等待机会来敲门。”

王世贞一面骂着娘，一面回复张居正：“老同学啊，论才华，我比你强，论在京城中的名气，我比你不知高出多少。可你现在都成大学士了，我还在地方上当着人人不待见的芝麻小官。先不说我自己，说说我爹。我爹被严嵩陷害至死到现在已多年，几年前，徐阶当了首辅，我以为我爹昭雪的日子来了，可徐阶这厮不理我，后来我又给李春芳写信，那厮也不理我，现在高拱更不理我。你说这群废物都想什么呢！”

张居正取出信纸，无可奈何地笑。历届首辅都不理会王世贞是有原因的，因为任何大权在握的人，都不喜欢不搭理自己的人。他给王世贞回信道：“宝剑吴干、越钩，轻用必折；放进鞘里，其精乃全。”

王世贞哇呀怪叫：“有宝剑不用，和烧火棍有何区别！”

张居正再回信：“我会让你这柄宝剑有用武之地的，不过你现在就该把自己当成烧火棍。”

1573年，张居正已牢牢掌控大权，开始人事安排和部署，王世贞这根烧火棍自然也在他的安排之中。本年二月，王世贞被授予湖广按察使。张居正这样安排，用意精深。湖广是张居正的老家，把王世贞安排到这里，一是对他的考验，因为湖广离京城很远，王世贞并不熟，张居正可试探王世贞的反应；二是对他的信任，因为那可是他张居正的家乡啊。

遗憾的是，王世贞得知这一消息后，大为不满，还写了首怨气弥漫的诗散发出去。了解他的人都知道，王世贞一直想任职翰林院，这正是典型文人的丑态：安逸的办公环境，说出去让人尊重的职业。

张居正得知了他的不满后，急忙去信安慰迟迟不肯动身的王世贞：“同学，我要你巡按湖广，是想让你主持湖广的乡试，这对你而言，不正是扬名立万的机会吗？而且巡按湖广只是暂时的、过渡性的，你不要满肚皮不平，请速速上路。你以后的路，我都给你安排好了。”

王世贞接到张居正的信，左思右想，一咬牙一跺脚：“拼一回吧。”上路了。虽然两脚一前一后地向湖广走，可心里却是走一步就是一句牢骚。他说：“我是真不愿意去那鬼地方，老天真是瞎了眼，制造了那样一个地方。连续十天，脚后跟都踢到屁股上了，我的命忒苦也。”

这是典型文人的“酸”，注定了他随后的坎坷。

王世贞抵达武昌后，湖广巡抚马上热烈欢迎他，并强调说："张大人来信要我告诉你，乡试的试卷由你来出，这是多么大的荣耀啊。"

王世贞微微点头，然后就仰起脑袋看武昌的天空了。此时已是1573年的八月，武昌秋高气爽，阳光明媚，但王世贞的心理世界却是黯淡无光。他借乡试策问的机会，用答卷向张居正表明了自己想去翰林院的意愿，同时也间接示意不乐为地方官的心态。

张居正对王世贞真是够意思，他又去信给老同学说："你巡按湖广，只是积累资历而已，过不了多久，我就升你为京官。"

王世贞看了张居正的信，长吁短叹一会儿，马上问湖广方面的官员："这里的文坛如何？"

人家回答他："不如京师。"

王世贞撇了公务，说："走，去文坛。"

他和湖广文坛的文人们吟诗作句才一个月，朱翊钧的圣旨到了，升他为广西右布政使（民政厅长）。他很不乐意，因为广西的文坛更凋零。他再给张居正写信说："广西这地方兔子不拉屎，连识文断字的人都少，我在这里孤独得如站在华山之巅。"

五个月后，张居正履行承诺，任他为太仆寺卿（皇帝的后勤部长），又以都察院右副都御使的身份巡抚郧阳（湖北安陆）。不到一年，王世贞从地方三品升为中央三品官，可以想见张居正对他的厚爱和期望。

张居正让他当郧阳巡抚，也是很动一番脑筋的。郧阳是个流民聚集地，常常发生平民叛乱。张居正让王世贞到这个地方当巡抚，是想训练他的从政能力，让他远离文坛，锻炼自己。而且，郧阳离张居正的老家江陵很近，张居正希望能从王世贞处得到一定的回报。至少王世贞应该让郧阳和江陵安宁，让他的家人安枕。

开始，王世贞对张居正是心存感激的。1575年张居正老娘过寿，王世贞用他在文坛的领导身份给张老太太作了寿序，把张居正感动的险些落泪。

王世贞在个人感情上很对得起张居正，可在政事上却让张居正失望透顶。王世贞巡抚郧阳不久，江陵发生了一件群体事件，起因是张居正丈量天下田亩。江陵知县李应辰严格执行张居正的政策，当公布江陵地区各户的田亩数后，一个叫许仕彦的府学生大敲县衙门前大鼓。许仕彦说他的田亩数被报多了，田亩数一多，就意味着交税多，所以他希望李应辰再丈量一回。

李应辰是个讲理的知县，而且许仕彦是府学生，不易得罪，就派人重新丈量，得到的数据和从前的一样。许仕彦不服，大闹公堂，李应辰就命人把他强行送回学校。许仕彦本来就不是善茬，第二天带了许多同学再来大闹公堂，而且四处贴大字报，声讨李应辰。

李应辰见许仕彦闹得太厉害，就把事情的来龙去脉报告了王世贞，并且提出辞呈。不久，王世贞又接到湖广按察使几乎同样的报告，他拍案而起，把闹事的几十个学生全部捕进大牢，并且革去了他们的生员身份。

看上去，这是件小事，可问题没那么简单。在这些闹事的人中，有个叫王化的首脑，他正是张居正的小舅子。张居正得知此事后，大为不快。他觉得王世贞就在他的家乡为官，竟然不照顾自己的亲属。而且这真的是一件小事，王世贞完全可以说服教育搞定，却要起了官老爷的威风，大动干戈。

俗话说，打狗还要看主人，张居正不是什么圣人，自然也有这样的想法。他给王世贞写信，语气生硬，毫不客气。但他毕竟是政治家，所以直指王世贞处理问题的方式，简直蠢到家。王世贞气得险些发了疯，但没有疯，也没有给张居正回信。

可是，这个被同学凌辱的仇，他算是记下来了。

物不平则鸣，王世贞决定要狠狠鸣一下给张居正看。他并未忘记今天的一切都是拜张居正所赐，他也不是一时头脑发昏，他就是那种“人若犯我，我必犯人”的狭隘高傲之人。

不久后，湖广均州、襄阳大部分地区发生地震，王世贞在府衙扔了政务，以双脚离地的速度跑回寓所，关起门来，写了《地震疏》传送中央。

这上疏很有意思，王世贞开门见山地说：“我知识浅薄，不能辨析天下之微，又不懂得占卜之道。不过有人懂，而且把这些事都写在书里，所以我就‘掉书袋’说上几句。皇上啊，《周易》说，四月地震，五谷不熟，人们饿死。现在虽然是五月初，差不了几天，所以我觉得今年的五谷要不熟，人们要饿死。皇上啊，这是天兆，古书上有释厄的妙招，我说给您听。您应该‘内而养志，以坤道宁静为教；外而饬备，以阴谋险伏为虞’。”

“内而养志，以坤道宁静为教；外而饬备，以阴谋险伏为虞”这句话其实直指张居正专权，他说这就是祸国根源。张居正当时正大权独揽、大刀阔斧地改革，最希望的就是得到大多数人的支持和理解，最低限度，也应该得到亲手提拔重用的部下的支持和理解。想不到，王世贞这畜生会反对他。对于敌对势力，张居正从不容忍。

很快，王世贞从郧阳被调到南京大理寺任职。南京都是冷板凳，王世贞在郧阳咆哮起来，死皮赖脸不去南京。但传旨太监不阴不阳地提醒他：“去吧，那里文人多，正是您的安乐窝。您要是真不想去坐冷板凳，何必写什么狗屁《地震疏》呢！”

王世贞怪叫一声，恢复了文人的孤傲：“去就去，老子在南京也照样光芒四射！”

虽然这样说，王世贞还是如偏瘫一样收拾行囊。他在等张居正的信，希望张居正能对他去南京坐冷板凳给个说法。王世贞这人就有这样的优点，攻击完别人就忘得一干二净。张居正的信果然来了，很官腔：“通过这段时间对你在郧阳工作的考察，发现你是大才，郧阳这地方庙太小，容不下你，所以请你去大庙南京。我知道你想来更大的庙北京，可北京这座庙人满为患，你就先去南京吧，当作跳板，有时间跳到北京来。”

王世贞是聪明人，当然读懂了张居正的意思，“呸”了一口道：“心胸太窄，怎么就做到了首辅呢！这世道真是坏透了。”

他明知是自己的问题，但却无法接受。再给张居正写信，言辞很不友好：“我说老同学，你这是耍猴呢？把我捧上天，又重重摔在地，你这样做太不厚道了吧。他日我把你这种心胸用文章传到江湖上，传到后世，你如何面对天下苍生和后来人？”

张居正立即发现王世贞是个无赖，但暂时还不想理他。王世贞失望地到南京，一见到文坛兄弟，顿时活跃起来。正如他所说，老子在南京照样光芒四射。他以为就这样四射下去了，但他低估了张居正对待异己的态度：赶尽杀绝，痛打落水狗。

王世贞在南京还不到一个月，中央政府就送来了吏部的文件：王世贞“荐举涉滥”，夺俸终生。王世贞抱头痛骂，怨气冲天。他对文坛兄弟们宣称，他要写本嘉靖以来的历届首辅传，并咬牙切齿道：“我要好好写写张居正！”这本书后来流传下来，叫《嘉靖以来首辅传》，其中就有张居正传，里面说张居正吃壮阳药，每夜都要有女人。这种事，恐怕只有他自己知道是怎么回事。

大概他在南京抱怨得太厉害了，五个月后，圣旨又来，这次是除了他的根：王世贞大节已亏，回籍养老！王世贞咆哮、诅咒、热泪盈眶、泣不成声，灰溜溜地离开了南京回太仓。

众人都认为张居正太狠了，只有王世贞自己知道是怎么回事。当然，张居正也知道，并且为了让他不觉得冤屈，特意写信给他说：“为何落到这步田地，你应该有自知之明。我当初始终把你当成自己人，大力扶持你，想不到烂泥扶不上墙，你居然不顾恩情反咬我！谁都可以反对我，都可以攻击我，只有你王世贞不配！我把你赶回老家，其实也有疑虑。请别误会，不是你不该得到这样的下场，而是你是文坛最高枝，我得罪你就等于得罪了天下士子，你们手中有笔，桌上有纸，会把我写成‘蔽贤不用’的奸贼。但我最终还是下定决心，让你滚回老家，原因有两个：第一，我对你太失望太无奈了；第二，我宁用浊流也不用清流，在我看来，把文章写得再好却不能办事的人就是废物，而你们那些所谓的清流正是如此。”

王世贞“呸”地吐到张居正的信上，吼道：“放屁！你是只用对你俯首帖耳的人！你是用奴才，不用人才！”

这是中国古代知识分子被权力所有者赶回老家后撕心裂肺的相同反应。其实在张居正眼中，说出这种话的人才是奴才，是他们自己性格的奴才。王世贞在张居正眼中是“清流”，这种人说的比做的多，知行永不合一。而张居正重用的人正是那些知行合一的“浊流”的人：想到就去做，并且能把事情做好！

在这点上，王世贞连海瑞的一根毛都不如。海瑞还能做点让少数百姓拍手称快的事，王世贞只能口无遮拦地胡说八道，用嘴巴指点江山，真让他做点事，他马上抓耳挠腮无计可施，或者是把事做砸。

然而这种人却总在青史上占据上位，这不得不让人深思。我们是铭记那些为天下苍生做出真事业的人，还是要那些靠根破笔写些“千古事”文章的人？所谓读史可以明智，恐怕真就未必了。

不多几年后，有人毫无眼力地荐举了正在江苏太仓写书的王世贞，张居正毫不客气地让推荐人死了心。在张居正有生之年，王世贞一直在家愤懑地写他的书。或许，张居正的心胸真太过狭窄，然而为了天下苍生，张居正有理由不让废物做官，这就是伟大政治家的使命！

超绝的识人、用人观

张居正深知一点，要做出对得起天下苍生的事业，必要掌握政策和干部。政策完善，干部健全，则稳操胜券，否则，一切都是虚妄。

他提拔张瀚做吏部尚书时，两人有过下面的一番对话，很能说明张居正的人才观。

张居正要张瀚每十日推荐一名得力干部，张瀚哭丧着脸说：“天下哪里有那么多人才啊？”

张居正正色道：“天生一世之才，足够一世之用。人才是因用人者的眼光而产生，更由用人者的器量而出。所以天下是否有人才，还在于你这个用人者的眼光和器量。人才之所以可贵，就是因为其行与能不同于庸众，若以看待庸众的方法来看待人才，就必然难得到人才。得不到人才，必然会用奴才，奴才多了，人才便越来越少。”

其实政治的好坏，不必全方位细究，只看用人。

张瀚问：“到底什么样的人算是人才呢？”

张居正回答：“人才是没有特定标准的，尤其是与出身无关。现在有了科举，众人就以为中科举的人是人才，非科举不能做官，其实这是最愚陋的浅见。我曾经说过，‘良吏不专在甲科，甲科未必皆良吏’，只要不是贪婪无度者，尽可随其才而用之。”

张瀚还是云里雾里：“请张大人明示。”

张居正回答：“第一等人才是这样的，他对天下万事万物无所不知，却不必使用自己的学识。他能轻而易举地让一万个莽夫俯首，却不必使用自己的力量。随着事情的发展而应对，不会刻意为之；遵循着规律而前进，不会心存功利。这种人能在征兆未现时，及时处理掉危机；能在情况朦胧不明时，一眼看透本质并迅速解决。当他做了不世之功后，百姓居然不知道他是怎么做到的，还以为他每天只是坐在衙门里发呆呢。”

张瀚卖弄起来：“哎呀，这不就是老子所说的‘太上，不知有之’吗？”

张居正叹息道：“可惜这样的人才少之又少，所以我们应该抓住第二种人才。这种人才智力超群，能精准解读国家政策，在狂澜既倒时可出奇力挽救，创造不可一世的政绩，为官一方，就造福一地，百姓顶礼膜拜。”

张瀚兴奋地叫道：“这就是老子所说的‘其次，亲之誉之’。”

张居正说道：“其实这样的人才也并非完人。人有所长，就必有所短。用人者只有酌长短之所宜，才能正确用之。”

张瀚问道：“您喜欢用什么样的人才呢？”

张居正痛快地回答：“当然是笃实而重根本的人，那些大言不惭的人，绝不能用。那些知道羞耻、朝气蓬勃的人也是人才。有人被骂，气咻咻的，不可看作是度量小，这是有羞耻心的表现。”

张瀚若有所悟，再问：“如何去求才呢？”

张居正回答："每个人求才的方式都不一样，我只就我的经验来谈吧。这几年来，无论中枢还是边关，也算是用人得当。我是如何发现这么多人才的呢？首先应该有个正确心态，求才不可有私心，一旦良知被私心蒙蔽，所求的才就必有问题。有的人才是在酒桌上得来的；有的人才，我只需看他的意态；而有的人才，我根本就没有见过，只是察了一下他的行事。所以很多人都说，张居正突然就提拔了一个人，这肯定是他的亲信或是老乡。实际上，我在背地里用了多少功夫，他们根本不知。我推荐了谁，升了谁的官，很不希望当事人知道，这就是公心；倘若我提拔一人就让其知道，这就有收揽人心之嫌，就是私心了。"

张瀚皱眉道："如何用人呢？"

张居正回答："嘉奖能力强的人，也同情能力差的人。"

张瀚又皱眉："我怎么知道谁能力强，谁能力差呢？"

张居正回答："试之以事，高下立分。试了之后就知道了其强弱昏明，可谓得人，但不一定能使其尽才。"

张瀚很困惑："这又是为何？人才是客观存在的，如您所说，只要出于公心，人才就必会被用。"

张居正摇头道："人事错综复杂，彼说长，此说短，很难有一致的看法。用人者免不了会有主观的好恶之见，也就是世俗所谓的偏见，就造成了人才没有客观标准。比如西汉的文帝刘恒和武帝刘彻，刘恒喜欢用老家伙，刘彻喜欢用年轻人，这就是偏见。有了偏见就会有疑心，有疑心就会被奸佞小人的言语所摇动。咱们帝国的开国帝王师刘伯温说的'谗不自来，因疑而来'，就是这个道理。所以用人者一定要控制情绪，减少偏见，任用人不敢有爱憎之私，任用之后不轻信别人对他的谗言。必须要做到'廉而爱人'，才能得人。"

张瀚迷惑地重复了一遍："廉而爱人，此话怎讲？"

张居正回答："所谓廉，就是不要做卑鄙的事，还要有一颗高尚的公心。所谓爱人，并非是用小恩小惠笼络人心，而是有一种视人如己的恕心。能用人之长，恕人之短；用其刚正，恕其峭直；用其恢弘，恕其豪放；用其坚强，恕其拘执；用其明敏，恕其疏略；用其大节，恕其小疵。能够有这种恕心，就不愁得不到真人才！"

其实用人这门学问，众说纷纭。与张居正同是帝王师级别的刘伯温说，用人的前提是先为人才们创造一个清明的环境，正如磁石吸引铁一样。提倡知行合一的王阳明则说，用人就要用那些肯自我约束的人，这个自我约束就是有勇气致良知。靠意志征服世界的天骄成吉思汗[1]则说，用人就是要用那些意志力顽强的人。

正所谓条条大路通罗马，无论是刘伯温、王阳明、成吉思汗，还是张居正，都靠善用人的艺术，博取了一片属于他们自己的天空。

智惩云南王

对违法乱纪的官员，张居正从不手软。因为他知道，制定法律就要执行，倘若有人违法未受到惩处，那他的政策、法律将是一纸空文，受人耻笑。

张居正不但对违法的普通官员施以正义之手，即使是功勋卓著、不可一世的封疆大吏，张居正也会把正义之剑放到他的脖子上。第八代黔国公沐朝弼就可以现身说法。

沐朝弼是明帝国开国名将、朱元璋的义子沐英的第八世孙。沐家世代镇守云南，是中央政府和百姓眼中的云南王。沐朝弼很能打，为中央政府稳定南方做出过卓越贡献，但此人的个人道德水准实在令人作呕。首先他是个不孝子，对母亲非打即骂；另外有乱伦之罪，奸污了嫂子，夺了兄弟的财产。更要命的是，他私藏叛贼，中央政府受到举报后，派人来查，他居然动用军队向特派员示威，还违反王爷守则，用调兵符擅自调动军队。

中央政府对他的忍耐已到极限，纷纷请求朱翊钧严厉惩处沐朝弼。朱翊钧听说家族中出了这么个混账玩意儿，大怒若狂，要张居正拟旨，取消沐朝弼的爵位，押到京城等候发落。

李太后看张居正不发一言，就知道这不是件容易办的事。她明知故问："张先生，是否有为难之处？"

张居正沉吟半晌，却抛出另外一个话题："我突然想到当年的朱宸濠。"

朱翊钧不知道朱宸濠是谁，去看冯保。冯保解说道："朱宸濠是武宗正德皇帝（朱厚照）时的宁王，是个叛贼。如果不是王阳明及时平叛，哎，真不好说呢。"

李太后轻轻"哦"了一声，她知道张居正不会没有理由地提朱宸濠，所以她想听下去。张居正得到了李太后的暗示，侃侃道："朱宸濠造反，因为有一支

[1] 成吉思汗，原名孛儿只斤·铁木真，蒙古帝国的建立者，世界史上杰出的政治家、军事家。其生平事迹，详见度阴山著《成吉思汗：意志征服世界》。

骁勇善战的军队，现在，沐朝弼也有。遗憾的是，朱宸濠造反时有王阳明，现在却没有。如果这件事处理不好，就会引起大祸。”

朱翊钧急了：“那就不处置这个家伙了吗？”

张居正斩钉截铁：“当然要处置，法律面前人人平等，不能因为他是王爷，也不能因为他手里有军队，就姑息他。”

朱翊钧看了看母后，又看向张居正：“张先生，那就拟旨吧。”

张居正不发话，冯保提醒朱翊钧：“万一沐朝弼接到圣旨叛乱，怎么办？”

“呃！”朱翊钧没有想到，或者说他认为这不可能，“他敢造反？反了他啦！”

张居正说话了：“他当然敢，因为他是王爷，是皇族。政府派人去拿他，他可以说这是您朱家的事。这是个两难，纵然把沐朝弼拿下，该如何处置，是按您家族的规矩还是按法律？臣不知皇上怎么想。”

李太后心里不禁惊呼一声：“想不到张居正的为难却在这里，由此也看出张居正的老谋深算！”

的确，沐朝弼虽不姓朱，其祖宗却是朱元璋的义子，也算是半个朱家人，其违法犯纪可以看作是家事。多年来，王爷们犯错，都会面临这样的问题。皇上如果英明，会按法律办事；倘若昏聩或者重了亲情，那就拖泥带水，最后不了了之。张居正担心的是，拿了沐朝弼后，万一其不受到应得的处分，他如何向政府交代。

李太后定了定神，正色道：“张先生尽管全心全意去做，我和皇上无条件地支持你。”

张居正抖擞精神道：“臣已想好了策略。沐朝弼虽然目无法纪，可他儿子却是有良知之人，懂得进退取舍之道。皇上先颁圣旨，将黔国公爵位授予沐朝弼之子，然后再逮捕沐朝弼。我相信，即使沐朝弼要造反，他儿子绝不会同意。如果沐朝弼真的大逆不道，那他儿子必会大义灭亲。”

李太后心里叫了声“好”。

张居正又说道：“不过押沐朝弼来北京，大可不必。沐朝弼手下将士众多，肯定有死士，来京路途遥远，我担心会有不测之变。不如押他到离云南相对近的南京软禁。”

李太后频频点头：“张先生算无遗策，真是我大明之福。”

朱翊钧站起来：“张先生，那就去办吧。”

张居正料得万无一失，沐朝弼的儿子一得圣旨，马上掌控云南军权，沐朝弼纵然想有所动作，手中已无军队。他只好在儿子和中央政府特派员的双重押送下，颓唐地离开云南，抵达南京。他将在这里度过孤独的余生，是他为挑战张居正所代表的大明帝国权威付出的昂贵代价。

不是每件事都这样顺手，越大的人物做事所遇到的障碍越多。

第六章
刘台事件

张进事件

1575年马上要来临时，张居正正在北京城内阁中踌躇满志，一场风暴已在遥远的南京酝酿开来。这场风暴的尖兵叫张进，是个太监。几个月前，他被冯保从北京调到南京，负责监督南京守备（军政一把手）申信。说是监督，其实是扯淡。张进和申信亲如兄弟，所以申信在权力范围内可以为所欲为。而为了回报张进，张进在南京也是趾高气扬。

春节前三天，张进在南京最高档的酒馆里喝酒。他酒量一向不好，但喜欢喝。一喝就多，一多就耍酒疯，人尽皆知。那天晚上，张进喝得里倒歪斜，在酒馆里耍起了酒疯。很不凑巧，隔壁包间里也有几个人在喝酒，听得隔壁大喊大叫，就推开了门。其中一个喝成猴屁股的人还没看清张进的模样，就被张进一脚踢了出来。

张进是何等人，冯保的得意下属，向来是嚣张跋扈，喜欢痛打落水狗的，所以就上前连踢带踹，把那人打了个半死。

第二天早上酒醒后，张进隐约记得昨天耍酒疯时，有人大喊一个人名“王颐”。想到这里，他不禁哆嗦了一下，慌忙叫来跟班，喷着满口的酒气问：“昨天咱们见到那个狗屁言官王颐了？”

跟班回答：“是的。”

张进紧张起来：“这鸟言官时刻找我麻烦，难道我昨天耍酒疯被他撞见了？”

跟班说：“岂止是看见，而且他还亲身经历了。”

“什么意思？他当时在干啥？”

“他当时在您威武的脚丫子下，哭爹喊娘。”

像一柄刺刀突然刺进张进的胸膛，他“哎哟”了一声：“难道我昨天耍酒疯揍的人正是王颐？”

跟班像是自己的学生答对了问题，兴奋说道：“公公太聪明啦！”

张进向后便倒，在众多跟班又是掐人中，又是泼凉水的帮助下，他才悠悠苏醒，扼腕道：“完蛋了，我闯下大祸了。”

众跟班说：“公公您在南京天下无敌，还怕他不成？”

张进“呸”了他们一口：“你们懂个屁，来南京之前，冯公公千叮咛万嘱咐，说张首辅正在和官员们作对，叫我万不可得罪那群官员，尤其是言官。否则，他们攻击冯公公，张首辅就大大的为难了。”

跟班们意识到问题的严重，急忙为张进出谋划策，最后也没有拿出可行的办法，张进只好去找申信。

申信坐在办公桌后，哭丧着脸，一见张进来，跳起来指着张进的鼻子：“你闯下大祸了，南京的言官倾巢出动，都在弹劾你和我呢！”

张进先抖了一会儿，很为自己之前的表现羞愧。他站直了身子，昨夜的酒劲还未彻底过去，扯开嗓子：“我不怕他们，你也不要怕，有冯公公在。对了，揍人是我一人的事，他们为何要弹劾你？”

申信鼻子气得一歪一歪的：“他们说你和我穿一条裤子，只搞掉你不足以平民愤，还要拉我垫背！”

张进冷笑：“什么狗屁民愤，还不是他们这些官员的愤！”

申信如霜打的茄子：“你赶紧给冯公公写信求救啊。”

张进寻了个椅子，安稳地坐下去：“你慌什么，听天由命吧。”

张进的命很好，就因为他的大树是冯保。一大堆弹劾书从南京抵达北京后，内阁会议马上召开。吕调阳对太监向来无好感，坚持要从严处置张进。张居正一言不发。吕调阳偷偷观察了下张居正的脸色，立即意识到自己有原则性错误，急忙纠正：“张进大概有错，可那群言官也是添油加醋。”

张居正还是不发一言，吕调阳小心翼翼地问道：“皇上是什么意思？”

张居正继续沉默，许久才缓缓开口：“皇上把弹劾书交给咱们，可见这是件小事，我们自行处理就好。”

吕调阳张了张嘴，欲言又止。

张居正像是对吕调阳说，又像是自言自语："先放一放再说。"

他想放一放，可言官们绝不可能同意。北京的言官赵参鲁最先发难，指控张进和申信在南京的罪行，并请皇上严惩这两人，以泄全体官员之气。

张居正气得鼻子都歪了，因为赵参鲁是他的学生。

朱翊钧看着赵参鲁的弹劾书，问张居正："此事该如何处理？"

张居正早就有了计划。他不能处罚张进，因为张进是冯保的人，处罚张进就是打狗不看主人。他执政以来的方略之一，就是拉拢冯保，让冯保走只属于他自己该走的那条路。

实话实说，冯保应该是太监中最有良知的。张居正还清楚地记得自己刚执政时，常常把某些地方出现的祥瑞以诗歌形式献给朱翊钧和李太后，朱翊钧和李太后很高兴。冯保却不高兴，他批评张居正："你这样做不是蒙蔽皇上和李太后吗？这都是虚架子，有什么用？"

张居正当时万分惊骇，看着冯保那张白胖的脸，很想上去亲一下。从这点而言，他对冯保还有敬佩之意。执政这几年来，冯保异常严厉，把内廷管理得井井有条，居然有很多太监都憎恨冯保。冯保对他张居正的帮助是责无旁贷的，张居正执政后，冯保管辖的东厂其实已成了张居正的东厂，张居正要调查任何事，东厂都随叫随到。

有时候，张居正会想，不是自己的手腕有多厉害，而是目标冯保有良知。他如果遇到王振、刘瑾那样的太监，纵然手腕比天高，恐怕也束手无策。

所以，他有责任和义务保护冯保，保护冯保，就是保护大明帝国。当朱翊钧问他如何解决张进事件时，他毫不犹豫地回答："赵参鲁空穴来风，无中生有，应该将他贬出中央。"

站在朱翊钧身旁的冯保露出个不易察觉的微笑，李太后默不作声。

朱翊钧呆呆地看着赵参鲁的弹劾书，说："那就依张先生的。"又问，"张进醉酒打人一事，可调查过？是否属实？"

张居正缓缓回道："张进这厮酒品奇差是真，所以在南京很不受言官们的待见。但他和王颐早有私人恩怨，这只是个平常的治安案件，根本谈不上太监滥权。言官们虚张声势，上纲上线是他们的恶习，皇上不必在意这些小事。"

"治安案件。"李太后杏眼流转，"好，张先生看问题果然犀利。"

张居正谢了李太后，又不动声色地说了下面这段话："当然，这件事也不能怪言官们上纲上线。从前，太监嚣张跋扈的事例不少，干预朝政也很多，言官们是‘一朝被蛇咬，十年怕井绳’，特别担心从前的噩梦卷土重来。要堵住他们的嘴其实再简单不过，只要冯公公严加管束下属，他们就没话说了。”

冯保紧张起来，脸色微变。张居正又及时地补充道：“当然，现在内廷在冯公公的管理下，安分守己，风平浪静，已得到官员们的认可，这都是冯公公的功劳。”

冯保长舒一口气，感激地偷看了张居正一眼。

赵参鲁第二天被贬为江西高安典史（县长助理），北京言官们大哗，一场暴风正在不可遏制地酝酿。

南京的流言

北京刑部言官郑岳、浙江道御史麻永吉联合上疏，不指控张居正而指控冯保包庇犯罪。冯保气急败坏。张居正用强力手腕将两人予以罚薪的处分。郑岳和麻永吉没说什么。可冯保不干了，他请张居正严厉惩处这两个嘴巴犯贱的官员。

张居正看着冯保愤怒的胖脸，高深莫测地说道：“再严厉点，恐怕不好收场。”

冯保一愣：“怎么不好收场？”

张居正平心静气，像是唠家常：“冯公公，我在皇上面前说的那些话，处处都在维护您，相信您也听出来了。但事实到底是什么样，您我心知肚明，南京言官也明白，张进更是明白。”

冯保皱起眉头：“张先生这话，我真是不懂啊。”

张居正笑了笑，沉吟一会儿说道：“张进岂止是酒品不好？您派他到南京，本是内廷公干，也是内廷多年来形成的制度。但据我所知，张进还有许多违法犯纪的行径。还是我在朝堂上说的那句话，要堵住言官的嘴，就什么都不要做。”

冯保没说话。张居正语重心长道：“冯公公，您本人的德才是没话说的。而且您的属下在您面前奉公守法，这也是皇上、太后和百官都见到的。可问题是，现在的人当着您面是一套，离开您到地方上去又是另一套。您这只老虎是慈悲的，那群狐狸却仗着您的权威为非作歹。您鞭长莫及，连知道都困难，何况管？”

冯保很感动：“张先生，领导不好当啊。”

“好当！”张居正趁势说道，“只要您严加管束，立下自己的规矩，别让太监干预政府事务，别轻易派太监出使，您这个领导可以垂衣而治，高枕无忧。”

冯保尴尬地笑了：“张先生在这里等着我呢。”

张居正也赔笑，敛容正色道：“我还是那句话，皇上年幼，国家全靠您我二人，倘若您我不能合作，那不是正给了那群官员攻击的机会？您好，我就好；我好，您也好。”

这最后一句话不禁让冯保胡思乱想起来。的确，张居正好，他就好，如果张居正不妙，他这个内廷就会风雨飘摇。两人是一根线上的蚂蚱，必须要通力合作，不能有一点嫌隙。

他同意了张居正的建议，重申当初对张居正的承诺：不但自己不干预朝政，也严格约束下属不和政府官员有来往。

张居正对冯保的保证是满意的，不过脸上的乌云并未消散，他知道，这件事还没完。

果然是不可能这样完的，南京城很快就流言四起。有流言说，张居正和冯保是一丘之貉，张居正经常给冯保送礼，张居正活得是特别窝囊的，自己特别喜欢的古董，只能忍痛给冯保，目的就是当初他的上台是拜冯保所赐，现在是报恩、又是拉拢。

更有一种流言莫名其妙，这种流言说，张居正和高拱关系密切，是高拱的忠诚走狗。高拱当年对皇上不敬，张居正也不会尊敬到哪里去，迟早会有冒犯圣颜的那天，这种人不宜留，不宜用。

对流言蜚语，张居正一向是等闲视之。可南京方面的流言太厉害了，已经传到北京。张居正无奈之下，只好放下架子，向南京都察院的长官写信辩解。他说：“张进酒后打人一事，只是治安案件，和内廷、外廷根本扯不上关系。这种小事，张进和被打的人完全可以私下调解。皇上处理那几名言官，也是依法办理，并无出格之处。言官见风就是雨，想引起皇上的注意，这本身就不配做言官。”

张居正还说：“我和冯公公之间并无深刻的私交，真有交集，也是为国家政务。至于我给他送礼，实在是胡说八道。我的俸禄有限，又拒绝收贿，昂贵的礼物从何而来？”

张居正的解释无济于事，流言纷纷，漂洋过海，简直要传到北极去。

流言固能杀人，但杀的人都是意志力薄弱的废物，流言杀不了张居正。隐藏着的反张居正力量认为还是该真刀实枪对付张居正。因为一个太监，张居正被推上了被攻击的擂台。

余懋学出招

余懋学是江西婺源人，脾气臭得一塌糊涂。只要遇见不平事，马上撸胳膊挽袖子就要上阵，嘴上也没有道德，所以获取了“快人快语”的名气。

张居正促成俺答汗封贡的1568年，余懋学中进士，在地方担任官职几年，把当地的官员全部得罪。在无数人的围攻下，余懋学被贬到南京户科做言官。

张进事件发生时，余懋学没有动静，大概是多年来快人快语的行为给他带来了很多不便，所以他长了记性。可张进事件不了了之后，他耐不住冲动，终于秉性复兴，把一肚子不忿咆哮到纸上，传送中央政府。

余懋学攻击的不是张居正本人，而是考成法。他说，实行考成法后的确很有成效，大小臣工，精神奉职。可是，为政太严，法规太密，会让官民动辄得罪，谨小慎微，丧失生气。所以他以为，考成法固然提高了行政效率，却伤害了国家的“元气”。权衡之下，应该废除考成法，而用他的方法代替考成法。这种方法就是：要求官吏百姓守大节就是了，不必计较他们的微小过失。他认为，政令应该是忠厚的，不该如考成法那样严苛急躁。

余懋学的主张是古典儒家“宽简”主张，乍一看，好像还有阳明学的思想。它把希望寄托在官吏百姓的道德修养上，自动自发地去致良知，遵守法令。这样一来，外在的严密法规就成了摆设。可问题就在这里，没有人愿意自动自发去致良知。官员们违法乱纪，推诿塞责已成常态，仅仅靠道德说服教育无济于事，必须要有严格的督促和检查，否则，整个国家就会毁在这群王八蛋手里。

张居正也承认致良知的重要性，可在致良知之外，必须要有外在的约束。王阳明也是承认这点的，所以他才苦口婆心叮嘱弟子们，要严格遵守法律，因为那些法律都是在大多数人认可的前提下被制定出来的，制定这些法律的人本身就在致良知。

张居正看到这里，心里失笑道：“这是愚蠢书生之见。”

再接着往下看，他就笑不出来了。余懋学说：“当今天下，有太多人谄媚张居正和冯保。无论是边防有了胜仗，还是完成了国家工程，论功行赏时，六部长官总是把张居正、冯保列在首位，赞颂他们指挥有方，为他们请求奖赏。”

余懋学认为，内阁、司礼监作为内外最高机构自有贡献，应该给予实事求是的评价，但不能把所有功劳都往这两个部门的领导人脑袋上扣，弄不好会让他们得颈椎病。况且，长此以往，受吹捧者一旦习惯了阿谀奉承之词，就会骄傲起来，再也听不得逆耳之言。有识之士看不惯这种肉麻，会鄙视受吹捧者，那受吹捧者的威信终究会一落千丈。

张居正震怒，因为余懋学说的是事实，这几年来，他的确收获了无数的谄媚。他其实另有想法：集权于内阁，就要把内阁打造成不可侵犯的圣地，他是圣地的主人，必要收获权威和鲜花，这没有什么。

余懋学的结局可想而知：革职为民，永不叙用。

余懋学掀起的风浪不大，更大的风浪在后面，这就是刘台事件。

刘台越权报捷

1575年冬，辽东暴雪狂风，如关羽砍人时的青龙偃月刀。总兵李成梁站在沈阳城上，眯起双眼，瑟瑟发抖地盯着西北高地上的敌人。

敌人是土蛮三大部之首的泰宁部首领绰哈。他本不该在沈阳城，几天前，这位套马的汉子领勇士二万人，从明帝国新筑的平南堡南下，李成梁得到情报后，命令一支偏师驰击。这支偏师配备现代化火器，绰哈慌忙躲闪，不知什么原因，就躲闪到了李成梁的大本营沈阳城下来。

绰哈是战场老手，懂得排兵布阵，一见沈阳城难以攻下，立即占据城外西北高地，想以逸待劳，顺便困住沈阳城。李成梁对这种小伎俩嗤之以鼻，推出城外十尊铜炮，黑洞洞的炮口对准了绰哈。

李成梁自被张居正弄到辽东后，屡立战功，军事才能固然是一方面，张居正竭尽全力支持他的那些火器也功不可没。特别是如巨兽般的铜炮，威力惊人，一炮过去，无论坚石硬铁，都成粉末，让草原人们闻风丧胆。

李成梁先派使者去劝降，绰哈把使者的人头送了回来。李成梁大怒，命令十尊大炮依此向西北高地开火。顷刻，那片高地便化成废墟。

对这种暴力拆迁行径，绰哈唯一能做的就是溃逃。他一逃，李成梁就大开城门，放出早已磨刀霍霍装备火器的轻骑兵追击。绰哈没命地逃，逃到一条河边时，他气急败坏地吼起来：“天亡我也！”

众人齐看，果然是天要亡他们：严寒之下，那条河居然未结冰！他们只有两个选择，要么忍受寒冷渡河，要么站在河边等着李成梁轻骑兵用火枪揍他们。最后他们选择第一条路，咬牙渡河。绰哈虽然渡过了河，但几乎成了冰棍，他的手下淹死在河里数以千计，被火枪穿膛的也以千计。

这就是绰哈之役，据李成梁说，他未损一兵一卒，杀敌千余人。这个捷报实在是把中国人的心都振奋碎了。辽东巡抚张学颜手舞足蹈地写报捷书，这是他的职责，也是他的特权。就当他在万分激动地写报捷书时，有人也在写，而且写的是同一个捷报。此人就是辽东巡按御史刘台。

刘台阁下写捷报的第一个字时，绝不会知道，他很快将在青史留下大名。刘台自走出老家四川巴县的穷山沟，在1571年高中进士后，就无时无刻不在渴望青史留名。他的运气也特别好，中进士那年，主考官是张居正。更让他运气蒸蒸的是，张居正执政后，他竟然被分配到张居正老家江陵做县令。

这是否为张居正的特意安排，已不得而知。总之，刘台在万人垂涎中去了江陵。一到江陵，刘台就使尽浑身解数，做张居正老爹张文明的坚定谄媚者。刘台嘴甜懂事，把张文明哄得神魂颠倒。

当然，他也不是全靠嘴，张文明喜欢看得见摸得着的实惠，刘台就处心积虑为张文明贡献实惠。张家本来有超级豪宅，可张文明认为太拥挤，刘台急忙为张老爷子寻找宅基地。有一天，他花枝招展地跑进张老爷子家，神神秘秘地说：“老太爷，有个地方太棒了，能建个紫禁城。”

张文明眼睛放光，说：“什么地方？”

刘台指着城外说：“那片江滩地啊。”

江陵城外的那片江滩地形成于十几年前的长江改道。长江改道后，原来的河道就形成了肥沃的土地。按传统，这些江滩地都归国家所有。张文明可从未想过要拿国家的东西，他训斥刘台：“你这是扯淡！我真把房子建那上面，万一政府来要地，非强拆我的房屋不可！”

刘台胁肩谄笑了好大一会儿，说：“老太爷哟，您真是聪明一世糊涂一时。您想啊，这么多年政府都没有宣称那块土地是它的，也就是说，它是无主土地啊。”

张文明捋了捋稀疏的胡须说：“你看，你都说是无主土地，那就不是我的，我怎么去那上面建房？”

刘台笑得如同一朵绽放的向日葵：“这还不简单，您就瞧好吧。”

张文明当然垂涎那片土地，可他还是有些分寸，但听刘台如此信誓旦旦，不禁勾起他强烈的欲望。他要刘台说出计划，刘台卖起了关子，敷衍了几句，最后扭着腰离开，说："我要给您个惊喜！"

惊喜在第二天就来了，一大早，张文明还在做美梦，就听得锣鼓喧天。仆人匆忙进来说："刘县令来了。"

张文明跳起来："这个小畜生一大早就打扰我的清梦，他来干甚？！"

仆人还未回话，刘台已在院子外扯着脖子喊起来："老太爷，祖宗，我把您丢的东西找回来啦。"

张文明满面怒容地小跑出来。刘台一见，忙举起一张盖着大印的纸，扑通跪到地上，喊着："老爷子，您丢的那片江滩地被我找回来啦。"

张文明莫名其妙，抢过刘台高举的那张纸，大致一看，心里乐开了花。原来，那张纸上写明了那片江滩地的所有人是张文明。刘台前一天急急跑回衙门，出了一道失物招领的榜，榜上说："谁是那片江滩地的主人？赶紧来认领，逾期不候。"

刘台对张文明说："真是众望所归，榜才贴出去，就有无数百姓来衙门喊叫，那块地是您的。"

张文明乐得五官挤到一块，急忙把刘台扶起，说了句："小刘好。"刘台马上回答："老太爷好！"张文明感激地拍着刘台的肩膀："小刘辛苦了。"刘台扯起嗓子喊："为老太爷服务！"

当张家更大的宅子在那片江滩地渐渐而起时，张文明问身边像狗一样的刘台："小刘啊，你为我们张家做了不少事，我总想报答你呢。"

刘台一个趔趄，跪倒在地，声音哽咽："您这话说的，为您服务是我刘台娘胎里带来的义务。张阁老可是我恩师，咱张家的事，我义不容辞！"

张文明就喜欢刘台这种赤裸裸的谄媚，他给张居正写信道："刘台这孩子真不错！"

很快，刘台就被调回中央政府当了御史。很多人认为，张居正就是凭老爹的这句话提拔了刘台，那可真是小看了张居正。刘台这人不但是谄媚高手，而且的确精明能干，张居正是在遵循考成法的前提下，才提拔的刘台。

刘台做了御史后，除了不露痕迹地拍张居正马屁外，更加努力工作。他以御史身份到处巡视，成绩出色，博取了张居正的欢心。张居正把他当成自己最好的学生，刘台也在心中把张居正当成他最贵的贵人。

大概是被张居正赞赏有加，因而非常得意，忘了做事的分寸，所以当李成梁打败绰哈后，他在辽东迫不及待地给中央政府写了捷报书。

张居正先得到刘台的捷报奏章，看了几眼，心花怒放，看完之后就拍案而起，怒道："刘台这浑小子好大胆，居然敢越权行事！"

张居正这话必须注解一下。巡按是监督地方行政官员的，它绝不允许过问军事，而巡抚恰好相反，只能过问军事。张居正所以怒，是因为和军事有关的捷报书应该由巡抚张学颜来写，而不是巡按刘台。

张居正发了一通火后，立即去信训斥刘台。似乎说得不太客气，刘台多年来一直被人捧着，已养成了强烈的自尊心，一看到张居正臭骂自己的信，哇呀号叫起来。

其实也怪不得刘台号叫，1575年的张居正已变得刻薄冷酷，对任何人都端着唯我独尊的架子，非但听不进别人的意见，对别人的小错误更是丝毫不能容忍。所以他骂刘台的话肯定很难听，而且他认为这是天经地义的。

另外一点，刘台就没认为自己越权。他琢磨不明白，张学颜是御史，他也是御史，为什么张学颜就有资格上捷报书，而他就得把嘴巴闭起来？

在滴水成冰的辽东，刘台把张居正的信揉成团，摔到地上，狠狠地踩，踩了一万脚。最后，他坐到桌子前，给张居正回了封信。

这封信的开头是强硬而无理的，写到一半，他情绪稳定下来，回头一看，不禁冷汗直冒。如果这封信真的寄出去，脑袋可就要和脖子说再见了。他撕得粉碎，重新写了一封，这封信的措辞和语调是平和的。他想请张居正回答一个问题：为什么他这个巡按御史就不能写捷报书？

张居正一看到刘台的信，暴跳如雷，恨不得立刻把刘台从辽东拉回来扔进监狱。但当他心情平复后，冷静地给刘台写了回信。他先说了制度对巡按和巡抚的责权规定，然后说："你写捷报书表面看没有干涉到军队指挥官的事务，可这种事就怕天长日久。今天捷报书归你管，明天调动兵马又归你管，后天呢，也许你就指挥战役了。御史的职责是看和说，而不是做。"

这封信才写出去，张居正越想越气，刘台是他重点培养的学生，想不到在这种事上疏忽大意，还装成无辜的样子，必须要给他点惩戒，否则将来成不了气候。想到这点，他就跑去找皇帝朱翊钧，要朱翊钧下旨训斥刘台。这是个非同小可的惩罚，被皇帝训斥，那比被人脱光衣服扔到大街上还难堪！

刘台在心里种上了必将发芽的刻骨仇恨张居正的种子，而且他不是那种能忍辱负重十年报仇的人，他的人生观就是："我不记仇，因为有仇的话，我很快就会报！"

傅应祯先出手

刘台根本没来得及向张居正报仇，有一人已跑到他前面，对张居正发出他所谓的正义之箭。此人叫傅应祯，江西人，和刘台是同年，当然也就是张居正的学生。傅应祯有头脑，办事干练，很快被升为御史。他同时也有颗菩萨心肠，对和自己友善的同僚永远和颜悦色，并肯出手相帮。

张居正推出考成法后，一批批不合格的官员被赶出官场。傅应祯眼见同仁纷纷落马，整日以泪洗面，每当他想起张老师时，眼前就是一黑山老妖的模样。他决心担当起拯救苍生的重任，抱着"我不下地狱谁下地狱"的悲壮心态，给朱翊钧上了一道奏疏。他说："张居正的考成法执事太严，时政苛猛，官不聊生。"他还说，"张居正就是说出'人言不足恤，天变不足畏，祖宗不足法'的王安石。王安石变法，北宋很快灭亡；张居正出考成法，我大明帝国要走北宋的老路了！"

傅应祯上完这道奏疏，就悲情地站在宫门外，跳着脚驱赶严寒，等着受处置。想不到，太监特意出来对他说："赶紧回家过年去吧，皇上和张阁老都懒得理你。"

傅应祯没有做成烈士，顿时如遭了瘟一样。第二天就听说张居正看了他的奏疏后，嗤之以鼻，并且恶毒地评价他的奏疏为"老儒臭腐之迂谈"。

傅应祯气得眼含热泪，哆嗦着手铺开纸，决心让张居正尝尝他这个"老儒臭腐"的威力。攻击张居正本人，这不是傅应祯的作风，在他的道德观念中，搞个人攻击是下三烂，君子不为，他要攻击的还是张居正的考成法。第一次攻击张居正考成法，他是说官不聊生。后来一想，让官员痛不欲生正是张居正乐不可支的。这一次攻击，傅应祯换了个说法，他把官不聊生改成了民不聊生：被考成法逼迫的地方官员追缴欠税，把百姓逼得死去活来，长久下去，江山不稳，社稷不保。

张居正这回是真怒了："傅应祯果然老儒臭腐！欠税者都是地主豪强，他哪只眼睛看到普通百姓死去活来了？我所做的一切就是为天下苍生，他竟然说我误了苍生，真是满嘴喷粪！"

1576年春节，傅应祯终于做成言官们心目中的英雄：发配边疆充军。这还不算完，张居正又放出话去："傅应祯不是一个人在战斗，他必有个小团伙。我要把这个小团伙揪出来，严惩不贷！”

朝臣惶惑，有人已准备举报别人，以保住自己。还有人比这种人还快，正走在通往张居正家的路上。刘台坐在北京城中他的寓所里，怒目圆睁，恨不得把窗外的雪花活活盯死。不熟悉刘台的人以为他在愤怒，其实他在害怕。他每次害怕时都是愤怒的模样，而愤怒时却是一副弥勒佛模样。

几天前，他从辽东回北京，以前出差回来的第一件事就是去拜访张居正，然后才去述职。可这次，他述职完毕，就跑回家窝了起来。听说傅应祯指控张居正，他看了会儿热闹，然后摇了摇头说：“腐儒之言，成不了气候。”果然，傅应祯被拿下。正当他沾沾自喜于自己的先见之明时，张居正突然放出了那段话，刘台就恐惧起来。

其实，刘台不是傅应祯团伙的人，可他和傅应祯是同年，以前又走得很近。刘台本来就揣了颗要对张居正复仇的心，张居正这一发话，他做贼心虚，马上想到：这会不会是张居正想搞他？

这种思路一发散出去，他有了“疑邻盗斧”的心，处处发现张居正就是准备搞他。刘台越想越害怕，突然狂吼一声，冲到桌前，提起笔来，咬牙切齿道：“先下手为强！姓张的，别怪我心狠，老子我要一击命中，把你搞掉，一炮而红！”

刘台的指控

元宵节那天夜里，京城火树银花，热闹异常。张居正在自家的院里仰头看满天的烟花，心满意足地笑了。执政近四年，国库渐盈，百姓歌舞升平，没有比这个更能让他开心的了。漫天的烟花渐渐隐没，他突然感觉很累，想去休息，又想到还有很多公务要处理，于是打起精神走进书房，批阅起文件。

不知什么时候，他恍恍惚惚地进入梦境。这是个可怕的梦境，他孤独地走在悬崖边，前面一头狼，后面一只猛虎，都准备吃掉他。他跑不起来，如陷在泥潭中，正当老虎和饿狼张开大口同时扑向他时，他大叫一声惊醒。

雪花拍打着窗纸，发出脆响，门外是片清平世界。去内阁的路上，张居正思想着那个梦，直到坐进首辅的椅子上，他还有些茫然若失。

恍惚中，他听到一声刺耳的咳嗽。他从心不在焉的状态中醒转，眼前出现了一张神色凝重的脸——吕调阳！

张居正很纳闷，自他和吕调阳相熟以来，从未见过吕调阳这种脸色。

“怎么了？”他问。

“您还不知？”吕调阳反问。

“到底什么事？”张居正加重语气。

吕调阳不再说话，把手上的一道折子送到他手里。

“这是什么？”

“刘台弹劾你的奏疏。”

“什么？！”张居正不敢相信自己的耳朵，“你说什么？刘台？！”

“对！”吕调阳不紧不慢地回道，“您的学生御史刘台。”

张居正直勾勾地看着吕调阳，好像吕调阳刚从棺材里跳出来一样。很久，他才把眼光投向手上的折子，翻到最后打开，署名是：刘台。

张居正的手不易察觉地哆嗦了一下，嘴唇颤着，看着吕调阳，像是发现了恐怖外星人一样：“真是他！”

吕调阳眨了眨眼，点了点头。

张居正呻吟了一声，用一只手扶住椅子的扶手，开始喘息。吕调阳慌忙站起来，要去扶他。张居正猛地伸出大手示意他：“不必！”

窗外的雪猛地大起来，内阁中的空气停滞不流。许久，张居正在椅子上重新坐正了，但胸口仍在起伏：“我倒要看看他说了什么！”

刘台说了很多，只为一个思想服务：张居正该死。

第一段就迅速进入高潮：“臣听说进言者都希望陛下做尧舜之君，可从没听说有人劝宰辅当舜时的名臣皋陶、夔。为什么呢？因为陛下有纳谏之明，而宰辅没有容言之量也。”

张居正气得怪叫一声：“孽畜！孽畜！”

一面骂一面接着看：“当初本朝太祖洪武皇帝（朱元璋）鉴于前代的失误，不设丞相，朝廷政务由部院负责，做到各种势力互相平衡，职责也一清二楚。成祖永乐皇帝（朱棣）开始设内阁，参预机务。当时，内阁大学士的官阶并不高，没有擅权专断的问题。二百年来，纵然有擅作威福的大学士，也都小心翼翼地回避宰相之名而不敢自居，因为有祖宗之法在。可现在的首席大学士张居正俨然以宰相自居，自高拱被逐，擅作威福已有三四年了，谏言每当因事论及，他就说：‘我遵守祖宗法度！’臣请陛下以祖宗之法正之，取消他的宰相特权！”

张居正冷笑数声，骂道：“迂腐寡陋至极，他应该再回学堂好好读书！”

他看了一眼吕调阳，以自我辩护的口吻说道，“太祖杀宰相胡惟庸废宰相的两个月后，就任命老臣王本等四人为辅官。这四人的职责是‘协赞政事，均调四时’，两年后，太祖又仿照两宋政制，设置大学士四人，他们的职责是‘详看诸司奏启，兼司平驳’。成祖特意设置内阁，招揽大学士入阁办事，并对大学士们说：‘你们的建议不在六部尚书下，所以要知无不言。’这足以说明，内阁大学士虽无宰相之实，已有宰相之权。二百余年来，哪一届大学士不是如此？在既成事实面前，他刘台难道是瞎子吗？”

吕调阳不置可否。事实上，明朝的大学士还真不是宰相。宰相有发布政策的权力，内阁大学士没有。但正如张居正所说，由于大学士靠近皇上，虽无法律地位，却有黑市地位，这已成了整个帝国的共识，刘台简直就是在胡闹。

张居正似乎没想让吕调阳说话的意思，敲打着刘台的奏疏说：“他说我‘俨然以宰相自居’，有什么证据吗？空洞无物，穷嚼蛆！”

吕调阳终于说了句话：“张阁老，刘台这厮胡说八道，您别生气。下面的话，你就别看了，没有意义。”

这时，门被轻轻推开，一个风流洒脱的人走进来。张居正不必抬眼，就知道是入阁不到半年的张四维。张四维办事干练，而且对任何事都胸有成竹，很得张居正的欢心。

他一进来，张居正就看着奏疏笑了：“正说到你，你就到了。”

张四维莫名其妙，吕调阳指着张居正手中的奏疏说：“刘台弹劾张阁老的奏疏。”

张四维失声叫起来：“什么？张阁老的学生刘台？！”

张居正不管张四维的大惊小怪，念出声来：“祖宗之朝，凡是提拔内阁阁臣，六部长官，无不用廷推之法。现在张居正私自荐用张四维，张四维在翰林院被弹劾批评已是家常便饭，他到翰林院时，也没有经过庶吉士的实习期。张四维的为人，张居正已谙熟于心，既然知道又不顾舆论任用他，正是因为张四维善于机权，工于心计，多有后台支持。居正自思年老，旦暮不测，任用张四维，无非是想为身后有个托付而已。”

读到这里，张居正停了下来，一双锐利的眼睛盯住张四维：“他说你善于机权，工于心计。”

张四维早已满头大汗，嗫嚅着：“刘台这张臭嘴，我对阁老您可是忠心耿耿啊！”

张居正打断他，继续读下去：“张居正又私自荐用张瀚，张瀚生平没有丝毫善迹，担任陕西巡抚期间，贪名远播，现在成了吏部尚书，对居正唯唯诺诺，如同走狗，每当官缺，必请命于居正……”

“哈哈！”张居正居然开心地一笑，看了吕调阳和张四维一眼说：“张公若听到这话，不知作何感想！”吕、张二人尴尬地笑着。

张居正指点着奏疏说：“刘台这是说我用人不当，表面看是骂张瀚和你张四维，其实在骂我。”又看向奏疏，快速扫了下面一段，说，“他终于攻击考成法了，你们听：居正用考成法，独揽人事权和检察权，整个政府官员都被他牢牢掌控，连言官们也要拱手听令，祖宗之朝何曾有过？”

张四维勇敢地发言：“考成法已被众多官员认可，刘台这是逆水行舟。”

张居正摇头笑道：“你以为他们不知考成法会让政府效率提高？他们这是对人不对事，只要他们看你顺眼，你就算是圣贤，也会被他们批得体无完肤。他们长了一张嘴，真是人间不幸事。”

“居正摧残言官，仇恨正士，祖宗之朝有过这样的人吗？”张居正读到这里，不禁冷笑，“他这是要为那群迂腐之徒和穷嚼蛆的人鸣不平呢。”

张四维见张居正神经慢慢松弛，所以说起了俏皮话：“张阁老，他一弹劾你擅作威福，二弹劾你滥用人，三弹劾你考成法，还有第四、第五吗？”

“有啊，你听着。更为讨宠后宫，遇陛下恩赐，就装腔作势，推托辞让，真是贻笑大方。”

吕调阳脱口而出四个字：“刘台无耻！”

“这段更有意思，你们听。为了抢夺田宅，诬陷辽王以重罪而夺其府地，现在张家在湖北江陵高楼频起，堪比皇宫。居正之贪，不在文臣而在武臣，不在内地而在边疆。不然，辅政不几年，便富甲全湖北。什么原因？居正权势熏天，每年过节不收礼，因为他的家人替他收了。”

张居正停了下来，发出感叹：“刘台在江陵做过县令，我家人恐怕有不妥当之处，他说的不是没有道理啊。”

张四维和吕调阳不知该说什么，因为张家在湖北富甲一方已是人所共知。

张居正又自解嘲道：“这是第四罪状啊，我家人顶着我的名头收贿。”

弹劾书最后，刘台摆出一副大义灭亲的模样：“我今天的一切，都是拜张居正所赐，没有张居正就没有我的今天，可我存大义舍小节，必须要弹劾他，请皇上及时抑制他的权力，不要让他私情误国，臣虽死而不朽！”

“啪”，张居正读完最后一个字，重重地合上刘台的奏疏，脸色阴沉。

吕调阳和张四维找不到安慰他的话语。内阁静得可怕，如同坟墓。

许久，张居正才声音发颤地问吕调阳：“吕阁老，本朝开国二百余年来，可有门生弹劾座师的事？”

吕调阳偷偷去看张居正，发现张居正阴沉着脸，脸上的肉一跳一跳的，他轻声回答：“这个真没有。”

张居正突然用拳头砸到桌上，声音已走了样：“想不到破天荒的事，竟发生在我身上！刘台啊刘台，你真是石破天惊，让我刮目相看！”

“张阁老千万别动怒。”张四维站起凑上来，“刘台这厮的话，皇上必不会信的。”

张居正阴冷地看了张四维一眼，突然眼光就黯淡下去：“张大人啊，你不理解我现在的心情。我不担心皇上是否相信我，我最痛心的是，这个孽畜居然弹劾他的老师我呀！这让后人如何看我，青史如何写我？！”

吕调阳也慌忙站起来，因为他看到张居正已仪态顿失。这的确是个重大打击，在儒家世界，纵然老师丧尽天良，学生也不会指摘老师，何况是弹劾！

张居正痛心疾首，如果别人不理解他，不体谅他，他可以不在乎。可他的学生，他这几年来一手提拔和栽培的学生，居然也不体谅他，向他射出这么一支毒箭，一箭封喉啊！

“我就成全刘台，”张居正颤巍巍地站起来，好像老了几百岁，“吕阁老，拿笔来。”

“您要做什么？”张四维紧张起来。

“辞职！”张居正干巴巴地说。

张居正三辞

被人弹劾就辞职，是明朝大臣的一个特点。明朝绝大多数大臣都注重名节，或者在表面上注重名节，一被人弹劾就会上辞职信，以示自己不恋权位，只重名节。这种方法很冒险，一旦皇上听信弹劾之言，辞职者就会离开政坛。张居正肯定没有沽名钓誉的名节情结，所以当他提笔要写辞职信时，吕调阳和张四维慢悠悠地拦住他，让他收了这种傻念头。

张居正一副无可奈何的样子：“门生弹劾我，我再不辞职，岂不是不要这张老脸了！”

张四维早就想好了安慰之词：“张阁老身为宰辅，怎么能和一个小御史较真？等我上疏皇上，请皇上揍他一顿重板子。”

张居正苦笑：“人言可畏，我一想到辛苦经营的事业也许就付之东流，心里就阵阵凄凉。”

吕调阳劝道：“张阁老这话不对。我记得您说过，欲报君恩，岂恤人言！您现在怎么把说过的话忘记了？您若真的一走，国家前途可就岌岌可危了。不为别的，只为您辛苦创建的这番事业，您也应该留下来。”

张居正的笔停在空中，眼前出现了幻觉，国家又回到脆弱不堪的从前，人浮于事，蒙古人践踏着中华大地，百姓嗷嗷。幻想突然消失，眼前又出现了刘台那张夸张的大脸，向他冷笑。不知什么原因，刘台的脸又变成朱翊钧的脸，再变成李太后的脸，他们也在朝他笑，是不怀好意的笑，这让他猛地打了个激灵。他沉思许久，停在空中的笔突然扎到纸上：“臣张居正有负先皇所托……”

张居正的辞呈在第二天上午就摆到了朱翊钧桌上。朱翊钧看完信，张着嘴巴半天没有合上。李太后先反应过来，呼道：“快去请张先生！”

张居正颤巍巍地来了，一路走一路流泪，跪到朱翊钧御座前时眼泪已成河。朱翊钧手足无措，好像自己做了天大的坏事一样，他跑下御座，扶起张居正说：“先生快起，朕要惩治刘台给先生出气！”

李太后在座位上欠着身，万分惋惜地说：“先生怎能说要辞职呢？先皇离开，我们孤儿寡母全靠先生维护。现在，皇帝还未长大，国家大事纷繁复杂，先生如果真走了，您让我们母子怎么办？先皇的托付您忘了吗？”

张居正抬眼一看，李太后凤眼红润，快要梨花带雨了，慌忙劝慰道：“太后圣体要紧，不要悲伤，臣并未忘记先皇托顾之恩，也非视朝廷大事于不顾，实在是……”哽咽了一下，“实在是人情险恶，舆论杀人，我真是无所适从了。”

朱翊钧很不理解：“先生既然记得先皇厚恩，又知道先今朝政大局，为何要走？仅仅因为刘台的那些话吗？那些话朕根本不信。”

张居正接了朱翊钧的话头：“皇上不信，可刘台的话很蛊惑人心，天下人会信。臣不想让天下人说皇上用了擅权作威的人当首辅。”

朱翊钧正要说话，李太后开口了，不是对张居正，而是对朱翊钧：“皇上平时只知道让张先生操劳，也不知为张先生做主，才有今天这种事情发生。”又对张居正，“先生既然身为朝廷重臣，就应当放心做事，皇上必会为先生做主，先生不要顾虑太多。”

张居正出其不意地沉思了一会儿，缓缓开口道：“臣还是不能留下来，皇上和太后的恩德，臣死不能报。但臣这几年整顿政府，朝廷上下对臣很有意见，臣担心此后再有布置，阻挠更大。臣现在离开，于国家大政并无影响，一批老臣各有才具，完全能胜任。希望皇上和太后能允许我这副老迈之躯回归故里。”说完这段话，张居正又跪了下去，热泪盈眶。

冯保在一旁看得胆战心惊，他知道，一旦张居正离开，他的位置就不会稳。张居正坚决要辞职，等于是一根棒子敲打他的五脏六腑，听到最后，他都要晕厥了。

李太后思考了一下，对张居正说：“先生先请回去休息，你放心，这件事我和皇上必还你个公道！”

张居正步履蹒跚地走出宫门。朱翊钧看着张先生的背影，抹去泪痕问李太后：“母后，张先生为啥非要辞职啊？”李太后脸色凝重，未发一言。

这个问题，也是冯保想问的，可惜他没有机会。

第二天，张居正再上辞呈。李太后琢磨半天，让朱翊钧下旨挽留。朱翊钧偷看了李太后一眼，轻声说：“这么一件小事，张先生干吗这样较真啊？”

李太后板起脸，语气生冷：“叫你下旨你就下！”

圣旨即刻就传到张居正家中：“张先生忠诚为国，并非只有朕知道，朱家所有祖宗都知道。诡邪小人必受重惩！万望张先生以朕为念，出来上班，不要介意别人说什么。”

其实，李太后也有朱翊钧一样的想法。刘台指控的张居正罪状，若隐若现。说它有，它真有：张家只用了短短几年的时间就成为湖北的超级土豪；考成法的严苛，每天都有被罢黜的官员；张居正在朝堂之上的倨傲，俨然是万人之上的宰相；张居正用人，都是自己熟悉的人，刘台没说他结党就已是口下留情了。

说这些罪状没有，也说得过去。张家成为超级土豪，绝不会是张居正自己的意愿，张居正多次做出高姿态的拒绝收贿，人所共知；考成法是确定的法律，刘台指责考成法，实际上就是在指责国家，指责皇上，因为只有皇上才有权力制定法律；张居正在众人面前的高傲，不正是重臣应该具备的行为规范；张居正用熟悉的人，试问哪个领导不是如此，不熟悉的人，他怎敢用？

所以李太后认为，张居正这两次的辞职，稍有点撒娇的意思。再不客气点说，这是意气用事、胡闹。

她当着冯保的面发出无奈的叹息。冯保抓住这个开口的机会，问：“太后是为张先生的辞职而烦忧？”

李太后“嗯”了一声：“张先生为何这么较真啊？”

冯保转动眼珠：“其实这件事也不怪张先生。”

“哦？”李太后来了兴趣，“你倒说说看。”

“您想啊，刘台是张先生的爱徒，本朝开国以来，学生直接攻击老师的事情，只此一例。张先生无论如何都受不了这个打击啊。”

李太后“哦”了一声，冯保听出来了，李太后无法感同身受。这种事，发生在别人身上只是个小故事，只有发生在自己身上才是大事故。

冯保为了让李太后理解张居正的痛苦，豁出去了：“太后，打个不恰当的比方，这就如您精心培养皇上，付出所有心血，可有一天，皇上却攻击您……”

说到这里，冯保及时住口。李太后对这个比方没有表示出厌恶，相反，还点了点头：“是啊，这真让人伤心。”随即又说，“可皇上和我已对他说了，要为他做主，惩治刘台，他为何还要上辞呈？”

“这才是问题所在。”冯保说，“您和皇上说是要惩治刘台，可还没有行动啊。张先生肯定心里打鼓，以为您和皇上相信了刘台的话。站在张先生的立场，倘若您和皇上相信他是那样的人，那他再继续待下去还有什么意义！”

李太后恍然大悟，慌忙去见朱翊钧：“快下旨，惩治刘台。”

朱翊钧还未反应过来，有人就送来了张居正的第三封辞职信。

这封信应该是张居正冥思多时才写出来的，所以让人至为感动。张居正首先说他不想走：“臣受先帝重托之时，就发誓以死相报。皇上现在的执政能力还未成正果，朝廷的许多事还未走上正轨，天下百姓还未安居乐业，先皇的嘱托还未完成万分之一，我怎敢离去！我更不想离去的是，古时圣贤豪杰多如牛毛，可怀才不遇者车载斗量，今天我多大的幸运遇到您这样神圣天纵不世出的君主，委我以重任，对待我如手足腹心之情，我怎想离去！”

有对他人的承诺，有知遇之恩，有未完成的使命，这就是张居正说的他不能离开，不敢离去的原因。可是，他说，然而臣必须要离去，因为实在是“迫不得已也”！

“我现在所处的位置是危地，所代理的事是皇上的事，所代言的话是皇上的话。刘台说我擅作威福，其实没错。因为我代表的是皇上您，皇上您的言行举止不是威就是福。代皇上执政三年来，臣得罪了不少人，这些人把臣恨入骨髓。臣一日不去，这些人就一日不安心，臣一年不去，这些人就一年不安心。他们不安心，就会攻击臣。刘台这次攻击，皇上信我，太后信我，但下次呢？臣虽胸襟坦荡，可人言可畏，言能杀人。我真诚地希望皇上能恩准我辞职，一旦我走，整个朝廷就会太平宁静。皇上常说我才干卓越，其实天下才干卓越辈如恒河沙数，只要皇上以虔诚心寻找，处处是人才。”

张居正前说后说，左旋又转，无非是试探李太后和皇上对他的态度。正如冯保所说，如果李太后和朱翊钧真的相信了刘台的话，那张居正再待下去就成了摆设，只要再有几人攻击他，他必下台。

李太后看出来了，露出一个吊诡的微笑。朱翊钧没有看出来，皱着眉头对李太后说：“母后，张先生有点啰唆啊，说不能走可还是要走，咱们是不是严惩刘台，他就不走了？”

李太后扫了冯保一眼，以一种异样的语调对朱翊钧说：“钧儿，你还是年轻，这看文字不仅要能看到文字，还要看到文字背后的意思。你最近不是和冯公公学画吗，可知道画作的最高境界是‘情生境外’吗？”

朱翊钧更困惑起来，李太后长吁一口气：“我看这事就这样办吧，冯公公，传圣上口谕给刘台：‘刘台这厮，谗言乱政，着打一百充军，内阁拟票来行。’钧儿，你先下圣旨，挽留张先生，然后再派司礼监太监带着你的手谕前往张先生家慰留。”

朱翊钧对后两件事没有意见，只对第一件事有不同想法：“母后，刘台这厮胡说八道，为何还要让内阁拟票，我直接下旨揍他一百板子给张先生出气得了。”

李太后温情地看着朱翊钧：“你还小不懂，这件事只能交给张先生处理。”说完，嘴角不易察觉地一动，表情怪异，“看张先生怎么处理他的好学生吧。”

张居正先等来了朱翊钧的挽留圣旨，紧接着又等来了司礼监太监带来的朱翊钧手谕。张居正再也没有理由辞职了，他确定皇上和李太后仍一如既往地信任自己，只要他的权力源泉汩汩不断，他就要继续贯彻自己的政治主张。

如何处置刘台

张居正重回内阁时，刘台已在锦衣卫大牢。他身体发肤未受任何损伤，于是在牢房里用脚步丈量房间的面积。一缕光柱射进来，捕住许多游动的飞尘，在这道飞尘组成的光柱里，他看到了张老师那张古板英俊的脸。

弹劾重臣这种事，成功和失败只在一线，刘台不明白，为什么失败的会是他。很多因弹劾重臣被扔进锦衣卫牢狱的人都有这种想法，他们侥幸活着出狱后，却从来不对人说失败的根由，他们认为这是苍天瞎眼。刘台就百思不解，他指控的那些罪证都是货真价实的，皇上眼睛瞎了，老天眼睛也瞎了？

当他听到朱翊钧的口谕时，让他奇怪的是，没有恐惧，只有兴奋。他心里一个声音说：刘台，你要火！

的确，指控当朝首辅，帝国名义上的二号人物，实际上的一号首长，想不火都不可能。可他一想到那一百廷杖，心里就如灌了铅一样向下沉。他知道，这件事是张老师做主，张老师被他气得鼻子都歪了，这一百廷杖非把他打成肉饼不可。

刘台在大牢中胡思乱想时，张居正在内阁也思绪纷繁。他苦笑连连，想不到回到内阁的第一件事就是处置逆徒刘台。在一般人看来，既然皇上都下了口谕，那就按口谕办就是了。可张居正沉思了一会儿，有了另外的想法。

他上疏解救刘台，说刘台虽然胡说八道，但毕竟是为皇上着想，罪不至一百廷杖，削职为民就可以了。

朱翊钧睁大眼睛，不敢相信严厉的张先生会如此仁慈。他记得张先生对付盗贼的冷酷手段，也记得对付其他起哄言官的辣手，他又猛然记起刘台是张先生最喜欢的学生。但这种想法一闪而逝，他毕竟长大了几岁，有些事会多角度去思考，他发现张先生不严厉处置刘台是一种政治手腕，是不想给朝臣们强烈的刺激，还是想借此收揽人心？

张居正发现最近一段时间，朱翊钧学会了他的招数：每遇一件事就会沉思。当然，朱翊钧那种沉思的内容过于幼稚，所以张居正马上就猜到了他在想什么。

他毫无遮拦，直戳朱翊钧的沉思内容："皇上，我这样做并非收揽人心，那些人根本不配让我施舍，也并非是不想给朝臣们强烈的刺激，这几年来，皇上为我惩治的朝臣还少吗？我只是想，既然皇上对我万分信任，他攻击我，其实就是攻击皇上代表的国家。国家应有好生之德，倘若严厉处置刘台，必会引起别人说三道四，有些不怀好意的人会冒死进攻，这样反而会让皇上心思烦乱，引皇上不高兴。我这样处置，全是在为皇上分忧解难。"

朱翊钧张大了嘴巴，心想：明明是攻击张先生的一件事，被他这么一说，竟然是为我排忧解难了。但仔细一想，还真是这么回事。

事情就这样定下来了，刘台被削职为民。群情沸腾，有人在阴暗的角落发出冷笑："张居正会有这么高尚？他肯定在下一盘很大的棋，刘台这蠢货肯定会被他收拾得生不如死。”

有人就比这种人胆大，刘台被削职为民的几天后，京城大街小巷传播着种种谣言，这些谣言的中心思想并未脱离刘台弹劾书的内容，一直传到了张居正家和皇宫中。

朱翊钧扼腕痛惜：“张先生，处置刘台太轻了，你看谣言起来了。”

张居正自信地一笑，解释说：“谣言止于智者，我们不必管它，它自己就灭亡了。”

“可是……”

“皇上，朝廷事务纷繁，没必要在这上面耗费精力。”

这是种不带任何水分的自信，只要有皇上和李太后的支持，谣言的力量轻如鸿毛。他通过刘台事件认定了这样一件事：在皇上和李太后心中，只有他张居正才能担当国家大任。而且他本人也是这种看法，这个帝国如果没有了他张居正，那还了得？！

的确，明帝国在1575年时绝不能没有他。老师徐阶在刘台事件后就写信给他，要他别对刘台耿耿于怀，应把心思放到国家大政上。张居正回信说：“老师放心，我现在只知竭智尽忠，全在报国，不思保身。我向来以诚意对人，绝不担心别人会伤我自己。刘台攻击我实出我意料之外，这也是几年来积累敌人的结果。可我不在乎，我只在乎国家大政。”

这是不是有点太高尚了？张居正可不是割肉喂鹰的老佛祖，也不是以德报怨的太上老君，他是铁腕政治家，向来秉承圣人孔夫子“以直报怨”的张居正！实际上，以德报怨的人，除非是白痴，否则就必抱了狡狯的诈术。不超过限度的复仇应该得到认可，否则就是时分不分、恩怨不明，丧失了基本原则。

四年后，辽东巡抚张学颜突然指控刘台在巡按辽东期间的贪污行为，朱翊钧下令彻查，果然证据确凿。刘台在安稳地做了四年的平民后被发配到荒凉之地浔州，当年种下的弹劾老师的卑鄙之种，开花结果。

第七章
义无反顾

力排众议解决罗旁瑶

刘台风波过去了，但在张居正心里，从未有过风平浪静。其实就在应对刘台事件时，张居正的一大部分精力始终放在广东德庆。那里是战场，已存在了多年。

广东德庆是个面水背山的县城，它的南面叫罗旁，罗旁有令人望而生畏的险恶万山，东西绵延数百里。山高必有怪，林密必生精，在罗旁，就有一股永远不死的精怪——瑶人，朝廷称他们为罗旁瑶。

罗旁瑶的反叛历史相当源远流长，早在明帝国第八任帝朱见深时代，罗旁瑶就在兴风作浪。明帝国史上比较出色的铁腕大将韩雍费了九牛二虎之力剿灭了他们。可这并非是致命一击，韩雍前脚刚走，罗旁瑶又满血复活。凭借山高路远的地利，罗旁瑶越搞越大，整个广东中西部都受到波及，民不聊生。

1528年，心学大师王阳明提督两广，在平定八寨和断藤峡的叛乱后，也想把罗旁瑶这个广东心腹之患剿灭，遗憾的是，由于身体原因，王阳明匆匆离开广西。在中央政府眼中，罗旁瑶成了广东境内最难啃的骨头。

1575年，殷正茂在两广对叛乱摧枯拉朽、意气风发之时写信给张居正，提议剿杀罗旁瑶。

张居正那段时间对南方叛乱印象极为深刻，尤其是罗旁瑶。他对殷正茂说：“罗旁瑶非比其他叛乱，多年来，中央政府一直想剿，也有人去剿过，但都无功而返，这说明它有独到之处，需把它的情况了解清楚，无微不至，再制订无懈可击的计划，才可发动军事行动。不然，劳民伤财又寸功难取，我在中央也不好交代。”

殷正茂认可张居正的话，积极搜罗罗旁瑶资料，准备再建奇功。

张居正却另有打算。殷正茂在南方多年，所建功勋已不胜枚举，张居正的用人思路是，不可用尽其全部力气。所以就在1575年，张居正将殷正茂调到南京兵部担任尚书。殷正茂先是大惑不解，张居正就实话实说：“你的功勋已遮蔽太阳，月满则亏，我担心会有人在你巅峰时刻突然攻击你，所以先让你急流勇退。一张一弛乃天之道，遵循此道必可圆满。你大展拳脚的机会还很多，何必急在一时？”

殷正茂最终理解了张居正的苦衷，并推荐了接替自己的人选。张居正收到殷正茂的信，对身边的人说，如果他推荐的不是凌云翼，那他就不是殷正茂。

正如张居正所料，殷正茂推荐的果然是凌云翼。

凌云翼，听这名字就让人热血沸腾。他是江苏太仓人，和张居正同年中进士。曾在工部实习，但他的特长却是军事。他和张居正很谈得来。1572年，张居正执政，凌云翼被任为右佥都御史，巡抚张居正老家江陵附近的郧阳。第二年，张居正要他去巡抚江西。

凌云翼是将才，而且懂得为人处世，很得人心，所以看到殷正茂推荐他时，张居正一点都不惊讶。凌云翼一到广东，马上就用目光盯死了罗旁瑶。

两个月后，凌云翼给张居正写了封私信，希望张居正能允许他提交奏疏，他要讨平罗旁瑶。张居正看着殷正茂之前对罗旁瑶的报告书，又看了凌云翼对罗旁瑶的调查报告，两人的报告相差无几。都说罗旁瑶必须铲除，虽然有难度，却并非没有机会。而这个机会就是中央政府人力和物力的支持，以及指挥官的能力。

张居正回信给凌云翼说：“你我相交多年，大家彼此很了解。我了解你的能力，不过据我所知，罗旁瑶和南方其他地方的叛乱截然不同，罗旁全民皆匪，又有高山密林作依傍，这么多年来，剿匪部队奔走扑救，疲于奔命，办法用尽，却不能伤其毫毛。他们当地有民谚：‘官有万兵，我有万山；兵来我去，兵去我来。’这足以说明他们就如狗尿苔，虽可暂时剪除，但官军走后，一场大雨，它们又复活。我觉得剿灭他们还是其次，关键是战后工作的重建，让他们永远都没有卷土重来的机会。这件事，你可想好？如果想好，请拿出方案；如果没有想好，战争之后仍恢复老样子，战争何用？”

凌云翼接到张居正的信，深思熟虑后把战后重建、断绝匪患源头的想法报告给张居正听。张居正大为满意，但他掉过头来又担心战争了。他给凌云翼回信说："罗旁之地不受王恩浩荡已数十百年，的确该剿灭，我也看出来你不是那种眼睁睁看着他们上蹿下跳的人。既然要讨，那就审时度势而后动，动了就要必胜，胜还要完胜，不要太多牺牲。如果你有信心，就上奏朝廷；如果没有信心，还是请放置一边，来日方长。"

凌云翼看了张居正的回信，笑道："这是激将啊，准备笔墨，我要给皇上写信！"

凌云翼的信一到京城，朱翊钧在张居正的授意下召开大会讨论。会上分为三派：第一派为鹰派，力主战，人数很少；第二派乌龟派，力主不战，人数很多；第三派木鸡派，站着发愣，毫无见解。

乌龟派说："罗旁瑶叛乱持续百年，已成肿瘤，要剜除它，非经历生死不可，不如带瘤生活，保守治疗。"

鹰派反驳说："罗旁这个肿瘤是恶性的，它控制了广东和广西的水路交通，如果不铲除，那可真要面临生死了。"

乌龟派大大咧咧地说："那就不走水路，不是有陆路吗？"

鹰派怒发冲冠，说乌龟派是缩头乌龟。

乌龟派马上说："打仗是要钱要人的。凌云翼大嘴一张就是几百万两银子，还要十万人马，难道皇上能点石成金，撒豆成兵？"

双方从辩论演变成争吵，再从争吵恶变为谩骂。朱翊钧的头都大了，急忙宣布休会。官员们散去，张居正独自留下，李太后也出来了。

李太后问张居正："罗旁那些瑶人可否能招安？"

张居正坚定地摇头："顽石一块，只能用锤子砸碎。"

李太后沉默，朱翊钧随即问道："这几年对西南叛乱的平定，没少花钱，咱们国库……"

"有钱！"张居正打断朱翊钧，"据户部保守估计，今年一年政府可收入白银四百三十五万余两。"

朱翊钧两眼放光："啊呀，张先生好能干。我记得三年前，财政还是赤字呢。"

李太后满意地点了点头，若有所思。

张居正再进一步："至于兵源，广西总兵李锡、广东总兵张元勋的兵力足够八万，凌云翼正在编练新军，足有三万，所以剿平罗旁瑶，硬件上是绝对合格的。”

朱翊钧兴奋地搓着双手：“那就打吧。”

张居正沉默了一会儿，缓缓说道：“剿罗旁瑶并非一朝一夕的事，如今大部分官员都反对，臣恐怕将来会风言四起，前功尽弃。”

朱翊钧睁着茫然的眼睛，不明白张居正的意思。冯保在他旁边轻轻地咳嗽一下，说：“张先生的意思是，皇上如果下定决心解决罗旁瑶，就该完全信任凌云翼，将大权交付凌云翼。”

朱翊钧恍然：“原来是这样，张先生，你直接告诉凌云翼在广东可全权处置不就完了嘛。”

李太后乜斜了朱翊钧一眼，张居正及时说道：“国家权力只有皇上有资格使用，臣怎敢？”

朱翊钧又一次恍然的样子：“那张先生就拟旨吧，给凌云翼他想要的权力，只要能解决罗旁瑶！”

张居正刚要谢恩，李太后却问道：“张先生，依你看，凌云翼多久能消灭罗旁瑶？”

张居正沉思许久，慢慢开口道：“战争之事瞬息万变，臣真不好预测，不过凌云翼才干卓绝，并主动提出要解决罗旁叛乱，他又是个心思缜密、言出必行之人，臣相信他定不负君恩，两年左右必能马到成功。”

张居正在军事方面的能力，朱翊钧、李太后以及整个朝臣都一清二楚。可以说，张居正是那种“数万甲兵藏于胸中”的文臣。

多年来，张居正一直醉心于帝国军事，终于把自己锻造成洞若观火的战略家与预言家。张居正用兵，只有两个字：知彼。在北方，他要边臣做的第一件事就是成立间谍组织，深入敌后，时时注意敌情。他对戚继光说：“一个出色的将军或者是战略家，必知彼己，精审虚实，然后就可以打败敌人了。”

他执政初期，有段时间，草原人民没有进犯，北边境防范很松懈。张居正得知情况后，立即提出警告：“敌人狡猾多端，万一这是欲擒故纵，突然对我们发动进攻，我们会手忙脚乱，所以一定要提高警惕。我不会以敌人不犯为喜，而会以你们不防范为忧虑。”

正是这种时刻“谨小慎微”，使他对敌人的动向一清二楚，算无遗策。1574年，北方边境报告说，土蛮即将进犯。张居正立刻发出指示：主力部队屯聚要害，将百姓全部迁到城中，并派出几支机动部队直奔来犯敌人，引诱他们进入预先设置的埋伏圈。他们如果胆小不来，那最好。如果来了，最好全歼。

倘若不能全歼，也不要紧，他们终会记下这个教训，以后不会再侵犯我们。

果然，土蛮不久后倾巢来犯，按张居正的计划，几支部队把土蛮引入包围圈，虽然因各路指挥官不能协同作战而歼敌无功，但事实证明了张居正的通盘考虑和预见的正确性。

不久后，北方边境又有报告，仍然是土蛮即将进犯。张居正又发出指示：不要小题大做，土蛮不会在这种季节（酷夏）采取军事行动。不久后，果然被证实为虚惊一场。

无数的事实都证明，张居正虽坐在京城，但完全可以指挥和预测万里之外的一场战役。所以当他说两年之内必能解决罗旁瑶时，李太后和朱翊钧都深信不疑。

但乌龟派们却不信，即使相信张居正的能力，也要装作不相信。反对凌云翼的奏章如雪片般飞到朱翊钧的办公桌上，又飞到内阁。张居正开始还解释消灭罗旁瑶的重要性，又解释凌云翼完全有这个能力。可雪片越来越多，张居正咆哮起来："这群废物真是话多，谁再扯着罗旁瑶一事不放，当心廷杖！"

朝堂之上安静了，凌云翼开始忙碌起来，训练军队，侦察敌情，制造专业的攻寨器械。一年多后的1577年，凌云翼准备完成，十万大军向罗旁瑶发起了全面进攻。这次军事行动是惨烈的，按张居正的指示，凌云翼的剿匪部队所过之处，鸡犬不留。

张居正在京城密切关注着罗旁瑶战事，凌云翼的信一到，不出一个时辰，张居正就会回信。当凌云翼将罗旁瑶的大本营紧紧包围，准备发动最后一击时，张居正去信说："罗旁瑶之战，死伤太大，沿途尽成废墟。既然胜负已分，我看还是网开一面，现在投降者可既往不咎。这非是妇人之仁，而是将他们留下来做日后的重建工作。但倘若敌人投降时心不甘情不愿，或稍有迟疑，尽可屠之，这种人留下恐怕是将来的祸害。"

1577年五月，凌云翼对罗旁瑶进行致命一击，罗旁瑶覆灭，整个战争持续了近两年，罗旁瑶被杀两万余人，活捉一万余人。

朝廷放肆地庆祝这场胜利，在人声鼎沸中，张居正已开始冷静地思考下面的事：战后重建。凌云翼在捷报书的几天后就送来请求开辟州、县，招徕农垦的奏疏。张居正思虑许久，才心事重重地给凌云翼回信说："当初你提出的战后重建计划，我很赞赏，不过此一时彼一时。那时，罗旁还在，人们看到有这样一个地方，所以开辟州、县没有问题；但现在罗旁已亡，那地方成了空地，在那里建州设县，百姓主体自然是那些投降的罗旁瑶。另外，既然是州，就该人口多一些，所以要从周围州县迁民。可罗旁之地百年来是土匪窝，良民谁愿意去？愿意去的都是些来历不明、流浪无根的人。要辟州、县也不是不行，我希望你能深思。倘若坚持这样做，那就该在政策和法律上特殊一些，赋役要从轻，法律要从严。我希望你能把罗旁瑶作为一个特别行政区来看待，而不要和帝国其他州县相同。如果处理得当，几年，甚至几十年后再将它和帝国其他州县看齐，也是可以的。”

凌云翼又深思熟虑许久，确定了开辟州县的计划，这就是广东罗定州的来历。罗定州新开二县，东为东安，西为西宁。

罗旁瑶事件的处理体现了张居正的高度政治智慧。从罗旁瑶事件的处理，我们就可以联想张居正在其他政治事件上的处理手腕之精明和果敢。

据理抗旨

当张居正处心积虑地帮助凌云翼做战后工作时，一道朱翊钧的口谕传进内阁，口谕的内容是这样的："慈庆、慈宁两宫，命有关部门重新装修。"

张居正对这道口谕的反应极为平淡，传旨太监走后，他重新坐回椅子，心潮起伏。他记起1573年的一次经筵，经筵的课程内容是宋仁宗不喜珠宝，讲完这段，他以小故事阐发大道理的方式对朱翊钧说："明君看重五谷而轻视珠宝美玉，因为五谷养人，珠宝则饥不能食、寒不能衣。皇上要记得节俭，不可奢靡。"朱翊钧急忙点头。

张居正又记得1576年春节时，他对朱翊钧说："皇宫人人节省一件衣服，民间就有百人会得到这件衣服，皇宫如果人人都多制作一件衣服，那民间就有百人会没有衣服穿，所以皇上要在节俭上谨慎啊。"朱翊钧又是频频点头。

张居正对朱翊钧近几年来的表现还算满意。朱翊钧在他的教导下已节俭许多，宫廷费用大幅度削减了几万两白银。朱翊钧宫廷的支出是明代中后期历代皇帝中最少的。可就当张居正沾沾自喜于自己对朱翊钧的完美教育时，朱翊钧给他来了这一招：装修两宫。

慈庆、慈宁宫是两宫太后居住的地方，建成于1574年，当时是张居正为了讨李太后和王太后的欢心，出于政治手腕，不得已而为之。一个建成才三年的宫殿，何必重新装修？这是不急之务，张居正决定拒绝。

张居正有清醒的认识，拒绝装修两宫，得罪的不仅是皇帝朱翊钧，得罪的最大家伙是李太后。可他顾不得那么多，他去找朱翊钧，当面把这件事解决。

一见到朱翊钧，张居正就开门见山道："我和内阁同僚与有关部门商量了一下，大家和我都认为，治国之道应以节用为先，而皇宫工程是耗费钱财最大的地方。"

朱翊钧小嘴一撅，正要说话，张居正重新开口："当然，皇宫工程也要建，因为这是威严之地，可有前提，那些年头太多和规制已不符的自然要重修，甚至可以重建。如果已破败不堪而不重建，那是愚陋；可如果崭新如初却要重修，那就是奢侈了。"

朱翊钧不说话，张居正非要他开口不可，因为他要让朱翊钧亲口承认重修两宫是错误的。人只有自己认识到错误，才会铭刻，才会真诚无欺地去改正。

"慈庆、慈宁乃两宫圣母常御之所，如果规制有不妥或是太过陈旧，那么臣等早已请旨重修，哪里还敢等皇上传口谕尽孝心呢？但臣等查慈庆、慈宁两处宫殿，都是三年前建成。臣清楚地记得，竣工之时，臣等去阅视，那真叫一个恢宏壮观，俨然如天宫月宇。皇上口谕发出后，臣又领了许多同僚去观察，发现仍和三年前一样恢宏壮观，俨然如月宇天宫。臣不明白，为何对这样两座天宫进行破坏呢？"

朱翊钧一言不发，额头上都是汗珠。张居正不依不饶："臣请问，这两座宫殿的规制是有不妥呢，还是太过陈旧？"

朱翊钧被问住了，根本想不出辩解的词汇来。张居正步步紧逼："况且，半个月前，皇上曾下旨：以后不急的工程，一切停止。今无端就重修两宫殿，是明示忠臣，圣旨不可信。倘若真的下令重修两宫殿，必会引起官员们的吵闹，皇上到时耳根必不能清净。"

朱翊钧终于开了口，底气很不足："朕只是想向两位皇太后表表孝心。"

张居正立刻接话："皇上孝顺，天下皆知。如今国用不足，政府极尽节俭之能事，仍显不足。皇上如果真孝顺，就该积福爱民，天下百姓受到您的恩惠一分，就会赞扬您一分。您受到赞扬，两宫太后会非常高兴，让父母为儿子自豪，这就是最大的孝了！"

朱翊钧叹息一声："先生忠言，朕同意你的话，不重修了。"

张居正又说："数年之后，两宫宫殿如果敝坏，臣第一个上奏请修。"

朱翊钧微微点了点头，张居正昂首阔步走了出去。虽然让朱翊钧停止了重修两宫的事，但张居正的心情仍很沉重。国家财政虽进入良性循环，可国防民生的花费仍然不小，在有余之时，还要计划如何轻徭薄赋，让百姓安居乐业。

他舍不得把辛苦积累的金钱浪费到琼楼玉宇上面，但抗拒了这一次，可能还有第二次、第三次，他能抗拒多久，连他自己都不知道。

表面看，这是朱翊钧想尽孝，但背后李太后必然有明言暗语。这次违背了李太后的意志，是不是个不祥的征兆。张居正一想到这里，马上收了再奔驰下去的思路。他告诉自己：但用此心报国家，不计他人怎么想。

再忤李太后

如果世间所有的事都如张居正那样想，人世就不会复杂了。张居正驳回朱翊钧两宫殿的重修口谕后，又一件很复杂的事摆在了张居正面前。

这件事并不稀奇，张居正已习以为常。李太后信佛，常口诵慈悲之言，而且也身体力行。比如每天数着佛珠念佛，常常买些活物去宫外放生，另外就是不杀生。李太后可非一般人，所以她的不杀生就进行得让人瞠目，这就是：大赦死刑犯。

自张居正执政以来，李太后没少提大赦的事，都被张居正委婉拒绝。可1577年九月到了秋后问斩之时，李太后故态复萌，又提大赦的事，而且意志非常坚决。

张居正思来想去，想不明白为何李太后这一次如此坚决，甚至拒绝了他的求见，非要朱翊钧下旨大赦不可。张居正历来主张“严刑峻法”，这一次没有例外，他也绝不会让意外出现。他求助于冯保，在冯保的帮助下，他极不容易地见到了朱翊钧和李太后。

李太后当然知道他的来意，所以先提另外一件事，那就是朱翊钧的大婚。朱翊钧在1577年已十五岁，已经确定了结婚人选。但有钦天监的官员观了天象上疏说，连续三年只有十二月最吉利，其他月份结婚都很凶险。

李太后一见张居正，马上就把问题抛给张居正。张居正琢磨了一会儿说：“如果真按钦天监所说，今年十二月皇上太小，明年十二月恐怕太迟。所以按我的意思，就在明年三、四月份举行婚礼吧。”

李太后问：“那钦天监的报告该如何？”

张居正沉思一会儿，回道：“帝王之婚礼和普通百姓不同，没有禁忌，就是普通百姓也没有那么多禁忌。我从来就相信阴阳之说。所谓良辰吉日不过是世人的俗尚。真聪明人该据事理之当为，时势之可为。如果拘泥既定习俗和成规，牵强附会，恐怕正是违背上天的意志。皇上是百神之主，一举一动，百神都需俯首听命，怎么可以被区区阴阳判定拘束呢？”

李太后露出笑容，对张居正的解释大为满意，夸赞道：“张先生说得是，就按你的意思，将皇上的婚期定于明年三月吧。”

张居正谢恩，马上进入正题：“国家之乱，全是因有心宽纵。元王朝就是太宽纵，到后来不可收拾。天下之事以为不足虑者，则必有大可虑者。”

朱翊钧没听明白，急忙问：“先生这话是什么意思？”

张居正偷偷看了李太后一眼，李太后已收了微笑，正冷若冰霜。他长出一口气，决定说下去：“太后无欲无求，一心向佛，天下臣民敬仰得五体投地。但大赦一事，还要从长计议。”

李太后“嗯”了一声，突然转了话题：“张先生，我记得《论语》中有个人叫季康子，他执政时对盗贼很伤脑筋，于是请教孔子。孔子对他说了一句话，不知张先生可知道？”

张居正当然知道，他肚子里有儒家的所有货：“臣知道。孔子对季康子说，如果您不贪图财物，即使奖励他们盗窃，他们也不会去做的（苟子之不欲，虽赏之不窃）。”

李太后点头，别有用心地看向张居正：“您觉得孔夫子这句话如何？”

换作别人，一听说是孔夫子的话，当然双手双脚赞成，但张居正从不这样，他最赞赏王阳明的一句话：“如果一句话能和你的心相切合，那纵然是贩夫走卒说的，它也是真理；如果一句话不能和你的心相切合，即使是孔夫子说的，它也不是真理。”

虽然他还没有搞明白李太后掉书袋的用意，不过他还是认真地向李太后诉说自己的见解。他认为：“明君以杀止杀，从未听说过以慈悲治国而能把国治好的。孔子这句不能孤立地去理解。当时鲁国已失政，官不官，君不君，孔子这句话是希望做官的人能克制自己的欲望，并非说在上者没有欲望就可以平息盗贼。人的本性是纵情恣意的，有欲望而不能得到，就会去做盗贼。在上者的表率作用固然重要，可毕竟有限。犯法者必诛，才可让人惧怕，惧怕后才会控制自己的欲望，时间一久，他们才会真的无欲无求。”

李太后笑了，缓缓说道：“我明白张先生的意思了，张先生刚说我无欲无求，看来我这吃斋念佛，对江山是没啥用处啊。”

张居正慌忙叩头：“臣不敢，臣没有这样的意思。”

“快快请起，”李太后也有点慌，“我只是随口一说。”

张居正重新站起，谈到正题："春生秋杀是天道运行的标志，雨露霜雪是万物发育的缘由。如果一年里，有春生而无秋杀，有雨露而无雪霜，那很难想象这一年会是什么样子。天既然有春生秋杀，明君就该有赏罚予夺。今年秋后问斩的罪犯中，我看到有劫财杀人的，有故意杀人的，有杀无辜一家三口的，这些罪行都是绝灭天理、伤败人伦，为仁义之人所深恶痛绝，老天必欲除之而后快的。老天欲诛之，皇上却要赦之，这岂不是有违天道？"

李太后叹道："其实啊，我是看到他们被各种刑罚处置时惨不忍睹，很是可怜。"

张居正几乎脱口而出："那太后可否见过他们杀人之时的惨状？"

"这……"

"太后信佛，佛家说有地狱，据说在地狱中有很多魂魄，无法超生也无法快乐，就是因为他们被冤杀而死，而杀害他们的人还在人间活着。如果我们不杀掉罪大恶极的那些人，怨气充斥地狱，会直冲人间，到那时，恐怕连释迦牟尼来了，都无济于事了。"

李太后想不到张居正会以彼之道还治彼身，顿时没了脾气，思路辗转半天，才又吐出一句连自己都厌恶的话来："其实呢，我就是想延缓他们几天生命，佛有好生之德……"

说不下去了，张居正及时帮她摆脱了尴尬："这些人已经司法审核，死刑是难逃的，纵然让他们多活几日也终究一死。但到了该处斩他们的时候却没有处斩，百姓们就会议论纷纷，认为国家法令不行，皇上不遵循天道。民心一动，后果不堪设想啊。"

李太后已被张居正说教得筋疲力尽，抑郁地摆了摆手说："张先生不必说了，就按法令办吧。"

张居正已看出来，李太后不高兴，而且很不高兴，他必须要给李太后留足台阶，这就是政治艺术。他开口道："太后如果不忍尽杀，还有个办法。先挑选重罪者杀掉，其余的罪犯等皇上大婚之后再杀。"

李太后仍不高兴，但张居正还是替她的慈悲心考虑了，所以只好装出高兴的样子来说："张先生太费心了，还是就按法令执行吧。"

张居正敞开嗓子，极为洪亮："臣遵旨。"

唯有一板一眼地执行法律，民生才可安定，国家才得到保障，这是张居正的治国之道。

第三部：巅峰之后

第一章
不许孝

困境来了

1577年九月二十五，秋高气爽。志得意满的张居正在内阁接到了老家的来信。信并不厚重，摸上去似乎只有单薄的两页纸。他漫不经心地打开信时，右眼突然跳了几下，这不是好征兆。看到一半时，他的脸色已变，果然不是好事：他的父亲张文明在十二天前去世了！

信是他老娘写的，内容凄怆，最后一句话简直让张居正心都碎了：家境凄凉，望尔早归。

张文明其实早就病了，1577年夏天，他就病得已不能走路。当时张居正就想请假回家看望父亲，但被李太后挽留。理由是，此时此刻离不开张先生，况且皇上的婚事临近，张先生无论如何都不能离开。

张居正没办法，索性决定在朱翊钧大婚后再回家。不过这段时间，张居正异常焦虑。他和父亲最后一次见面还是在十九年前。十九年父子不能相见，纵是大逆不道之辈，也不能释怀。那段时间，张居正几乎度日如年，最盼望的一件事就是朱翊钧抓紧时间结婚。想不到的是，朱翊钧的婚事连个鬼影都未见到，老爹就离开了人间。

他捏着信纸，信纸有韵律地颤动。吕调阳和张四维早已察觉到张居正的情绪不对，突然看到张居正眼眶湿润，嘴角抽搐，急忙凑过来看那封信。张四维一目十行，先看完，不由自主地发出一声叹息。过了一会儿，吕调阳也附和了一声叹息，然后对张居正说："张大人遭此不幸，我等也很悲痛。希望大人以国家为重，不要过分忧伤。请您先回府歇息，我等即刻上疏皇上。"

张居正已从万分悲痛中清醒过来，但神情茫然，看了看吕调阳和张四维，艰难地站起，把信装好，整理了桌案上的公文，怅然若失地走出了办公室。

吕调阳和张四维很快就将张居正父亲的死讯上报了皇帝朱翊钧。朱翊钧写信给张居正说："今日知道您父亲已离世十余日，我很悲痛。先生哀痛之情，我能理解。不过天生先生，非寻常者可比。我年纪还小，还希望先生节哀，为江山社稷着想，这是人间最大的孝。"

这封信之外，朱翊钧还赐给张居正很多奠礼，并要吕调阳嘱咐湖北江陵地方官好生照理张文明的丧事。

朱翊钧的安慰并未减轻张居正的悲伤，三天后，张居正咨行吏部，由吏部向朱翊钧递交丁忧的请求。他在家满面戚容地打点行装，准备上路。

"丁忧"是指臣子遇到祖父母、父母的丧事，自得到丧事之日起，不计闰月，守制二十七个月，期满之后复职。

朱翊钧一得到吏部的信，马上跳了起来："什么？张先生要回家三年？我的婚礼怎么办？谁来给我讲课？国家大事谁来办？绝对不行，张先生不能走！"

吏部官员小心翼翼地说："丁忧是祖宗之法，礼仪根本啊。"

朱翊钧"哦"了一声，转动了许久眼珠，最后说："容我再想一下。"

没有人知道他要想什么，因为这五年来，他就没想过什么，他的大脑是张居正。如今没有了大脑，他如果能想出东西来，那就是奇迹。

冯保在想，想得异常深邃，他是一面想一面快马加鞭去了张居正家里。

张居正身穿孝服接见他，冯保屁股都未坐稳，劈头就说："张大人糊涂啊。"

张居正一愣。冯保不等张居正发问，就说："你要丁忧，这是轻率，糊涂啊，你不能走！"

张居正不禁有点恼火：冯保这禽兽下面没了，孝心也被连带割了吗？死了老爹还不回去，那和禽兽有何分别！

不过这时，张居正没有心情生气，只是淡淡地说："回家守孝，这是传统，也是制度，我岂敢违背？"

冯保气急败坏："张先生真不能走，如果你走了，皇上怎么办，国家朝政谁来处理？"

张居正仍是一副淡淡的口吻："我只回家三年，以三年事父，终身事皇上，忠孝两全。”

冯保冷笑：“张先生真是奇思妙想，您这一走就是三年。说句不好听的，就是您在，还有人觊觎您的位子，您这一走，恐怕很难回来了。”

张居正不置可否。冯保指着窗外内阁的方向：“张先生恐怕还不知道吧？您还没离开京城呢，吕调阳就在内阁堂而皇之地接受翰林们的道贺了。您现在静下心来，仔细聆听，应该还能听到他们的欢声笑语呢。”

张居正悚然。明制，首辅去位三日之后，次辅便可将座位从内阁的右边搬到左边，翰林院学士们和内阁僚属都要穿红袍到内阁道贺，这种道贺意味着次辅升级为首辅。吕调阳是老实人，并没有搬椅子，可仍美滋滋地接受了翰林学士和张四维的祝贺，这群人有说有笑，打破了五年多的内阁严肃气氛。

冯保见到张居正的脸色渐渐难看起来，是冷酷而非悲伤，所以添油加醋道：“您总说吕调阳是老实人，可在权力面前，病猫都成猛虎。纵然吕调阳没有异心，张四维呢？纵然他们二人都没有异心，三年之后人事变迁，您敢保证应付得了吗？”

冯保的话没错，帝制时代，人亡政息是定律。政治场中，人走茶凉也是定律。纵然将来回来仍能掌控大局，可五年来的努力必会被继任者连根拔起，没有人愿意自己五年来的辛苦白费。

张居正只犹疑了一会儿，在冯保饥渴般的期盼中脱口而出：“可惜我已让吏部递交了丁忧申请。”

冯保腾地从座椅上站起来：“只要张先生有心，剩下的事交给我！”说完这番话，冯保一个利索的转身，自信满满地走出张家。

望着冯保的背影，张居正长长地叹出一口气。这口气的味道极为复杂，是老爹还是权力，连张居正自己都不清楚，到底是哪种味道更重些。他只知道冯保是个有本事的人，只要答应下来的事，没有办不了的。

冯保从张居正家出来后，就跑回宫中见李太后。他把张居正的憔悴先说一遍，然后就说到张居正的丁忧，最后加了一句：“张先生不能走！”

李太后兰心蕙质，当然明白冯保的意思。这位女中豪杰当即拍板：“那就把张先生留下！”

冯保谨慎地问道：“不知皇上的意思是？”

李太后看了冯保一眼，这种事她李太后就能做主，但她从冯保的眼中看到了另外的意思。是啊，朱翊钧从年龄上来说已不是小孩子，很多事应该征求下他的意见了。

朱翊钧有意见，意见就是，张先生应该不能走。

李太后听了朱翊钧的意见，大为不满：“可曾下旨挽留？”

朱翊钧摇头。

李太后气不打一处来，怒道：“那你还等什么！”

朱翊钧愕然，小声道：“朕不知该如何挽留。”

李太后也愣住：“是啊，丁忧是祖宗法制，皇帝也不能违法啊。”

冯保适时地说道：“皇上，可夺情。”

“夺情？”朱翊钧和李太后看着冯保，冯保的胖脸洋溢着光芒。

“夺情”，通俗而言，就是要臣子不许丁忧。在明代历史上，有太多的先例。也就是说，皇帝用“夺情”留下丁忧的大臣符合祖制的传统，自然也就符合法律。

于是，张居正就回不去家了。但张居正来了劲，非要回家。于是他和皇室上演了一场“回不回家”的拉锯战。

不许回家

张居正在冯保去他家的第二天就收到朱翊钧的圣旨。朱翊钧说：“您受先皇所托辅佐朕，朕如今年幼，您怎可说走就走？守孝当然要，可君恩尤重。折中一下，给你四十九天假，你在北京守制。”

这道圣旨很快在朝廷引起反响，伶俐的户部侍郎李幼孜彻夜不眠，全方位考虑这件事。第二天，他就上了一道奏疏，声称国家离不开张首辅，所以必须夺情。

李幼孜的奏疏并未吸引张居正的眼光，因为他正把全副精力用在写奏疏上。在这道奏疏中，他虽然还说回家丁忧，也说了“臣用三年时间事父，用终生事君”的话，可语气已不十分坚定。他说：“皇上您说‘父制当守，但君恩尤重’，我怎敢不斟酌这两件事的轻重呢？”

朱翊钧再发“夺情”圣旨：“朕顷刻离您不得，怎能长待三年？况且先生紧系社稷安危，不能离开，也不要再固请。”

以今天的眼光看，人家死了老爹，你用权力不让人家守孝，这显然违背客观人性。但在中国古代，君父之恩是相等的。况且张居正自己也说过这样的话：“真正的君子，澡心浴德，以整个身心侍奉君王和亲人。在家事亲，在庙堂事君。事君就要鞠躬尽瘁，不能说劳苦；事君时，这副身体就是君的，亲人先放一边。当离开庙堂回到家中，这副身体就是亲人的。”其实这段话是说，事君和事亲一样重要，所以事君所以事亲，要看你身在何处。

在李太后和朱翊钧看来，张居正身在庙堂，又受先皇所托，就该把“事君”放在第一位，其他一切事都要退后，即使是他死爹的事。站在张居正的角度考虑，抛掉对权力的欲望因素，他也不能离开。“主少国疑”，他怎能轻易拂袖离开？

可理性在很多时候都会败给人性，张居正思来想去，终于违背朱翊钧的圣旨，又上奏疏，请求回家守制。这道奏疏陈情哀哀，是一篇绝妙文章。

他对朱翊钧说：“臣尚有老母，年亦七十二岁，素婴多病，昨有家人到，致臣母意，嘱臣早归。田野之人，不知朝廷法度，将谓臣父既没，理必奔丧，屈指终朝，倚闾而望，今若知臣求归未得，相见无期，郁郁怀思，因而致病，则臣之心，益有不能自安者矣。皇上方以孝养两宫，何不推此心以及臣之母乎？”

针对朱翊钧说“顷刻不能离卿”的话，张居正说道：“臣之不肖，岂真有卓荦超世之才，奔逸绝尘之力，惟皇上幸而用之，故臣得尽其愚耳！今在廷之臣，自辅臣以至于百执事，孰非臣所引荐者？观其器能，咸极一时之选。若皇上以用臣之道而用诸臣，诸臣以臣心之忠而事皇上，将臣平日所称圣贤道理，祖宗法度，此两言者，兢兢守之，持而勿失，则固可以端委庙堂而天下咸理。是臣虽去，犹未去也，何必专任一人，而使天下贤者，不得以各效其能乎？”

说完这一大段，张居正加重语气，说回家守制并非是求得解脱，没有忘记先皇托孤之事，自己精力还旺盛，报国的时间很多：“愿赐臣归葬，使得身自负土，加一篑邱陇之上。过此以往，死生惟陛下所用之，臣死且不朽矣。”

他无论如何都想不到，朱翊钧的圣旨更为诚恳动人：“连日不见先生，我心若有所失。四十九天犹嫌太长，何况是三年？先生平日所言，我无一不从，今日这件事，您就从了我这一回吧。”

朱翊钧这次是铁了心要把张居正留住，他和吕调阳与张四维说：“张先生即使再上一百本，我也不准。”说完这句话，他看了吕、张二人一眼，意味深长地说，“官员们要知道朕的心。”

这是个积极的暗示。朱翊钧此时希望的就是有官员站出来，为他对张居正“夺情”擂鼓助威，推波助澜。其实不必吕、张二人故意传播皇上的心思，多日以来，所有官员都明白，张居正的“丁忧”要泡汤了。

皇上既然已发出积极的信号，一向鼓吹为君王排忧解难的臣子们没有理由还大眼瞪小眼。于是，御史曾士楚和言官陈三谟陆续上疏，请留张居正。

明眼人一听到这二位的名字，就知道是怎么回事了。曾士楚和陈三谟都是张居正的言官，多年来没少给张居正排忧解难。如今他二人先后跳出来，说明这里面有问题啊。据说，两人上疏请留张居正后，“人心顿死，举国若狂”。

朱翊钧没有发现谁的心死了，也没发现国家人民成了疯子。他对曾士楚和陈三谟适时的表现大为满意，迅速命令吏部尚书张瀚慰留张居正。

张瀚是张居正一手提拔上来的，用时人的话说，他是张居正夹袋中的人。他自己也不讳言吏部尚书这个职务是张居正赏赐的。按人性，此时最该上蹿下跳挽留张居正的就该是他，可他没有。在朱翊钧挽留张居正的过程中，身为吏部尚书的他，无动于衷。朱翊钧的圣旨一下，他才极不情愿地召开会议。

吏部左侍郎何维柏第一个发言：“大臣丁忧守制，天经地义，这事恐怕没得商量。”有官员叹息说：“皇上要夺情，这也是天经地义的。”

吏部官员议论了一上午，张瀚一言未发。直到会议结束时，他才慢吞吞地说道：“大学士奔丧，应该加恩，这是礼部的事啊，和我们吏部有什么关系？”

这段话透露出的信息是，他不想挽留张居正，但也不想得罪张居正，他把皮球踢得远远的。问题是，他这是掩耳盗铃，躲得了一时，躲不了一世。按制度，皇帝的圣旨发到六部后，还要到六科备案。吏科言官王道成直到第三天还未等到那道圣旨，于是去请求张瀚履行圣旨，挽留张居正。

张瀚这几天眼看着上疏挽留张居正的官员越来越多，愁肠百结。在他看来，张居正就该回去守制，否则就不符合传统，就不是好人。他把一肚子邪火发到王道成身上：“万古纲常要被人践踏，你也助纣为虐吗？”

王道成大吃一惊：“这可是皇上的意思，张大人您糊涂了？”

张瀚捶胸顿足，哆嗦着双手，说：“好，好，我明天就去见张居正，你们这群人啊，不知体统啊！”

张瀚说到做到，真的就带着吏部附和他的官员来到张居正府上。张居正一听张瀚来了，大为高兴，可几句话后，张居正可就怒火中烧了。

张瀚劝张居正应该回家守制，一来尽人子之职，二来遵循国家法度，三来给天下士子做了榜样，可谓三全其美，何乐而不为？

张居正内心汹涌，但脸色不变。等张瀚一番长篇大论后，他才缓缓地说：“您没见到我几次三番地上疏请辞回家吗？皇上不让我走，我能有什么办法！张大人也是臣子，试问皇上不允，我如何走？”

张瀚咳嗽了一声，道：“您的诚意还不够。”

这真是王八蛋才能说出来的话，老爹死了，要回家奔丧的诚意不够？张居正火了，站起来道：“请张大人教授一下我！”

张瀚发现张居正火了，急忙也从椅子上站起来，嗫嚅着要说什么。

张居正大手一挥：“送客。”

吏部的官员像丧家之犬一样，逃出了张居正家。

两天后，王道成和御史谢思启弹劾张瀚与何维柏，说他们无大臣之礼，不为皇上分忧。朱翊钧发了雷霆之怒，勒令张瀚退休、何维柏罚薪三个月。

张瀚离开京城时，脑海中翻腾起他和张居正第一次见面的情景。张居正对他说：“昨天雨后去上班，很多人都穿着新鞋，但道路泥泞，全蹑手蹑脚走路，恐怕玷污了鞋子。有人的鞋子一旦沾染泥巴，就不再顾惜。居身之道，亦犹是耳。倘一失足，将无所不至矣。”

张瀚对张居正这段话刻骨铭心，所以他自认为自己从做官到被迫退休，鞋子始终没有沾染泥泞。对张居正的赏识之恩，他在后半生絮叨个不停。

张瀚的离开，预示着张居正的“夺情”已成定局，凡是阻挡张居正留任的人都是飞蛾扑火。张居正也自以为万事大吉，摆出了自己的底线。不丁忧可以，他有五个条件：第一，二十七个月的薪水和奖金，他一概不收；第二，朝廷所有祭祀吉礼，他概不参与；第三，入侍讲读，在阁办事，穿孝服（青衣角带）；第四，章奏具衔，准加“守制”二字；第五，仍希望明年乞假葬父，迎老母来京。

朱翊钧立即做出回复：“第一条不可，张先生清廉，如果没有俸禄，靠什么养活自己？最后一条，明年再说。”

“夺情”大功告成，朱翊钧很高兴，张居正的伙伴们也很欣慰，只有张居正本人，内心突然升起一股不安。这种不安深藏着，时不时地跳出来提醒他一下，这件事没那么简单。

按心学大师王阳明的理论，人心所以不安，是因为思虑太多。思虑太多，是因为做的一些事违背了良知。以这种理论来解释张居正内心深藏的不安就是这样的：他和父亲张文明的感情远没有人想象的那么深厚。首先是十九年不见，父子之情全靠书信维系；其次，张文明和张居正在志趣和事业上是截然不同的两种人，张文明爱钱，没有远大理想，张居正的理想比天还高；最后，自张居正担任首辅后，张文明没少给张居正找麻烦。所以张居正回家守孝，绝大一部分原因是遵循传统文化。

张居正受中国传统文化影响至深，又对权力无限热爱，在孝和权力上，他最终选择了权力。可良知告诉他，这是不对的。他的忧虑和不安正是良知在发挥作用。实际上，他不是个对权力本身极度热衷的人，他只是把权力当成手段，最终目的还是为了这个国家。这也可算作是他的良知。正是这两种良知的交互作用，使得他一会儿觉得被夺情是天经地义的，一会儿又觉得不回家守孝有违人性。

人所以强大，是良知的力量，而有时候脆弱，也是良知所导致的。

吴中行开炮

中国历史上有两样东西最害人，一是革命，二是名教。天下许多罪恶，都借这二者之名而行。所谓“名教”，指的是以正名分为中心的封建礼教，守孝就是其内容之一。在那些卫道士眼中，无论如何，张居正都没有回家守孝，这就是违反名教，天下人都该对其口诛笔伐。

政府官员们齐聚一堂，义愤填膺地议论起来。有人吐沫横飞道：“五行之属三千，罪莫大于不孝。孝道乃人伦之本，三年之丧，天下之通义。连天子都该遵守，他张居正居然违背，这是抽了我们读书人的耳光。”也有人说：“丁忧是法律规定，如有官员死了老爹老娘不上报，还会得到严惩。张居正不丁忧，不但践踏了纲常，还践踏了法律！”还有人痛心疾首道：“张居正老爹死了，不奔丧也就罢了，居然还不避位，是可忍孰不可忍！”

大家喧哗起来，有人开始号啕大哭，为名教而哭，为儒家教统而哭。这种情势使我们产生一种感觉，张居正不丁忧意味着世界末日来了。

在这场撒疯般的集会中，有一人始终冷眼旁观，静耳倾听。当大家陆续散掉去吃花酒后，他踏着初冬的寒露回到家中，关起大门，正襟危坐于桌前。在闭目沉思了许久后，他呵了双手，取出笔在纸上郑重其事地写下八个字：谏止张居正夺情疏。接着是内容，可谓行云流水，一气呵成。最后，他写上自己的大名：吴中行。

吴中行，1571年的进士，座主正是张居正。刚步入仕途时，他对张居正相当有好感。这大概是对比的结果，当时高拱在位飞扬跋扈，而张居正沉静内敛，所以吴中行偷偷和张居正走得很近，并且向张居正表达了自己的崇拜之心。在他眼中，仅从办事能力上而言，如果一张一百分的试卷，高拱和张居正都能答一百分，但如果把性格因素拉进来，高拱答一百分已用全力，而张居正答一百分，是因为试卷分数只有一百分。

但吴中行对张居正这种崇拜不是没有底线的，底线就是名教。张居正不回家丁忧，就是践踏名教，这让吴中行对张老师的美好印象一扫而空。但他对张老师还是很尊敬的，所以在《谏止张居正夺情疏》中，他把责任推到了朱翊钧身上："居正父子，异地相隔，音容不接者十九年，一旦长弃数千里外，陛下不让居正匍匐奔丧，抚棺而哭，必欲其违心抑情，愁眉苦脸在庙堂之上，这岂是君恩？"无论从哪个角度来看，这段话都合情合理。

这份上疏，吴中行写了两份，在把一份呈上后，他又揣着另一份去拜见张居正。

张居正看了奏疏，愕然道："已经奏上了吗？"

吴中行不卑不亢地说："没有奏上，是不敢让老师看的。"

张居正冷冷地道："真能捣乱。"

吴中行发现了张居正冷酷的眼神，急忙回避，扯起了别的："老师您知道吗？昨天夜里有一颗彗星，从西南方直射东北，苍白的尾巴，像一道几丈长的白虹。天文家说，这颗彗星从尾星、箕星，翻过牵牛星，一直扫射到织女星，这真是个大变异啊。天文方面的官员已经报告给皇上了。"

张居正知道，昨天晚上的确有彗星，北京城所有人都看到了那寂寞孤独的彗星划过天空的样子。吴中行此时说这种事，显然是在暗示他，因为他不回家丁忧，上天用这种变异来警告。

张居正不信鬼神，但信传统。朱翊钧同样如此，所以吴中行的奏疏上去几个时辰后，朱翊钧就下诏要百官修省。百官当然也可以请皇上修省，可以说，吴中行在这方面占了先机。

他虽然占了先机，却没有收获。朱翊钧扣住他的奏疏不发。吴中行自有他的办法，他扯开嗓子，在政府里到处散播自己的英雄业绩。

人情汹汹。1577年十月初七，终于有人来附和他了。此人叫赵用贤，只是个翰林院检讨，微不足道的一个小角色。

赵用贤大言不惭地给朱翊钧出主意说："其实可以用先朝故事，让张居正奔丧归葬，回家待四十九天，然后再回朝。"

吴中行在他的奏疏中也提到这样的办法。两人恐怕没有坏心，可问题是，"夺情"明明已尘埃落定，他们非跳出来说道一番，这正如星星之火，搞不好就会燎原。

张居正怕的就是这个。有人曾安慰张居正，这两人无论是身份还是奏疏的内容，都不值一提。张居正冷笑道："两人是想出名，想疯了。"随即又叹息道，"好名真是害死人，我担心他们是引线，会引爆一座火山。"

他们果然就是引线，火山很快爆发。1577年十月初八，刑部的两位中级官员艾穆、沈思孝联名上疏，请朱翊钧允许张居正回籍守制。他们以一副万分沉痛的语气说："社稷所重就是纲常，而元辅大臣，则是纲常之表率。如果连纲常都不顾，社稷怎么能安？居正难道不是人子吗？如果是，为何失去父亲而方寸不乱？位极人臣，反而连个草民的道德都不遵守，何以对天下后世？"

张居正看了之后七窍生烟，朱翊钧也发了雷霆之怒。正如张居正所说的那样，夺情事件本来已完，偏偏自己的门生吴中行抽风似的跳出来搅和。他这一搅和，沉浸多年的言官们看到有了用武之地，如果不做点什么，那真是死不瞑目。张居正恨吴中行，更恨艾穆和沈思孝。

朱翊钧比张居正还要恨，因为夺情这件事不是他一人决定的，而是老娘李太后和冯保与他一起商量的。他没有独裁，却获取了骂名。他气呼呼地问身边的冯保："这群人到底怎么回事，难道他们不知道此时江山社稷离不开张先生吗？张先生走了，对他们有什么好处？张先生走了，他们能承担起张先生的责任吗？"

冯保说："皇上您想啊，他们是把矛头对准的您，在忌惮张先生的情况下藐视您。"

朱翊钧的神经被挑起来："这群人的屁股是痒了，廷杖如何？！"

冯保说："皇上英明。"

众人齐救四官员

要对四位上疏官员廷杖的消息很快就传遍了北京城。这是非同小可的事，廷杖足以要人性命。

吏部尚书马自强有悲天悯人之心，慌慌张张地去拜见张居正。

张居正正在孝帷里匍匐着，马自强来的目的，他心知肚明，所以他懒得起来。马自强极力为吴中行等人解释，他说："这是群年轻气盛的少年，冒昧无知，但他们的出发点是好的，为了国家，为了社稷，为了苍生，他们并非是有意攻击首辅大人。"

张居正跪起来，面无表情地说：“我正在居丧，管不了外面的事，请马大人谅解。”

马自强发现了张居正的冷淡态度，但觉得自己既然来了，就不能白来，于是又说：“皇上震怒，只有您能上疏营救他们，才可免去一场大祸啊。”

张居正本来已把身子匍匐下去，听到马自强的这番话，身体像弹簧一样立起来，恼怒道：“皇上震怒，我能营救？！马大人，你太高看我张居正了！我张居正只是人臣，怎能干扰君王的意志？请回！”

马自强见再求情下去，也是热脸贴冷屁股，只好神情黯然地离开。

张居正在孝帷里先是一阵冷笑，接着就是一声叹息。他的这声叹息有深深的凄凉：四根搅屎棍中，吴中行是他的门生，艾穆和沈思孝是他的同乡。在这点上，他比严嵩还惨，严嵩在位十几年，从未有同乡攻击过他。一想到这里，他的肺就如炸了一样，心脏剧烈刺痛。他又想到马自强：这人脑子是不是被门夹了，居然来向他替攻击他的人求情！

向他求情的人不仅是马自强，翰林院的官员们最先行动起来，他们联名上疏请朱翊钧取消对那四个年轻气盛的官员的廷杖。但这份上疏如同进了墓道，朱翊钧毫无回音。

官员们走不通皇上这条路，又调头走张居正的路。马自强的失败是教训，于是他们曲线救国。翰林院官员沈懋学和张居正的儿子张嗣修是同学，他写信给张嗣修，请他和张居正求情。一连去了三封信，张嗣修都没有回信。张嗣修也有难处，他不敢和父亲张居正说。

沈懋学又去找李幼孜，他知道李幼孜和张居正关系不错。想不到的是，李幼孜不阴不阳地答复他：“张首辅不奔丧有大道在，岂是竖儒所能知？”

沈懋学气得哇啦怪叫，不禁脱口而出：“看这架势，张居正原本请求守制，现在却是有意不丁忧，居然还振振有词啊！”

他挑事，把李幼孜的信散播，这就激起了很多传统卫道士的极度反感。他们虽然反感，怒气冲天，可仍阻挡不了廷杖命令的发布。

翰林院学士王锡爵是正义凛然，并肯为真理而奋不顾身的人，他集结了翰林院诸多学士，来见张居正。张居正在孝帷里守丧，晾了他们大半天。王锡爵急了，也不顾体统，径直闯进了孝帷面前，请张居正搭救吴中行四人。

张居正平静地说道：“圣怒太严重，说不得。”

王锡爵反应极快：“圣怒严重，也是完全为的相公。”

张居正看了王锡爵一眼：“请回吧，守丧期间不便见客。”

王锡爵来了劲："您守丧期间，还会批阅奏折？您守丧期间，还能推荐别人？您分明是度量狭小，见死不救，假天子之手以泄私愤！"

这些话是王锡爵冒着无比勇气和风险说的，在这种时候，胆小如鼠的人都会离张居正远远的，王锡爵说完这段话，就等着张居正的雷霆之怒。大出他意外的是，张居正虽然脸色铁青，嘴唇发紫，却没有动怒，如同遭了瘟一样垂头丧气。

他看着王锡爵，把他当成生平的知已，缓缓道："你说我度量狭小，我请问，这件事是谁先挑起来的？你们真以为我不想回家看望老爹，皇上的旨意在那里，我如何走？外面人言汹汹，我能救得了他们四个，你敢保证后面不会有人再跳出来拿'夺情'这件事做文章？我看，你们还是饶了我吧，不要来求我。试想，如果我去皇上面前向这四人求情，皇上怎么看我？如果我真去求情，那岂不是助长了这些人的气焰？"

几个问句把王锡爵问得目瞪口呆，但我们说过，他是有急智的人，腹中已有草稿。可当他正要说话时，张居正用一个石破天惊的动作堵住了他的嘴：他突然向王锡爵跪下，"咚"的一声磕了个响头，声音近乎哀求地说道："大家要我走，偏是皇上不许我走，我有什么办法？只要有一把刀子，让我把自己杀了吧，你们也好心安！"未等王锡爵反应过来，张居正的手中突然多了一把匕首，夸张地要抹脖子。王锡爵下意识地去抢刀子，张居正号啕起来："让我死了吧，只有这样，你们就安心了！"

王锡爵把刀子甩到一旁，看着近乎疯狂的张居正在那里以头撞地，惊慌地站起来就跑。王锡爵不是被吓跑的，而是被张居正的反常惊跑的。正如十几年在你眼前一大家闺秀，突然变成了荡妇，任是谁，都会被惊到。

王锡爵跑出孝帷，那群翰林院学士看到他苍白的脸色、飘忽的眼神，明白事情必然不顺，于是全都跟着王锡爵跑出了张居正家。

那个张居正撒泼的场景，深深留在王锡爵脑海里，一生未泯。

张居正撒泼，被记入正史，当然是贬大于褒。如果我们设身处地想想，倘若不用这招，他真的很难堵住那些穷嚼蛆的嘴，堵不住他们的嘴，这群人就会一直来，不把他气死，也会把他烦死。

救人没有错，但要看救什么人。救仇人，那是愚蠢，张居正明白这个道理，可惜那群官员不明白。于是，四位官员的廷杖的执行，就是注定的事了。

明代的廷杖用四个字可以概括：血肉横飞。其程序是，将受刑人的裤子褪到膝盖处，趴在地上，两名行刑员用棍子一前一后地敲打屁股和大腿。行刑员都受过特殊训练，几棍子下去，受刑人的屁股以后就不能用了。

1577年十月二十二，吴中行和赵用贤受廷杖六十，吴中行受刑后，已经气绝。幸亏有人叫来医生将其救活，割下几十块大腿上的腐肉。赵用贤是个胖子，受刑下来仍有气息，不过大腿上割下来的腐肉也有手掌那么大，他后来剑走偏锋，把那块腐肉风干，留给子孙做传家宝。

吴、赵二人受刑之后即被驱逐出京，代价是昂贵的，但收获也很丰盛，他们美名远扬，成为天下士子口头上的真君子。特别是吴中行，简直大名垂宇宙，直到清朝时，还有言官把他当成“文死谏”的祖师爷。

艾穆和沈思孝所受到的惩罚比吴、赵二人重，他们得到了八十廷杖，廷杖之后侥幸未死，发配边疆充军。

但人们看到这四人的悲惨境况后，都紧闭了嘴巴。肉体的惨痛有时候就是这样，能震慑人的心魄，让你闭嘴。原本一些咋咋呼呼的人现在突然想到孔子的话，“君子讷于言而慎于行”，又想到老子的话，“善者不辩，辩者不善”。几根棍子让他们闭嘴了，张居正在孝帷里长出一口气：结束了。

世间法则之一：你越是预想到的事，它越不会发生，发生的事，永远都是你没有想到的。

一个叫邹元标的人，突然在众人噤若寒蝉的压抑气氛中跳了出来，掀起另一轮风暴。

邹元标再掀波澜

邹元标是江西人，九岁即读通儒家经书，二十岁时出游，遍历名山大川，到天下各个书院踢场子，因其学富五车，又能言善辩，所以在辩才上无人是他的对手。他的志向也异常远大，认为男儿当自强，有道德的人就不能消极退让和放弃指责。1577年，他中进士，到刑部实习，苍天有眼，他赶上了张居正夺情事件，以他的性格，这正是他大显身手的机会。

他连上两道奏疏，请朱翊钧允许张居正回家丁忧。但很遗憾，他位卑言轻，根本没有人注意到他。吴中行等四人被廷杖时，冯保特意命令全体京官观赏。在血肉横飞和受刑人的惨叫声中，邹元标的雄性激素加速度升高，他有了出生以来从未有过的快感。廷杖完毕，大家都去救人，他却从袖子中抽出一封信，交给小宦官。

小宦官问：“何事？”

邹元标平静地回答：“请假。”

小宦官无论如何都不会想到邹元标这封信是弹劾张居正的，大概没有人能想得到这么变态的人，刚观看完行刑场面却去犯相同的错误。小宦官把邹元标的信交给冯保，冯保看后惊骇道：“真有不怕死的啊！”

这封信很快就到了张居正手上，冯保派人特意提醒张居正：看信之前要有个心理准备，因为邹元标这小子的话说得太难听。

张居正是见识过大风大浪的人，不会被人骂死，可看了邹元标的弹劾书，还是气得浑身发抖，险些晕厥。

邹元标的这份弹劾书，大有泼妇骂街的神韵。他首先批驳朱翊钧对张居正“有利社稷”的评价，他说张居正虽然有才，但学术却很异端。志向虽正，却刚愎自用，设施乖张。接着他对朱翊钧说：“您应该自立，不要总被张居正牵着鼻子走，否则这辈子就算完了。”然后猛地拐到张居正身上，“张居正经常说‘世有非常之人，然后办非常之事’。我看他果然够非常的，连老爹死了都不回家奔丧。守孝是五常之道，他践踏大道，留恋权位，这是违背良知的禽兽行为！”

自夺情事件以来，还没有人说张居正是禽兽，邹元标开了个先河，他付出的代价自然也和别人不同：他被廷杖八十。冯保告诉行刑员：“给我好生打着。”很多人认为邹元标必死无疑，想不到他凭着胸中的浩然正气，坚持下来，被发配边疆。虽然如此，张居正还是给他的肉体留下了永不磨灭的痕迹，他从此成了个瘸子，直到四十多年后，如果坐久，还会突然从椅子上摔下来。

据说被驱出京城后，张居正还派了杀手去宰他。幸运的是，这名杀手追错了路，邹元标才逃过一劫。若干年后，邹元标重回北京，担当重要官员。当时已是熹宗天启皇帝（朱由校）末年，他眼见国事败坏，才想起张居正的好来。他拄着拐杖四处奔走，为张居正平反，并每夜焚香，祈祷上天能再降下一个张居正来。有人问他：“你不记得自己屁股被打烂的事吗？那可都是拜张居正所赐啊。”他却苦笑道：“年轻时太无知，现在明白了，恐怕已晚了。”

人只有到末世时，才会想到那些力挽狂澜、顶天立地的伟大人物的好。

邹元标用残废换来了天下美名，士大夫们都说他是顶级男儿，是天底下第一君子。他拄着拐杖去边疆了，可就因为他，夺情事件再度升温。无数的人都决心用腐烂的屁股换取天下之名。张居正有成人之美的心，既然屁股的主人都不怜惜他们的屁股，他何必狗拿耗子。于是那段时间，紫禁城中随时都有惨叫声，廷杖行刑员累个半死。

张居正不仅要迎战那群想获取清誉的人，还要对付他的朋友。邹元标事件后，吕调阳和张四维来找他，委婉地劝告他回老家丁忧。张居正不为所动，只是说："圣旨不可违抗。"吕调阳和张四维碰了一鼻子灰，叹息着走了。

戚继光居然也来信说："平息舆论的最好办法就是回家丁忧。"张居正给戚继光回信说："您远离京城，不知事情原委。有些人别有用心，是想赶我走。我如果走了，岂不是正符了他们的心意。皇上英明，恐怕也看到这点，所以才坚决挽留我。我当然想回家，可我怎敢违抗圣旨啊？"

这些人只是劝他回家，并未说出不中听的话来。他的另一位朋友周友山可就很不客气了，他说："您这是恋位，不是君子所为！"

张居正冷静而又坦然地回复道："恋位并不是坏事。当大责重任的人，心存国家，不同于普通臣僚，不可轻言抛去。所以古人说，恋之一字，古纯臣所不讳言。如果只是为官位，持禄自固，则又当别论。但天下人都知，即使天下人不知，您也应该知道，我不是那种人。天下人如果真懂得这其中的道理，那就真能如理学大师张载所说的，为天地立心，为生民请命，为万世开太平了。"

周友山是站着说话不腰疼，而且他也不在张居正的位置上，所以无法理解张居正的想法。张居正当然恋位，这是因为当时的客观形势使内阁成了帝国的政治重心，而他张居正又是这个重心中的神经中枢，他就是要去，也不可能得到朱翊钧的许可。他明知无法脱身，又何必装腔作势，博取个恬退的虚名？

但这种心思，很少有人理解，即使有人理解，也假装不理解。就在这种难得糊涂的中国传统智慧中，有些人见上疏已无效果，于是另辟蹊径，散播起了谣言。其中一条谣言最让张居正震惊：张居正要谋反。

这谣言一下道出了这次夺情风波的本质，如果吴中行等人反对夺情是出风头的话，那后来的一批人反对夺情，其实就是想让张居正滚蛋。他们不是痛心疾首名教被张居正践踏，只是痛恨张居正的新政。

张居正要谋反的谣言主要有三条内容：第一，张居正擅权，目的当然是谋反；第二，张居正连名教都能践踏，可以想见他的心有多狠毒，什么事都做得出来；第三，张居正用淫威处置正直官员，这是为他谋反扫清道路。

谣言不一定止于智者，也不一定止于沉默者，张居正和朱翊钧都明白这个道理。所以朱翊钧很快就发了一道圣旨。圣旨说："我是天下君，进退予夺我说了算，岂臣下所敢自擅？元辅张居正不回家丁忧，是我下的命令，和他何干？那群屁股被打烂的官员也是我下的命令，又于张先生何干？你们不要胡说八道，干好自己的事，如果你们管不好自己的嘴，我就修理下你们的屁股！”

这道上谕马上起了作用，谣言烟消云散，之前纷纷跑来贡献屁股的人也日益稀少。

张居正适时地上疏请求朱翊钧恢宏圣度，不要和这些人再计较下去。看上去，张居正这是要收拾人心，人人都知道，廷杖了那么多人，背后的主谋就是他张居正。他已被人打上了“心地狭窄”的烙印。实际上，张居正并非是想收拾那群大嘴巴的心，这是没有必要的事。他只是希望夺情事件尽快消停，他不想把一部分精力浪费在这上面。

可天下事往往不遂人愿，就当他觉得一切都要结束时，又一起风波来了。这场风波不在北京，而发生在南京。

吴仕期案

风波的主角叫吴仕期，是宁国府生员，由于南北路途遥远，信息交流不畅，所以直到1577年十月中旬，南方才知道了夺情事件的全部。吴仕期脑子灵光，也有传统道德意识，认为张居正不回家丁忧是人心世道的大变。霉运当头，他决定上疏请皇上朱翊钧收回夺情的命令。

太平府副知府（同知）龙宗武是张居正的人，听到有人还要火上浇油，立即把吴仕期捉进大牢，随后给好友操江御史胡檟通气。胡檟连忙报告给张居正这件事，同时又报告了另外一件事。

这件事也和当时的张居正有关，那就是流传在南方多时的《劾张居正疏》。据流言说，作者正是鼎鼎大名的海瑞。张居正稍作分析，就得出正确结论：海瑞不可能是这道奏疏的作者。海瑞自在朱载垕时代罢官后就再未出山，海瑞这人在其位才谋其政，所以绝对不能是他。之所以要把作者说成海瑞，是因为海瑞在江南极负盛名。胡檟自然而然想到的真正作者是吴仕期，张居正也认为是吴仕期，但他却去信给胡檟说：“这件事你就不要惊动朝廷了，本来夺情一事已经完结，如果你再向朝廷报告吴仕期案，恐怕会再起风波。这些人都是喷血自污之辈，没必要和他们计较。请你知会龙宗武，就在太平府明察秋毫，彻底查明这件事。如果吴仕期不是作者，马上释放；如果他真是《劾张居正疏》的作者，也请龙宗武秉公办理，不可有私心。”

胡檟和龙宗武坐到一起，对张居正的这封信开始谨慎研究。龙宗武抓耳挠腮道："元辅大人这是什么意思？搞不懂啊。"

胡櫃从张居正的字里行间得到确切的信息："元辅大人不想株连。"

龙宗武不明白。

胡櫃道："如果我们真把吴仕期案上报朝廷，必会牵扯出无数人，此时正是皇上震怒之时，这些人肯定逃不了。"

龙宗武不置可否："那该如何审理此案？"

胡櫃笑道："事情在你这里开始，就在你这里结束。"

龙宗武终于做出了恍然大悟的样子："元辅实在高明。"

七天后，吴仕期在太平府大牢中被活活刑讯逼供而死，这件事告于结束。显然，这是起冤案，胡櫃和龙宗武对此要负责。那么张居正呢？

也许他根本没有要杀吴仕期的意思，他只是希望尽快结案，不一定非要取了吴仕期的小命。可他的下属们却忠心耿耿，认为非如此不可。人类历史上，这种事不胜枚举，这都是权力惹的祸。

吴仕期的死悄无声息，所以夺情事件并未在南方掀起余波。张居正现在安全了，四十九天守孝完毕，他去见了朱翊钧。

一见到朱翊钧，张居正终于把持不住多日来所受的诋毁，流下委屈的泪水。朱翊钧安慰他："先生孝情已尽，朕为社稷，屈留先生。先生看在父皇的面上，成全始终，可谓大忠大孝。"

张居正的眼泪哗哗，这是真哭。他只有忠，并无孝。人世间最基本也是最简单的"孝"活生生被眼前这个小孩和他那炙手可热的权力埋葬了，如今只有忠，用最极限的忠来弥补他的不孝。

他说："皇上前后圣谕多次，委曲恳切，臣怎敢不遵？又有先帝的托付，臣当以死报，今日更不敢违背。可是皇上您知道吗？臣天性愚直，凡事只知一心为国，不能顾忌人情，以致丛集怨仇，久妨贤良之路。皇上如此圣明，现在就该放我回家，让我尽迟到的孝道，也可保全晚节。"

这段话说得很有水平，张居正是想告诉朱翊钧，他一心为国，因为听从了您的命令而不丁忧，却得来了很多人的攻击。虽然那些人已受到惩罚，可这口气还是咽不下去。他也不是咽不下这口气，而是因为朝堂之上还隐藏着这么多异己者，如果让这些人继续隐藏，他的改革大业仍会受到阻挠。他的想法是，要趁这个机会，一来报仇，二来清除潜在的障碍。

朱翊钧年纪还小，当然听不明白张居正这段话背后的意思。他安慰张居正："先生精忠为国的心，天地祖宗知道，太后和朕也知道。那群阴险小人乘机生事，自有祖宗的法度治他，先生不必介怀。”

张居正必须要介怀，可他不知该如何开口，而且自夺情事件之后第一次见皇上，有些话不能说。

他沉默了许久。朱翊钧知道这件事还没完，说：“先生先上班吧，其他事慢慢说。”

张居正等的就是这句话，叩头谢恩。1577年十一月初六，张居正穿着孝服（青衣角带）缓缓地走进了内阁。

吕调阳和张四维看到张居正的眼神里带着阴柔的杀气，马上感觉到，张居正已准备反攻！

闰察：张居正的反攻

吕调阳和张四维的感觉很快成为现实。张居正用一天时间处理了内阁多日来遗留的事，第二天，就对两人说：“这段时间彗星向东北直射，天象大变，人间恐怕有不正之气啊。”

吕、张二人心里打起了鼓，天象有变是之前反对夺情的那群人当话柄的，张居正怎么也谈起天象了，他不是不信这套玩意儿吗？张四维记得张居正说过：“天道玄远，灾难和吉祥的感应，都不可知，也不可信。自然界的现象对于人事没有任何关系。”这是张居正的宇宙观、世界观、人生观。

吕调阳小心翼翼地问：“张大人的意思是？”

张居正一本正经地说道：“天象大变，说明朝中有小人，需要来次大考核，把不合格的官员清除，平息天之怒。”

张四维吃惊道：“考核京官每六年一次，这不符合规矩啊。”

张居正看了他一眼，眼神犀利，像是根锥子。

张四维低下头，吕调阳一字不吐。

内阁里静得掉根针都能听见，时光似乎凝固了。许久，张居正才开口，语气很温和：“张公说得很对，做人做事都要有规矩。尤其是我们内阁辅臣，要按祖宗之法做事。我记得随时考核京官是有先例的，不知二位可知？”

张四维和吕调阳变了脸色，他们做官多年，当然知道有这样的先例，就是所谓的“闰察”。“闰察”始于武宗正德皇帝（朱厚照）时期，由宦官刘瑾提出，方式是不定期地考核京官，目的是借此打击异己。这个自然是先例，但却是恶例。两人想不到反夺情事件会把张居正伤得这样深，居然动起了“闰察”这邪门武器。

张居正见两人不说话，点了点头，表示很满意：“二位既然知道，那就要吏部上奏章吧。”说完，他站起来，施施然地走了出去，留下张四维和吕调阳大眼瞪小眼。

张居正一向深思熟虑，闰察这件事大概在反夺情事件初发时，他就已决定。所以吏部尚书张瀚被免职的当天，张居正就把王国光推荐为吏部尚书。这就叫作布局，只有智慧高绝的人才能看透。王国光在张居正的指示下，很快就向朱翊钧上疏，请求闰察。朱翊钧和李太后、冯保商议，结果自然是同意。

闰察还未开始，已有人感到危机。但这些人正如笼中的老鼠，无计可施。他们只能发泄，或者说是过过嘴瘾。有流言说，皇上冬天时都会赏赐他臣貂皮帽抵御风寒，而张居正却带头不戴貂皮帽，他号称是为了节省开支，实际上是服壮阳药过多，毒都上了脑袋，燥热难耐，如果戴了貂皮帽肯定会成熟猪头。还有流言说，张居正的儿子是靠作弊中了进士。

流言蜚语，甚嚣尘上，连张居正都听到了。对付这种“扯老婆舌”的行径，张居正一向是等闲视之。他曾说：“浮言私议，人情自不能免。”尤其是他这种大人物，更是如此。二百多年后的梁启超也说：“天下惟庸人无咎无誉。”

面对诽谤和流言，张居正有句名言：“我一生都是顺着自己所欲所求来学习的，不在意别人理解还是不理解。不但一时之毁誉，不挂于心，就是万世之是非，也不计较（吾平生学在师心，不蕲人知。不但一时之毁誉，不关于虑；即万世之是非，亦所弗计也）。”

这就是阳明心学，他读懂了阳明心学。他又说：“得失毁誉关头，若打不破，天下事无一可为者。”只要能成就大业，什么得失毁誉，万世是非，一切都在所不惜，这种坚强的意志只能出自良知的力量，一旦这种力量发挥，就会所向披靡。这年的闰察纯是张居正对反夺情成员的反攻倒算，也纯是发自良知。

那位被罚薪三个月的何维柏勒令去职，一直叫嚣张居正应该回家丁忧的南京操江御史张岳也被罢职，上疏解救吴中行等人的翰林院大批官员被调到南京坐冷板凳。他们离开北京前已确定，在张居正有生之年，他们肯定看不到北京的太阳了。

闰察刚开始时，冯保来找张居正，希望张居正能帮他清退几个他看不上眼的官员。张居正不动声色地回道：“冯公想多了，此次考核是圣上的命令，目的是清除不合格的官员，您怎么可以让我拿闰察排除异己呢？”

冯保张大了嘴巴，张居正明明就在排除异己，想不到说一套做一套的本事如此炉火纯青。但当他看到张居正威严不可侵犯的神态时，只好作罢。

这是张居正主政以来的底线：冯保绝不允许插手政府的事。

1577年的最后几个月，波澜起伏，但终于在年末随着闰察的结束而结束。张居正稳定了一切，并未因夺情事件而损失分毫。

他终于有时间思念老家老爹的尸体和老家的人了。他决定在主持完毕朱翊钧的大婚后，就启程回家看看。常回家看看，对普通人而言再轻易不过，可对他张居正，回一次家真是比登天还难的事！

第二章
身在老家心在京

终于可以回家了

1578年二月，朱翊钧的大婚在乍暖还寒时隆重举行。张居正负责全部事宜，李太后特意传懿旨说："忠孝难以两尽，先生自去年九月份开始一直穿孝服，但如今皇上大婚，是吉事，就脱掉孝服吧。"

这是不可违抗的命令，张居正只好从命。他一从命，户科言官李涞就跳出来说："张居正有丧服在身，怎可轻易脱去？皇上大婚是吉事，张居正恐怕不适合主持，还请皇上改命他人办理。"

张居正想不到"闰察"之后还有漏网之鱼，朱翊钧也是气得头晕眼花。李涞是1571年的进士，在做地方官时号称清廉的"箪食瓢饮"，简直可以和海瑞比肩。但这人除了清廉之外别无长计，尤其是一根筋。

张居正气咻咻地上疏朱翊钧，请朱翊钧允许他辞去这份差事。如果张居正真畏惧人言，那他就不是张居正了。他这招是很阴的，目的是让朱翊钧惩治李涞。

朱翊钧谕示他人生中最伟大的张先生说："李涞那厮冥顽不灵，要您主持大婚是母后的意思，母后重视才让您来主持。您千万别和李涞那厮计较，我的婚事不仅是我自己的终身大事，更是朝廷的大事，希望您勇担重任。李涞满口喷粪，不配留在京城，我想把他调到山东，您意下如何？"

张居正表示支持朱翊钧的想法。1578年正月十八，李涞被调到山东，直到张居正去世，他才回到中央政府。

这是夺情事件的余波，精明如张居正者并未看出这场余波象征了什么，但李太后看出来了。

朱翊钧大婚前三天，李太后叫冯保请来张居正。等大家都坐稳了，李太后慢悠悠地说：“这五年来，张先生为皇帝可谓鞠躬尽瘁，忠心盖日月。张先生为我皇家操碎了心，恐怕还要继续操劳下去啊。”

这都是场面话，张居正听了无数次，他没有任何感动。但李太后下面的话可就从未和张居正说过，分量十足了。

李太后深情地说：“皇上大婚之后，就意味着已长大成人。这五年来，我一直住在乾清宫（象征权力的地方），监护他，看管他。如今他已长大，我该搬出去了。”

张居正惊愕万分，下意识地去看冯保。冯保一脸的从容，想必他早已知晓此事。张居正惊愕的原因是，这五年来李太后是皇家货真价实的主人，朱翊钧只是个橡皮图章。权力使人疯狂，也使人绝不善罢甘休放下。李太后能有这样的胸襟和见识以及力量，可谓女中豪杰。在惊愕之外，张居正也感到李太后下面还有话。

李太后果然有话，换了一副神情对张居正说：“我搬出乾清宫后，就意味着放弃了朱翊钧的监护权，我虽然口口声声说皇上已长大，但毕竟还是个孩子。这监护的责任重大，您是唯一的人选。现在，您既是担当国事的大臣，也是对皇上朝夕照管的监护人。多余的话我就不多说了，您好自为之。”

张居正不能不激动，这比泰山还重的责任交给了他，证明了李太后对他毫无条件的信任。他向李太后保证，必将朱翊钧塑造成圣君，必用尽全力富国强兵。

李太后相信张居正，正如他相信婴儿会长出牙齿，春天来了花会开一样。朱翊钧也相信张先生，就如同相信太阳每天都会升起，月亮有阴晴圆缺一样。他对人说：“朕一时一刻都离不开张先生。”这是伟大的信任和依赖，所以当张居正重提回老家葬父时，他仍然不允。

他下谕旨说：“您受先帝委托辅佐朕，朕须臾不可离你。况且我之前已命令有关部门对您老父厚葬，您又何必亲行？您还是遵从我的谕旨，留下来辅佐朕，也不枉我和太后之心。这样的话，你可谓是‘大忠玉孝’了。”

张居正这次是坚决要走，或许是李涞事件触动了他，异己者是捉不完的，如果自己不回家葬父，夺情事件就不可能完，不知什么时候就会冒出个反对者来。唯一的办法就是，用实际行动堵住那群潜在的敌人的嘴。况且，良知也在时刻提醒他，身为人子，总要和老爹的棺材见上一面。

他对朱翊钧表达了自己最真实的心情："如果不能让我回老家，我即使身在朝廷，心也不在。这既影响了我的心情，更影响我的工作。回家葬父是我的一件心事，如果不解决，终身都不能快乐。"

朱翊钧看了张居正的信，去请教李太后，李太后又请教冯保。冯保昨天刚派心腹和张居正通过气，按张居正的分析，只要布置好，此时离开不会引起任何变动。张居正其他的布置，冯保不知，但张居正要他在皇上面前说的话，他记得一清二楚。

他说："张先生非要回去尽孝真是感天动地，如果皇上真的很难离开张先生，倒不是没有办法。"

朱翊钧问："什么办法？"

冯保说："可让张先生限期回京，一些国事用千里驿递送到张先生老家。"

朱翊钧看了看李太后，李太后沉思一会儿说："那就这样吧，现在是三月，要张先生五月中旬务必回京。"

在老爹死了半年后，张居正终于被允许回老家。临行前，他把内阁小心翼翼地布置了一番。由于他走后，内阁只剩下吕调阳和张四维两位阁臣，所以他希望朱翊钧能允许他再推荐一人。其实大可不必，因为朱翊钧早已传下谕旨，一切重要事情还是要请千里之外的张先生做主。张居正要补阁臣，无非是堵住一些不怀好意的人的嘴巴。

朱翊钧要他提供人选，张居正思考起来。高拱肯定不成，那是只老虎；殷士儋在宫内有帮手，这等于抢他的援兵，更不成。他猛然想到了老师徐阶。政治家的智慧立即被情感所蒙蔽，他居然写信给徐阶，要他出山。

徐阶的信刚发出，张居正猛然惊醒，论官阶和名望，徐阶都在自己之上，如果把徐阶请回来，纵然徐阶抢不了自己的饭碗，可如何安顿徐老师？惊醒之后就是行动，他让人快马加鞭追上了那封发给徐阶的信。

最后，张居正向朱翊钧推荐了两人，一个是马自强，另外一个是申时行。马自强和张居正的政见向来不一，这次居然被张居正点名进内阁，着实让他有些兴奋，将心比心，马自强后来和张居正的关系很近。

布置完内阁后，张居正终于准备启程。临行前一天，朱翊钧召见他，赏赐了银两衣物。张居正叩头谢恩。朱翊钧在龙椅上向他招手："先生近前些。"

张居正向前挪了几步，朱翊钧说："太后和我的意思，原是不想放先生回去的，只因先生情辞恳切，恐致伤怀，特此允行。先生处理完家事，马上就回来。"

张居正俯首。

朱翊钧伤感起来："一旦国家有大事发生，朕该倚仗谁啊！"

张居正眼眶湿润，说道："臣这次回家，万非得已。臣虽然离开您，但犬马之心无时无刻不在您左右。我走后，还请皇上起居食息，尤宜谨慎，您的龙体是我最担心的。我从前在时，一切国事都由我来；我走后，还请皇上自家留心，各个衙门奏折，望皇上能一一省览，亲自裁决。另外还有内阁四位辅臣，都是皇上的好帮手。"

朱翊钧点头说："先生忠爱，朕知道了。"

他此时还不知道张居正的用心，大概就在此时，张居正已有了还政于朱翊钧的心思。他的这次离开，也是给朱翊钧一个锻炼的机会。

朱翊钧开始叮嘱张居正路上要保重，到家后不要过分悲伤，身体是第一的。张居正感动得伏地呜咽，话也说不出，大有生离死别的味道。

朱翊钧安慰他，不要悲痛，话才出口，已是泣不成声。张居正擦了泪水，叩头退出的时候，听到朱翊钧对左右说："朕有好多话要和张先生说，可见到他悲伤的样子，我就说不出来了。"

这是1578年三月，春已深，如同张居正和朱翊钧的感情。五年来，张居正之于朱翊钧，就是慈父和幼子。朱翊钧从未离开过张居正这么长时间，这位精神导师、政治导师和生活导师给他的人生烙上了不小的印迹，也烙上了深沉的情感。

请相信这世上有君王和权臣之间的美好情感，也请相信，这种情感是非常脆弱的。

1578年三月十三，张居正出了北京城，向阔别十九年的家乡湖北江陵进发。这次回乡，用"衣锦还乡"四个字来形容实在太暗淡。别忘了，他可是朱翊钧时期乃至整个明代最赫赫荣光的首辅。他的轿子是特制的，前面是起居室，后面是寝室，两廊一边一个书童焚香挥扇。三十二名轿夫抬着这样一台大轿，风光八面地从北京南下，护卫着这台大轿的一千名士兵，雄赳赳气昂昂，千马奔腾，好不壮观！在这让人眼花缭乱的护卫队中，最引人注目的就是戚继光派来的一整队火绳枪手和弓箭手。据说，这支队伍出河北境后，张居正突然命令他们返回，只留下了六人。

他说要低调，其实高调得让人敬畏。其所过之处，不但地方官一律郊迎，连藩王们也打破传统出府迎送，和张居正行宾主之礼。要知道，在从前，臣民遇见藩王都是行君臣之礼的。

对于这些人，张居正表现得很冷淡很高傲，人混到他那个地位，想不摆谱都不可能。在回家的路上，张居正只主动热情地下过轿子一次，那就是在河南新郑。

顶级大佬的谈话

路过河南新郑郊区时，张居正掀起轿帘，意料之中地看到了远处跪了一大片当地官员。自从出北京后，这种景象已让他漠然，甚至生厌。他不由得想到了五年来的人事改革，似乎在地方上没有见效，否则为何到任何地方都会看到黑压压的一片官员的脑袋。

他这样想着时，巨无霸的轿子已走近那群官员，他漫不经心地扫了一眼跪在最前面的县令，突然县令旁边跪的一位白发苍苍的老人引起了他的注意。他多看了两眼，一道闪电射进脑海："啊呀，新郑！高公！高拱！"

是他，跪在他眼前的那位不堪一击的老人就是他二十多年的旧交、六年的政敌，如今被迫退休在家的高拱！

张居正命令停轿。还未等护卫将木凳放到轿门前，张居正已掀开轿帘，自己跳了下来。他疾步走向那群跪着的官员。新郑县令心脏如打鼓，震动着肺腑。张居正一面快走，一面伸出手去，对高拱说："高公请起，高公请起。"

高拱抬起一双浑浊的双眼，看着如日中天的张居正向他奔来，还未等他说"不敢"两字，张居正已扶住他的胳膊，把他硬生生从地上拽了起来。

四目相对，张居正鼻子一酸，流下了真实的泪水。高拱也哭了，任凭泪水在枯叶般的脸上四溢。张居正拉起他的手，把他拉进自己的巨无霸轿子，二人相对而坐。张居正擦去眼角的泪水，指着自己的两鬓白发说："老了。"又指了指高拱的满头白发，声音哽咽道，"您更老了。"

高拱剧烈地咳嗽起来，张居正急忙去拍他的后背。高拱不但老得让人震惊，而且病得也相当厉害。去年张居正就知道高拱病了，还特意让南归的儿子到新郑问候。可他想不到高拱居然病得如此厉害，神志恍惚，说话已不清楚。高拱扶着张居正的胳膊，恨不得把肺咳出来，终于缓解了，呜呜地说了句话，张居正没有听明白。

高拱唉声叹气，指了指自己的心，又指了指张居正的心，摆了摆手。张居正虽然聪慧过人，但仍解不开高拱的这哑谜。

也许是二人的友谊之光重新照耀，也许是张居正内心深处对高拱有所愧疚，他不由自主地自说自话，从二人的相识说到朱载垕时代的内阁合作，又说到高拱的离开。当说到王大臣案时，高拱污浊的双眼猛地清澈犀利起来，像一根锥子刺向了张居正。

张居正主动迎接高拱的锥子目光，在他的人生字典中，没有“躲闪”和“逃避”，面对问题和困难时，他向来都迎难而上。王大臣案在高拱看来，就是张居正要痛打落水狗，可在张居正看来，他拯救了高拱。二人的想法不一，所以张居正说来说去，感觉到了“鸡同鸭讲”的索然无味。

高拱颤巍巍的样子，显然和他的年龄不符，再看张居正，正是人生中最好的年纪、最好的光阴都集中在他身上。这是权力的力量吗？权力可以让一个人精气神十足，也可以让一个四十岁的人早早安上七十岁的心脏和心态。

他没有继续追问这个问题，自从看见高拱的第一眼，他就试图以情动人，把高拱拉回到六年前的光阴里，那时他们是好朋友，也是好战友。遗憾的是，高拱不吃这一套，他六年前就把张居正定型，在他心中，张居正就是个阳奉阴违的小人，他认定自己的致仕是张居正一手造成。六年来，每次夜深人静时的痛苦回想，都让他对张居正的仇恨深入骨髓，久而久之，连他的毛孔里都储存着对张居正的仇恨。这是直到世界末日都无法解开的结，高拱后来把它带进坟墓，每当人们走过他坟墓时，都能从坟墓上盛开的娇艳花朵中闻到仇恨的气息。

张居正握着高拱的手说：“六年来，我无时无刻不在思念着您。只是国事繁忙，抽不开身来看望您。就是这次还是因老父去世才有机会。其实我父去年就已去世，皇上总是不放我走啊。”

高拱哇啦哇啦了一大段话，张居正竖起耳朵，提起全部精神仔细听，在能听懂的只言片语中还原了高拱的话。高拱说：“去年十月，有人从京城来，得知皇上对你夺情，臣僚纷纷要求皇上允许你丁忧。我当时还想，这群人都是白痴。你要做的事，这世界上还有谁能拦住你？你要走，谁敢不让你走？”

张居正尴尬地笑了笑，说：“高公既然知道此事，想必也知道皇上几次三番下旨留我，君命难违，我们做臣子的难道还敢和皇上作对？”

高拱侧耳倾听，张居正话音已落很久，他好像才理解明白，突然狂笑起来，拍了拍张居正的大腿，哇啦哇啦了大半天。

张居正认真听着，然后努力还原高拱的话：“你呀，戏演得不错！但有识之士不是瞎子，比如那四位受廷杖的官员，他们就一眼看清了你的真面目。其实你大可不必那样动怒，居然和冯保联合对那四位官员廷杖，人家只是说了事实嘛。”

张居正有点恼火，心想：“高拱这老家伙这么多年，受到被迫致仕的重大打击，居然还是狗改不了吃屎，说起话来不给人留颜面。他说得倒是轻巧，要我不动怒。可你高拱在内阁时对异己者不也是赶尽杀绝吗？你怎么好意思教训我！”

但他马上就平息了怒火，眼前的高拱已不是他的政敌，只是他人生中最好的朋友之一。真朋友讲话就如良药，永远都是苦口的。

他再对高拱说：“自您走后，我是萧规曹随，完全都按您的政治主张处理国事，不敢越雷池半步。如果三生有幸，能得到后人对我的美誉，那这美誉中也有您的一半啊。”

高拱的脸色马上红润起来，因为张居正终于说了句良心话，也因为他好久未受到别人的赞誉了。他指了指自己的心，再指了指张居正的心，又指了指天和地。张居正这回好像明白了，高拱是说，做事要凭良知，天地可鉴。

高拱是阳明学的拥趸，张居正也信仰王阳明，王阳明所谓的“良知”不是妇人之仁的良心，而是为天地立心、为万世开太平的恢宏理想。只有这种理想在一个人的心中生根发芽，才会让人做出惊天动地的大事业来。在实现这个理想的路上，谁阻挡我，就干掉谁，纵然是芝兰当道，也必除之。

“良知”是拯救天下苍生而不是获取“好人”名誉的武器，这是高拱和张居正都深刻理解的真理。

张居正紧握住高拱的手，感动得想再次下泪。但高拱马上就变了脸色，又哇啦了半天。大概他知道张居正在还原他的话上已非常疲惫，所以这次说得比前几次清楚了许多。他说：“这五年来你做得不错，徐阶的眼光很好，当年选了你做接班人。从政治家的角度来说，我敬佩你。但从个人角度来说，我憎恨你。如果不是你和冯保勾结把我逐出中央政府，现在你这台轿子的主人就是我。你不必劳心费神，恢复你我的友谊，如果你真了解我，就知道这是不可能的事。做好你的首辅，为江山社稷谋福，这才是你最应用心的地方。”

1578年时，已没有人敢用高拱这种态度和张居正讲话。张居正听完高拱的话后没有发火，而是陷入沉思。高拱根本不了解他，正如高拱已不了解自己的过去一样。高处不胜寒，是因为人在高处朋友就少。他在京城中，身边有忠实的下属，有坚定的马屁精，还有视他为救世主的皇帝，就是没有可以坐下来谈心的朋友。

见到高拱的刹那，他突然感觉到高拱是他的朋友，所以他想恢复从前的友谊，然而随着谈话的深入，他已知道这是痴心妄想。高拱不仅不能成为他的朋友，还是他的敌人。

一个时辰后，张居正先走出轿子，然后把高拱搀扶下来，他拼命抓住高拱即将挣脱的手，如同抓着一根救命稻草，但这稻草终于挣脱出去。高拱要给他叩头，他拦住了。高拱也不争取，拱拱手，洒脱地向那群还跪在地上的官员群走去，然后转过身来，从容地跪下去。张居正苦笑，命人叫起那些跪着的官员和高拱。

张居正离开时，从帘子缝隙看到高拱弓着背，瘦骨嶙峋地走向远方。远方是绿色的、温暖的。春天来了很久，夏天的脚步正在天空回响，张居正却感觉到深深的凉意。

陶成誉的叹息

当张居正在1578年二月末苦求朱翊钧允许他回家时，辽东副总兵陶成誉也在苦求。他苦求的不是回家，而是上苍能赐给他一个建功立业的机会。

陶成誉有澄清天下之志，也有点小才华，无奈生不逢时，他的上司辽东总兵李成梁一直压着他。明帝国北疆的大部分战役都被李成梁打了，而且百战百胜。陶成誉虽然是副总兵，可中央政府没几个人知道他，他深深地陷在李成梁光芒的泥潭中，不能自拔。

春风已吹过长城，站在边墙上，陶成誉向北方眺望，满眼都是生命的迹象。但这万物复苏的美好景象并未使他心情舒畅，他叹了口气，对站在身边的副官说："既生陶，何生李！"

副官安慰陶成誉已安慰烦了，但仍然是平和的口吻："大人必有建功立业名扬四海的那天，只是等个机会。"

陶成誉发出最沉重的叹息说："这机会太不好等，自张居正大人担任首辅以来，这群蒙古人的野性就不见了。即使有那么几个还存野性的蒙古人，都被李成梁搞了。苍天啊，我这是什么命啊！"

陶成誉说得没错，但不全面。李成梁在辽东对付的不仅有蒙古人，还有逐渐崛起的女真人。正如陶成誉所说，李成梁天生就是打仗的料！

李成梁祖籍朝鲜，爷爷是个小军阀，后来归附明帝国，被任命铁岭卫指挥佥事（铁岭军区政委）。明朝武官可世袭，李成梁的老爹后来继承父职，可到了李成梁时，他就无法继承老爹的位置了。原因是，李家已落魄不堪，而要继承这个职务，必须要花钱上下打点，李成梁没有这个钱，只能靠自己。他原想从文，可头脑不够，直到四十岁时才是个秀才。

但天不埋没人才，1566年，一位京官巡抚辽东，发现了正在军中服役的李成梁。没有人知道二人是如何相识的，我们只知道，这位京官回京后，向朱厚熜强力推荐李成梁，认为北疆若牢固，非用此人不可。

首辅徐阶对这件事很重视，要张居正全面调查李成梁。当时李成梁只是个低级军官，根本没有指挥作战的实践，可张居正却如发现石头中的美玉一样发现了李成梁。徐阶听从了张居正的意见，让他继承了老爹的职位。第二年，李成梁因作战有功，被升为辽东副总兵。1571年，蒙古人入侵，辽东总兵王治道战死，在张居正和高拱的努力下，李成梁被任命为代理总兵。张居正上台后，他被扶正，从此在辽东光芒四射了二十二年。

张居正非常器重李成梁，并且对他在辽东西防蒙古人、东防女真人信心百倍。二人常常有书信往来，谈时局、谈边境，谈人生、谈理想。也正是在张居正的全力支持下，李成梁才能大展拳脚，并取得持续不断的胜利。不过在当时就已有人指出，李成梁的战功有水分，因为明明可以把敌人一网打尽，他却总不能大获全胜，这叫玩寇养兵。每当有人指责李成梁这种说不清道不明的行为时，张居正就极力袒护，并写信给他，要他放心对付蒙古人和女真人，朝廷只要有他张居正，边疆就有他李成梁。

李成梁对张居正可谓感激涕零，自然尽心尽力地守卫边疆。陶成喾感觉李成梁的光芒射得他睁不开眼，这实属正常。李成梁在军事上是个天才，和戚继光不相上下。他亲自训练了一支特种部队，士兵配备最现代化的火枪“三眼铳”（可连发三弹），当冲锋时，这支特种部队先在战马上发射三眼铳，一般情况下，三枪过后，就能冲垮敌军。当三颗子弹打完后，只需吹吹枪口的烟，换个握法，就成了近战的致命武器——铁榔头。

李成梁就是靠这支现代化部队和他的用兵如神，取得了各种各样的大捷。1578年二月朱翊钧大婚期间，李成梁送来劈山之捷报，为朱翊钧的婚礼锦上添花。朱翊钧心花怒放，亲自率领群臣到祖庙焚香告祖。张居正更是大欢喜，险些忘了老爹已死，特意为李成梁写下了“将军超距称雄略，制胜从来在庙谟”的诗句。李成梁在劈山战役中所表现出的军事才能，震惊天下，连很不喜欢李成梁的《明史•李成梁列传》叙述此段时，都给了“师出必捷，威震绝域”“边帅武功之盛，二百年来未有也”的评语。

劈山之捷虽成于1578年二月，但因缘于1577年五月。该年五月，横行北方的蒙古速巴亥大军进犯辽阳。有人提醒这位猛夫，辽东总兵李成梁不是善茬，速巴亥嗤之以鼻。夜晚宿营时，速巴亥正在制订明天的计划，李成梁带着他的特种部队突然杀到。由于没有准备，速巴亥被杀得丢盔卸甲，狼狈而逃。这是李成梁百里奔袭、直捣龙潭的经典战例。

1578年二月，速巴亥卷土重来，发誓要活捉李成梁，以雪前耻。当他驻军于劈山（辽宁开原南）时，又有人提醒他，小心李成梁又搞夜袭。速巴亥哈哈大笑，李成梁不会那么蠢，一招不会用两次。

李成梁当然不蠢，他猜到速巴亥的心思，于是又一次百里奔袭，直趋他的劈山大营，用特种部队先放枪，再冲击。这一次，速巴亥又被打得落荒而逃。李成梁斩杀了四百多蒙古士兵。

李成梁的战法，是陶成喾永远学不来的。绝顶的军事家用兵没有章法，只凭随机应变，用王阳明的说法就是，刹那间的感悟，这就是致良知。

所以，当陶成喾站在城墙上叹息时，连老天都不怜悯他，纵然给他机会，也是浪费。不过，有时候老天会犯迷糊，不小心把那些假象机会扔给当事人。现在，陶成喾就接到了老天爷犯迷糊掉下来的一个“机会”。

1578年三月十六，一支七百余人的蒙古武士突然出现在陶成喾的防御区前。这是支奇怪的蒙古骑兵，他们带着大量辎重，带着锋利的武器，如风暴一样席卷而来。探子来报告陶成喾时，陶成喾正在喝闷酒，听到这个消息，先是一惊，酒杯落地，但马上恢复平静，内心深处建功立业的欲火熊熊燃烧。

他穿上战袍，上了城墙。

“多少人？”他问副官。

“不到八百。”

“他们的精气神如何？”

“很沮丧。”

哇呀呀，陶成喾叫了起来：“这可真是上苍的成全，来啊，给我出城，杀！”

副官拦了一下他：“大人，我看情况有异。”

“什么意思？”

副官说：“他们不像是进犯的，倒有七分像投降。”

陶成喾马上变得沮丧起来：招降固然有功，但哪里有斩杀敌首大啊！

他正情绪低落时，有人迅速来报告说：“这批蒙古人是来投降的，希望陶大人能收留。”

陶成誉的情绪跌入谷底，举头向天：“苍天啊，我的命啊。”

副官催促道：“大人赶紧出门纳降啊。”

陶成誉转动眼珠，突然吼道：“哇呀呀，这是蒙古人的奸计，来啊，开城门，给我杀！他们人少，我们人多，定能取胜！”

几名副手都拦他，正如几只羊想要拦住饥饿的老虎一样。陶成誉已冲下城墙，踢了几个士兵的屁股，喝令他们大开城门，他要出城建立丰功伟业。

当时的情势是，世界上再也没有任何力量能阻挡陶成誉大开城门。当他在城门前严阵以待那支蒙古骑兵团时，阳光温和地洒在他的脸上，这让他的脸突然燥热，像是被火炉烤到一样。

那支蒙古骑兵团进入他视线，并越来越近时，陶成誉惊讶地发现，这支来侵犯的蒙古武士居然连个像样的战斗阵形都没有，人数虽然多，各个也英姿飒爽，可整体看上去却是乱糟糟的。

副官理直气壮地说道：“大人请看，他们就是来投降的。”

陶成誉神经兮兮地盯着看了一会儿，突然吼道：“胡说！蒙古人狡诈，这里肯定有阴谋，传令，进攻！”

说完，陶成誉抽出腰刀，第一个冲了出去，他的人和胯下的马现在已合二为一，成了一支射出去的火箭。

他的属下们喊道：“快，保护大人！”几千名士兵一股脑地跟在陶成誉后面，冲向了那支蒙古骑兵团。

当冲进对方阵营时，陶成誉听得很清楚，其中一个看上去是头目的蒙古人用蹩脚的汉语说：“我们是来投降的，不要动手。”陶成誉哇呀呀大喊，掩盖了那位蒙古武士的呼救。宝刀在手，功勋我有，砍！

他对着一位还没有抽出刀的蒙古人，砍了下去。“咔嚓”，人头落地，躯干在马上晃了两下，栽了下来。

陶成誉兴奋得发狂，心里想：都说蒙古人所向无敌，看来只是扯淡。

几千名士兵抽刀，看着蒙古人的头颅猛砍猛杀，如同快刀砍西瓜。半个时辰后，陶成誉的刀已卷刃，沾满黏黏的污血。侥幸活下来的蒙古人掉头就跑，陶成誉下令：不许追击，这是诱敌之计，赶紧数人头。

人头的结果出来了：四百七十七个半。

陶成誉仰天大笑：“李成梁啊，你的劈山大捷砍的脑袋不如我的多啊。”

副官皱着眉头：“大人，这些蒙古人根本没有抵抗，肯定是来投降的，杀降不祥啊。”

陶成喾抽了他一嘴巴：“你给我闭嘴，看看这满坑满谷的人头吧，荣华富贵，千古大名就在这里，你还在这里说丧气话，真该死！我们是天下无敌的，毫发无损，斩敌首四百七十七个半！赶紧找到那半个脑袋，报捷，报捷！”

张居正回京

由于那四百多颗人头是在长定堡砍的，所以这次屠杀被称为长定堡大捷。陶成喾先把捷报送呈李成梁，李成梁琢磨了半天，敲着桌上的捷报对属下们说：“这事啊，有点诡异。”属下们没有吱声，李成梁继续说，“这事啊，张阁老能看出门道。”

捷报书从李成梁转到辽东巡抚张学颜，张学颜对这道捷报半信半疑，但他还是把捷报送到了北京。朱翊钧看到这道捷报时，张居正已走了三天，可他还是一跳三丈高地喊道：“快去请张先生。”

有人告诉他，张先生已走了。

朱翊钧马上颓唐起来：“这可如何是好……”随即又兴奋地转起圈来，“这样大的喜事，张先生居然没有第一时间知道。如果张先生在，他该如何处理？”

吕调阳小心翼翼地说：“该赏。”

朱翊钧满脸红光：“当然该赏，可怎么赏啊？你说，如果张先生在，他该如何赏？”

张四维站出来说：“皇上已成年，况且张阁老走时也嘱托您要亲自裁定国家大事，您说怎么赏就怎么赏。”

朱翊钧兴奋得直搓手：“啊呀，好，我试试。这样，传旨，长定堡之捷是祖宗洪福助佑，内阁拟旨，一应人员，都行封赏。内阁首辅和其他辅臣，辅佐有功，一并从厚封赏。”

吕调阳和张四维正退步出去，朱翊钧突然叫住他们，让兵部马上派人，带着捷报书星夜兼程去给张先生看，让他赶紧拟出具体的赏赐来。

吕调阳和张四维互望了一眼，眼神相同：这个已经长大的孩子还是离不开张居正啊！

1578年四月上旬，长定堡大捷的奏疏送到湖北江陵张居正府上。张居正看了奏疏，沉吟不语。许久，他才发出一声叹息，自言自语道：“哪里有这样容易的大捷？李成梁兵强马壮，用兵如神，取得劈山大捷时还损失了二百多人，可陶成喾的士兵连受伤都没有。这实在太神奇，不符合常理。”

但皇上已下旨进行封赏，他张居正也不想违抗圣旨。不是他不能，而是他想给朱翊钧面子，给他亲政的信心和尊严。他拟了奏疏，陶成喾、李成梁，包括蓟辽总督梁梦龙、兵部尚书方逢时和左、右侍郎都加俸晋级，内阁的吕调阳、张四维、马自强、申时行也都封赏。

他在给朱翊钧的奏疏中说：“这场胜利是祖宗洪福和皇上圣武所致，应该普天同庆。”不过，他在奏疏中留了一句话，“据说这批蒙古人是来投降的，不过还未经证实。”

发出奏疏后，他再给蓟辽总督梁梦龙和兵部尚书方逢时去信，要他们认真查究这件事，等他回京后，务必要把真实、详细的报告交给他。

当朱翊钧在京城用从未用过的皇权时，张居正辞别老母，坐进他那台巨无霸的轿子中，向北京出发。离开江陵境时，他无意间望了一眼故乡，1578年五月十一日的故乡美得让他窒息，山清水秀，人杰地灵。他也许不知道，这是他最后一次看故乡，从此，他的故乡再也没有见过他。在轿子中停滞的光阴中，他浮想联翩。此次回京，他的心情突然变得沉重起来。这大概是预兆，一种很不好的预兆。

抵达新郑时，他又去看高拱。高拱这次病得更厉害了，离鬼门关只一步之遥。高拱没有和他争吵，而是说起了知心话，张居正感动得要命。临走前，高拱在病床上请张居正帮他办一件事，他希望张居正能在皇上面前求情，给予他符合其身份的身后恤典。张居正答应了他。

高拱苦笑，活到最后，他无论如何都想不到死后的恤典居然还要仰仗政敌！张居正没有这么多想法，他始终把高拱当成好人，直到高拱的著作《病榻遗言》问世后，他才知道高拱“有仇必报”的决心和毅力，不会因为他帮忙而动摇。

自他从湖北出发的那天开始，朱翊钧就一直催他，但南方已进入雨季，道路泥泞难走，所以直到1578年六月十五，张居正才被巨无霸大轿抬进了北京城。

第二天，本来是早朝之日，但朱翊钧为了接见张居正，免了早朝。两人一见，朱翊钧就要从龙椅上下来，搀扶跪倒在地的张居正，但他屁股才抬起，又放回去了。张居正走的这段时间，他成长了不少。张居正明显能感觉到皇上的变化，忽然之间，一个孩子长大成人，他眼中的自信和高傲肆无忌惮。

他对张居正说："这次您回家，可谓忠孝两全了。"

张居正说："这都是皇上您的恩赐。"

朱翊钧又说："张先生旅途劳顿，真是辛苦。"

张居正叩头。

朱翊钧又问："沿途庄稼如何？"

张居正说："一片大丰收。"

朱翊钧点头："这都是先生的功劳。"

张居正回答："都是皇上的功劳。"

朱翊钧看了看张居正，突然说："先生走的这段时间，有人搞小动作。"

"小动作？"

朱翊钧点头说："户部员外郎王用汲攻击陈炌，说他受人指使搞赵应元。可他奏疏里又提我，说我应该大权独揽。你瞧这事，张先生，你还是处理一下吧。"

张居正变了脸色，这件事恐怕没朱翊钧说的那么简单。

当天下午，他就去了内阁。内阁除了吕调阳请病假外都在，正准备给他接风洗尘。

独裁者宣言

张居正还未坐稳，就向张四维索要王用汲的奏疏。

张四维一面把王用汲的奏疏恭敬地交到张居正手上，一面说："我已拟旨把王用汲革职了。"

张居正"哦"了一声，打开王用汲的奏疏，认真地观看起来。马自强和申时行发现张居正的脸色越来越难看。看完最后一个字，张居正"啪"地一下把奏疏拍到桌子上，怒骂："混账王用汲！"

张四维三人噤若寒蝉，内阁里静得只有张居正的喘气声。王用汲的这道奏疏用心极深，看似是攻击左都御史陈炌，其实是希望朱翊钧能乾纲独断，不要把权力下放给一些野心家。而他所指的野心家正是张居正。

张居正平和了很久，才问张四维："这到底是怎么回事？我人在千里之外，他怎么就攻击上我了？"

张四维把经过一说，张居正可就更气了。这件事的原委是这样的：张居正在老家办理父亲的丧事时，湖广的官场大佬们全都来了，只有湖广巡按御史赵应元没有到。赵应元是1565年的进士，在江湖和庙堂都有口碑。张居正回湖北时，沿途所有地方官都千方百计地巴结。当时赵应元正巡按湖广，极端厌恶官员们的这种行径。所以张居正在老家葬父时，他借口已完成巡按工作，正在办理交接而不能前来。

这是个不错的理由，可张居正就是不舒服。这当然不能怪张居正摆谱，也不能说他心胸狭窄，任何人到了他那巅峰的位置，都有脾气，这是权力惹的祸。他身边伶俐的人马上注意到了主人的情绪，于是把消息放了出去。

也活该赵应元霉运当头。按制度，京官巡按一地结束后，需回中央都察院报到，可很多人已不遵守，这条规定成了摆设。赵应元也没有遵守，请了病假说回老家养病。都察院左都御史陈炌是张居正的人，并且主管这件事。他立即发现此时是向张居正献媚的最佳时机，于是弹劾赵应元。在张四维的支持下，赵应元被免职。

但问题马上来了。有消息灵通的人得知，陈炌弹劾赵应元是受佥都御史王篆指使，而人人都知道，王篆是可以和张居正对上话的人，属于张居正心腹中的第一梯队。身为户部员外郎的王用汲见张居正不在朝中，于是拍案而起，上了那道奏疏。

这可能是反对张居正的个案，但经过反夺情事件后，张居正变得神经敏感，他说："反对声音还是这么大，真让人心寒！"

张四维谨慎地说道："王用汲只是投机取巧，况且已被我驱逐，张公可放心。"

张居正冷酷地看了张四维一眼："我怎能放心？皇上虽然大了，可毕竟没有人生经验，王用汲的奏疏非常蛊惑人心，一旦听了他的话，后果不堪设想。秦始皇固然创下丰功伟绩，但他的帝国才存在几年？一艘巨轮，没有好的舵手，必将倾覆！"

看上去，张居正反对君主独裁，这和他在朱载垕时代的思想大相径庭。那个时候，他是希望朱载垕能独裁的。实际上，他不是反对独裁，只是反对没有执政经验的朱翊钧独裁，他希望自己独裁！

当天夜里，张居正挑灯夜战，针对王用汲的奏疏写了一道奏疏给朱翊钧。他慨然说道："国家安危，在于所任用，今但当论辅臣之贤不贤耳。如果我很差劲，就赶紧轰走我，另求贤良；如果我很贤良，那么皇上只是一人，管不了那么多事，那就必须要重用我。您不任用我这样的人，还能任用谁？"

说到这里，他想起王用汲奏疏里的话，不禁文字如刀：“况且现在各个衙门的奏章，都要经过皇帝过目而后才能到内阁，内阁大学士们把意见拿出，也必须经过皇帝的裁断，而后才可发布，偶尔有皇上直接拿出意见，这些意见的深度我们内阁是自愧不如。现在竟然有人说，皇上漫不经心，不理朝政，把所有政事都交给臣，怎么敢如此大胆污蔑皇上！臣自受事以来，兢兢业业，忠心耿耿，上苍可鉴。吾皇圣明，臣竭智尽忠，尽用己才，数年时间，纪纲振举，百司奉职，海内之治，近乎小康，这是老百姓所共同歌颂而欣庆的事！

“可王用汲这浑蛋居然说，人人尽私，事事尽私。这简直就是胡说八道！但皇上千万别认为他抽风了，其实他意不在此。我相信，王用汲背后有人指使，但我不知道是谁，所以也就不追究了，皇上也不必追究。”

张居正教导朱翊钧：“皇上您可以做一件事。明告于天下之人：臣是顾命大臣，以死报国是臣之本分，纵然赴蹈汤火，也在所不辞，何况仅仅是毁誉得丧这点小事！皇上不用臣则已，如果非要用臣，臣敢保证，绝不会枉己以徇人；绝不会违道以干誉；政府纪律，必欲振肃；朝廷法令，必欲奉行；奸充之人，必不敢姑息；投机取巧和追名逐利不计手段之人，必不敢引进，以坏国家之事；如有捏造浮言，欲以蛊惑皇帝，扰乱朝政者，必举祖宗之法，请于皇上，而明正其罪。此臣之所以报先帝而忠皇上之职分也。”

这道奏疏写得酣畅淋漓，字字如针灸，把朱翊钧搞得很舒服。他告诉张居正：“您多年来忠义奋激，朕心深切感动。今后再有王用汲这种混账话，扰乱国是的，朕必遵祖宗法度，置之重典。卿其勿替初心，始终辅朕，仅臻于盛治。”

这是张居正作为独裁者的一篇政治立场的宣言书，但里面的口味让朱翊钧很不悦耳。朱翊钧已经长大了，乾纲独断是帝制社会皇帝的专利。张居正说：“你现在还不是时候，而我才是独裁的最佳人选。作为皇帝，你只要做一件事：听我的就是了。”

张居正一向有头脑，但在重大责任和无边权力面前，他也会头脑发昏，这封自己独裁宣言书就是证明。

翻案长定堡之捷

其实在湖北家中和回京的路上，张居正脑子里始终装着一件事，上完那封独裁者宣言后，他马上就把脑子里的这件事摆到了桌面上。如你所知，这件事就是长定堡大捷。

当他和小病痊愈归来的吕调阳说要重查长定堡大捷的真伪时，吕调阳破天荒地反对。吕调阳有充足的理由，长定堡大捷无论真伪，封赏已成事实，而且是皇上下的圣旨。

“况且，”吕调阳大惑不解地说，“封赏众人也是张大人您许可的。如果重查，未发现问题还好，倘若真发现问题，该如何是好？翻案的话，不是打了皇上的脸吗？您张大人也会被人说成是出尔反尔。”

张居正冷冷地看了吕调阳一眼，沉思了一会儿，语气里带着嘲讽：“吕公，您也知道长定堡大捷是假的？”

吕调阳大惊失色。长定堡大捷的封赏，表面看是张居正同意的，但消息送到湖北时，朱翊钧和内阁已经定了封赏的基调，给张居正去信，不过是让张居正拿出封赏的具体方式。也就是说，长定堡大捷的定性和封赏都是次辅吕调阳与张四维二人完成。

吕调阳听了张居正的问话，不可能不吃惊。稍有头脑的人就知道这次大捷太吊诡。吕调阳忽然记起内阁辅臣们沟通此事时，申时行小声地问道：“我方战斗人员连一根毛都未掉，这太不可思议了。本朝自开国以来，和蒙古人的战役中，这简直是万年难遇的奇迹。”

张四维插嘴道：“皇上已说了，这是大捷，要重赏。小申啊，你还有不同意见？”

申时行立即闭紧嘴巴。于是，吕调阳和张四维拍板：长定堡的确发生了大捷，和这件事沾上关系的人都要赏。这就叫沾喜气，它能鼓舞人心，更像是磁石，能吸引更多的大捷。

吕调阳一想到申时行那句话，又看到张居正冷酷的脸，马上就断定，长定堡大捷是扯淡。可他还是想不明白，自己当初为什么没有想到这点。

人的智慧啊，有时候跟立场、利益有关。

他正胡思乱想时，张居正已把一堆材料摔到他眼前：“这是兵部尚书方逢时多日来调查后的报告，还有辽东巡按御史的调查报告。”

吕调阳慌忙去翻，张居正拦住了：“不必看，我告诉你，那支七八百人的蒙古人就是来投降的。他们因得罪了土蛮，所以携带牛羊东来，请求本朝的庇护，想不到碰上了混账的陶成喾，让他们死得如此冤。陶成喾如果不是白痴，那他就是故意的。这种人，让他在边关，迟早坏事。陶成喾是名利熏心，还情有可原。可你吕大人，居然不分是非，看不清善恶，迎合皇上的意思，糊涂透顶，你这个次辅是怎么当的！”

张居正越说越激动。吕调阳已是满脸铁青，浑身颤抖，恨不得有条地缝，钻进去永生永世不出来。就当他无比尴尬、恐惧时，张四维、马自强和申时行来了。三人一看这气氛，马上明白吕调阳被训斥了。

张居正觉得对吕调阳的教训已到位，马上转到张四维身上：“长定堡大捷是胡扯！”张四维也是大吃一惊，他不是吃惊张居正这句话，而是吃惊张居正这句话背后的用意：翻案。

翻案，谈何容易。皇上朱翊钧接到捷报后，就如捡了宝贝跑到天坛去祭天，又宣告天下，搞得连东洋大海最深处的海龟都知道了。当然，如果仅是这一点，损失并不大。至多会有人说君有戏言，张居正说话是放屁。可还有一点，是张四维必须替张居正考虑的，那就是恩赏的问题。先不说其他人，单就张居正的亲信，兵部尚书方逢时、内阁吕调阳、张四维就不会高兴。这次封赏，已荫及了他们的子孙。如果翻案，大家肯定一场空，更不必说那些边防将士了。

他轻声细语，用几乎连他自己都听不见的声音问张居正：“张公有证据了？”

张居正敲了敲吕调阳眼前的那堆材料：“要看吗？”

张四维是聪明人，根本不必看，因为长定堡大捷第一次进入他耳里时，他就知道这是假的。但他和吕调阳一样，看到朱翊钧喜极而狂的状态，不知不觉地选择了附和。如今面对张居正，他才意识到当初的行为是多么愚蠢。

他摇了摇头，声音提高了些，因为这是为张居正打算：“张公要翻案，牵扯的人太多。”

张居正知道他的意思，没有沉思，而是飞快地说道：“正义需要伸张，绝不能打马虎眼。”

“难堪得很。”张四维又把声音压下去。

“那诸位就多包涵，难堪无所谓，国家法度、公正、公义才是正道。”

吕调阳不禁发出一声叹息，如同一片枯叶飘落水中。张居正没有听到，看向申时行："你怎样看？"

申时行看了其他三人一眼，面不改色地回道："张公说得对，必须要公正。"停了一下，"张公决定了吗？"

张居正坚毅地点头，申时行轻轻地咳嗽道："有几句话，不知……"

"你说就是。"张居正说。

申时行道："翻案，意味着您多年的同僚、心腹相共的朋友，他们的封赏要被收回。为朝廷整饬纲纪，不顾私人关系，这……"

张居正冷笑："赏罚是国家重器，赏罚倒置，还成什么国家？至于私人关系，理解我的人不会有想法，不理解我的人，我何必照顾他们的情绪？！"这话掷地有声，冷酷无情，内阁的空气突然冰冷起来，寒得使人上下牙打战。

内阁会议之后，张居正立即指使他的言官弹劾陶成喾杀降邀功，请求治罪，同时请朱翊钧收回内阁大学士、兵部尚书、侍郎以及蓟辽方面官员的恩赏。

朱翊钧看到这道奏疏，惊讶地张大了嘴，征求张居正的意见。

张居正说："事情既已传开，应该彻查。"

朱翊钧皱起眉头："张先生，这件事真如奏疏上所说的吗？"

张居正回答："很简单，派名得力官员到边关去查，一切就能水落石出。"

朱翊钧很为难："张先生，这事……"

张居正正色道："皇上，赏罚之事，马虎不得。"

朱翊钧无可奈何地发出叹息。

几天后，派去调查的官员回来报告朱翊钧，正如那位言官所说的，长定堡大捷是杀降。

朱翊钧跳了起来，气得满脸通红："蓟辽督、抚、总兵、副总兵全蒙蔽朕，朕宰了他们！"

张居正想不到朱翊钧如此生气，暗暗吃惊，急忙用一句话压住他："赏罚明当，乃足劝惩，未有无功幸赏，而可以鼓舞人心者！但惩处也不可过当，我看，追夺之前的一切赏赐就可以了。"

朱翊钧虽然同意了张居正的意见，但仍然气呼呼的。也难怪他如此生气，这是他在没有老师张居正的情况下亲自处理的第一件事，想不到结果是这样。他感到自尊受到残酷的挑战，整个人都无精打采起来。

张居正发现了这名学生的情绪，安慰道："皇上处理政事，需要多方面倾听察看，不能信一面之词。纵然是许多人说得一样，也要从侧面进行判断。"

朱翊钧握紧拳头，砸在龙椅上："这件事连吕调阳和张四维都断定是真，他们也欺骗朕！今后让我能相信谁！如果没有张先生，我该怎么办！"

张居正吃了一惊："这是偏激，很不好。"可朱翊钧说的也是事实，他无论如何都想不到，他的这位学生在日后的岁月中把这种偏激性格发挥到极致，让大明朝从悬崖上滑落，跌得粉碎。

正当他沉思时，朱翊钧忽然看向他："张先生，这件事当初你也同意封赏，也就是说，你也断定这事是真，难道您也被蒙蔽了？"

朱翊钧这话半带不可思议半带挑衅，这又使张居正吃了一大惊。他沉思许久，才解释道："臣在当初奏疏中说过'虽其中有投降一节，臣未见该镇核勘详悉'的话。当时离京太远，很多事不好处理。况且皇上已祭祀了天地，臣不好再说什么。"

这解释太苍白，所以朱翊钧的质问就如刀剑："可现在您却说了。"

张居正哑然。

朱翊钧觉得气氛不对，马上换了副口气："张先生，君无戏言，其实我无所谓。我担心有些嚼舌根的人说您出尔反尔、颠三倒四。"

张居正苦笑：为了国家赏罚重器，被泼点污言秽语有什么关系，况且，这么多年来，自己身上的脏水还少吗？

让他心情低落的是朱翊钧的表现。是啊，君无戏言，朱翊钧第一次亲政，想不到就被他张居正推翻。任何一个皇帝，都受不了这种侮辱。

他离开皇宫时，脑海里猛然冒出个想法：这件事是不是做得太不近人情？他是不是有点太较真了？他得罪的岂止是皇上，还有他的同僚、战友，那可是对他忠心耿耿的人啊。

这样想着，他一抬头，看到夕阳如血，正在沉重地坠落。他又想到朱翊钧，这个他手把手教出来的孩子是成熟了还是更倔强了？这种想法稍纵即逝。

对朱翊钧，他全部是关怀，根本没有思考过朱翊钧的人性，尤其是朱翊钧在缓慢生长的阴暗的人性。

第三章
与天下士绅战

苟利国家，生死以之

张居正不去思考朱翊钧的人性，并非是没有这样的意识，而是没有时间。他几乎全部的精力都用在了拯救国家上。从湖北江陵回来后，张居正又义无反顾地投入到重塑帝国光辉的洪流中去。

明帝国的财政收入以土地税为主，耕地是征收土地税的唯一依据，精确地掌握耕地数字，对帝国财政有相当重大的意义。但要精确地掌握耕地数字，谈何容易。首先是官绅，他们有减免部分土地税的特权，在地方上有面子也有钱，所以就勾结官府，大量隐占土地。其次是农户，官僚政治腐败导致赋役极重，很多农户为了逃避土地税，就心甘情愿把土地“投献”于官绅名下，变成享受优免权的土地。这样一来，官绅大肆兼并农户土地，再把土地出租给农户。官绅还有一招更让政府头痛，那就是勾结官府，将一大批良田谎报为荒地、山场、河滩，或是缩小垦田的数字，以逃避税收。

于是，就出现这样滑稽的一幕：朱元璋开国时，国家控制的土地数字是八亿五千余万亩，可一百多年后的第十任皇帝朱厚照时期，国家控制的土地数字只有四亿五千余亩。没有大规模战争，没有自然灾害，耕地居然神奇般地被大地吞没了一半！出现这种情况的缘由只有一个：许多人隐瞒了田亩数。

让这些隐瞒的田亩数大白于天下，自然有最简单的办法：清丈田亩。早在朱厚熜初年，政府就清丈过，但收效甚微。海瑞在朱载垕初年巡抚应天时，就用强硬手段清丈田亩。反抗的力量异常强大，海瑞被指责为“偏执”“见识短”，缺少士大夫风度，再加上政治原因而黯然离场。当时张居正明白海瑞是得罪了官绅，所有对海瑞的攻击不过是胡说八道，然而他却爱莫能助，只能在给海瑞的信中叹息，为自己不能让政府奖励奉法的官员而深深愧疚。

张居正不公开支持海瑞，但对清丈田亩问题的重要性和迫切性是有清醒认识的：安民必先均粮，均粮必先清丈。

1573年，张居正秉政，开始制定清丈土地政策。他是个知行合一的人，政策还未完备，马上就付诸实践。正如他所料，攻击排山倒海而来。张居正毫不退缩，鼓励那些在地方上清丈土地的官员要大智大勇：“我们的目标是完成清丈任务，不必惧怕人言，不必在乎手段！”

1577年十一月，夺情风波趋于平静，张居正趁势下令全国清丈田亩。1578年七月，张居正派耿定向以佥都御史的身份巡抚福建，主要任务就是清丈田亩。他的想法很简单：先在福建试验，如果很成功，便推向全国。这是个如泰山般重大的任务，张居正为何会交给耿定向呢？

耿定向，阳明学左派泰州学派的卓越人物，张居正的老乡。1556年中进士后，一直在各监察部门转悠。他和张居正不但是生活中的好友，而且也是学术上的同志。耿定向虽是阳明学左派人物，却没有左派人物的不可一世和凌空蹈虚，他虽然也讲良知万能，但却主张真致良知就要在人伦日用上用功，理论和实践应该完美结合，如果没有条件和平台，就该踏实地在目力所及处致良知。

正是这种实用主义和学以致用的态度，让更注重“经世致用”的张居正和他相处融洽。张居正执政后，并未重用耿定向，只让他在许多不负主要责任的职位上跳来跳去。我们无从得知张居正为何这么做，只知道耿定向从未埋怨过张居正。也许，张居正是把耿定向视作秘密武器，只在关键时刻才使用它。

1578年，耿定向这枚秘密武器派上了用场。不过任用耿定向前，有人向张居正提出了不同意见，这就是刚刚上任的户部尚书张学颜。

张学颜是个出将入相的人物，不但对军事驾轻就熟，在政治尤其是在理财上也堪称翘楚。张居正一决定清丈田亩，就把他按到户部尚书的位置上，正是看中了他的干练和聪慧。

张学颜对张居正说：“耿定向这人倒是没有问题，我就担心他的学术会桎梏他的行事作风。”

张居正笑道：“你说的是他信奉的左派阳明学吧。其实我和他交往多年，他的学术思想和理学有异曲同工之处，虽是崇奉左派阳明学，还是‘经世致用’

多一些吧。”

张学颜欲言又止。

张居正平静地说道：“其实用人和学问一样，最忌讳门户之见。耿定向一向标榜自己是心学门徒，而阳明学又常自诩做顶天立地的英雄，那就让他去福建实践一下，看看这顶天立地的英雄是如何横空出世的！”

张学颜微微点头，即使他还有一千个理由反对耿定向去福建清丈田亩，但看到张居正意志坚定的态度，他也再无话可说，因为当时的张居正已渐渐听不进别人的意见。

张学颜对张居正的一句话记忆犹新：“天下之事，虑之贵详，行之贵力，谋在于众，断在于独。”这本是多年前张居正向朱载垕提的建议，想不到现在却成了张居正的座右铭。“谋在于众，断在于独”就是民主集中制。关键的问题是，“断”的人是否头脑清醒，是否出于公心，否则就是彻头彻尾的刚愎自用、意气用事。

张居正绝不是这样的人，虽然决定要耿定向去福建，却不是放任不管。耿定向去福建前，张居正请他吃饭，其实是谆谆教诲，面授机宜。

张居正对耿定向说：“此次去福建，你的担子很重。你们的开山祖师爷王阳明说，知行合一就是为天下苍生谋福，这次是你践履你们祖师爷教诲的时候了。”

耿定向神色凝重道：“在下何尝不知，我定不负众望，全力完成任务！”

张居正微微点头，说道：“清丈田亩不是你一个人就能完成，需要很多得力助手。”

耿定向急忙请教：“我鉴别人才是门外汉，请您赐教。”

张居正笑道：“其实也没有什么具体的办法，人物品流根本没有定论。我的办法是用具体事务去试验他。他若能踏踏实实把任务完成，这就是人才；如果不能，纵然大名震宇宙，也是废物一个。”

张居正的话让耿定向马上想到自己的同门，心学左派的确造就了一群名动天下，却不能格一物的废物。他沉默半晌，深情地说道：“福建山高水远，这一去恐怕短时间内不能相见，必会想念您啊。”

张居正马上拿出了耿定向去福建的报酬：“你只要在福建待上三年，把清丈田亩的事办好，我就会把你调回京师，内阁会有一把椅子等着你。”

耿定向“哎哟”一声：“您误会了，我不是那意思。”

张居正按着自己的心说道：“但这却是我的意思，发自肺腑。用你们的话说，就是致良知。”

耿定向笑了。

张居正又严肃地说道：“清丈田亩势必引起当地豪绅的激烈反抗，你所受的压力绝不会小。你需抱起‘苟利国家，生死以之’的信念坚持到底。只要对国家有利，纵然蒙垢受怨，也不要有所退缩。我真诚希望你发扬阳明学‘自信无畏’的精神，不畏浮言，建功立业！”

耿定向慷慨激昂，一口干掉杯中酒，犹如荆轲刺秦王般悲壮，走向了他的战场福建。

耿定向没有让张居正失望，一到福建，就雷厉风行，铁面无私，心中只有“清丈田亩”一件事，忘记睡觉、忘记吃饭、忘记那群官绅的请求和威胁，快刀斩乱麻地进行清丈田亩的工作。

半年后，他向张居正汇报了工作，福建一半地区已清丈完毕，并且写下精细的工作总结。张居正大喜过望，举着耿定向的报告说：“王阳明真弟子必能成事，果然如此！”

张居正的宏愿

在总结了耿定向的清丈田亩报告后，张居正带领他的内阁成员制定了清丈田亩八项规定，明确了清丈的方针和步骤，还规定了清丈的期限、丈量计算方法和经费的供应办法等等。

为了在全国推动清丈，张居正以身作则。他让儿子张嗣修主动清查自家的田地，最后查出隐占的田赋五百余石，然后将这部分隐占的土地和自己应该享受的优免田粮七十四石一起报给官府。在法律面前一律平等，纵然是制定清丈法律的张居正本人也不例外。

可无论是细致的法律与规定，还是张居正的以身作则，都不能避免在清丈过程中发生的激烈斗争。这就是从虎口里夺肉的代价和必然。

最先跳出来反对清丈的自然是豪绅，他们和政府官员勾结，明目张胆地隐瞒田地。其次是政府官员，一部分政府官员的家族本身就是豪绅，所以在清丈时消极应对，另外一部分政府官员发现升官的机会来到眼前，马上抓住，虚报田亩以邀功请赏。

对于豪绅的抵抗，张居正以强硬手段应对，甚至动用地方军队；对待不作为的官员，张居正用考成法撤职查办，毫不留情。可对于那些虚构多报田亩数的官员，张居正感到棘手。他们不是不工作，而且工作起来非常卖力，竟然把一些荒田都强塞到豪绅名下。更有一种伶俐的官员，把原来的亩数缩小，反过来就增加了耕田的亩数。豪绅们自然不干，闹得鸡飞狗跳，这些官员就请求派军队协助。由此可知，清丈田亩开始时，大明帝国各地都鬼哭狼嚎，毫无和谐可言。

张居正和他的内阁同僚开会商议，张四维一言不发，只有申时行侃侃而谈。申时行说："清丈田亩的出发点是好的，可官员们一执行起来就出事。为什么那么多官员急功近利？一是他们心怀鬼胎想取悦张阁老，另一方面就是严苛的考成法，逼迫他们不得不看上去很努力。"

张居正斩钉截铁地说："如果考成法限制了清丈田亩，那就暂缓执行考成法。"

张四维和申时行愕然，他们终于明白，张居正为了清丈田亩可以不惜一切代价。考成法多年来已见奇效，整个明帝国各级政府效率比从前高出了若干倍，这已成了帝国的坚强护卫，可为了清丈田亩，张居正居然毫不犹豫地要舍弃整个护卫，可见清丈田亩在张居正心目中的分量。

不过，这话只是一说。张居正深信还没有到舍弃考成法的程度，他给各地的巡抚去信说："清丈田亩不是朝夕可成的事，一年不成就两年，两年不成就三年，需要稳步前进，扎扎实实地做。我们的目的不是看纸上的田亩数字增加了多少，而是看现实中到底有多少田亩被隐藏了。倘若草草了事，结局一定不完美，人力物力和引起的非议，岂不是白白浪费？"

各地的巡抚当然回信：一定不会草草了事。但各地还是有官员搞大跃进，还是有豪绅抗拒，还是有些官员不作为。这群人间的祸害无忧无虑地活着，张居正却愁眉不展，心事重重。他去找刚辞职正准备回老家养病的吕调阳，直到这时，张居正才深深地感受到自己其实是个没有谈知心话的朋友的人。吕调阳在内阁多年，两人悄无声息地建下深厚的友谊，而直到吕调阳要走了，张居正才感觉到这一深厚的友谊。

吕调阳病得很重，而且对张居正似乎有愧疚。张居正知道这是因为夺情事件发生时，吕调阳在内阁受翰林学士们拜见一事。这件事他早就忘了，可吕调阳还记得。

张居正试图让他忘记这件事，又不好明说，所以闲谈起来。吕调阳精神萎靡地坐在椅子里，听着张居正说话。当张居正无话可说时，他故意发出一声叹息，说：“清丈田亩是您的宏愿，想不到真付诸实践，却是这样艰难。”

张居正看着这个和自己搭档多年的好人，不禁一阵唏嘘。在他心中，吕调阳是他最优秀的副手，他听话、懂事，始终只是自己的影子。

吕调阳见张居正泪眼婆娑，慌忙在椅子上坐正了，装出一副精神矍铄的样子来说：“张阁老不必难过，生老病死是天道，我很遗憾，以后不能为你分忧了。”

张居正沉默。吕调阳沉吟了一下，小心地开口道：“据说反对清丈的声音很强大，我现在是在野之人，说话不会顾虑，有些话想说，还请张阁老赎罪。”

“你说就是。”张居正打起精神。

吕调阳干咳了一下：“您设置考成法，是向天下官员开战。天下官员看着不可一世，其实权力源泉就是您，您说什么就是什么，固然有反对，却不成气候。可清丈田亩却是向天下有钱人开战，他们遍布民间，到处都有他们的身影，遇到的阻力是不可想象的。我觉得，经济改革要比行政改革难一百倍啊。”

张居正等吕调阳说完，不假思索地说道：“世俗之所非议，正是我之所深喜也。新政肯定会冒犯一批人的利益，被人非议不可避免，有了非议才说明有了成效。”

张居正满面红光，不知是激动还是肝火旺盛。吕调阳看着眼前这位权势炙手可热却经常受到攻击的伟大人物，心里莫名其妙地感伤起来，他竟然肆无忌惮地抓起张居正的手，握紧了，以长者的口吻说道：“急流勇退啊！”

张居正愣了一下，吕调阳重重地握着他的手：“几年前刘台弹劾您，说您的所作所为近似‘威福’，所处之地为‘危地’，预计您今后仍将受到更多的非议。夺情风波虽被强力镇平，可是……皇上迟早有一天会长大的。”

张居正愕然，吕调阳最后一句话是深沉老练的智慧结晶，他张居正有超人的智慧，居然从没有想过这一点。这并不是张居正缺乏政治智慧和经验，而是因为他一心为国为民，心无旁骛。

只是刹那的愕然，张居正马上恢复了平时的激昂，他也用力地握了握吕调阳的手说道：“我曾说过，自执政以来所言所行全出于公心，我问心无愧。即使在刑场杀人，也是行菩萨心肠。至于非议我的那些官员士大夫，他们只要自身奉公守法，勤于政事，也就没有必要惧怕刑法严峻，更不必惧怕憎恨我。如果一个人没有这种不顾身家性命的献身精神，那他将一事无成。”

吕调阳刚要开口，张居正又慷慨激昂起来：“我初入政坛时曾有一伟大的志向，愿以这副身体为破草垫，让人睡在上面也可，拉撒也可，吐沫也可，我都毫无怨言。只要能实现我的伟大志向，就算有人要我的鼻子，我也割给他，何况是非议！”

这就是张居正的宏愿，这就是我们今天所知道的那个伟大人物张居正。对他的宏愿冷笑的人，全是不值一提的猥琐小人和庸人。

严法为清丈保驾护航

然而，敌人不会因为你有为拯救苍生而舍弃身家性命、不惧非议的宏愿而自动自发为你让开一条路。清丈田亩所受到的阻力是巨大的，为实现宏愿，张居正所使用的办法既简单又有效，那就是严厉惩罚。

山西代王宗室用暴力手段阻挠清丈，张居正反应相当凌厉，立即要朱翊钧下诏废代王为庶人，同时给各处督抚、巡按下旨道：“清丈田亩时，只要有执违阻挠，无论他是皇族还是官宦，无论是军官还是百姓，都要从重处罚，绝不许留任何情面！”

不但对阻挠清丈的人严刑峻法，就是那些清丈不力的官员，张居正也是雷霆手段。河南获嘉知县张一心在别人清丈田亩时吃喝玩乐，当上级要他拿出清丈田亩数据时，他把旧的数据拱手呈上。他把张居正当成了瞎子，张居正就让他为自己的自作聪明付出代价：连降两级。

松江知府阎邦宁是知识性官僚，对经济问题从不感冒。别人在清丈田亩时，他却吟诗作赋。递送报告时，他拿出几首诗，讥讽清丈田亩给百姓带来的不安宁，张居正冷笑着将他撤职查办。

池州知府郭四维有一颗菩萨心肠，在清丈田亩过程中，一见有人跪下流泪，他就伤心欲绝，所以他积极不作为，张居正将其撤职。

最搞笑的是安庆知府叶梦熊。叶梦熊在安庆清丈田亩，富绅们和他喝酒，哭诉生活的艰辛。叶梦熊出身豪门世家，理解他们的苦衷，所以清丈田亩时极为马虎。抚台孙光佑见叶梦熊态度不积极，严厉命令他认真清丈。叶梦熊伸着懒腰，拿普通百姓说事：“安庆大多是低湿地带，冬旱夏涝，如果我遵从抚台大人的意旨去办，岂不是去为祸百姓吗？”

孙光佑把文档狠狠摔到桌上：“看看你清丈的狗屎，明明是农田，你非说成是不能耕种的山坡湖荡！”

叶梦熊针锋相对："这明明就是不能耕种的山坡湖荡，你怎么就能说成是农田？"

孙光佑懒得和他理论，上报张居正。

张居正下令：叶梦熊眼神不济，罚薪三个月。

随着清丈的逐步稳定，斐然成绩水落石出。清丈后的地方，田亩的数字和所有权都有了主人，税粮负担不均的状况得到改善。张居正和张学颜又商议出把田亩分为三等的计划，上等为有水源的肥沃土地，中等为瘠田薄田，下等为无水源的高旱土地。收税时，也按照等级的不同而收取相应高低不等的钱。

在严厉惩罚为清丈田亩保驾护航下，张居正的计划得以完成。张学颜总结说，由于大多数官吏能够奉公守法，严格执行有关清丈的规定，清丈基本上达到了"民不加赋"而增加财政收入的目的。

一条鞭法

提张居正，无论如何都绕不开"一条鞭法"。这到底是个什么东西，下面我们就来大致了解它。

一条鞭法又称为条编法，是张居正推行的税收制度。

这件事要从明朝初年说起。明政府的赋役制度是建立在"丁有役，田有租"基础之上的。简单来说，只要你是人，就必须要免费为政府服役，你有田，就必须要交一部分粮食。

先说田租，明朝初年，田租的收取是十斗收一斗。但国有土地和民田还不同，租种国有土地比租种民田的税高。这是因为租种国有土地，国家会免费给你农具和耕牛。

后来国家偷懒，不给租种者农具和耕牛，收的税却一如从前。国有耕地占全国耕地极大的比例，许多人租不到民田，只好租国有土地，沉重的税收让他们痛苦不堪。尤其是江南地区，租种国有土地的赋税比其他地方更高。为解决这种困境，江南很多地方官采取措施，削减国有土地赋税的实际征收量，增加民田赋税的实际征收量，这就叫平均田赋，同时推行部分田赋折为银两征收的措施。至少表面看，田赋没有问题，问题出在徭役上。

明朝初年，人人都要为政府提供免费服务，这种服务包括衙门的皂隶、门子、厨子、狱卒等等，而且每年必要有一次乃至数次。问题是，如果你去免费给政府劳动了，你就不能种地，到时候会活活饿死。所以很多穷苦百姓都逃亡，这显然是不安定因素。

张居正推行的一条鞭法的内容就是：把一个州县的赋役，量地计丁，丁粮全部交官。一年中所需的力役，由官府招募，并付给工食费用。其他杂税等也与税粮合为一条，计亩征银，由官府折办。

举个例子，比如有一家五口，有田一亩，他每年应该交田赋十分之一的亩产量给政府。但他家有三个男人每年要服役一次，政府会提前估算他们服役的工作工资，然后把工资计到田赋中，最后一次性交齐。

这是个很好的税收政策，遗憾的是，直到张居正去世，一条鞭法也未在全国范围内普及。只是在南方一部分地区、京城附近以及山东取得良好效果。

然而正是这个大名鼎鼎却根本没有成效的一条鞭法，让并不熟悉张居正的我们知道了张居正。

第四章
与天下公知战

导火索：施观民

1579年春节刚过，整个帝国沉浸在繁华热闹的喜庆中，一道奏疏从江苏常州悄无声息地进了北京城。这道奏疏是封控告信，控告的对象是常州知府施观民。控告信指出，施观民在常州搜刮民财创建了龙城书院，请求政府制裁他。

张居正在内阁兴奋而不是愤怒地拍案而起："好你个施观民，我等你很久了！"这话说得很露骨，身边的申时行听出来了，一向厌恶书院讲学的张首辅已准备对书院开刀，而施观民只是个不值一提的导火索罢了。

施观民在江苏常州极有政声，他是知识型官僚，在政务之外好赶时髦，经常聚集思想界名流在官府讲学。有人就向他提议，可以搞个书院。但他是个清官，不想动用政府资金，所以就让常州地区的富户们捐款。有人不捐，他就上门索要，这才引出了富户们的报复，买通言官参了他一本。

张居正找来内阁同僚们商议。众人知道张居正已做了决定，所谓找他们商议，不过是让他们提前知道而已。果然，张居正开口就是："我已准备向皇上请求废天下书院，禁止讲学。至于由头，就是这个施观民。你们看他为了办书院，居然强刮民财，目无王法！"

众人唯唯。

张居正上疏朱翊钧，请将施观民削职为民，顺便说了书院的种种坏处，并着重指出，国家思想纷乱繁杂，意识形态飘忽，这都是书院惹的祸，应将书院全部改成政府办公地，轰走那群穷嚼蛆的腐儒。

朱翊钧同意。

张居正人生中最受知识分子诟病的“废天下书院”运动开始了，全国各地展开了“到书院轰人”的行动。所有书院中都发出了哭爹喊娘的声音，大部分人在书院里是靠嘴活着的，离开了书院，他们正如和尚离开寺庙一样，只能靠化缘度日。张居正抽了他们一嘴巴，又砸了他们的饭碗，他们发誓和张居正不共戴天。

张居正讨厌书院，正如独裁者讨厌思想纷繁始终想统一思想一样。中国古代书院始于唐，兴于宋，在明代攀上巅峰。它的特点是今日大学和论坛的综合体，由当时的著名官绅和学者联合创办，招收有志有才之士来学习。讲师来自五湖四海，只要你有自己的独特思想，敢上台讲，就能上台。

中国古代书院还有个最大的特点，那就是议论朝政和政治大人物。其实完全可以说，古代书院就是个政治清谈中心。它最让人呕吐的一点是，各路所谓狗屁的大师、公知们坐在清风徐来的书院里满口喷粪，却从不去做事。他们远离政治，根本没资格坐在政治交椅上，所以才没有任何压力地谈论政治。

古代中国是个重视舆论的社会，于是，这群书院的大师、公知的言论就成了一把锋利的武器。任何在高位的人都小心翼翼对待他们，以期望他们能用言论支持自己。

张居正最恨书院，因为他恨那些穷嚼蛆的人。一谈到书院讲学，他就咬牙切齿，对人发泄对书院的极度厌恶：“圣贤用经术垂训后世，国家以经术教育人们，只要踏实地体认儒家经典，就是在做学问。书院那群混账标榜门户，聚党空谈，一无是处。真做学问的人，应将平日所学的经书义理，笃实讲求，躬行实践。只说不做，和废物有何区别？！”

他给朋友周友山写信指责天下所有书院的讲学都是“作伪之乱学”“讲学者全是假好学”。周友山是阳明心学门徒，也是他张居正最敬佩的学者，两人常有书信往来，讲学术讲政治。对于张居正的切齿痛恨，周友山不置可否。他知道张居正痛恨书院讲学的真正原因，自张居正担任首辅推行改革以来，天下书院对他的责难和痛斥就从未停止过。

实际上，纵然没有施观民事件的发生，张居正废天下书院也是必行之事。

有人曾和他聊到对书院讲学批评时政的看法：“天下有道，百姓是从不议论的；天下无道，公知们才议论纷纷。”

张居正冷冷地回道：“待我废了他们行尸走肉的场所，让他们走出书院自力更生，他们就不议了，就是天下有道了。”

对方惊骇道：“百姓不议，非是不敢，而是没有可议论的。”

张居正又冷冷地回道：“谁议就杀谁！”

其实稍懂点事的知识分子就该明白，张居正废天下书院，不仅是私心，还有公心。张居正认为“标榜门户，聚党空谈”会将大批知识分子的精力浪费在门户之争中，妨碍他们探求经邦济世之学，反对“聚党空谈”，有助于培养良好的学风。

或许有人会说，用强制的方式来消弭思想界的派别斗争，带来的结果却是摧毁思想界的生机，使当时中国思想界变得死气沉沉。这是典型的站着说话不腰疼，要消弭思想界的派别斗争，权力拥有者除了强制方式外，无其他办法可寻。

那么，被张居正废掉的那群书院公知都是些什么人呢？当时明帝国思想界，思想纷杂，意识形态固然是理学，可公知们乱谈的却是阳明心学。阳明心学自1529年王阳明去世后立即四分五裂，有各种流派，一个流派里又有各种学派，大家都说自己是王阳明的徒子徒孙。可正如张居正所说，当今世上，得王阳明真传者寥寥无几。那些自诩王阳明门徒的人，要么是随心所欲的心学左派，要么是渐渐转入朱熹理学的右派，真正的阳明心学已销声匿迹。

王阳明主张知行合一，这是阳明心学的灵魂。真正的王阳明信徒是那些拥有自尊无畏精神的英雄人物，为天下苍生而不惜生命，不惧荣辱，奋勇向前。从这点而言，当时的明帝国，除了徐阶、张居正外，再也没人配称是阳明心学的门徒。

张居正是否为王阳明门徒，这是个蠢问题。当时的天下，不归朱（朱熹）则归王（王阳明），对于知识分子而言，倾向于朱熹或王阳明，不是选择的问题，而是形势比人强。

张居正显然有意无意地偏向于阳明心学，有两个原因。第一，他对阳明心学做过深刻的审思，判定了其存在的价值。他说，自孔圣人死后，人间犹如暗黑长夜，学者们各持己见，各信其说，辩论无度。修身正心、真切笃实之学说再也无人提及，而训诂辞章之习又起。无论是哪个自诩大儒的人都忘记了一件事，圣人之学本是心学，良知之学，只有立定己心、自得于心的学说才是圣人之学。王阳明先生恰好一语道破，并身体力行，知行合一。也就是说，张居正认可阳明心学，并非是赶时髦，而是纵观了学术发展大势后所做出的清醒选择。

不过他的“皈依”阳明学却是有条件的。本来，阳明心学的终极目的是此心光明，内圣外王。就是说，如果能把此心光明了，就可以做出一番惊天动地的事业。如何光明此心，王阳明的答案是致良知。如何致良知，首先要立志，其次要对人对己真诚无欺，最后则是去事上练。但在致良知的途径中，炼心是重中之重。炼心的前提是要把心通过静坐、克己的方式清空，就是先安顿自我。王阳明说安顿自我的目的不是为了个体的愉悦，如果真这样，那就成了心灵鸡汤，安顿自我的目的是为了解决人生进取中的心理障碍，面对诽谤和诋毁，不动如山。心学左派认为阳明心学就是心灵鸡汤，着眼于个体的愉悦。而张居正得到的是阳明心学的精髓：炼心就是为了解决人生进取中的困惑和矛盾，让自己更有效地投入拯救苍生的现实运作中去。这就是致良知，就是知行合一。自王阳明死后，真正读懂王阳明的人恐怕只有张居正。

张居正认可阳明心学的第二个原因是，他身边的很多人都是王阳明门徒，老师徐阶，甚至包括那个被高拱赶走的赵贞吉，还有他的朋友聂豹、前面提到的耿定向，再有就是我们下面要提到的罗汝芳。

罗汝芳被驱

张居正废书院不是明帝国历史上的第一次，也不是最后一次。朱厚熜在位的1537年和1538年，两次下旨废天下书院，张居正是第三次，1625年，朱由校政府又第四次下令废天下书院。朱厚熜和朱由校废天下书院不必说，张居正废天下书院的政治目标是清晰的：统一教育机构，不要又有学校，又有书院。这是有一定政治见解的，这种政治见解贯穿了他的执政始终，罗汝芳就是张居正这一政策的见证者。

罗汝芳，1515年生于阳明心学的圣地江西，1553年中举，和张居正建立了深厚的友谊。据说罗汝芳年轻时曾刻苦攻读朱熹理学，无论如何都搞不通，最后病倒在床，家里请了无数名医，都无法使他痊愈。后来他老爹给了他一本《传习录》[1]，结果他看了几页，马上生龙活虎。但他已不可能去向死了的王阳明学习，只好寻找阳明心学的真正传人，于是他找到了心学左派大佬颜钧。

颜钧见他很有可塑性，就把对阳明心学的认识告诉他：人的天赋道德观念

[1] 《传习录》是明代哲学宗师王阳明的论学语录和书信集，是了解阳明心学最经典的入门必读书。

是永生不灭的，人只要发扬这种道德观念就可以了，所以，人们的道德修养根本不必从“去人欲”入手。

罗汝芳听后，欢喜得手舞足蹈，在长期的修行和参悟中，他渐渐得出了自己的心学思想：人的目视、耳听、饮茶、吃饭、早起、夜寐、相对、问答，以至于眼珠的转动、肌肤的痛感，无一不是“良知”的作用和表现。由于人人都有良知，只要具备了一个肉体的形躯，就有了做圣人的条件，不用学不用虑，就可以造就“良知良能”。

这也就是说，朱熹规定的，甚至是王阳明规定的那些“省、察、克、治”的“去人欲”手法实属多余。再向大了说，国家那些控制人思想和行为的一些毫无天理的法律也是多余的，甚至大错特错，应该取消。

罗汝芳在安徽太湖县做县令时，的确做出了一些成绩。张居正曾写信给他说：“您在太湖县‘所治是信心任理，不顾流俗之是非’，不愧是罗汝芳啊！”但他话锋一转，“王阳明说信良知后还应该去行，否则就不是致良知。我觉得无论是学问还是为政，都该落到实处。我听说你在太湖县搞无为，上级政府下的条文，你认为不可就不执行，你认为可就下令执行，却从不去检验结果，这是不对的。”

后来，罗汝芳又被调到安徽宁国府做知府。张居正又去信说：“真儒者必须要明白‘体用’，‘体’实际上就是学，行乃学之‘用’，所以学最终必须落实到用上。”

罗汝芳对张居正的教导很不以为然，回信说：“阳明先生也说过这些，无非是知行合一。”

张居正又回信说：“阳明先生的知行合一意蕴相当广泛，举凡孝顺父母、和朋友相交等等日常之事都在知行合一之内，而我所说的知行合一，指的就是处理政务方面。”最后他很委婉地说了这样一句话，“非知之艰，行之惟艰，惟德其念也。”意思是，阳明学固然很好，但必须将其落实到从政的实际行动上并见出行政实效，才算是真的知行合一。

表面看，张居正所说的知行合一也是在王阳明知行合一范畴内的，其实还有区别。王阳明当然主张知行合一需在从政上体现，但他是教人和育人并行，也就是说，地方长官不仅是个行政官员，还要是个老师，不仅要落实政策，还需文化育人。张居正却认为，地方长官只要做好身为长官的职责就可以了，不要越位，不可有出位之想，教育并不是长官的事，甚至可以说，对百姓的教育可有可无。因为一个地方长官倘若通过讲学等各种方式，为百姓启蒙，那后果不堪设想。

罗汝芳恰好身兼二职，既是行政长官又是老师。

张居正当国后，罗汝芳恰好回京城述职，两人多年不见，显得分外亲密。张居正问他："最近在读什么书？"

罗汝芳回答："《大学》和《论语》而已。"

张居正默然，许久又问："可认真研究国家政策否？"

罗汝芳淡淡地回道："一直在为讲学做准备，还未来得及研究。"

张居正心里冷笑：什么叫为讲学做准备，这么多年来你在地方上一直就在讲学，还用准备吗？

两人的谈话虽未不欢而散，但张居正已决心不会重用罗汝芳，然而他毕竟还是朋友，所以派他到山东东昌担任知府。三年后，张居正听说罗汝芳在东昌成为儒家高级培训师，气恼之下，再把他调到荒蛮之地的云南，那里政务不繁，百姓愚昧，离政治中心很远，正好发挥他的讲学才能。

罗汝芳很不高兴，在云南待了几年后，讲学成果不错，但影响力不足。他最想讲学的地方是帝国的文化中心北京。1577年，罗汝芳回京述职，对张居正发出抱怨，说他想回京城。张居正知道他心怀不轨，所以给他画大饼：再在云南待三年，马上把他调回京城。

罗汝芳心花怒放，收拾行装就要回云南。可北京知识分子太热情，非要留下他讲课。罗汝芳心里发痒，却碍于张居正的关系，先是婉拒。北京知识分子们非要把他逼上绝路，三番五次来请。罗汝芳终于动心，但有个条件：离京城远一点。

这简直小菜一碟，众人就把他拉到北京远郊门头沟的广慧寺里。罗汝芳一发不可收，连讲三天，分文不取。

消息马上传开，张居正得到消息后，暴跳如雷。他说："罗汝芳在外地讲，我眼不见心不烦也就罢了，现在居然跑到我眼皮底下讲上了。"

他对朱翊钧说："按制度，罗汝芳述职完毕就该马上回云南，可他却擅自在广慧寺讲学，应将他革职。"

朱翊钧同意。罗汝芳就这样被革职，直到张居正死后才被启用。张居正对这位老朋友可谓是翻脸无情，毫无商量可言。这当然缘于罗汝芳讲学的内容。

罗汝芳说："国家的纲纪法度就是桎梏，应该打碎它，砸烂它。"这显然是在挑战张居正持续不断推出的法令，张居正不可能容忍这种行为。

不许王阳明进孔庙

从对罗汝芳的态度上，我们可以知道张居正废天下书院、禁止讲学的另外一个根本原因：大部分公知分子所讲的课程都是如罗汝芳的“国家法度是桎梏”，而张居正恰好在不停地发布这些“桎梏”。

张居正曾简洁明快、一语中的地表明过自己废天下书院、禁止讲学的见解：“我希望今天的学者，应脚踏实地用功，要崇尚本质，以遵守国家法度为准，以诚心顺上为忠。没得到鱼之前，不要扔了网；没有太平之前，不要撤除防御。我不是说前辈的学说不足学，但如果借前辈的学说而阻挠国家法度，绝不可恕！”

在张居正眼中，理想的知识分子品格应是尊老守成而不虚谈。不仅他自己要成为这样的人，他用的人也必须要这样！

要想熏陶出这样一批循吏，就必须干掉那些满嘴跑火车的公知。张居正不放过任何机会，包括王阳明进孔庙。

张居正当国不久，就有许多心学弟子乱哄哄地吵闹着，要把王阳明放到孔庙里，和孔子并肩而立。在心学弟子们看来，王阳明祖师爷绝对够资格，让一个死人的雕像和同样是死人的孔子雕像站在一起，意义相当重大。如果真把王阳明配进孔庙，那他和他的心学将成为国家的正式旗帜，它能让许多漂泊四方的心学学子们找到指明灯，紧紧团结在一起，整个思想界可就天翻地覆了。

由于心学势力强大，张居正不能来硬的。他采取两种办法，一是“拖”。每当有人上疏提及此事时，他就票拟说：“阳明先生入孔庙，天经地义，不过此事太重大，需要和全国各界人士商议。”

拖一段时间后，心学门徒见他毫无动静，又上疏。张居正使用第二个办法：威胁。他说：“阳明先生入孔庙一事，本来是长久之计，所以我很认真。可就当研讨时，有些人上疏说，现在阳明先生的弟子根本就是拉虎皮做大旗，违背了阳明先生的主旨，全是赝品。”

这些人哭天抢地，张居正板起脸来，说道：“你们再这样闹下去，恐怕连你们阳明先生的爵位都保不住了。还是冷静下来，等没有人指摘阳明先生时，再图之吧。”

半欺骗半威胁之下，王阳明塑像进孔庙的事就这样不了了之。其实张居正和王阳明一样，都注重事功，王阳明苦口婆心要人致良知，无非也是让人建立惊天动地的大事业，而不是做穷嚼蛆的公知。所以张居正虽然认可阳明学，但绝不会用阳明学代替朱熹理学作为国家的意识形态。在他看来，一个人如果离开了外在的束缚，全凭很难光明的良知监督，是绝不可能成事的。

国家法度必须要有，也必须被遵循！

何心隐之死

何心隐原名梁汝元，江西永丰人，一生至为传奇。

何家家财万贯，所以何心隐受到了良好教育，他本人又天资聪慧，喜欢经史，所以对经史问题很有真知灼见。同时他怀抱远大，以干一番事业自期，时人皆以之为非等闲之辈。1546年，他中乡试，主考官对他只有四个字评价：天下奇才。

人人都能预见何心隐的远大前途，但何心隐把这远大前途掉了个头。他有一颗敏感多疑的公知心，看到花落就要下泪，眼见当时社会混乱，政坛腐败，所以投入了阳明心学左派的怀抱。

何心隐的心学思想很繁杂，但有其主旨。在他看来，人人都有能知是非善恶的良知，可以自我管理，所以政府别管那么多。倘若每个人不受政府管理，就能不受束缚、心无旁骛地致良知，从而达到内圣外王。

这在古代中国简直是痴心妄想，何心隐却认为这可以实现。他四处奔波，将自己的思想散播给苍生。因为这种异端思想，他曾饱受牢狱之苦，但在友人的帮助下出狱后，不改初衷，继续四处讲学。后来居然胆大妄为，跑到京城讲学。

他的同道耿定向很钦佩他。张居正在国子监任职时，耿定向多次向张居正提到何心隐，夸奖他非池中之物，将来有一天必能腾飞。

何心隐名动九州，张居正当然有所闻。张居正是现实主义者，坚定地认为人在没有外力约束的情况下想成为圣人，简直天方夜谭。所以他对何心隐本人不置可否，碍于耿定向的竭力推荐，张居正才答应和这位神龙般的人物见上一面。

张居正同意和何心隐见面，何心隐却不见，因为他很忙，讲学、著书、辩论，忙得四脚朝天。耿定向约了他好多次，终于敲定了二人约会的时间。

约会地点定在耿定向家。何心隐先到，和耿定向谈了一会儿，突然右眼皮直跳。心学家大都相信预感，所以他跑进后室去闭目养神，顺便思考眼皮跳的缘由。他进去还未坐定，张居正就来了。

耿定向去后室请何心隐，何心隐的眼皮已跳得紧锣密鼓，坚决不见。耿定向死活都劝不出来，只好扫兴地对张居正说何心隐生病了。张居正“哦”了一声，两人谈了一会儿，张居正走了。

耿定向很生气地跑进内室，质问何心隐。何心隐说：“真是奇怪，他一来，我眼皮就跳，不是好兆头啊。”

耿定向哭笑不得，说：“张居正是人中龙凤，你又自诩为人中之龙，你二人见面必能撞出思想的火花，这样大好的机会，为何要错过？”

何心隐很自责，向耿定向这位“媒人”道歉，并发誓说：“下次一定，就算眼皮子跳得七歪八扭都要见。”

耿定向的热情被重新点燃，再约张居正。张居正施施然而来，何心隐早已正襟危坐，像是等待他有生以来最大的敌人。耿定向互相介绍完，两人一言不发，只紧紧盯着对方的眼睛。

耿定向手足无措，很想打破死一般的沉默，但满腹经纶的他此时此刻却找不到任何方法，也只好跟着一言不发。

三人在那年最热的一天中午，坐在空气仿佛凝固的书房中，浑身冒汗，静如雕像。

半个时辰后，何心隐终于支持不住，长出一口气，站起来向张居正拱了拱手，转身离开。耿定向发现他后背已被汗水湿透。到了大门口，何心隐神色慌张地对耿定向小声说道：“此妖必为宰相，为宰相后必杀我。虽然我必死在他手，但我还要坚持真理。”

耿定向吃了一惊，何心隐已扬长而去。

回到房间，张居正仍是半个时辰前的坐姿，脸色平静。耿定向小声地问：“如何？”

张居正冷笑：“此妖总想飞，我非让他飞不起来不可。待我做了宰相，必要处置他。”

耿定向又吃了一大惊，他陷入沉思，不知该不该把何心隐的话告诉张居正，也不知该不该把张居正的话告诉何心隐。

两人的会面看似无言，实际是在神交。如果有一天，何心隐不被张居正杀掉，那何心隐会死不瞑目；如果张居正不杀何心隐，张居正也会抱憾一生。

耿定向从张居正这里问不出什么，只好去问何心隐。何心隐琢磨了许久，才慢慢地说道："严嵩想消灭道学而办不到，徐阶想扶持道学也不成，能兴灭道学的只有这个人。你记住：这个人一定会杀我！"

何心隐所谓的道学，不是纯粹的阳明心学，而是后来的左派心学。现成良知，全然不顾外在约束，省掉"省、察、克、治"的心学"事上练"步骤，全凭一腔热血和我行我素改变世界。

在张居正的印象中，心学左派的人总是一副救世主的模样上蹿下跳，永不安分，口无遮拦，凭着私心（他们却认为是良知）说三道四，哗众取宠。

张居正对那些心学家何以有这样的印象，明末清初的大思想家黄宗羲的分析一针见血：心学家们坐在利欲胶漆盆中，时常向人推销"人人平等"的思想，所以能获取民心。心学家们大都是聪明至极的人，是出色的实用心理学家，而且阳明心学本身就是让人顿时可以"明心见性"的学说，经过他们些许的努力，就会获得很多人的青睐。尤其重要的是，心学家们永不言败，认准了目标就矢志不移，从没有一时一刻放弃的时候。最后，阳明心学本身就有打破传统、挑战权威的精神，黄宗羲说，这些人随时会把传统和政府尊崇的圣人与礼仪掀翻在地，从不客气，从不愧疚。而心学左派在这方面更是变本加厉，这就难怪张居正极度憎恨和厌恶他们。

当张居正在1579年正月下令废除天下书院时，何心隐七窍生烟，宣称要不择手段把张居正搞掉。

张居正这几年来一直在通缉何心隐，但不知什么原因，何心隐像是被地球吞没了一样，无影无踪。他以为何心隐死在哪片深山老林里了，想不到废除书院的命令一下，何心隐又跳了出来。他大发雷霆，下令各地政府全力缉拿何心隐。

最后，湖广巡抚王之垣福星高照在他的境内活捉了何心隐。王之垣得意扬扬，不忘拍张居正的马屁："张阁老说你这种人总想飞，想要飞得更高，张阁老还说，非让你飞不起来！"

何心隐冷笑，保持着高贵的心学门徒风度："没有张居正的命令，你敢杀我？你这个蠢货！"

这正是王之垣的软肋，他被戳得生疼。恼羞成怒下，他抢来一根棍子，死命地殴打何心隐。何心隐一声不吭，对他讥笑。

王之垣打了半天，突然就改变了主意，他决心先从思想上摧毁何心隐。

他对何心隐说："张阁老正在进行翻天覆地的大变革，这么大的帝国已渐渐步入正轨，你们这群愚昧无知的人非要跳出来四处指摘，你说你们是不是脑子进水了？"

何心隐最喜欢的就是辩论，他的伤痛马上消失，振振有词地说："我祖师爷王阳明说，书院的意义是弥补官学的不足，没有了书院，官学会轰然倒塌！"

王之垣冷笑："别鬼扯了，千百年来，书院很少，我也没见官学倒掉。"

何心隐借势道："那正是因为有书院的缘故。书院早在孔夫子时代就有，孔夫子就是书院的创始人。你们废书院，就是数典忘祖……"

王之垣不想扯这些没用的，打断何心隐的话："你口口声声要让普通百姓觉醒，孔子不是说过'民可使由之，不可使知之'吗？只要让百姓按命令去做，干吗要让他们明白为何这样做？倘若百姓真明白了统治者为何要这样做，那就会有议论，有争执，命令还怎么被执行？"

何心隐说："你根本没读懂孔子。孔子的意思是，应该让百姓自由自在地去思想，去发现自己的良知，而不必让你们这群家伙去教导百姓怎么发现良知！"

两人的辩论是驴唇不对马嘴。王之垣发现何心隐油盐不进，只好用最后的招数："如果你现在是张阁老，为了拯救这个帝国，你该怎么办？"

何心隐不语了，王之垣幸灾乐祸起来："你们这种人，就是站着说话不腰疼。你敢说你如果是张阁老，会给百姓解放思想，放任自流吗？"

何心隐憋得脸红脖子粗，用可怕的眼神盯着王之垣。王之垣一招得手，绝不给他反击的机会，继续说道："在上者，必要统一思想，在下者，必反对统一思想。你们祖师爷如果在今天张阁老的位置上，也会如张阁老那样做的。你承认不承认？"

何心隐狂暴起来："闭嘴，你给我闭嘴！"

王之垣闭了嘴，狂笑着出了牢门。

几天后，他突然带着一群人，拎着更大的棍子如一阵飓风般涌进了何心隐的牢房，先是狂笑，接着就是乱棍齐下，把何心隐活活打死了。

据说，何心隐死时，仍坚持十几年前的那句话："凭你是杀不了我的，杀我的是张居正。"

何心隐是张居正当政时代心学左派最耀眼的明星，他的被杀，是心学左派销声匿迹的信号。

张居正和天下公知作对，其实就是思想独裁。统一思想在任何出色的政治家眼中都是重中之重，所以禁止讲学、废天下书院，站在张居正角度，没有错，站在任何政治家的角度，都没有错。

第五章
钱！钱！钱！

朕要钱

苗头往往被人忽略，因为即使苗头的主人也很难注意到它。但星星之火必能燎原，到那时悔之晚矣。所以理学家和心学家们才苦口婆心劝人“研己”（抓住苗头加以认真研究，从而发现其发展趋势和利害关系）。

朱翊钧的金钱欲望苗头早就萌生，只不过他自己未注意，为整个帝国奔波劳苦的张居正自然也没有注意，不是他不能注意到，而是没有精力去注意。

1579年阴历三月，朱翊钧对户部尚书张学颜哭穷，说后宫嫔妃增加了许多，但胭脂钱还是从前的数额，为了每位美女都有胭脂用，他母后以身作则减半。他还对张学颜说：“倘若祖宗法制允许，朕真应该带您去后宫看看，女人都没女人样了。”

张学颜紧张兮兮地问：“为啥？”

朱翊钧长叹说：“素颜的女人哪里叫女人啊？”

张学颜急忙动用脑筋，准备为朱翊钧分忧。朱翊钧不用他分忧，扔给他一道手诏说：“再给我二十万两银子吧。”

张学颜险些一头栽倒，因为今年的宫中支出一百万两已经支付，才过去三个月，就又增加二十万两，这是个极大的难题。张学颜神情恍惚地回到户部，对着账目唉声叹气。和当时绝大多数人一样，每当遇到困难时，他总会想到张居正。

阳光温柔，但张学颜满脸是汗地抱着账目和朱翊钧的手诏去见张居正。他把来龙去脉大致一说，张居正的脸色就阴沉起来。张学颜发现苗头不对，急忙说道："张阁老，这件事应该是我能做的，不该麻烦您，皇上若是知道我来找您，恐怕也会不高兴。"

张居正冷笑："这样大的事，你还敢不经过我而擅自做主？"

张学颜魂飞魄散，嘴巴已不利落："不，不，张阁老，这……我的……其实，我是想说，不该来麻烦您，我应该拿出方案来找您，而不是请您出主意。"

张居正也斜着眼睛，看了看张学颜，说："你现在就想主意，我听听。"

张学颜后脊发凉，他有办法，但这个办法其实不是办法，或者说，他张学颜不能用这个办法，只能让张居正来用。这个办法就是：拒绝支付。

张居正看他手足无措的样子，不禁起了些怜悯之心。他要张学颜把账本给他，并用一句话解脱了张学颜："你别管了。"

坐在内阁春天的阳光里，张居正打开了回忆的巨门。三年前，他向朱翊钧讲解节俭之道，朱翊钧听得是那样入迷。两年前，他还是和朱翊钧探讨节俭之道，朱翊钧也是聚精会神，只不过听完后，问了句："如今国库充盈，没必要再那么节俭吧。"

张居正清楚地记得，当时自己的脸色很难看，是故意摆给朱翊钧看的。他的话也不是太顺耳："皇上，千金之家，纵挥霍无度，也会坐吃山空，何况如今国库远没那么乐观。您应该把节俭当作天理放在心中，把乱花钱当作人欲，尽早克去。"

张居正已不记得朱翊钧当时的表情，不过在那件事后不久，他就知道朱翊钧把他的话当成了耳旁风。1578年他从老家回来后，他就发现朱翊钧在他离开时从户部调拨了三万两白银充入后宫。三万两白银不是大数目，但朱翊钧的动机就不好。为此，张居正特意和朱翊钧聊过这件事，朱翊钧在他讲述金钱来之不易的大道理时不动声色，讲解结束后，才在他锐利的眼光监视下，心不在焉地点了点头。

记忆的巨门嘎吱嘎吱地合上，张居正看着朱翊钧的手诏和户部的账本，坚定地站起身，走向皇宫。

朱翊钧正迫切地等张学颜，想不到等来了张居正，沮丧全写到了脸上。

张居正并不理会朱翊钧的脸色，自他从老家回来后，朱翊钧的脸总是变幻莫测，他没有心思去揣摩脸背后的心理，他来这里的目标明确，意志坚定：要朱翊钧知道赚钱不易。

张居正深刻感觉到，对于此时的朱翊钧，纯粹说教已起不了大作用，所以他先拿出账本呈给朱翊钧。朱翊钧打开看了半天，他确信朱翊钧已看出大概，才缓缓开口道："前年（1577年）收入白银435万余两，去年（1578年）却只有358万余两，减少了80余万两。但前年的支出是349万余两，去年的支出是388万余两，上升了40余万两。前年盈余近100万两，去年却超支了30万余两。"

朱翊钧明知故问："这上升的40余万两都干什么了？"

张居正回答："宫廷支出是大部头。"

朱翊钧脸红了一下，张居正趁势问道："我听说您又想从户部支出二十万两？"

"呃，"朱翊钧在龙椅上极不自然，"张先生，您不知道宫廷用度突然多起来，因为人多了嘛。我大婚之后，凭空多了好多人，这您是知道的……"

看到张居正神色平静，朱翊钧说不下去了，只好急转直下道："既然财政如此窘迫，那我就收回成命，二十万两不要了。"

"这怎么可以！"朱翊钧话音未落，张居正已脱口而出，"皇上金口玉言，说到就要做到。"

这句话让朱翊钧摸不着头脑："我不明白张先生的意思。"

张居正说道："皇上已下了手谕要钱，就该把钱拿到手。"

朱翊钧酸酸地回了一句："张先生给我看了账本，我哪里还有心情要啊。就是我想要，我看张先生的意思也不是想给。"

张居正斩钉截铁："当然要给，皇上不是黑白不分的人，要钱自有道理。给皇上看账本，只是想告诉皇上，最近几年在我主持下，国库虽丰盈，但家底依然很薄，经不起挥霍浪费。该花的钱自然要花，但挥霍浪费，却绝对不可。"

朱翊钧被这番软中带硬的敬告弄得很尴尬，讪讪地笑了一下，也只好承认："张先生说得是。"

张先生说得是或不是，不是靠嘴来评定的，还要靠行为。朱翊钧只是口头上认为张居正说得对，但并未付之行动。一个月后，他又要钱了。这次他没有向户部要，而是把手伸向了光禄寺（掌管朝廷祭享、筵席及宫中膳羞的机构）。

张居正执政后，光禄寺的财政预算被砍了一大半，每年只有十万两白银。光禄寺官员们一直在叫苦，想不到苦上加苦，他们突然接到朱翊钧的旨意：把你们的十万两白银先挪给我用一用。

光禄寺领导跑来找张居正，垂头丧气地说：“这活没法干了。”

张居正问明事由，思虑了一番，突然臭骂光禄寺领导：“你们没有脑子吗？这点小事，也跑来找我！”

光禄寺领导被骂得如雷轰顶，心想：这还叫小事？那什么才是大事？皇上擅自挪用政府部门的钱，你身为首辅就不管吗？

可他们也只敢在心里这么说，面上还是得毕恭毕敬地听着张居正的责骂，然后又毕恭毕敬地被张居正赶了出去。

光禄寺领导一走，张居正沉重地坐回到椅子上，刚才有点过于激动，他连自己什么时候站起来的，都没有了印象。他的火气不是针对光禄寺领导，而是朱翊钧：看来上次精神和物质上的感化，毫无效果。他稳定了情绪，整理了衣冠，大踏步地走出内阁，奔向皇宫。

朱翊钧急忙跑出来见他的张先生。他的张先生脸色不太好看，最近这段时间，他时常发现张先生总摆出一副臭脸，不知是摆给谁看。

张居正这次没有废话，而是直奔主题：“皇上又要钱做什么？”

朱翊钧急忙说道：“这次的钱可不是我要的，是两宫太后要赏赐众人，没有现钱，所以先从光禄寺挪用，母后说这笔钱很快就会还上。”

张居正马上意识到这事有点麻烦。李太后要钱和朱翊钧要钱是两个概念，张居正觉得，朱翊钧还小，有时候自制力差，要钱只是胡要，经过坚定的劝说，还可改正，可李太后是大人，心里有主意，她要钱，那就是说一不二的事了。

这是李太后第一次要钱，张居正绝不可以阻止。他在心里暗下决心，只此一次，下不为例，但不能这样就让皇上把钱轻易地拿走，有些话必须说清楚。

于是他说：“财赋有限，费用无穷。一旦库藏空虚，发生灾荒、战争，就难以应付了。”

朱翊钧知道钱到手了，乐不可支地点头。张居正心里叹了口气，说完他最后想说的话：“希望皇上以后力加节俭，若再和政府要钱，臣等可就不敢奉诏了。”

朱翊钧的脸变了，不是苍白，而是可怕的苍白，眼芒辛辣地射向张居正。正在叩头谢恩的张居正没有看到，更没有感觉到。

当张居正在内阁和张四维谈起这件事时，张四维打了个寒战：“张阁老，你这话说得有点重啊。”

张居正茫然若失地看着张四维。张四维欲言又止，最终还是说了出来：“毕竟是皇上，而且年龄也不小了，道理上四海财富都是皇上的，您怎么敢说以后不敢奉诏呢！”

这对别人而言，无疑是一道霹雳，可张居正只是一笑：“财政的确不容乐观，我也是实话实说。”

张四维追问了一句：“以后皇上要钱，您真敢不奉诏？”

“敢！”张居正看了神经兮兮的张四维一眼，又补充道，“良心上过得去，就不会前怕狼后怕虎！”接着把目光投向远方，自言自语道，“人最重视的应该是自己的良心，违背良心做事，才可怕。”

朱翊钧总要钱是否算违背良心，张居正心知肚明。宫廷是需要钱，因为用了太多的人。有些人就是摆设，为了皇帝的威风，这些人在张居正看来是不必用的。李太后要赏赐宫人和外面的和尚，这也是没事找事，用钱打水漂。但在朱翊钧和李太后看来，这些钱该花。所以说，良心这东西，一人一个标准，你用你的良心标准去衡量一个人，认为他十恶不赦，而他本人还感觉自己是圣人。

朱翊钧虽没有感觉自己是圣人，但绝对不认为自己毫无良心，挥霍本应该用在国家建设上的、张居正用汗水换来的钱。

张居正在把光禄寺的钱挪给朱翊钧后，心神仍不能安定。思来想去，他给朱翊钧写了道奏疏，深情地探讨了金钱的来之不易以及国家特别需要钱的现状，希望皇上能节俭克制，做一个朴实无华的皇帝。

这道奏疏如投进坟墓，毫无回音。张居正执政以来第一次遇到朱翊钧对他的奏疏“留中不发”。这是个危险的信号，但张居正却一厢情愿地认为，朱翊钧只是在耍小孩子脾气，因为很快发生的一件事让他觉得，他和朱翊钧的关系仍如从前，甚至比从前还要好。

1579年夏初，朱翊钧浑身起了疹子，病势急转直下，大有一命呜呼之意。

出疹子在今天都不是小事，何况是明代。李太后惊慌失措，整个帝国焦虑起来。

禁止戒坛

李太后的惊慌可想而知，如果朱翊钧真有个三长两短，她的一切就都不复存在了。大家都在惶惶不安时，唯有张居正表面声色不动。在一些别有用心的人看来，张居正是十足的冷血，而且很快，他们发现自己真的猜对了。

朱翊钧疹子漫布全身后，李太后下令僧侣开坛，设法度众。这是一种宗教祈祷，阵容强大，花费昂贵。一心信仰佛教的李太后认为做这些功德，可以让儿子脱离苦海，早日痊愈。

这是可怜天下父母心，无可厚非，但张居正认为有问题。因为举行隆重的宗教仪式早被朱元璋立法禁止，张居正对李太后说，祖制不可轻易违背，否则会引起不必要的议论和事端。他指出，皇上得病，和尚是解救不了的。如果真要找个祈祷对象，不如谢郊庙、社稷，它们才是皇上的保护神。

李太后在后宫看到张居正的反对信，气个半死。冯保隐晦地维护张居正说："张先生说的也不是没有道理。皇上龙体欠安最忌吵闹。如果在宫里开戒坛，和尚的器乐和念经声必震耳欲聋，影响了皇上……"

李太后脸色冷冷地把张居正的信扔到桌上："谢郊庙、社稷，这主意也只有张先生能想得出来啊。"

冯保发自肺腑地接口道："张先生一心为江山社稷，忠心天可鉴。"

李太后微微点了点头，戒坛的事就此不了了之。

虽没有请和尚们保佑，但朱翊钧的病体渐渐康复，一个月后，他已能直立行走，并且可以上班。他上班后的第一件事，就是宣张居正来见。

两人相见，张居正恭祝朱翊钧痊愈，朱翊钧则很抱歉地说："我多日未上朝，国家大事劳先生费心了。"

注意这句话，从前朱翊钧上朝，国家大事也是张居正在费心，但他从来没说过这样的话。现在说这话，背后的意思大概是："我已能亲政，但一个月没有亲政，劳烦您张先生，我很是过意不去。"

张居正只把这句话当成了客套话，按部就班地回答："臣很久没有见到皇上，朝夕想念。今日见到皇上，真是欣喜万分。国家事务本是我分内之事，我自当竭智尽忠，皇上免劳挂怀。"

朱翊钧淡淡地点了点头，说："先生的忠心，朕知道了。"然后吩咐给张居正一些小赏赐。张居正叩头谢恩。

朱翊钧冷不防地说道："先生不允戒坛，真真是好事！"

张居正毫无反应，站起来平静地回答："戒坛伤财，还叨扰皇上清净。"

"所以我说，真真是好事！"朱翊钧的声音很冷，张居正不由自主地抬头偷偷去看，只见朱翊钧在龙椅上毫无感情地看着他。他突然脑子一片空白，不知该说什么该做什么。

在死水般的沉寂中，朱翊钧打破了凝滞的时光，他命令张居正："先生近前，看朕的脸色。"

张居正心神稍定，缓步向前，在晨光熹微中，他看见朱翊钧一张病后初愈的清白的脸。他跪在朱翊钧面前，离朱翊钧是那样近。正是春末夏初，温度宜人之时，但张居正却感觉脊背炽热，浑身似乎都要被汗水浸透。

他听到朱翊钧底气十足的声音："朕现在一日四餐，每餐都可吃两碗白饭，只是不吃荤。"

张居正忽然感觉快乐起来，皇上已痊愈，这是最值得高兴的事，心情一好，话也多起来："病后加餐是好事，不过元气初复，应做适当的调节，吃太多恐伤脾胃，少吃荤是好的，但也不能一口不沾。"说到这里，他拾起从前的严肃，郑重其事道，"非但饮食要适当，就是'房事'也不可多，希望皇上千万注意。"

朱翊钧脸色微变。关于房事，宫中早已传开。年轻人都腰馋，朱翊钧尤其馋，实属色中饿鬼。但这种事，大臣不太好说。朱翊钧就始终认为，这是他的私事：你们大臣管天管地，难道还管我的床笫？

张居正的这段话，让他回想起出疹子前的一件事，张居正曾上疏请他在房事上不要辛苦劳作。朱翊钧那时就有些许愤懑，如今张居正又当面敬告他，这是极尴尬的事。他把两道眉毛拧到一起，肚子里翻江倒海，实在想一吐心中不快，可他终于忍下了。

在稳定情绪后，他对张居正说："最近母后一直在我身边照看，从未离开过。我也未临幸过任何人，先生真是钟爱得很，朕都知道了。"

语气是不满的，张居正听得出来，但他并未放在心上，还是他的惯性思路，认为眼前这个年轻人还只是个孩子，有点小脾气再正常不过，只要善加引导，将来必是明君。

高明的匠人往往自负地认为，在他手中没有塑造不出的艺术品。可这要看原材料的材质，世界上有美石，自然就有朽木。稍不留意，就会把朽木当作美石。

当朱翊钧说"朕都知道了"时，张居正激动得想流泪，因为这五个字证明，朱翊钧还是允许被他塑造的，正向好的方向大步前进。这是有良知的表现，人只要有良知，再加切磋琢磨，就可成为圣人或圣君。

人太顺了，往往会迷信于经验，蔽于见闻，所以把事想得极为乐观。张居正就在犯这样的错误。

朱翊钧元气恢复不久，又把眼睛盯到了钱眼里。

君臣金钱拉锯战

一个烈日炎炎，能把路人烤熟的中午，工部尚书李幼孜浑身冒火地跑进内阁，用一副恨铁不成钢的口吻对张居正说：“您看，您看，又来了。”

张居正困倦异常，好不容易才昏昏睡去，被李幼孜这么一惊一乍，睡意顿消。他接过李幼孜手上的手谕，是朱翊钧给工部的命令：铸银十万，赏赐宫人用。

张居正失声道：“天啊，皇上这是要干甚！”

李幼孜情绪激动：“赏赐宫人啊，我说句不该说的话，武宗正德皇帝（朱厚照）够胡闹的了，可也没有这样三番五次向政府要钱啊。皇上真是聪明，从国库里要不到钱，就要我工部铸钱。张阁老，这事你看怎么办？”

张居正脱口而出，声音很大：“不能铸！”

李幼孜被张居正这三个字吓得一愣，随即没有底气地自言自语道：“皇上会听您的吧。”

张居正已打定主意，站起来对李幼孜说：“我去见皇上，你自己该做什么就做什么，这件事不必放在心上。”

见张居正如此自信，李幼孜也就把心放在了肚子里。

朱翊钧一听张居正来见，马上想到是关于铸钱的事。他几乎是不假思索地对身边的人说道：“张先生简直是顺风耳啊，李幼孜这嘴也够快的。”身边的人看到他脸上挂着讽刺似的笑，吓得一声不敢出。

他自言自语道：“这回我是铁了心，看张先生如何！”打定了主意，坚定了信心，他迈着给自己助威的大步昂首走出来，和张居正见面。

张居正行礼完毕，还未开口，朱翊钧抢先问道：“张先生来，是为铸钱之事吧？”

张居正心里发笑，口上却只说了个“是”字。

朱翊钧内心狂喜，以为从张居正的“是”字上，他分明感觉到张居正这次信心明显不足，也就是说，张居正毫无把握能说服他，这正是他反攻的资本。

“铸钱也并非我心血来潮，自我登基后，万历四年二月和万历五年二月，都有圣旨铸钱，那可是您批准的。”朱翊钧侃侃而谈，“今年距万历五年已过去两年多，我想应该再铸些钱来。后宫赏赐太少，我又不想从国库拿钱，只有铸钱才是上上策。”

说完这些话，朱翊钧洋洋得意地看着张居正。张居正像石雕泥塑般，毫无反应。朱翊钧内心狂喜，他以为张居正真无话可说了，正要继续大发议论时，张居正突然提高了嗓音：“臣请问皇上，钱币的作用是什么？”

“呃。”朱翊钧被问住了。确切地说，他知道“用来花”的答案是错的，所以他不敢做任何回答。

张居正抢占了高地，马上发起滔滔不绝的进攻：“钱币是用来通货便民的，不是用来在宫廷里赏赐的。嘉靖时期已铸钱多种，您登基后，民间流通的钱币还是嘉靖时期的，前两次铸钱在民间已引起争吵。百姓认为，旧钱还未花完，又来新钱，要想流通，必须要拿旧钱换新钱，这是很麻烦的事。政府的责任是利国利民，利民就是别给百姓找麻烦。迄今为止，民间的钱至少有五种，倘若再筑造一种新钱，不但浪费工本，还会让百姓无所适从。我的意思是，不如等民间流通的钱少了许多后，再铸钱也不晚。至于您说赏赐宫人，我看大可从国库挪个一千两旧钱，这才是上上策。”

朱翊钧一言不发，张居正也不再说话，宫里静得连人的呼吸声都能听见。许久，朱翊钧才低下高傲的头颅，说了句：“那就依张先生的意思吧。”

张居正对朱翊钧，向来是以教化为主，不但要他口服，还要他心服。他趁势追击：“皇上有恻隐之心，见宫人用度不丰就有心赏赐，这是仁君做派。但皇上应知道，人君在上，一动一言，都是度律。如履薄冰如临深渊似的谨慎则存，不管不顾地奢侈浪费则亡。昭昭神明，其实就在你我身边，能不谨慎？！”

朱翊钧机械性地点头，说：“朕全都知道了，张先生忠爱。”

知而不行，不是真知，朱翊钧就不是“真知”。一个月后，苏州、松江发生水灾，礼部言官和工部官员请求朱翊钧暂停苏松织造。朱翊钧大怒若狂：“还要不要人活了，没有衣服，难道要宫廷所有人都赤身裸体吗？！”

织造就是皇家用物加工厂。朱翊钧时代，织造还只是闲散在民间的工厂。皇帝派内监拿着衣服的样子到江南找百姓织作，费用一部分出自内库，一部分出自政府征收的盐税。但钱从皇宫里出来几经周折后，到百姓手里就所剩无几了。有时候，皇宫里根本不出钱，所以百姓极不情愿承接这政府工程。但这可不是百姓能说了算的，织造渐渐成为江南百姓的强制性任务。

这年发生在江南的水灾，异常严重，所以政府官员才希望今年的织造停止。但朱翊钧没有万物一体之仁，发了龙颜大怒。政府官员们只好去找张居正。

张居正听取了众官员的报告后也觉得，如果照旧织造，江南百姓负担太重，所以指示工部尚书李幼孜，上疏要皇上召回内监，再看下一步。

李幼孜的上疏很快得到朱翊钧本人的反应：“御用的袍服紧急，如果召回内臣，那这些袍服怎么办？召回内臣把袍服的监督工作交给地方大员，那些地方大员脑洞奇大，质量谁保证？”

这意思已很明显：内臣不会召回，所以织造工作继续。

张居正在内阁，和张四维、申时行对坐无言。桌子上放着朱翊钧的手谕，每个字都非常刺眼。

时光流逝，内阁静如坟墓，申时行终于忍不下去，先开了口：“皇上这一年来变化很大。”

“此话怎讲？”张四维更是憋得难受，终于有人说话，他连忙如释重负地接过话头。

申时行看了眼张居正，见张居正毫无表情，觉得应该说下去：“皇上对物欲的追求越来越高，越来越频繁。”

张四维瞄了张居正一眼，张居正脸上抖了下。张四维慌忙煞有介事地训导申时行：“你这是什么话，有张阁老鼎力辅佐教化，皇上英明神武。”

申时行不说话了，张四维也沉默起来。又是很久，大家终于听到张居正一声长叹：“咱们一起去见皇上吧。苏松织造的事，非停不可，否则又是水灾，又是义务劳动，百姓哪里受得了啊！”

张四维连连点头称是，三人去见朱翊钧。

朱翊钧摆张臭脸迎接三人。张居正最先发话：“江南水灾，松江最重。皇上应有好生之德，停止今年的织造，让百姓可以喘息。”

“朕未尝不爱惜百姓，但松江的织造很快就完，不能虎头蛇尾啊。”朱翊钧懒洋洋地说，一副无赖相顿现于光天化日之下。

张居正追进一步：“皇上能有此心，真是苍生之福。臣以为地方多一事则有一事之忧，宽一分则受一分之赐。织造是快完毕，但终究没有完毕，百姓还在受苦。皇上等完工后召回内监，不如现在就召回，百姓所受的皇恩就更加浩荡。”

朱翊钧一肚皮的不忿：“这真是让朕为难啊。全都撤回，宫廷御用之物怎么办？”

张居正又放松一步：“南京所受的水灾不重，可不必停止。”

朱翊钧有了回旋的余地，又见张居正不容更改的神情，只好借坡下驴：“那就这样吧，下旨召回苏松的内监。”

张居正领着张四维和申时行叩头谢恩。朱翊钧说着场面话：“君臣一体，百姓才能受惠。希望张先生再接再厉。”

张居正当然会再接再厉，七年来，张居正从来就没有放松过片刻的身心，说到做到，甚至做了都不说。朱翊钧却是心口不一，1579年末，朱翊钧突然又下旨令织造绸缎七万余匹，预算白银五十万两。内监比圣旨还快，已经出了京，飞奔在去往南中国的大道上。

工科言官王道成第一个上疏，请朱翊钧减少定额，因为南方百姓还未恢复生气。张居正也很快得知发生了变故，他百思不得其解：明明说得好好的，皇上何以出尔反尔？为什么又要织造？为什么就不能体谅下江南的百姓？

这所有的“为什么”，张居正都找不到答案，他只好再去见朱翊钧。但这次朱翊钧没有见他，张居正并未有不祥的感觉，他回内阁后就上了一道奏疏，请朱翊钧关注国家、关注民生：“织造这种事实在是可有可无的，如果皇上认为真的不能没有，那至少可以减半。”

朱翊钧“留中不发”。张居正就指使众臣接二连三地上疏。朱翊钧立即发现他陷在忠臣劝谏的汪洋大海中，气恼地说：“这些人真奇怪，怎么都和张先生一个调子！”他说完，就探寻地去问身边的太监们，太监们低头不语。

“好好好，”他沮气地说，“就减半，烦死我了！”

他说这句话的那天晚上，冯保派他的心腹徐爵去告诉张居正小皇上的反应。张居正满意地笑了，皇上总算有心。

徐爵把冯保来通知他的本意说了出来：“皇上最近对张先生有点……”

“不必说了，”张居正打断他的话，“能减半就是江南百姓之福，百姓有福，我受点皇上的气有何关系？只要能把事办成，其他勿论。”

徐爵被张居正的凛然所震慑，站了半天才想起冯保还有句话要传给张居正：“冯公公说，皇上最近总提他岳父，还有李成梁。”

张居正心上一动，这件事的确是个事。他打开了记忆的大门，这扇大门离他不远，就发生在叫停苏松织造之后不久。

爵位，给还是不给

朱翊钧结婚时，老婆王女士向他哭诉老爹王伟养她成人不容易，希望现在可以报答她老爹。朱翊钧想到老娘把自己拉扯大的艰辛，所以感同身受，决定给老岳父一份厚礼——封爵。若是从前的皇帝，这事轻而易举。可朱翊钧并不这么想，凭他对张先生的了解，张居正肯定反对这件事。

为了这件事，朱翊钧做足了功课，确信万无一失后，口传圣旨给内阁，封王伟为伯爵，要内阁拟旨。这道口传圣旨处处透着朱翊钧的小聪明。他说："我并未破例，给岳父封爵这事有先例。武宗的岳父夏儒、世宗的岳父陈万言都有爵位，倘若我的岳父没有爵位，这显然不符成例。张先生向来说遵循祖制，恐怕这也是祖制之一吧。"

传旨太监走后，张居正问张四维："你怎么看？"

这事很容易看，但也不容易看，关键是张居正怎么看。张四维沉默了半天，才慢吞吞地说道："张阁老恐怕心里已有主意了吧。"

张居正当然有了主意，但他下定这个主意时很纠结。他说："皇上虽然拿出了两个成例，但祖宗还有法律：非有军功者不得封爵。武宗和世宗是违背了这条法律，当时的大臣竟然无人站出来说话，可见人心沦落到何种田地。"

申时行对张居正这段话有不同看法，他说："也不止是武宗、世宗的老丈人被封爵，孝宗的岳父张峦也被封爵了。这已成为习惯法，我以为在这种事上不必认真。"

张居正冷冷地瞥了他一眼，一字一顿地说："法律制定出来就是要人遵守的，如果有法不依，那和没有法律有什么区别？"

说到这里，张居正的眼光随即黯淡下来，叹息道："不过，做事不能本本主义，皇上最近因为织造的事心情很压抑，我们再在这件事上纠缠，恐怕不是忠君之道。"

张四维接口道："是的是的，一张一弛，文武之道。"

"咱们只好退一步了，拟旨……"张居正顿了一下，自言自语地说，"但失之东隅，必要收之桑榆。"

张四维和申时行不明白张居正的意思。

张居正解释道："关于皇亲封爵这事，到此为止，我请皇上从此杜绝一干人等的封爵请求，岳丈、驸马更是在此例中。”

朱翊钧几个月来终于有了收获，张居正允许封王伟为伯爵。但这收获没有什么滋味，因为张居正提出了条件：王伟的爵位不可世袭，另外就是皇亲、驸马的爵位，从此后非有军功者，不得授封。

这是赤裸裸地和皇帝谈条件，朱翊钧除了生闷气外，别无他法。生了会儿闷气，他又欢乐起来，毕竟他的主张获得了张居正的同意，也就是说，他是胜利的一方。

人逢喜事精神爽，朱翊钧召见张居正，要和他谈心。张居正也有心事要和朱翊钧谈，这件事也是封爵。

“李成梁屡立战功，忠勇为一时之冠，”张居正缓缓开口，“所以臣认为，应该封李成梁为伯爵，这样可以鼓励其他将士奋勇杀敌。”

朱翊钧“哦”了一声。“李成梁”这名字在他耳边响起的次数不下百次，他印象最深刻的是大婚前夕，李成梁就在边关打了个胜仗，喜得老娘李太后合不拢嘴，说是双喜临门。

想到这里，他马上就要张口允准，可一股酸水从胃里涌上，直进入脑子。他把想说的话硬生生吞了下去，换了一句吐出来：“非军功不封爵，听您这么说，李成梁封爵倒是名副其实，只是……”

他故意卖了个关子，是因为前几天的酸水正涌上来：“李成梁这爵位恐怕也不可以世袭吧？”

张居正哑然，这是孩子气，可不必理他。但朱翊钧下面的话却是绵里藏针了：“张先生，我听说您和李成梁的私人关系很好？”

幸好张居正问心无愧，反应也快：“工作需要，边疆大臣在千里之外，手握重兵，臣为了可全方位地拘束他，非要建立朋友关系不可。而且臣和他建立朋友关系，也能随时了解边疆的情况。”

朱翊钧假装明白似的点了点头，突然又射出更锋利的一箭：“我听说先生用人，总用自己熟悉的人。”

张居正不紧不慢地回答：“这很正常，不熟悉的人，臣就不知道他的才能德行如何，所以只能用熟悉的有才德的人。况且臣用人，出于一颗公心，绝无私意。”

朱翊钧觉得这话很有道理，又转到李成梁封爵问题上来：“那就按张先生的意思办吧，封李成梁为宁远伯，要他好好保卫边疆。”

李成梁得到这个天大的喜讯后，立即备了份厚礼，派人送到京城张居正府上。换作从前，张居正肯定收下了。多年来，李成梁、戚继光都时常给张居正送礼，有时候礼物还很重，张居正都笑纳。但接受礼物后，张居正会再变相地送出去。他不是道德圣人，但也不是唯利是图的小人。

有人曾问他："处于风口浪尖，为何要收别人的礼品？"

张居正回答："李成梁、戚继光在边关，一要应对外敌，二要关注朝廷的动向。边帅能否立功，大部分是取决于朝廷的方针。而决定方针的那个人正是我，如果我不收下他们的礼物，他们怎能安心御敌？政治和军事，本就是一回事，不可分割来看。"

但李成梁这次来送礼，张居正坚决地拒绝了。因为他从朱翊钧最近一段时期的变化上隐隐感觉到了什么，他对李成梁的人说："回去告诉你的主人，封爵是他应得的，我受他的礼物就是得罪了太祖皇帝的在天之灵。"

来人惊诧万分，满腹疑惑地离开了北京。

冯保派人送来的话，让张居正的脑海里翻腾起这两件事。然而，他毕竟是心无私欲，唯有社稷的人，所以他很快就淡然，并且似乎记不起来了。

第六章
不许辞职

忠孝两全了

1579年的最后一个月，朱翊钧询问吏部尚书王国光："张先生守孝期满了吧？"王国光答"是"。

朱翊钧若有所思，王国光趁势说："应该要张先生脱掉丧服，正式办公。"朱翊钧瞄了王国光一眼，语气极怪异地说："张先生一直在正式办公啊。"

王国光不语。朱翊钧似乎意识到什么，说："张先生真是忠诚，守丧期间都忙于国事，这都怪我太小，毫无经验，否则张先生怎么会忠孝难全呢？"

王国光不知该接什么话，只能沉默。

朱翊钧又说："让张先生来，我有话说。"

张居正走进太和殿，殿中光线惨淡，朱翊钧深留在阴影里。他对张居正说："您在京守制，忠孝可谓两全了。今天是除服的日子，朕很宽慰，赐您些东西，以表达朕对您移孝做忠的赞赏。"

张居正听了这话，想起老爹，不禁鼻子一酸，他对朱翊钧表达了自己的心意："臣鞠躬尽瘁，死而后已。"

朱翊钧看着同样在阴影里的王国光，说："张先生对国家真是忠心耿耿。王尚书，你身为吏部尚书，应该有话要说吧。"

王国光的话是可说可不说的，无非夸赞张居正是官员们的楷模，如果每个官员都能如张居正一样，一心为国，全心全意做好本职工作，那天下就太平无事了。

但他马上意识到这些话太空，而且如果针对张居正在京守制这件事发挥这些空话，不是儒家门徒的本色。儒家讲孝为大，倘若每个官员都效仿张居正，父母去世而不回家守制，那儒家的根基岂不是就动摇了？

他嗫嚅了半天，不知该怎么说。张居正理解了他的难处，插嘴道："既然已除服，我想去两宫太后那里叩头称谢。"

这是应该的，如果没有两宫太后的支持，张居正在京守制和后来的回家奔丧都会成空。朱翊钧欣然同意。

李太后对张居正说："张先生现在总算是忠孝两全了。皇上年纪还小，都仰仗张先生，希望张先生以后更要尽力。"

张居正的直觉告诉他，这是客套话，因为朱翊钧年纪已不小，1579年时已十五岁，这样的年纪实在谈不上小。李太后还在说客套话："张先生尽力辅佐皇上，到他三十岁时，张先生再退休吧。"

张居正的脑袋嗡嗡起来，这是不可能完成的任务。一来，朱翊钧绝不会允准；二来，张居正最近总感觉身体状况欠佳。早在三年前，他就患上了异常严重的肛肠疾病。工作繁忙时，他会坐立不安，心慌意乱。其实肛肠疾病，贵在调养，只要有时间调养，并非大事。问题就在这里，张居正没有时间调养，所以疾病缠缠绵绵，不肯离他而去。

他对李太后说："我只能尽力而为，至于辅佐到何时，就看天命吧。"

李太后对张居正这句话的理解是随性的，所以根本没往心里去。1580年初，张居正做内阁首辅已九年，按惯例考满加恩，张居正死活不同意。他向朱翊钧直抒胸臆："人做事符合天理，心自然安，毫无歉恨，就是求仁而得仁也。可我最近审视自己的良知，发现还有不当之处，心上很不安，也就是说，我还未做到极致，未全身心地做事报君恩。在这种情况下，如何能加恩？倘若皇上加恩，那我更自责，我的良心会惩罚我。如果不加恩，我还能勉强心安，为国家心无旁骛地贡献力量。"

朱翊钧对张居正的胸臆大为叹服，他对身边的人说："你们看看，居功非但不自傲，反而如此谦逊，张先生真是千古第一臣！"

加恩的事于是不了了之，张居正却抑郁起来。其实事情明摆着，张居正真心不想让朱翊钧加恩于他，但他还有个私念，朱翊钧至少应该几次三番要下旨加恩。这就是人心，它不是知行不一，只是想在心上找到一片温暖。然而，朱翊钧没有给他温暖，反而就此作罢。

换作别人，必会气恼。张居正没有气恼，抑郁之后就是释然，这自然是心胸。但释然之后，一种不祥的预感涌上心头：皇上如此决定不加恩，是不是他内心深处根本就不想加恩？不想加恩，是不是对自己有了意见？

这念头一生，张居正立即紧张起来。功高震主、兔死狗烹、伴君伴虎……种种中国传统文化中最低劣的格言统统涌上心头。然而，这只是刹那一瞬，很快他就埋头文案工作了。

心事一旦产生，虽会忘记，但触景生情，马上会重新想起。1580年三月，张居正奉朱翊钧之命到天寿山拜谒。一天晚上，他和陪同去的申时行谈公事。公事很快谈完，两人进入聊闲天模式，申时行感叹地说："人死如灯灭，灰烬而已。"这句话大概是面对皇陵而发，但却一下戳中了张居正的心窝。

张居正长叹一声，很冲动地对申时行说："我真想告老还乡，享受天伦之乐，在温暖幸福中归天。"

申时行大为惊骇，不是因为张居正想到死亡，而是自他认识张居正以来，就从未从张居正口中听到过这样消极的话。张居正的人生就是工作，他是台永动机，怎么会有私人感情？

"张阁老，您怎么……"

张居正从茫然中回过神来，淡淡一笑："只是说说而已。"

一阵沉默。张居正恢复了严肃，若有所思地问道："依你之见，政府现在效率如何？"

申时行脱口而出："非常好，虽还有不足之处，但已不是大问题。考成法、一条鞭法都在逐步发挥作用。张阁老一心为国，真是忠诚可鉴日月。"

张居正不由得苦笑："我想起几年前的夺情风波来，那时候很多人都恨我恨得要死。"

"腐儒只是这样。"

"也不可这样看，"张居正思虑一会儿，"孝顺父母是第一人性，若无这第一人性，此人恐非有良知之辈。但良知就是'易'，就是变通，人应按现实随时改变观念。孝顺父母和忠君爱国之间，哪个紧迫就先做哪个，只要问心无愧。"

申时行知道，这是张居正多年来的人生观，从未改变过。出于良知，他认可这种人生观，但真要去做，他恐怕不能。因为人在世上，总会受别人意志和言语的制约，如果没有张居正那样强大的内心，根本就跳不出诽谤和议论的泥潭。

申时行正在思考哲学问题时，张居正冷不防地问他："按你的看法，如今政府这架机器已开始正常运转，不必有人监管了吧？”

申时行皱起眉头，他不明白张居正这句问话的用意，与其费力琢磨对方的心思，倒不如实话实说来得痛快：“固然如此。但正如大船，虽运行能力正常，也在正轨上，却不能没有高明的舵手，否则船必倾覆。”

张居正陷入沉思，连他自己都不知在想什么。许久他才意味深长地说了句话：“舵手的命运掌握在船长手里啊。”

申时行仍是听不明白，他不可能明白。

几天后，回到京城的张居正向朱翊钧递交了一份辞呈。他要放下所有的权力，放下他几年来殚精竭虑创造的辉煌，回老家养老！

举朝哗然。

谋定而动的辞职？

张居正这封辞职信写得极具艺术性。他首先说：“皇上让我担任内阁首辅，我九年来诚惶诚恐，幸好没有辜负皇上的重托，如今国家已走上正轨。”接着话锋一转说，“我深刻明白高位不可以久窃，大权不可以久居的道理，九年来始终不放手，因为时机未到。如今皇上已可亲政，我的价值也得到体现，所以希望皇上放我回家。”最后他说，“皇上如果真关心我，那就必须放我回家，因为这两年血气早衰、形神俱疲。倘若我还在这个位置上占据，其他有才能的人就上不来。一旦我突然有个闪失，仓促之间寻找人才顶替我，岂不是害了皇上？我虽离开，但我会让我的子孙世世代代为皇上尽犬马之劳。”

朱翊钧得到张居正的辞职信后，先是震骇，后是茫然，接着就是一阵从心底涌上来的狂喜。这种狂喜连他自己都无法控制，充盈了他整张脸。

李太后却脸色凝重，似乎还有些焦急。她问冯保：“张先生这是哪一出？”

冯保比李太后焦急十倍，口已无遮拦：“是啊，他这是什么意思，去了次天寿山，怎么就糊涂了？”

李太后看向朱翊钧：“即刻下旨，挽留！”

朱翊钧没有反应，李太后就提高了嗓音：“下旨挽留张先生，三年前他不能走，现在更是如此！”

朱翊钧慌忙地答应了，一道圣旨送到了张居正府上。圣旨说的是李太后说的：“张先生受先帝所托，励精图治为我江山，朕垂拱受成，岂能一日离了张先生？您怎么就想离朕而去？朕真是惶恐不安。您应该想想先帝对您的大恩，以社稷为重。您如果真关心朕，辞职的事万不可再说。”

张居正似乎被鬼迷了心窍，朱翊钧不让他说辞职，他非说，不但说，而且还不去内阁上班了。

冯保如丢了魂一样，在内廷急得团团转，最后终于找了个机会，跑出宫，心急火燎地去找张居正。他打定主意，一见张居正就发点小火，以弥补这几天的心情忐忑。

可见到张居正，他的打算马上无影无踪。张居正脸色很难看，而且坐卧不宁，这是肛肠疾病又犯了。冯保只好压下火气，但仍有点气急败坏：“张阁老这是闹的哪出，辞职干甚？您是不是有点自私？您一走了之，老奴怎么办？”

张居正理解这段话，淡淡地说道：“没闹，这是我的真实想法。我是真想回家养老。”

冯保整张脸都是迷惑和怒气：“为啥！？”

“辞呈上写得清楚明白，冯公公何必多问？”

“身体不好，可以调理啊。”

张居正不说话。

“‘高位不可以久窃，大权不可以久居’，这是什么话？皇上和太后从未猜疑过张先生啊。”

张居正换了个坐姿：“这是天理。皇上、李太后固然不猜疑，可身为人臣应该铭记于心。”

冯保更急了：“您窃高位、居大权已经九年，怎么现在才说？”

张居正语重心长：“冯公公，最近这几年我何尝没有想过这问题？可国家没有步入正轨，我只能冒死赖在这位置上。如今国家已入正轨，冯公公不曾读过‘功成身遂天之道’这句话吗？”

冯保读过，却不理解，或者说，理解，但绝不希望这种事发生在张居正身上。因为张居正一走，他总感觉会发生不祥的事。

“总之，”冯保很武断，“您就是不能走！”

张居正向来不受外在影响，所以冯保的话对他毫无作用。他打定主意要做的事，就会咬钉嚼铁做下去。

冯保扫兴而走后，张居正写了他的第二道辞呈，辞呈里提了三点：第一，身体原因，不得不走；第二，感谢朱翊钧多年来的信任，并请朱翊钧考虑这样的问题，马力不可用尽，日后才有好马，人力更不可用尽，日后才有人才；第三，现在告老还乡并不代表他永不复出，只要国家有事，皇上召见，他会毫不犹豫出山。

朱翊钧说："这明明还是能工作的嘛，干吗要辞职？"

李太后深思熟虑了半天说："这是张先生的场面话。"

冯保说："不能让张先生走。"

朱翊钧只好再下旨慰留："张先生不到内阁办公，朕几日不见就怅然若失，怎么又有辞呈？您说国家已步入正轨，只是表象，政务还是繁重，没有您在，我该如何？您今年才五十余岁，就说不堪重负了，我听说古代还有八十岁的大臣在工作岗位上。朕希望您能快快出来办公，没有您，朕都好像丢了魂儿，忘了初心，失去方向了。"

朱翊钧用君臣大义来压张居正，张居正除非是乱臣贼子，否则必要遵从。他无可奈何地叹气，写信给朱翊钧说："去天寿山回来后感染风寒，要在家休息几日，然后就去上班。"

朱翊钧回复说："可以。"

张居正和朱翊钧之间风平浪静，官员们却议论纷纷起来。

有官员说："这是张居正谋定而后动的辞职，意在试探上意是否对他信任如昨。"也有官员说："张阁老是真想走，你们不曾见到他已成虚脱样子。"

申时行问张四维："你怎么看？"

张四维默默地说道："没法看。"

申时行讳莫如深道："我看张阁老是真想走。"

张四维眼睛一亮："为何？"

申时行把当时在天寿山的事说给张四维听，张四维不置可否。政治家向来心口不一，人所共知，只有傻子才相信政治家的话。

新任工部尚书曾省吾也不相信张居正真要辞职，他还清楚地记得两个月前，张居正要他做工部尚书时的情景。张居正对他说："李幼孜在工部做得很好，我希望你能做得更好。"曾省吾点头称是。张居正想了一会儿又说："工部责任重大，皇上最近对金钱很感兴趣，你要有承受压力的思想准备。当然，我会全力支持你。"

曾省吾走在去往张居正府的路上，想起当时张居正坚毅的神态，无论如何都不明白，张阁老怎么会突然要辞职。

张居正府上有些热闹，张四维、申时行、王国光、张学颜、方逢时都在。曾省吾不必问什么，因为该问的问题都被这些人问完了。

张居正对每个人的问题都回答得坦诚之至。他回答张四维说："九年大权在握，天道忌盈，理应退休，以彰显臣子的节操。而且我不能久占此位，让后来人无所施展。"

张四维觊觎首辅宝座已不是一天两天，但张居正从未明示过这个位置必是他张四维的。正因此，张四维听到张居正的这句话，心情不是欢喜，而是恐惧。一个心理龌龊的人，往往会把别人也看得不真诚。所以当张居正话音一落，张四维马上流下眼泪说："没有您主持大局，我们都成木偶，还怎敢说有所施展啊？"

张居正并未和他缠绵下去，对其他人说："国家步入正轨，我现在可以说对得住先皇托付。你们看我气色大不如前，这都是病闹的。你们也不想看我死在工作岗位上吧。"众人不约而同地去看张居正的脸色，的确如菜色。

张居正不再说话，众人相继散了，只有方逢时留了下来。

"李成梁和戚继光知道否？"方逢时问。

张居正摇头："本想皇上恩准我回老家，再告诉他们。"

方逢时考虑了一下，觉得下面的话该说："我在边关待过，知道边关将帅的心理。李成梁和戚继光能有今日的成就，全靠您在朝廷支持。您这一走，恐怕……"

张居正眼神迷离起来，许久才说道："皇上应该会信任他们，支持他们。方大人太高看老夫了，老夫也只是按皇上的意思办事，全力支持他们。方大人的话，老朽真是愧不敢当。"

方逢时还想再说什么，却不知从何说起，于是离开了。

张居正望着方逢时的背影，嘴上念叨着几个人的名字：夏言、严嵩、徐阶、高拱。这都是一世之才，帝国首辅。夏言被杀、严嵩儿子被杀、徐阶险些被高拱搞死，至于高拱，还算最幸运的，虽惨淡离场却未付出身家性命的代价。居高位者非死即伤已成牢不可破的传统，他张居正如果继续在高位，能避开这一传统吗？

夕阳西下，人间一片血红。

张居正的提神药

张居正迟迟不上班，朱翊钧和李太后嘀咕上了。嘀咕的结果是，李太后要朱翊钧下旨，圣旨的口吻一定要严肃，就如同是誓词，如同是上天的意思。

朱翊钧说："国家虽步入轨道，但有些细节仍未完美，特别是边事。张先生受先帝委托，怎可轻言离开！等朕三十岁时，您辞职一事才有的商量。先生今后绝不许兴此念头！"

这道圣旨一定是朱翊钧心不甘情不愿写下的，他离三十岁还有十几年的时间，也就是说，他还要做傀儡皇帝十几年。但他对李太后无可奈何，多年来，李太后不仅是他的母亲，还是他的监护人，更是他的主人。

李太后强力挽留张居正，自有她的原因。在母亲眼中，儿子永远都是孩子，她武断地认定，朱翊钧此时根本无法担当大任。这是经验之谈，九年来，张居正一直在做事，做得很好；朱翊钧一直没在做事，所以肯定做不好。所以，她必须要让张居正留下。

张居正只能留下，他不是那种说不干就撂挑子走的人，他有责任感。在他重新回到内阁后，有人欢喜有人忧。张居正也一直找不到工作状态，直到下面这两件事的到来。

第一件事是1580年闰四月两广总督刘尧诲送来的报捷信。刘尧诲是凌云翼之后最有名气的两广总督，他上任不久，就碰到广西八寨壮族人叛乱。八寨在广西桂林、平乐两府，本是壮人群居的场所，多年前，王阳明曾到这里剿匪，凭借知行合一的威力而事半功倍。凌云翼在时，八寨就涌动着叛乱的暗流，这股暗流终于在1579年冲出地面，飞上天空。刘尧诲向张居正请教，张居正的观点和从前一样：务必诛杀殆尽！

刘尧诲举起屠刀，八寨血流成河。张居正看到捷报书，心情振奋，私人答复刘尧诲说："你手法干净利落，可谓深得知行合一之旨。凡和政府作对以及要脱离政府而去的，都应以铁血手腕惩治，不可心存侥幸，认为他们还有良知。教化固能拯救人心，却是年深日久的事。你们身为一方之长官的人，要切记我的话。"

这件事如果是良性提神药，下面的事就是恶性的。

张居正执政九年以来，对其不满的呼声始终未曾绝迹。他从病假中到内阁不久，就有南京兵部官员赵世卿上疏朱翊钧，请朱翊钧废除驿递新规，缓行考成法等五件事，事事针对张居正的路线方针。最后赵阁下还提出广开言路，让那群穷嚼蛆的官员可以肆无忌惮地议论朝政。

张居正的愤怒可想而知，他觉得这些人如同蟑螂，永无灭绝之日。他纵然手眼通天，也只能举着鞋底，见一个拍一个。

赵世卿的上疏在朱翊钧心中引起了沸腾，他和张居正谈到这件事时，突然说了破天荒的一句话："赵世卿这厮说的话恐怕也有点道理。"

张居正脸色瞬间大变，几乎不假思索地追问了一句："有何道理？！"

朱翊钧顿觉泰山压顶，呆愣如木鸡，半天都缓不过神来。张居正也发现了自己的唐突，慌忙语气柔和："皇上英明，这等搬弄口舌，不知在位者辛苦的小人，他的话哪里会有道理可言呢？"

朱翊钧紧张地频频点头。几天后，赵世卿被调入某王府任职，这是个严重的处分，因为王府官员极不易升调，一入王府，仕途就注定了。

实际上，张居正主政后的种种措施，都建立在执行力上。执行力异常强大，说到就做，甚至先做再说，这都是张居正主政期间政府的一个特征。执行力强固然有好处，却也有坏处，人人都急促，人人都忙得忘乎所以，人人都神经紧绷。1580年八月，张居正收到亲家刘一儒的信，这是一封议论朝政的信，平心静气，发自良知：

我听说，欲建立事功的人必须要精明，但要培养良好体制，必须要浑厚。自您当了大明帝国的家之后，大刀阔斧，雷厉风行，政府官员尽心尽力，效率奇高。我以为，事功您是建立了，但您制定的各项法律实在严苛，考成法执行起来太不近人情。既然现在政府已走上正轨，从前的一些苛刻规定是否能撤销？不然，大部分官员都活在惶恐中，恐怕有失浑厚。不培养元气，就养不了敦浑之体，将来弊必大于利。

这不是刘一儒闲扯淡，站在中国传统文化的语境中，刘一儒的话可谓洞见本体。中国传统政治讲松弛之道，而以柔和为主，不主张刚健治国。所以，以铁血手腕改革的商鞅被人唾骂，以严苛法律治国的秦始皇被人诟病。

张居正的整顿吏治，实际上是阳明学"知行合一"的加强版。一个人良知不被遮蔽，知道了就必会去行。但张居正认为所有官员的良知都被遮蔽了，只知不行，所以他把"知"作为命令，我的命令就是你的"知"，命令一下，你必须去行。你不必在我的命令上致良知，不要想是对是错，按照命令去行就是对的。这固然能大大提高效率，然而他的很多命令被许多人当成是外物，也就是不能自得于心的东西，这就导致执行命令的人心不甘情不愿。忍受严刑峻法的逼迫只好去行，可一旦张居正去世，严刑峻法消失，这些人会马上恢复本心，不再去行。

刘一儒的担心正在于此：看似每个人都兢兢业业，实际上是受心外的法律压制，法律消失时，就是他们的强烈反弹之日。到那时，张居正规划的一切都会“成也萧何，败也萧何”。

道理人人会讲，张居正也有他的道理：乱世用重典，急病用猛药。面对滥局面，必须要以雷霆之力迅速摆正它，其他一切方法都是空谈。如果他真的听从刘一儒的意见，改弦易辙，必能收回大部分人的心，但他不可能听从，因为他是张居正。他从坐上首辅的椅子那天起，就深刻知道什么才是真的知行合一，如何去知行合一。这么多年来，他始终坚持自己的做法，原因只有一个：他认为自己是在致良知。

也许，正是官员们的强烈反对，张居正才大踏步走到今天。在他看来，只有艰难险阻才是实学，人只有在障碍中才能学到货真价实的东西，才能锻造强大的心力。碌碌无为，永不可能实现人生的价值！

孙海、客用事件

最初，张居正的障碍是些别有用心的官员，1579年则是想钱想疯了的朱翊钧，到了1580年后，张居正发现，朱翊钧已不仅是障碍，而早已是一颗定时炸弹。

国家有张居正，朱翊钧不必为政事烦忧。对于十六七的年轻人，无事可做，充沛的精力只好浪费到玩乐上。年纪小时自有年纪小的玩法，年纪稍大也有成熟的玩法。似乎没有人注意到，不知从何时起，朱翊钧迷恋上了各种娱乐活动。

1580年最后一个月，朱翊钧和他的太监玩伴孙海、客用常到西城玩耍。喝酒是难免的，但朱翊钧很少喝得人事不省，所以喝酒之后总有别的娱乐。某天，他突然起了雅兴，要侍立一旁的小内监唱小曲。小内监按冯保的命令只管站着，唱小曲不是他的工作内容，所以他不唱。

朱翊钧劝了半天，小内监就是不为所动。朱翊钧暴跳如雷，抽出身边孙海的佩刀，直奔小内监。小内监吓得瘫软在地，直叫“冯公公”。

不叫还不打紧，这一叫，朱翊钧更是怒火中烧，小内监竟然用冯保来压他，于是上去就是一刀。由于大醉，没有准头，小内监只受了皮肉伤。孙海等人一见要出人命，慌忙上前拉住朱翊钧。朱翊钧余怒未消，吩咐孙海等人把小内监狠狠地踢了一顿。小内监被踢得奄奄一息，朱翊钧还不罢休，割了小内监的头发，权当斩脑袋。

胡闹完毕，朱翊钧醉醺醺地回宫，昏昏睡去。天明十分，在宿醉中他被人叫醒，正是孙海与客用二人。二人脸色煞白，神情紧张地告诉他：“太后要见您。”

朱翊钧惊得翻身而起，问道：“可知何事？”

孙海说：“那个小内监把昨天发生的事告诉了冯公公，大概正是此事。”

客用帮腔说：“据说冯公公也发了火。”

朱翊钧腾地站到地上：“冯保有什么资格发火，岂有此理！”

冯保不是他所怕的，他最怕的是冯保在他母亲面前告状。他犹豫焦虑起来，孙海与客用催促他：“皇上，还是赶紧去吧。去晚了，李太后更生气。”

朱翊钧胆战心惊地来到李太后宫里。李太后脸色铁青，像是涂了一层铅，一见朱翊钧便大喝道：“跪下。”

朱翊钧身不由己地扑通一声，跪到地上。李太后拍案而起，声音尖利：“你知道你的罪过吗？”

朱翊钧不敢回话，浑身如筛糠。李太后开始一五一十地数落他的罪过，越数落越生气，最后居然掉下眼泪。朱翊钧也是哭得眼泪如断了线的珠子。

李太后擦去眼泪，冷冰冰地问朱翊钧：“你知错吗？”

朱翊钧叩头如捣蒜说：“儿知错了。”

这情景连站在一旁的冯保都于心不忍。李太后见到儿子的狼狈相，叹息一声，要朱翊钧站起来，去书橱上找来《汉书》，让他翻到第六十八卷。朱翊钧轻声念出口：“霍光传。”

“读！”李太后口气威严。

朱翊钧开始读，当读到“光即与群臣俱见，白太后，具陈昌邑王不可以承宗庙状”时，眼泪再度流下，这眼泪半是恐惧半是委屈。霍光废昌邑王乃中国历史重大的政治事件，朱翊钧当然读出了其中意思。他明白，现在的霍光就是张居正，他母亲看上去就是张居正的帮凶，还有那个冯保，则是张居正的内线。他的一举一动，都受冯保的监视，冯保知道了，李太后就知道了，张居正更知道了。

他没有读完霍光传，双腿一软跪到地上。李太后声色俱厉："不是只有你才能当皇帝！"

这无疑是晴天霹雳，朱翊钧魂不附体，恐惧得一言不发。李太后吩咐："去请张先生来，看看我大明朝的这个皇帝，还留不留！"

张居正早就得到朱翊钧痛殴小内监的消息，他也知道李太后会过问，但没有想到问题会这样严重。连他都认为李太后有些小题大做，他对李太后说："皇上固然有错，只是道德瑕疵，没有到废立的地步。"

李太后余怒未消："张先生不必维护他，他现在就如此，将来真的亲政了，还不毁了大明朝！"

张居正望了一眼跪在身旁的如同被主人狠揍的死狗似的朱翊钧："皇上本性不坏，只是一时糊涂，要他痛改前非就好。"

李太后追问："他还能改吗？"

"能！"张居正说完，用眼神示意跪在地上的狼狈不堪的朱翊钧。朱翊钧倒很机灵，叩头向李太后哭诉，他一定痛改。

李太后态度缓和下来，说："既然要改，那就让天下臣民皆知。张先生，你帮皇上写两道罪己手诏，一份给内廷，一份给内阁。"张居正遵旨。

说是帮皇上，其实张居正根本就未和朱翊钧商量一句。他回到内阁，不假思索，铺开纸张，以朱翊钧的口吻先写给内廷："孙海、客用凡事引诱朕，无所不为，贬到南京孝陵（朱元璋的陵墓）去当菜农。你们司礼监的所有人既受朝廷爵禄，朕偶尔昏迷，犯下错误，你们就该劝谏朕，可你们却图朕一时欢愉，尽情放纵朕，真是该死！今后如果还有奸邪小人引诱朕，你们司礼监任何人都要举报，并发外廷知道。"朱翊钧看了这道罪己手诏，咀嚼着无声的怨恨同意。

再看发给内阁的那道："孙海、客用已被朕发配南京。先生和诸位大臣既为辅臣，见朕犯错怎能坐视不管？先生既知此事就该谏朕，让朕成为尧舜那样的君王，先生也就成了尧舜的臣子。从今而后，无论朕在宫中有何过失，先生都要劝谏，不可姑息朕！"这就是授人以柄，朱翊钧的屈辱怨恨可想而知。

朱翊钧愤怒悲伤，冯保却欢欣起来。他对张居正说："司礼监最近有几个混账，总和我过不去，趁此良机，张先生帮我把他们一并除了吧。"

这是顺水人情，张居正很乐意做。在他眼中，内监就没有几个好人，除一个是一个。于是，朱翊钧又收到张居正的奏疏。张居正说："司礼监太监孙德秀、温泰，兵仗局掌印周海都有引诱您的潜力，所以都应被惩处。”

朱翊钧看着这道奏疏，咬牙切齿，但也只能同意。恨一个人，很多时候并非是此人做了多么伤天害理的事，而只是因为他伤到了自己的自尊。孙海、客用事件是朱翊钧和李太后、冯保、张居正的一次斗争，结果他惨败。这种羞辱始终埋在心底，直到几年后才被他以复仇形式释放。

张居正却丝毫未察觉朱翊钧的心理，他忧心忡忡，决定趁这件事再做文章，把朱翊钧牢牢固定在准圣君的轨道上。

但在1580年时，张居正再想这样做已有相当的难度。朱翊钧已从之前的唯唯诺诺变成了有主见的君主，这就如同一匹脱缰的野马，非经强大力量，不可能回到正轨一样。

但张居正的力量已经用尽，确切地说，他仍是新瓶装旧酒。他把当初的《帝鉴图说》思路重新拿出，把历朝历代的宝训、实录集结成册，向朱翊钧承上了一本《谟训类编》。他对朱翊钧语重心长地说：“希望皇上能以史为鉴，念念警惕，事事遵成宪。在深宫中的心就应该是上朝理政时的心，在朝理政时的心就应该是在深宫中的心；静时的心就应该是动时的心，动时的心就应该是静时的心。”

这就叫知行合一，朱翊钧不是不懂，而是懂得太多。他对张居正说：“古人都是说一套做一套，比如孔子，说为政要仁，可他一掌握政权，就不分青红皂白地杀了少正卯，这是知行合一吗？这简直是虚伪得要命！”

换作任何一位大儒，都会对朱翊钧这种看法惊愕失措。但张居正不是腐儒，他懂得变通，心中的偶像只有自己的良心。他对朱翊钧说：“孔子纵然是圣人，心中也有私欲。他做错的事，我们不要重蹈；他做对的事，我们要借鉴。不必论他的是非，只要我们自己心中有个是非。”

这种话，朱翊钧只是一听，他也并不认为孔子冤杀少正卯是错的，他只是看不惯张居正总喜欢用文化育人，想要给张居正难堪罢了。

君臣二人已经离心，二人的心思已无法走到一起。那么出事，便是迟早的了。

第七章
结 局

与皇室矛盾升温

1581年春，朱翊钧冷不防地再度提出外戚恩荫的问题，张居正很是郁闷。外戚恩荫的问题，早在两年前朱翊钧岳父封伯时就已解决，此时又被朱翊钧提出，张居正无法明白这位皇帝小儿的心思。

朱翊钧这次提出，要把岳父王伟的弟弟王俊加恩授职。张居正和张四维、申时行商议，商议了大半天，张居正觉得精力不济，索性就做了心中早想好的主张：授王俊锦衣卫千户。

可这道票拟才进宫没多久，朱翊钧的手诏又到了。张居正被从疲惫的梦中惊醒，闻听朱翊钧的手诏："正德年间，皇亲夏助等人，都授锦衣卫指挥使等官世袭，今为何止授王俊千户？又无世袭字样？"

显然，这是极度不满下的诘问。张居正只好亲自去见朱翊钧，向他解释。

张居正说："对非有军功的皇亲不封爵，不世袭，这是两年前制定的规矩。当时皇上也是同意的，怎么如今要自坏规矩呢？"

这话有些不敬，朱翊钧的火气冒上来："张先生，您总说不违祖制，可不世袭就违背了武宗皇帝时的制度，这是违背祖制啊。"

这话充满了指责的火药味。张居正不管他，说："皇上有仁慈之心，加恩外戚，做臣子的当然要照做。"

朱翊钧想不到事情如此顺利，竟一时不知该如何进行下去了。他坐稳了，试探地问："当真？"

张居正说："当然！"

"那就拟旨吧。"

很快，张居正的票拟来了："授王俊锦衣卫指挥使。"

朱翊钧跳起来，抖着张居正的票拟，向身边的太监们咆哮："世袭呢，世袭两个字呢？！"

张居正又来了，朱翊钧像是复读机："世袭呢？世袭两个字呢？！"

"锦衣卫指挥使已是最高荣誉，倘若再加世袭二字，恐怕和祖制违背。"这是张居正不紧不慢的回答，他越是这样气定神闲，朱翊钧就越生气。

"祖制？我不是跟你说了吗，武宗在位时，外戚的职位就是世袭的。"

张居正仍是一副不温不火的样子："皇上明鉴，祖制并非都是完美无缺的。尤其是武宗皇帝在位时，奸贼小人太多，导致政体紊乱。世宗皇帝继位后，将一切弊政全部改正，复我祖宗之旧，这才是我们要遵守的祖制。武宗一朝是改变了祖制，我们绝不能将错就错，违反祖制。"

朱翊钧气得七窍生烟："张先生为何在升王俊为锦衣卫指挥使之前不说，这个时候又说？"

张居正最近感到朱翊钧的脾气越来越大，其实可以换一种说法，朱翊钧要摆脱束缚的心越来越强！

朱翊钧的问题正中张居正的计策，他说："臣认为皇上聪明睿智，正大无私，应该能想明白这件事的利害。官职是公家之物，不可轻易授人。尤其是世袭，和浪费金银没有区别。我常和皇上讲，浪费可耻，节俭光荣，原因正在此。皇上现在醒悟，也为时不晚。"

朱翊钧愕然，显然，张居正把他轻而易举地绕了进去。在这种时候，他不可能再毫无廉耻地纠缠"世袭"那两个字了。

如你所知，朱翊钧不可能心服口服。张居正的话语中毫无诚意，全是诡辩，所以朱翊钧对张居正的恨就更加浓重。

除了朱翊钧之外，张居正又和李太后的信仰发生了矛盾。李太后多年来信仰佛教。普通老太太信仰佛教，无非是买个廉价佛珠，每日数珠罢了。但李太后有权有钱，所以信仰起来就非比寻常。1581年夏初，李太后在五台山建大宝塔寺，要内阁票拟。张居正和张四维抱怨说："李太后真以为钱是大风刮来的吗？这么多年，咱们披肝沥胆，星夜奔驰，才积攒了这么点钱，都被她拿去建寺庙了。那玩意儿有什么用？"

施舍，要是做看得见的功德，不但向和尚的寺庙里捐钱，还给普通百姓捐款，这是张居正可以容忍的，但建各种毫无必要的寺庙，张居正却很有意见。

他如数家珍道："万历二年建承恩寺、海会寺，三年修东岳庙，四年建慈寿寺，五年建万寿寺。这些寺庙有何用？无非是怂恿更多的懒惰之人看到不劳而获的希望，进寺庙出家而已。"

这是宗教问题，张居正堂堂大言，一语道破，让张四维和申时行很是钦佩。钦佩是钦佩，申时行却说出问题的关键："那大宝塔寺的问题……"

张居正沉思起来，他想起万历元年的一件事。当时李太后对朱翊钧说要建涿州胡马河、巨马河两条大桥。朱翊钧对张居正说了这件事，张居正立即反对说："皇上继位之初，应与民休息，建桥太劳民，而且耗钱，恐怕有关部门不会办理。"

朱翊钧若有所思。几天后，他对张居正说："母后说了，一切花销都由母后来，一钱不取于官，一夫不取于民。"

"好极！"张居正叩头说。

每想到这件事，张居正就极为欣慰。他不反对做功德，但特别厌恶用百姓的钱做功德。可李太后的识大体也只这一回，而且李太后也并未识到底，还是从国库挪用了五万两银子。

万历二年正月，两座桥完成，李太后一算账，居然花掉了七万两白银，这使她吃了一惊。所以在涿州建碧霞元君庙时，她还是向政府张了口。

张居正对当时的工部尚书朱衡说："国家建筑方面，你是负责人，你怎么看？"

朱衡气鼓鼓的："这怎么能是国家建筑？"

张居正笑了笑："是不是国家建筑，你跟我说不着。"

朱衡眼珠转动，恍然大悟，这种事应该和皇上去说。于是他上疏请停工，但毫无效果。张居正琢磨了半天，竟然同意，把朱衡气个半死。

当时的张居正自有他的算盘，他要取得李太后的支持，另外，他希望李太后能感恩，适可而止。想不到，人的欲望是无限的，做功德也不例外。

大脑里翻滚了许久，张居正才回到现实。他站起来对两位阁臣说："不能再这样下去了，我必须要阻止李太后。"

可怎么阻止？现在连朱翊钧都不太听他的了，李太后又如何肯听？

张居正一生的智慧似乎已用尽，想了两天，也想不出好办法，只能上疏请求李太后看在民生艰苦上，停止她的那些"功德"。

毫无动静。

五台山已动工，工地上尘土飞扬、热火朝天。

张居正无声无息地叹气，整个身影被北京血一样的黄昏罩起，密不透风。他感觉到呼吸的衰竭和肺部火烧火燎的痛。

最后的交流

1581年四月下旬，江苏、安徽等地发生水灾，很多百姓无衣无食，起来造反。张居正拿着南京方面的奏疏来见朱翊钧。朱翊钧看了奏疏，问道："这淮安府、凤阳府每年都有灾情，怎么回事？"

"这两处地方从来都多荒少熟，元末之乱就起于此。"张居正的回答中规中矩。

朱翊钧"哦"了一声，忽然问道："天灾人祸，恐怕也有人为因素吧？"

张居正很高兴："皇上英明，当地政府官员不作为，也是天灾无限扩大的原因之一。"

朱翊钧有点沾沾自喜，张居正抛出了用意："皇上应即刻下旨，发赈灾物资给这两处，同时动员其他未受灾地区的民众捐款捐物。如果这些还不够，便就地取材，南京方面储存的银米也能派上用场。民为邦本，不可忽略。"

"就依先生的意思。"

张居正思考了一会儿，缓缓开口道："皇上刚才说天灾人祸，真是极有见地。其实如果没有人祸，天灾就不会泛滥，因为有了人祸，天灾才更成为大灾祸。"

"张先生这话的意思是？"

"天灾无可控，但天灾之后的救灾却能控。无奈外省官员良知丧尽，一遇天灾，先想自己的前程，眼睁睁看着百姓前仆后继死于道路。等中央政府知道了，他们才假惺惺地上疏要求赈济，但无数百姓已死于沟壑。救灾物资一到，他们又中饱私囊，中央政府发出十两银子，到了灾民手中连一两都不到。"

朱翊钧跳起来："这些人渣，捉住一个重惩一个！"

张居正见朱翊钧动了火气，急忙说道："以后有这种人，当尊皇上之意，定重重惩处。"

朱翊钧气鼓鼓地说："张先生，为何天下有这种官员，只顾自己不顾百姓？

他们为何不惧王法？”

这种问题，张居正实在不知该从何回答。他想到多年来，虽有考成法严苛压迫着官员们，行政效率的确有所提高，可仍有官员徇私舞弊，用尽各种办法推脱。每个人都有自己的小算盘，打得噼里啪啦响，谁能让这种人放下算盘，专注民生和国家？

朱翊钧这个问题的答案，张居正认为不必说，说了也无用。他不是那种通过教化来改变世界的人，他没有时间。

不过朱翊钧的话让他想到了另外的问题，于是他开始借题发挥：“近年来，赖祖宗和苍天眷顾，国库充盈，这都是考成法的功劳。但各处用钱也是挥金如土。大江南北每年都有灾情，形势越来越严重，近年中原地区又有风灾，所以今年的国库收入肯定不如往年。希望皇上能量入为出，宫中一切用度可减则减，赏赐方面也量力而行。太后的慈悲心万民瞩目，何必再建造寺庙？用这些钱拯救灾民于水火之中，岂不是无上功德，何必再做功德？”

这话简直太大胆，但又发自为国为民的责任心，如果他不说，他就不是张居正。

朱翊钧想了一下，说了一个字：“嗯。”忽然觉得这个字不够分量，又补充道，“就依张先生的话，今年宫中用度皆从俭。赏赐呢，就按常例。”

语气不冷不热，张居正有些恼，发出质问：“皇上的‘按常例’是什么意思？”

朱翊钧不假思索：“近几年相沿袭的规矩啊。”

“这不是常例！”张居正也不假思索，“如果近几年相沿袭的是常例，那今年暂行，是不是就成了明年的常例？”

朱翊钧“呃”了一下。

张居正接着说：“臣认为常例是从前祖宗们定下的，并实行了很长一段时间，没有人有异议的规矩。比如太祖时期，宫中用度极为简朴，这就是常例。嘉靖时期，虽用度提高，但仍有富余，这也是常例。常例应该是实事求是，量力而行。今天有一个馒头，吃半个，这就是常例。如果有一个馒头，全部吃掉，臣认为这就不是常例。”

朱翊钧马上反应过来了：“张先生，您说的这些和救灾没有一点关系嘛。”

“有极大关系！”张居正青灰的脸越发可怖，“如果入不敷出，当然谈不上救灾。要救灾，就必须有余钱。余钱就是从平时的省吃俭用中得来的。天下就只有那么多钱财，用到彼，就不能用到此。希望皇上平时能节俭，苍生就有福了。”

朱翊钧极不情愿地点了点头。张居正暗自叹息，他明白朱翊钧没有听进去，正如一块石头，油盐永远进不去。这是君臣二人最后一次气氛和谐的谈话，从此再也未发生过。

张居正走出宫门时，太阳高照，阳光刺眼。他却浑身发汗，是虚汗。连日来，他始终处于亚健康状态，肛肠病越来越严重。这似乎不是个太好的兆头。

三娘子的用处

兆头是人的直觉，第一感觉，甚至说是本能，往往是正确的。1581年夏天最热的一天，张居正终于病倒在床。实际上，自四年前，他得了肛肠病后，身体就一直不适。但国家大事那么多，攻击他的人也那么多，他没有时间调养休息，拖延了这么多年，终于病倒了。

众人都来看他，献上嘘寒问暖，张居正淡淡地回应。朱翊钧派太监来送药送精美的食物，他真诚地谢恩后，对那些东西连看都不看一眼。直到新上任的兵部尚书梁梦龙到来，他才打起全部精神，和梁梦龙谈话。

梁梦龙是出色的军事家和战略家，他曾极力主张在蓟州和昌平修建城墙，防御北方敌人，得到张居正的大力支持。梁梦龙对北方的敌人看得很透彻，所以张居正和他才有的谈。

“我最放心不下的仍是北面。”张居正开口就是正题。

“张阁老也不必太担心，”梁梦龙接口道，“鞑靼各部势力最大的是俺答汗，封贡之后，俺答汗老实本分，已成咱们的附庸。”

张居正摇头：“你不能只看表面，俺答汗这人对部下的驾驭能力很弱，他的长子黄台吉桀骜不驯，将来是祸患。”

黄台吉有野心，认为草原人就该打架，总搞贸易是懦夫所为。一年前，他看到土蛮到明帝国边境掳掠，羡慕得垂涎三尺。但俺答汗死死地看住了他。除了黄台吉，还有个青台吉，也不是安分的主。

梁梦龙深以为然：“张阁老担心的是，万一俺答汗死掉，部下分裂，再和土蛮联合，真就成我们的大患了。”

张居正道：“这是将来的事，我们暂时不必考虑。如今的大患就是土蛮，辽东的李成梁和土蛮打过几次大仗，胜多败少，但真正要说掌控大局，却是未必。土蛮向东可以进攻辽东，向南可以进攻蓟州。你身为兵部尚书，要拿出长久之策。”

梁梦龙唯唯。

张居正困难地从床上坐起，梁梦龙去扶，张居正伸手示意他不必。他说：“既要注意土蛮，还要注意鞑靼。据可靠消息，俺答汗最近身体不太好。一旦他死了，事情可能会起波澜。”

梁梦龙毫不吃惊，鞑靼一死，草原必起波澜，他们早就预料过。但很多人都认为，这种事你只能眼睁睁看着它发生，没有解救之道。梁梦龙从张居正的眼里也看不到什么解救之道，张居正那双眼睛变得异常灰暗，像是双目失明的人的眼睛。

1581年末，让张居正担心的事终于发生了：俺答汗病死，鞑靼诸部各怀心事，跃跃欲试。

俺答汗去世的消息传到张居正病榻前时，张居正呆若木鸡。张四维、申时行和梁梦龙都愣住了，自他们认识张居正开始，从未见过张居正有过这样的反应。也许是病，也许是智慧用尽，总之，躺在他们眼前的张居正已不是他们印象中那个雷厉风行的张居正了。

许久，张居正才发出一声闷哼，大概是身体疼痛所致。他没有看几位同僚，只说了几个字：“容我想一想。”

他的脑子已乱成一锅粥，里面什么都有，唯独没有确定的解决方案。俺答汗虽死，但明帝国封他的“顺义王”招牌还在，现在问题的关键就是把这块招牌给谁。常理而言，当然是给最听话的人，而且必须有力量让鞑靼各部落也听他的话。

张居正思考了两天，总算找到个人选，此人就是把汉那吉。可边境官员们给他的报告中说，把汉那吉这么多年来一直就没能在鞑靼部落树立威望。张居正马上通知他们：那就积极支持黄台吉。

黄台吉是个牛人，很快在鞑靼各部争斗中脱颖而出，顺理成章地继承了“顺义王”的招牌。张居正又提醒边将们：“黄台吉嚣张跋扈，很难驾驭，你们千万要加倍提防。”

边将们不以为然：黄台吉是靠咱们上位的，咱们承认他，他才是顺义王，咱们不承认，就揍他。

得到如此论调，张居正拍着床吼起来：“蠢材，一群蠢材！”

庸人只能看一步，政治家却能看出十步外。那群被张居正称为“蠢材”的人看到的是，鞑靼又有了新顺义王，和平仍如从前。张居正看到的却是，必须要有一人能捆住黄台吉，而这个人正是张居正苦心拉拢多年的三娘子。

用圣人的话说，三娘子是个可塑之才，因为她喜欢中国文化。张居正马上就抓住这点，在多年的时间里，持续不断地给三娘子洗脑。每次明帝国和鞑靼会面，三娘子都会跟随。张居正就嘱咐会面官员给三娘子礼物，这些礼物包括汉人的精美服装、汉人的化妆品、汉人的适合女子读的书籍。

俺答汗偶尔会头脑冲动，想要对明帝国边境动兵，三娘子总能用道理劝住俺答汗。可以说，鞑靼和明帝国的和平，有一半功劳属于三娘子。

俺答汗死后，三娘子决定按汉人的规矩守孝三年，但黄台吉认为他有资格娶三娘子。三娘子大怒，带着自己从俺答汗那里继承来的一万精锐出走。

张居正几乎魂飞魄散，揪着梁梦龙的袖子，气喘如牛地说："快，把三娘子拦住，此时正是用她之时，焉能放走她！"

梁梦龙像一只老鼠被猫咬住耳朵，浑身颤抖："张阁老，冷静……我们……我们这就去办。"

张居正死死地抓住梁梦龙，毫无松手的意思，一字一顿地说："告诉去劝回三娘子的人，要他这样和三娘子说，如果她和黄台吉成亲，朝廷的恩赐继续不绝，否则，她就只是个鞑靼妇女了。"

这话简直是威胁，况且看上去这威胁的力度也不够，难道三娘子会因为做个鞑靼妇女而回心转意？梁梦龙只有疑虑的权力，没有抗命的权力。他把张居正的这句话送到了边关，边关又派人追上了三娘子，一字不差地把张居正的话说给了三娘子听。

三娘子只犹豫了一会儿，就掉转马头，回到了鞑靼大本营。

张居正能用一句话就把三娘子劝回头，只因为多年来他早已看透了三娘子，她已经对明帝国形成依赖心理，这种依赖不是某些物质的赏赐，而是被明帝国看成同胞这一身份的认同。这是张居正多年苦心经营的成果，三娘子有生之年，鞑靼和明帝国之间始终以和平为主基调。

北方暂时安定，南方又起波澜。

最后的辣手

1582年二月，浙江杭州某军区发生了一场规模巨大的兵变。事情经过是这样的。嘉靖年间有倭寇之乱，于是当地政府招募浙江平民组成新军防御倭寇。倭寇之乱平定后，这支四万五千人的新军就变成了防汛军，月薪自然不高。这符合情理，因为他们已无大用处。

1581年时，戚继光的心腹如往年一样来给张居正送土特产。张居正和他聊天时，谈到戚继光在浙江时的事情。不知不觉，张居正就想到了那支新军。他给戚继光去信说：“这支新军也曾受过你的训练，很能打。不过现在南北方都兵源充足，该节省应该节省，我觉得应该裁撤。”

戚继光回信谨慎地说：“这支军队的确很能打，倘若将他们遣散回家，恐怕将来难以驾驭。”

张居正认为戚继光分析得很对，历来正规军被解散后，士兵回到老家都游手好闲，成为社会不稳定因素。所以他考虑了一下，决定将士兵并不多的月薪削去三分之一。

这并非理想的办法，却是唯一可行的办法。张居正在做这个决定时，曾征求浙江方面多方意见，浙江官员全部同意。其实有人持不同意见，但张居正这几年已听不进任何不同意见，谁的意见和他不同，谁就是在挑战他。

元首英明！这是当时大明帝国的口号之一。

张居正根本不知道，当时币制改革，发给浙江士兵的是新钱，新钱在北京是一抵二，但在浙江却是二抵一，所以浙江人不喜欢用新钱，市面上新钱也难以买到东西。等于说，士兵拿到手里的新钱瞬间就成了纪念币，士兵们的生活陷入困境。1582年二月，士兵们迫于生计，只好群起要求发可以花的银两。正如要债，成功的可能性很小，三天之后，浙江巡抚衙门只字未发。

士兵们轮番上阵讨要，巡抚吴善言发了威，站在衙门口对士兵们破口大骂。浙江军区，那可是戚继光待过的地方。戚继光训练出的士兵都是无畏之徒，遇到不公马上反抗。所以吴善言被从马上掀翻在地，众士兵把他踩了个半死。吴善言正在嗷嗷怪叫，士兵们已冲进兵器营，取得武器，又冲击各个衙门，兵变就此发生。

消息快速传到北京，张居正在病榻上发出指示：要兵部右侍郎张佳胤接替吴善言，即刻到杭州上任。

张佳胤匆匆赶往杭州，才进浙江境，一个消息霹雳而来：杭州城里又发生了民变。

张佳胤惊问："兵变和民变联合了吗？"

"暂时没有，"报告的人说，"不过有这种趋向。"

张佳胤是考成法训练出来的官员，向来行动迅疾，他猛拍了马屁股，叫道："快走，不能让他们联到一起。"

杭州城的几个城门已关闭，城里火光冲天，是变民在放火。张佳胤报出自己的身份，不动声色地进了杭州城，又悄无声息地进了巡抚衙门。杭州城已一片混乱，张佳胤连夜召开紧急会议，把兵变的几个小头目叫来说："元首大人说了，你们的条件都可满足。但你们搞兵变，这是大罪，必须先赎罪。"

几个小头目造反立场并不坚定，又听说是一言九鼎的张居正发了话，连忙表示重新臣服。张佳胤指示他们，把民变镇压下去，他就既往不咎。

士兵们都训练有素，拿起武器冲向大街。黎明时分，士兵们押着两百多名变民来到巡抚衙门。张佳胤点出了七十多人，就在巡抚衙门门口斩首示众。

有人悄悄问张佳胤："士兵怎么办？"

张佳胤说："按张阁老的意思，把带头闹事的杀掉。"

"可您答应他们既往不咎的？"

张佳胤笑了："大丈夫言不必信，唯义所在。况且，张阁老让杀，我也没有办法。"

于是，在张佳胤残忍的刀下，杭州城的民变和兵变全被镇压。

这是张居正的辣手，也是他在人间的最后一次。

张先生可好？

1582年三月初，也就是张佳胤送来浙江杭州捷报时，张居正病情加重。痔疮已严重到生活不能自理的程度，他只好请长假在家。

朱翊钧三番五次派人探望，每次探望的人回去后，朱翊钧都会迫不及待地问："张先生如何？"

回答："不太好。"

朱翊钧摸着眉毛："那要勤去看啊。"

张居正的确不太好。整个国家的官员都震动了，就在任所以各种形式为张居正祈福。那是非常壮观的场面，一座城市烟雾缭绕，钟声、鼓声、念经声，声声入耳。京官们更是起劲，把张居正府的那条街都堵满，跪在地上乌压压的一片。直到三十多年后，为魏忠贤祈福的场面才勉强超过了这次。

张居正得到这消息时，毫无表情。张四维和申时行都看得出来，张居正认为这是理所应当的。

朱翊钧也认为这是理所应当，居然下旨，要全国人民都为张先生祈福。他形成了某种惯性，每个去探望张居正的太监回来，他第一句话就是："张先生可好？"

太监的回答也是一样："不太好。"随即又补充道，"去张阁老家真不容易，几条大街都被堵塞，都是官员们在为张先生祈福。"

朱翊钧带着一丝嫉恨的口气："你看，这就是人心！"

冯保在一旁神情忧伤，朱翊钧就对他说："大伴，张先生真是国家的灵魂啊。"

"我也想去看看张先生。"冯保诚心诚意地说。

"去，赶紧去。"朱翊钧微笑着。

冯保一路小跑，来看张居正。张居正正和一个医生模样的人谈话，气息奄奄，脸瘦得吓人，眼神也失去了从前的光彩。

如果不是那个医生模样的人在场，冯保几乎要哭出来。他和张居正合作十年，已不是盟友，而成了真正意义上的朋友。他站在一旁，双眼无限同情地看着张居正。张居正只向他投去一道友好的目光，就继续听那人讲话了。

那人说的话有点诡异："割了它，一了百了。"

冯保头皮发麻，插嘴道："什么割了它？"

那医生回过头来，看着冯保说："张阁老这痔疮已非常严重，只能割掉。"

冯保惊住："这样严重？"

张居正抬头望了冯保一眼，又望了那医生一眼，带上自生病以来从未有过的威严："割！"

痔疮很快被割去了，血经过各种方法的堵塞，终于止住。但医生很遗憾地告诉张居正，痔疮虽去，但他的病不仅是痔疮问题，脾胃也有病。于是张居正几乎不能饮食，倒在床上，连说话的气力都没有了。

朱翊钧紧张地问冯保："张先生到底可好？"

冯保也不知怎么回答，只能安慰朱翊钧："需要静养。"

朱翊钧说："那么多事还等张先生处理呢，要静养到什么时候啊。"

冯保不再说什么，这段时间，他向张府跑的次数比之前的十年加起来还多，他比张居正本人还心焦十倍。

他对张居正说："皇上心焦得很，盼望您早日康复，好为国分忧。"然后又补充道，"俺更是盼望您早日康复呢。"

张居正叹气道："我何尝不想早日康复，但越着急，病势越重。"

冯保不知该说什么，两人就都沉默着。

冯保走的那天晚上，张居正做了个梦。恍惚中，他梦见朱翊钧派他去祭祀一个女神。他走啊走，那是一条无尽头的路。但他能看见女神，女神在山巅，向他微笑。

很快，朱翊钧就知道了，朱翊钧说："这应是上天的暗示，如果派人去祭祀下这位女神，张先生的病就能好。"

冯保宁可信其有地说："那就请皇上赶紧去祭祀吧。"

朱翊钧摊开双手，一副轻松的样子："可女神在哪里？"

张居正也在琢磨这个女神，终于被他琢磨出来。他给山东巡抚写信说："我梦中的女神应该就是你们泰山的仙妃，我已派小儿去祭祀，请你们多多关照。"

1582年四月初，去泰山的人祭祀完女神，回到京城。张居正的病却日见沉重，原来女神的保佑，果然是个幻梦。命中注定，他将继续病下去，似乎要永无康复之日了。

张四维和申时行来得很勤，因为很多政事他们不敢擅自做主。这也是朱翊钧的意思，每当有事，他总是吩咐内阁：必须要让张先生处理，朕才放心。

张居正在病榻上，从未停止过工作。病情越来越重，朱翊钧的问候也越来越频。

1582年五月的最后一天，一场突如其来的大雨袭击了京城。张居正听到外面雨声大作，仆人们浑身湿透地跑进跑出。有道幽暗的光柱从窗户外面飘进来，带来了雨水的气息，夹杂着湖北江陵特有的味道。

他想家了。

他想回家。

然而家乡只能在心里，不可能在眼前，因为朱翊钧死活不让他走。

遗嘱

1582年六月初一，原本明媚的天慢慢暗淡起来，这是日食。

全国各地为张居正祈祷的人大惊失色，认为这是元首大人要离世的征兆。

张居正在那几分钟的黑暗中，回想往事。他想到老师徐阶，前段时间，徐阶过生日，他还写了封贺信。对这位恩师，张居正虽有过腹诽，但到底还是感激涕零的，没有徐阶，恐怕就没有他张居正。他又想到高拱，如何评判此人呢？直到太阳重现天空时，他也没有最后的定论。

四天后，彗星出现于天空，苍白的光芒，让人不寒而栗。张居正叫来儿子张懋修，对他说："本来我要今年秋天辞职回老家，恐怕等不及了。我要给皇上写辞职信。"

辞职信呈上去了，很快就得到朱翊钧的答复："张先生不必为病发愁，安心静养，总会好起来。朕离不开您，绝不能让您走。"

张居正得到圣旨，昏昏沉沉中说了句话："这是想让我死啊。"

身边的人不明白这句话的意思，恐怕连他自己都不明白，朱翊钧为何在这个时候还揪住他不放，真的仅仅是国家离不开他吗？

在整日的昏沉当中，仆人悄悄报告，戚帅派的人来了。

他毫无动静，这是他自五月下旬以来不变的态度，无论是谁来，他都是这副样子。戚继光的人就坐在床边，满脸同情地看着张居正。

"戚将军有事吗？"他终于睁开眼，问了句。

来人回答："戚帅对您的病情特别关心。"

"回去告诉他，做好本职，无论我在还是不在，都一样。"张居正缓缓地说，又补充道，"我已安排好了，要你们戚帅放心。"

戚继光的人才走，李成梁的人就来了。张居正把说给戚继光的话重复给李成梁的人听，一句多余的话都没有。

他正把有限的精力用在写辞职信上，一封接一封，但朱翊钧的答复永远都是一样：朕不能离开张先生。

1582年六月十七，张居正突然从床上坐起，整个人除了瘦弱不堪外，精神状态从未有过的好，这是回光返照。他让人找来张四维和申时行。

张四维和申时行一见张居正的神态，都表现出惊喜来。张居正要他们坐下，坐稳了，因为他有很多话要说。

他先对张四维说。张四维激动得要死，在他看来，这是张居正在立遗嘱。

“实际上，自你入阁，我始终对你就没产生过好感。”张居正一开口，张四维从头凉到脚，“你虽表面上对我恭敬如狗，背地里却拉帮结派，这我可以都假装不知，但你的票拟从来就没让我满意过！”

张四维听到这里已浑身是汗，额头上的汗珠子噼里啪啦向下掉，他在椅子上已坐不稳。张居正却没有死揪住他不放，轻轻地绕过他，看向申时行。

“你相貌宽厚，但内心多欲，话特别多，就是证明。这就是好名，人有好名之心，就如一棵大树，遮蔽了阳光，你在树下种什么死什么。”

申时行狼狈不堪，急忙去抹脸上的汗。

“我希望以后，你二人无论是谁来坐首辅这个位置，都铭记一点，我所建立的一切法度都不要更改。”

两人慌忙地异口同声：“绝不更改。”说完这句话，两人下意识地去看对方，都发现了对方脸上的欣喜之色。

张居正不去看他们的脸就知道两人都在想什么。张四维想的是：虽然他张居正看不上我，但他一死，按资格，我就是首辅。申时行想的是：内阁就我和张四维，张居正看不上张四维，那接班人肯定就是我。

张居正轰走两人后，又派人去找冯保。连他自己都很模糊，这个时候找冯保要干什么。也许在他的潜意识里，他和冯保是一条船上的，他就要跳船了，应该关心下战友冯保。或者可以这样说，他应该为冯保再做点什么。

冯保看到张居正，面色苍白，眼珠浑浊，但精神却出奇的好，就明白怎么回事了。他十分想痛哭一场，但终究没有下泪。

“皇上最近如何？”张居正发问。

冯保似乎摸不透皇上最近到底如何，模棱两可地回答：“还是那样，只是特别关心张先生的病情。张先生，你要活下来啊，不然俺……”

“你看我不是很好吗？”张居正安慰他，“冯公公什么时候如此多愁善感了？”

冯保破涕为笑：“惭愧啊，让张先生见笑了。”

“有一事要和冯公公商量，”张居正进入正题，“我过几天好转，就要辞职，非回老家不可。我这一走，不知何时能回，内阁不能没有人，你明白我的意思吗？”

冯保明白，这是张居正要想办法保护他，他心领神会。

“我想要潘晟接替您。”

潘晟是当时的礼部尚书，冯保的老师。据后来一些攻击他的人说，此人胆小怕事，才识平庸，只因为和冯保关系不错，所以才被冯保推荐。这恐怕是一面之词，如果真是这样，张居正就不可能答应冯保。他一心为公，世人皆知。况且如果潘晟真是这样的人，他也没有能力保护冯保。

潘晟入阁的同时，张居正又推荐吏部左侍郎余有丁入阁。余有丁生平性阔，胸无城府，人缘极好，同样也是张居正的忠实信徒。接下来就是张学颜、梁梦龙、曾省吾等人，张居正希望朱翊钧能重用他们。

这一切都是张居正和冯保商议的，朱翊钧很明白，所以第二天就下旨，让潘晟、余有丁入阁。潘晟排名第一，张四维和申时行气得死去活来。

1582年六月十九日夜，张居正突然从噩梦中醒来，厉声高叫。张家人慌忙跑到他床前，他已说不出话，睁着一双空洞无神的眼睛，对着张家人不停地流泪。

第二天，朱翊钧派人来请教遗嘱。张居正恍恍惚惚地想到一件事，原来皇上知道他要死了，而且非死不可了。他对前来的太监说了几句不明不白的话，慢慢地闭上眼，离开人间，享年五十八岁。

他把一切都贡献给了国家，这个国家不会亏待他，这是他一直坚信的事。

张居正的葬礼被朱翊钧办得超级隆重。张居正的灵柩从北京缓缓出发，由一支人数众多的骑兵护卫。所过之处，各地官员以身作则，带人跪在张居正灵柩道路两旁，号啕大哭。盛大的场面甚至让国人以为是死了皇帝。

故事如果就此结束，应该是完美的。但故事，并没有结束。

抄家

张居正死后不久，有人就弹劾潘晟，认为他不具备阁臣之才。这是政府官员多年被压抑的结果，他们被张居正左右了十年，如今张居正已死，他们再也不想让张居正继续摆布下去。

弹劾潘晟的奏疏一封接一封，潘晟已由浙江新昌出发，听到这个消息，马上原路返回。人类有一种看不见摸不着的感觉，我们称它为直觉或第一感。潘晟当时就有种感觉：如果他继续前行，下场一定很惨。于是他拒绝了冯保苦口婆心的规劝，毅然回到家中，闭门不出。

朱翊钧被这些弹劾书搞得晕头转向，叫内阁头号人物张四维前来商议。张四维叩头完毕，偷偷抬头看朱翊钧，他不禁大吃一惊。他看到的不是平时中规中矩的皇上，而是一条张牙舞爪的龙。

没有了张居正的朱翊钧，现出了他的本来面目。朱翊钧直截了当对张四维说："潘晟是张居正，不，是张先生推荐的，现在有人弹劾他，你认为如何？"

这根本不必问，张四维伶俐透顶，直接拿出他的主意，自然也是朱翊钧的主意："张居正推荐的人也未必就合格，这么多人弹劾潘晟就是证据，皇上怎能触怒众心，非要用他？"

朱翊钧大点其头，声音从未有过的洪亮："下旨，削去潘晟的内阁大学士之职，不必来京。"

张四维突然意识到什么地方不对，张居正虽死了，可冯保还活着。他提醒朱翊钧："潘晟是冯公公的老师，皇上……"

朱翊钧哆嗦了一下，冯保那张胖乎乎的脸立即浮现在他眼前。那张脸上的两只小眼睛总偷偷注视着他，他所做的一切都会被母后和张居正知道。但他马上恢复了镇静，有些恼火："冯公公的老师又如何？潘晟不配就是不配，谁的老师都不成！"张四维嘴角露出微笑。

消息很快传开：皇上对冯保颇有微词。

官员们跳起来，但大喜之后，仍不敢动作太大，而是小心翼翼地攻击冯保的心腹徐爵。朱翊钧想都不想，下旨将徐爵治罪。

官员们大喜过望，御史李植拿出全身的胆气，向冯保发起了进攻。他说冯保在十年时间里积累起巨额财富，富可敌国。

朱翊钧稍稍犹豫一下，想到张居正已死：啊哈，给朕将冯保捉拿，抄家！

冯保的家被抄得很干净，朱翊钧得到金银一百余万，珠宝无数，他发现抄家其乐无穷：啊哈，大伴这厮，比朕还富有，他这钱是怎么来的？

官员们又发现了玄机，这个问题用三个字就可解答：张居正。冯保用十年时间能积累如此财富，当然是和张居正勾结的结果。人人都知道这应该是标准答案，可没有人敢先出手。张居正！这三个字就如恶魔的名号，时刻雕刻在每个官员心上。一想到要对付张居正，每个人都魂不附体。

但很快就有确凿的消息传来，皇上要对张居正动手。证据是，当李太后问朱翊钧，为何要抄冯保的家时，朱翊钧的回答是："没有什么，只是冯保受了张居正的蛊惑，很快就会把东西还给大伴的。"

这是圣旨，是一道命人攻击张居正的圣旨！

可还是无人敢动，张居正这三个字太震慑人心！

小心为上，官员们互相激励互相忠告，坐到一起谋划，终于达成一致：先攻击张居正制定的那些政策，如果成功，掉头再攻张居正。实际上，他们恨张居正，无非就是恨那些政策，张居正已死，是否攻击他已没有多大必要了。

有人小心翼翼地向朱翊钧提出："考成法太严苛，而且使内阁控制六部，不符合祖制。"

"啊哈，"朱翊钧狂叫，"给我取消！"

有人大胆地说："驿递新规冷了太多官员的心。"

"啊哈，"朱翊钧跳起来，"给我取消！"

有人痛哭流涕："皇亲国戚的官职居然不得世袭，这成何体统？"

"啊哈，"朱翊钧几乎要翻个跟头，"给我取消！"

总之，凡是张居正制定的，朱翊钧全部取消，凡是张居正认为不可的，朱翊钧全部恢复。1582年下半年的朱翊钧，如同一朵飞翔在空中的浪花，自由自在，无拘无束，大权在握，江山我有。

他终于品尝到皇帝的滋味，终于领会了没有张居正的岁月比神仙都快乐。他下的每一道御旨都不须经过任何人的同意，每当他下旨时，都会昂首挺胸。现在，一切都是他朱翊钧的，世界上再也没有任何力量能限制他，包括他母亲李太后。

1583年三月，朱翊钧突然下令将张居正临死前授予的谥号"文忠公"剥夺。此时，离张居正离世只有短短的九个月！

这道圣旨不必找理由，朱翊钧本身就是理由。

这又是道信号：张居正已不是从前的张居正了。于是，终于有人如同赌博一样，开始从外围向张居正发起了进攻。

御史丁此吕向朱翊钧上疏说，1579年应天乡试主考高启愚受人指使，出了考题"舜亦以命禹"。丁此吕痛心疾首地说："这是高启愚有意劝进：舜是皇上您，禹是张居正。"

首辅申时行虽内心多欲，但张居正毕竟对他有知遇之恩，所以极力痛斥丁此吕胡说八道。

朱翊钧拿着丁此吕的奏疏说："难道张居正的三个儿子中进士内有隐情也是他胡说八道？朕怎么都不相信，聪明人难道都出在他张居正家里了？"

申时行内心苦笑："张居正三个儿子中进士的事，皇上你不知道？这可都是你亲自殿试过的人啊。难道你忘了，你还想把张居正的四子张简修升为状元，还是张居正避嫌，才让你打消主意的！"

这些话，申时行不想说，说了就是指摘皇帝，这是大罪。但他极力维护张居正，许多官员也站出来替张居正说话，朱翊钧似乎觉得时机未到，所以免了丁此吕的职务。

丁此吕事件三天后，又有人跳出来，指控礼部侍郎何洛文当初在张居正的两个儿子考试中，为取悦张居正而舞弊。何洛文上疏辩护，朱翊钧叫起来：“啊哈，少来这套，你赶紧收拾铺盖走人！”申时行急忙保护张居正的两个儿子，总算暂时安全。

但只过了几天，辽王朱宪㸅的小老婆突然上京告御状，说张居正当初诬陷朱宪㸅，张家人在张居正当了首辅后把辽王府所有金银财宝都夺了去。

“啊哈，”朱翊钧狂笑，“下旨：抄张居正的家！”

申时行带领还忠于张居正的官员向朱翊钧求情，但朱翊钧王八吃秤砣——铁了心，非查抄张居正的家不可。

刑部的人昼夜奔驰湖北江陵，没有人能劝得住这些人。当他们抵达张家时，因为地方官禁止张家人外出，已饿死十余口。

查抄的结果让朱翊钧大跌眼镜：黄金万余两、白银十余万两。

朱翊钧叫起来：“啊哈，怎么可能就这点钱！”

抄家的官员们对张居正家所有人严刑拷打，张居正的一个儿子经受不住自杀。张家从此一落千丈。

张居正身死，却死得如此不踏实。从他当权到被抄家，一切来得如此突然，简直就是一场幻梦，他曾预料到过吗？

可能，因为他说过，既然选择了一心为国这条路，就要风雨兼程，不管前面是否是刀山火海，不管发生任何事，死而无憾。

如果这真是他的肺腑之言，那他应该再加上一句：纵然是死后面对刀山火海，也要再一次死而无憾！

读客®“这本史书真好看”文库

轻松有趣，扎实有力！

什么是读客“这本史书真好看”文库？

史书浩如烟海，大多枯燥无味，想找的一本既轻松有趣，又扎实有力的历史读物，犹如大海捞针。

读客“这本史书真好看”文库只为你提供真正好看的历史读物：从史学泰斗，学界新秀的海量著作当中，挑选出最有趣、最扎实的作品；用小说般精彩生动的文字，散文般轻松细腻的叙事，社论般犀利独到的观察，讲述最真实有力的历史。让你在轻松愉悦的氛围中享受阅读，不知不觉成为历史大师！

认准读客“这本史书真好看”文库——轻松有趣，扎实有力！